Steve Tomashek

KLEINE TIERE SCHNELL SCHNITZEN

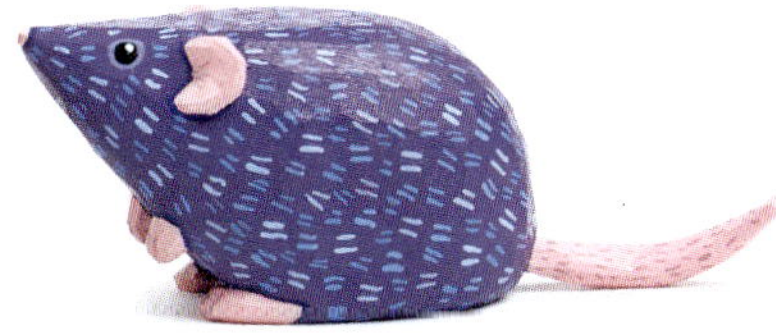

Restholz kreativ verwenden

Leopold Stocker Verlag

Graz – Stuttgart

Widmung

Ich möchte dieses Buch meiner Bauernhoffamilie widmen: meiner Frau Randi, unserer Tochter Winona und Wyatt, unserem Sohn oben bei den Sternen, sowie all den unzähligen Tieren, die auf unserem Land leben. Es ist zauberhaft, unter ihnen zu leben und ihre Wärme und Stärke genießen zu dürfen.

Danksagungen

Ich möchte dem verstorbenen Glen Gordon, meinem besten Freund, Mentor und rundum coolen Typen, meinen Dank ausdrücken. Sein Witz und seine Weisheit werden schmerzlich vermisst. Glenn war ein begnadeter Holzbearbeiter, Autor und Fotograf. Ich habe über eine Zeitspanne von fast zehn Jahren hinweg regelmäßig mit ihm als Fotograf meiner Schnitzarbeiten zusammengearbeitet und bei Fahrradtouren und Kaffeegesprächen seine Freundschaft genossen. Sein Wissen und sein Vorbild halfen mir, den Wald vor lauter Bäumen nicht aus den Augen zu verlieren.

Ich möchte meiner Schwester Ann Johnston danken. Ihre Unterstützung gab mir den Raum, meine Fähigkeiten als Künstler zu entwickeln, als noch gar nicht klar war, ob ich es schaffen würde. Ohne ihre Hilfe hätte ich als Künstler nicht überlebt und dieses Buch wäre nie geschrieben worden.

Mein Dank gilt auch den Zeugmachern, darunter Del Stubbs und Peter Lucas, für ihre Geschicklichkeit und Kunstfertigkeit bei der Herstellung der Werkzeuge, die wir Schnitzer verwenden.

Umschlaggestaltung: DSR – Werbeagentur Rypka, A-8143-Dobl/Graz
Fotos: alle Arrangements © Mike Mihalo; alle übrigen Fotos © Steve Tomashek, soweit nicht anders vermerkt

Aus dem Englischen übertragen von Nina Schön.

Bibliographische Information der Deutschen Nationalbibliothek
Die Deutsche Nationalbibliothek verzeichnet diese Publikation in der Deutschen Nationalbibliographie; detaillierte bibliographische Daten sind im Internet über http://dnb.d-nb.de abrufbar.

Hinweis:
Dieses Buch wurde auf chlorfrei gebleichtem Papier gedruckt. Die zum Schutz vor Verschmutzung verwendete Einschweißfolie ist aus Polyethylen chlor- und schwefelfrei hergestellt. Diese umweltfreundliche Folie verhält sich grundwasserneutral, ist voll recyclingfähig und verbrennt in Müllverbrennungsanlagen völlig ungiftig.

Auf Wunsch senden wir Ihnen gerne kostenlos unser Verlagsverzeichnis zu:
Leopold Stocker Verlag GmbH
Hofgasse 5 / Postfach 438
A-8011 Graz
Tel.: +43 (0)316/82 16 36
Fax: +43 (0)316/83 56 12
E-Mail: stocker-verlag@stocker-verlag.com
www.stocker-verlag.com

ISBN 978-3-7020-2061-3

Satz: DSR – Werbeagentur Rypka, A-8143-Dobl/Graz

Einleitung

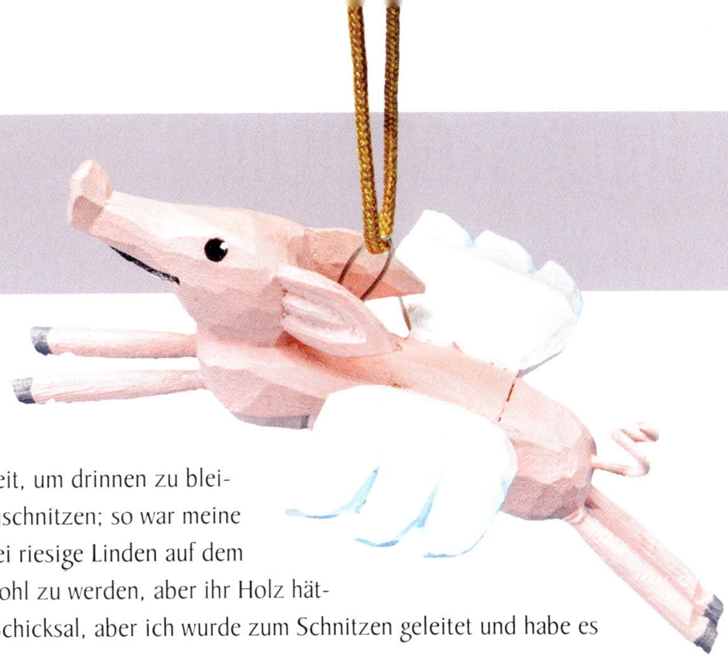

Der Bundesstaat Minnesota, in dem ich aufgewachsen bin und den Großteil meines Erwachsenenlebens verbracht habe, ist bekannt für seinen Reichtum an weichem, hellem Lindenholz und für lange kalte Winter – hervorragende Bedingungen für aufstrebende Schnitzer. Ein Schneesturm ist die perfekte Zeit, um drinnen zu bleiben, sich ein Stück Holz zu schnappen und die Stunden wegzuschnitzen; so war meine Kindheit. Von meinem Kinderzimmerfenster aus konnte ich zwei riesige Linden auf dem Boulevard sehen; die Stadt fällte sie, als sie begannen, innen hohl zu werden, aber ihr Holz hätte für mehrere Schnitzerleben gereicht. Vielleicht war es kein Schicksal, aber ich wurde zum Schnitzen geleitet und habe es auf einen Versuch ankommen lassen.

Meine Spezialität waren immer Tierminiaturen. Ich habe mich entschieden, nicht in einem einheitlichen Maßstab zu arbeiten, sondern in Größen zu schnitzen, die der menschlichen Hand entsprechen. Ich habe einen ganzen Zoo hervorgebracht, eine Kollektion exotischer Tiere. Für einige habe ich nur zehn Minuten gebraucht, für andere zehn Stunden. Meine Miniaturtierschau besteht aus Tausenden Schnitzereien und Hunderten Tierarten, die für meine jahrelange Erkundung der Tierwelt stehen. Ich habe Tiere in der Kunst mehr als 20 Jahre lang studiert und selbst geschaffen, und hier kann ich etwas von dieser Erfahrung teilen.

Das Ziel dieses Buchs ist es, eine Sammlung von Miniaturtierprojekten anzulegen, die Lernende aller Erfahrungslevel ansprechen und mit nur einem Messer auskommen. Grundlagen und einfache Projekte werden detailliert erklärt, damit Einsteiger auf dem Weg auch die Freude und die Erfüllung des Schnitzens erfahren können. Neulinge können langsam Zutrauen und Fingerfertigkeit gewinnen, während sie anhand der illustrierten Schritt-für-Schritt-Anleitungen lernen, komplexe Details zu schnitzen. Erfahrenere Schnitzer werden ihren Wert aus den Projekten ziehen, die sich auf die Hauptthemen in meiner Arbeitsweise und Kunstform fokussieren. Alle können von der Vielzahl an Tipps, Ideen und Plänen profitieren, während sie diesen einzigartigen Stil bemalter Skulpturen erkunden.

Ich habe dieses Buch nach Schwierigkeitsgrad aufgebaut; Grundinformationen und -techniken werden im ersten Kapitel erklärt und illustriert, dann folgt eine Gruppe einfacher Schritt-für-Schritt-Anleitungen und Pläne für Einsteiger. Die nächste Projektreihe führt zunehmende Komplexität und detaillierteres Arbeiten an einer Gruppe springender Tierfiguren ein. In der folgenden Reihe untersucht jedes Werk ein anderes Thema, während Schritt-für-Schritt-Anleitungen zum Schnitzen eines vielfältigen Ensembles von Tierminiaturen geboten werden. Die letzte Projektreihe beinhaltet Dioramen, die Konzepte wie Maßstab und Raum erkunden, während man innerhalb einer Box denkt und gestaltet. Hier und da werden Tipps und Tricks, die ich durch meine jahrelange Erfahrung gesammelt habe, eingestreut.

Viel Freude bei der Erkundung dieser Miniaturwelt voller tierischer Wunder!

Steve

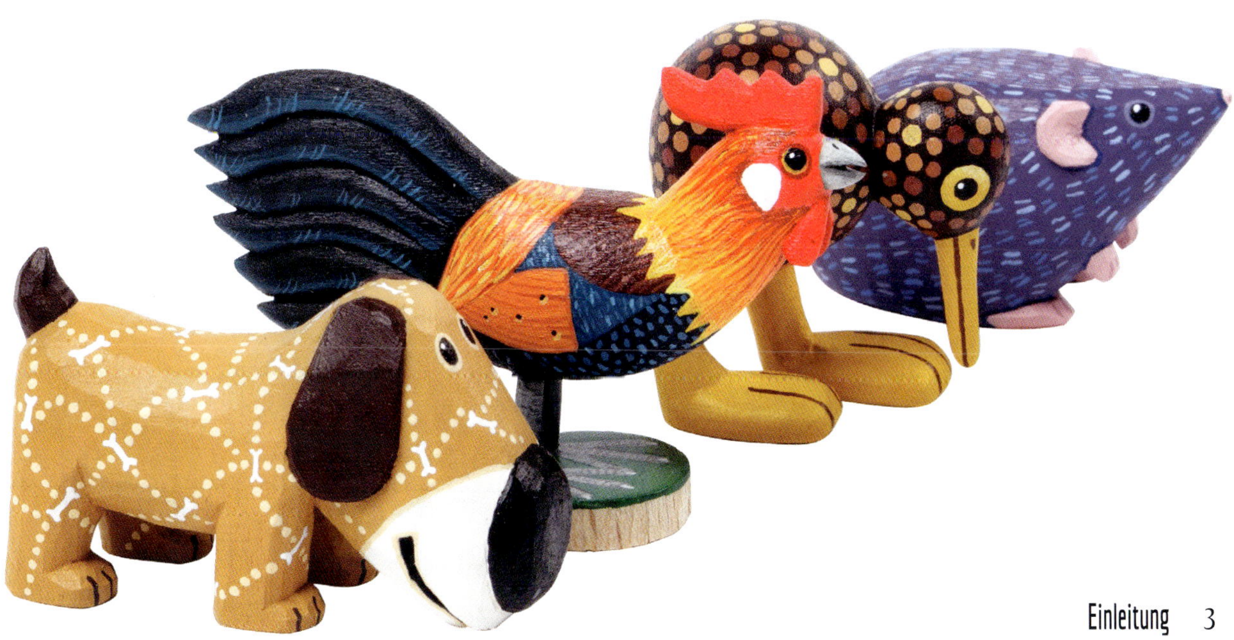

Inhaltsverzeichnis

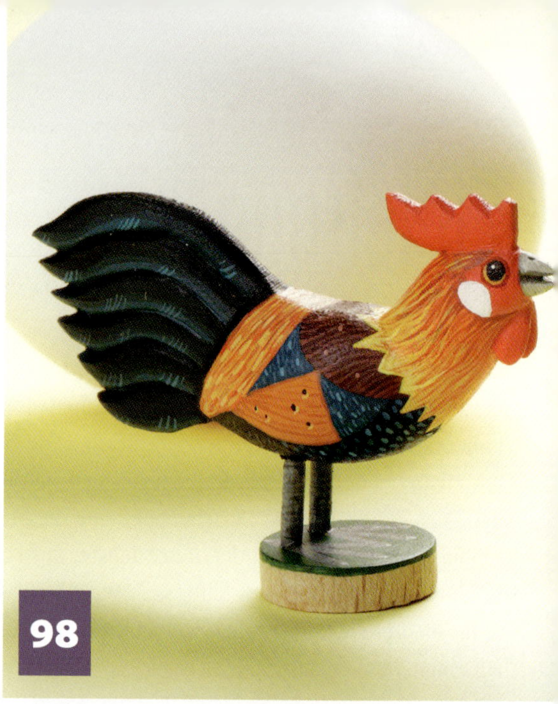

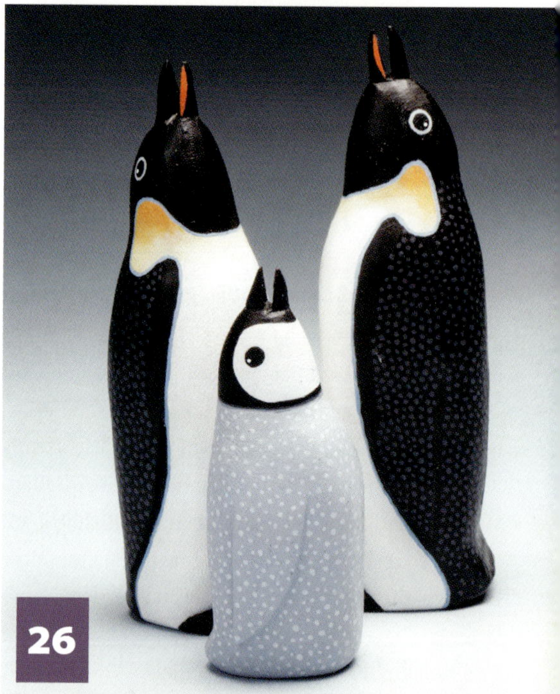

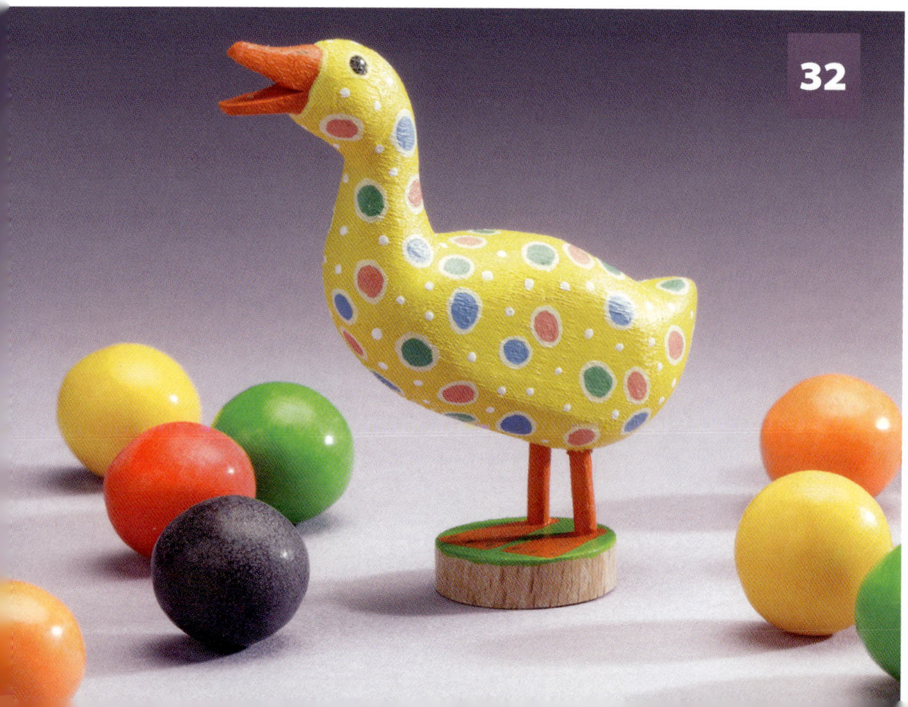

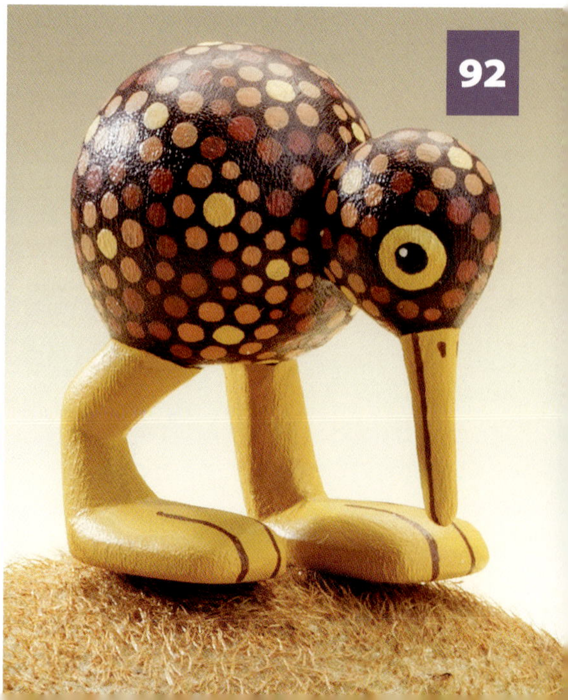

Themenbezogene Workshops

Arbeiten in der Box

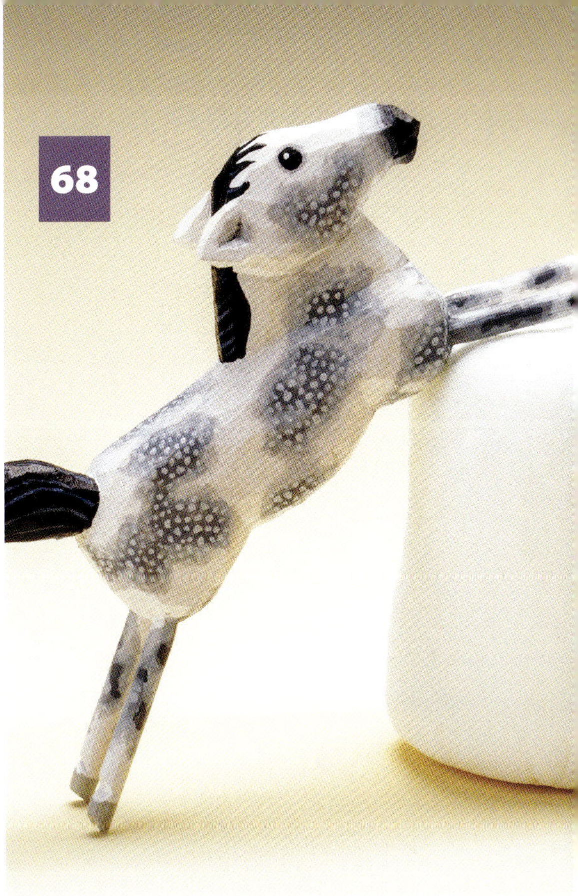

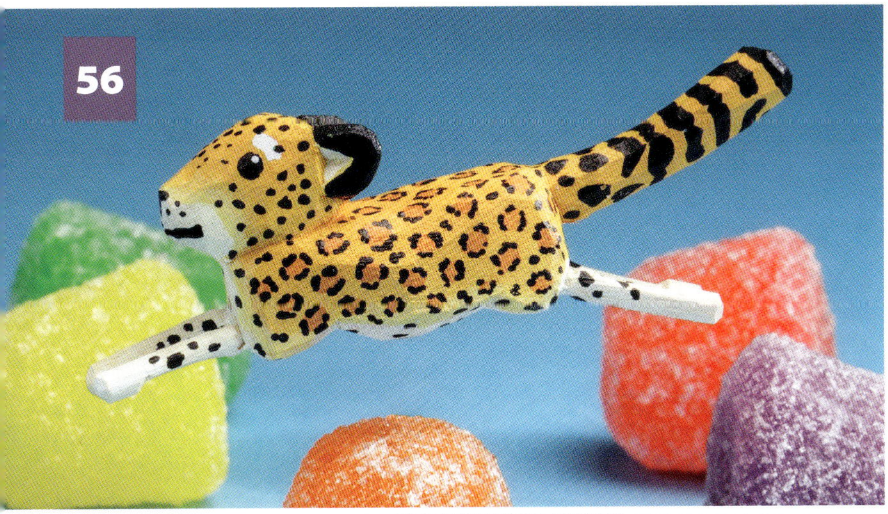

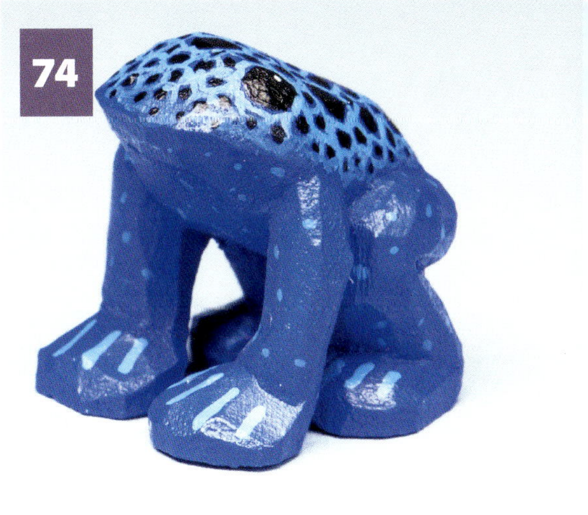

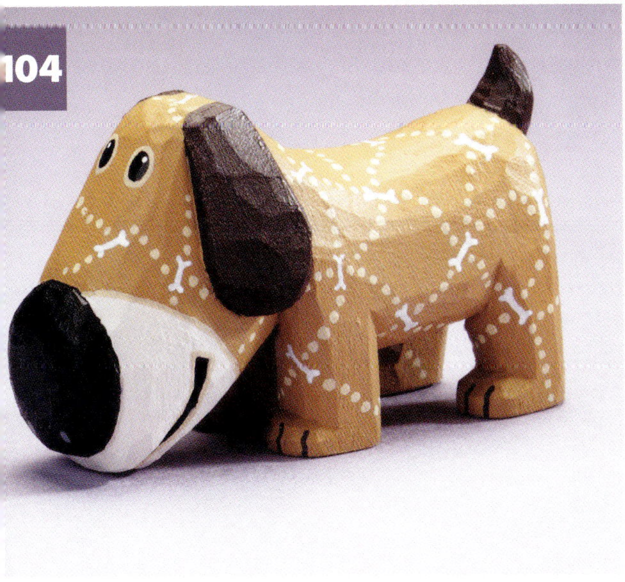

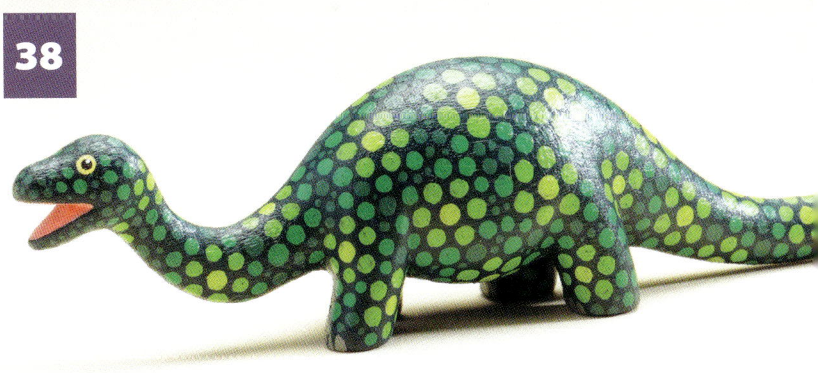

Eine kurze Geschichte des Schnitzens

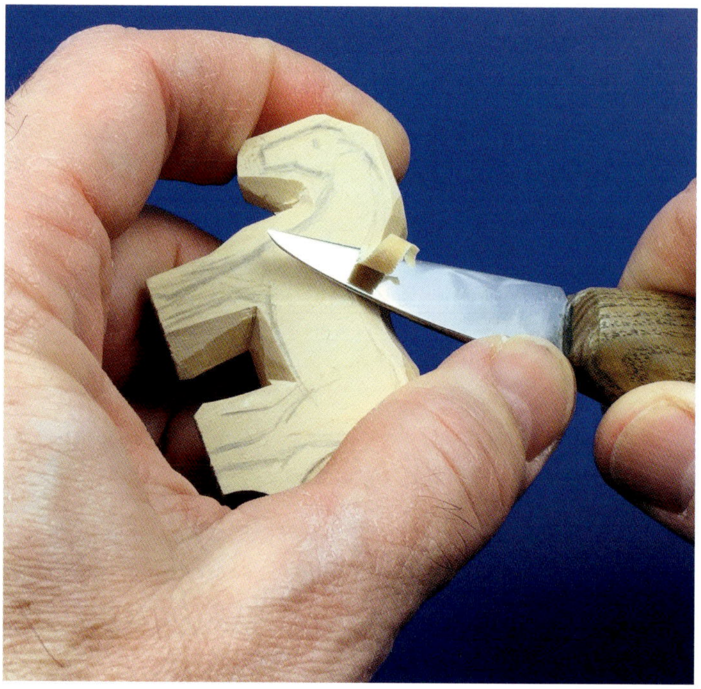

Das Pferd war eines der ersten Tiere, die jemals bildhauerisch dargestellt wurden.

Die derzeit geläufige Standarddefinition des Schnitzens ist die Kunst, mit einem Messer Objekte aus Holz zu formen. Es ist eine Form der Holzbildhauerei, jedoch ohne Beitel, Meißel, Hämmer, Kettensägen oder Winkelschleifer. Wenn die Bildhauerei Poesie ist, ist das Schnitzen das Haiku: Die Beschränkung auf die Form ist auch, was es einzigartig und elegant macht. Es ist trügerisch simpel; Messer trifft auf Holz. Die Schönheit, die einem einzelnen Werkzeug innewohnt, ist, dass man auch nur ein Werkzeug beherrschen muss. Es ist eine urtümliche und ortsunabhängige Kunstform: Sie verlangt ein Messer, Holz und ein bisschen Beiwerk, und schon sind Sie bereit, Ihre Werkstatt mitzunehmen.

Menschen schnitzen schon seit verblüffend langer Zeit. Noch vor der geschriebenen Sprache, vor dem Ackerbau, ja sogar vor den Hunden gab es schon Schnitzer. Einige der frühesten Miniaturskulpturen wurden in Höhlen in Deutschland gefunden: Miniaturtiere aus Elfenbein, zwischen 30.000 und 50.000 Jahren alt. Sie markieren das Auftauchen der vollständig entwickelten menschlichen Spezies in Form des Handwerkers. Elfenbein mit Steinwerkzeugen zu bearbeiten, war kein Fünfminutenprojekt; diese Figuren weisen auf die Hinwendung einer Gesellschaft zum Handwerk hin. Die Menschen waren bereits seit zwei Millionen Jahren Bastler gewesen; Holz in allen Formen wäre das Material erster Wahl gewesen. Das Auftauchen dieser Miniaturen wirft viele Fragen auf, die sich nicht beantworten lassen; was wir jedoch mit Sicherheit wissen, ist, dass diese Menschen den Luxus hatten, herumsitzen und schnitzen zu können.

In den Vereinigten Staaten wurde das Schnitzen nach dem Bürgerkrieg mit der Mehrung umherziehender Menschen populär. Es war der perfekte Zeitvertreib für Wanderarbeiter, und viele wurden zu anonymen Meistern eines Repertoires an Werken, darunter etwa hölzerne Ketten, Kugeln im Käfig, Tiere und religiöse Figuren. Das Aufkommen der Pfadfinder half, das Interesse weiter voranzutreiben – so sehr, dass das Schnitzen lange Zeit als Domäne von Jungen und alten Männern angesehen wurde. Heutzutage kann sich jeder auf Gedeih und Verderb an der Holzbearbeitung mit einem Messer versuchen.

Der Gedanke an das Schnitzen mag in einem Zeitalter, das in der Geschwindigkeit der neuesten Technologien dahinrast, überholt erscheinen. Die Ablenkung, die unsere elektronischen Spielereien uns liefern, ist betäubend; das langsame Arbeiten des Schnitzens ist für einige das Gegenmittel dazu. Der kreative Raum, den wir beim Schnitzen betreten, ist fesselnd, meditativ und herausfordernd. Das Endprodukt ist ein Objekt, das man anfassen kann, ganz im Gegensatz zu den vielen flüchtigen Tätigkeiten, die wir am Computer vollführen. Wir können unsere Kreation, das Ergebnis unserer Hände Arbeit, festhalten; es verbindet uns mit der realen Welt und bestätigt wieder, dass wir Menschen für immer Künstler und Handwerker sind.

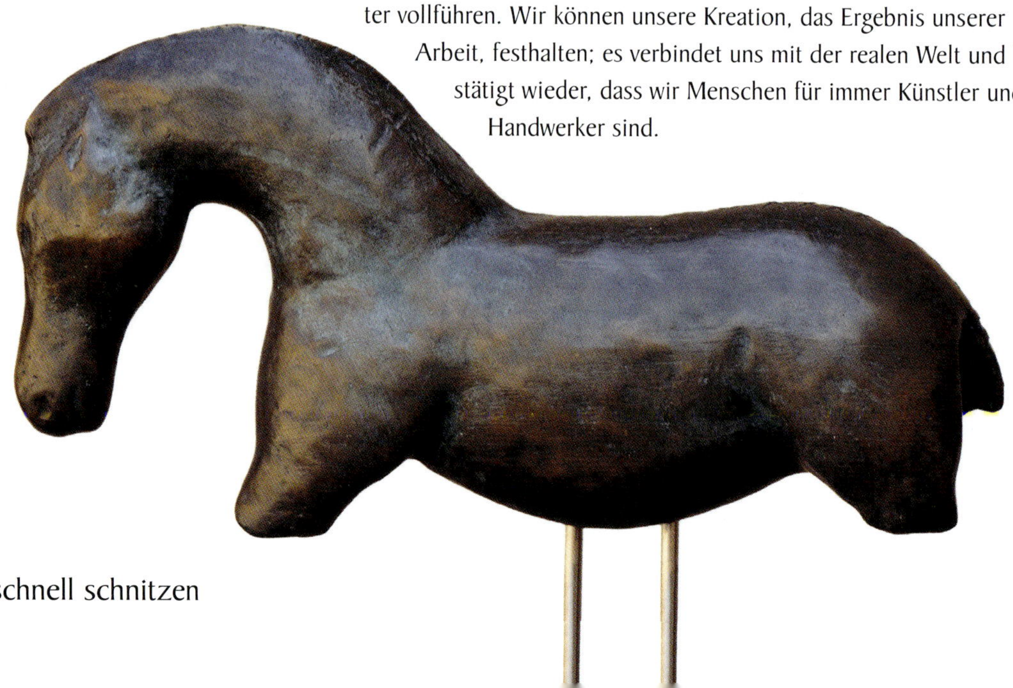

Diese historische Elfenbeinschnitzerei, die in der Vogelherdhöhle in Deutschland entdeckt wurde, lässt sich auf mindestens 29 000 v. Chr. zurückdatieren und ist eine der frühesten bekannten Pferdeschnitzereien.

Erste Schritte

Holz

Von den 60.000 Baumarten auf unserem Planeten gibt es eine Handvoll, die Holz liefern, das sich leicht schnitzen lässt. Holz ist höchst variantenreich, sogar innerhalb derselben Spezies. Ist es trocken oder „gereift", ist es schwerer zu bearbeiten als frisch geschnittenes, „grünes" Holz, aber Letzteres neigt zum Splittern, wenn es nicht richtig getrocknet wird. Das Holzschnitzen muss man langsam angehen: Hände werden mude, Messer werden stumpf, und es kann ein frustrierender und auch gefährlicher Erstversuch werden, wenn das Holz nicht passt. Gebräuchliche Holzarten wie Ahorn, Birke, Walnuss und Eiche sind nicht für Einsteiger zu empfehlen. Sie finden gutes Schnitzholz in Bastelgeschäften, Sägewerken oder auch über den Versandhandel. Sachkundige Baumschneidedienste und holzbearbeitende Freunde sind ebenfalls mögliche Optionen.

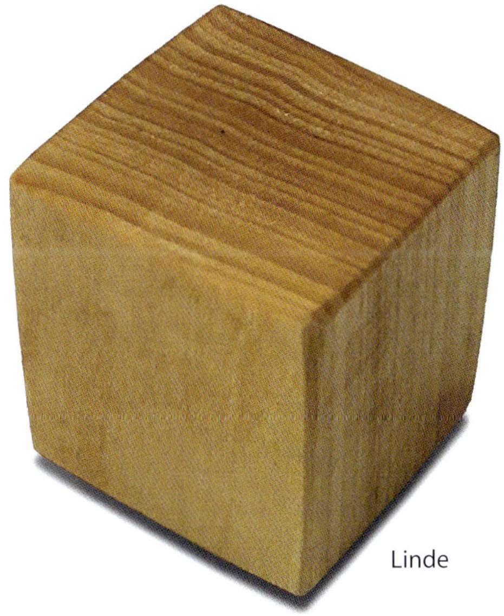

Linde

Empfehlung

Amerikanische Linde (*Tilia americana*), ein Hartholz, ist das beste Holz für Anfänger und wurde für einige der herausragendsten jemals angefertigten Schnitzarbeiten verwendet. Bäume der Gattung *Tilia*, darunter Amerikanische Linde und Europäische Linde, bilden Holz, das berühmt für seine gleichmäßige Textur ist. Und es ist eines der leichtesten Hölzer von Laubbäumen. Für gewöhnlich ist es frei von Ästen oder Unregelmäßigkeiten, lässt sich leicht schnitzen und nimmt Details gut auf. Dieses Holz ist im Überfluss vorhanden und kostengünstig. Das Schnitzen erfordert wenig Kraft und Ihr Messer sollte lange Zeit scharf bleiben. Lindenholz aus dem Wald, das mindestens 6–12 Monate an der Luft getrocknet ist, ist weicher als gedarrtes Lindenholz. Holz aus dem Norden lässt sich leichter bearbeiten als solches aus südlicheren Gefilden. Es ist eines der besten Schnitzhölzer auf der ganzen Welt.

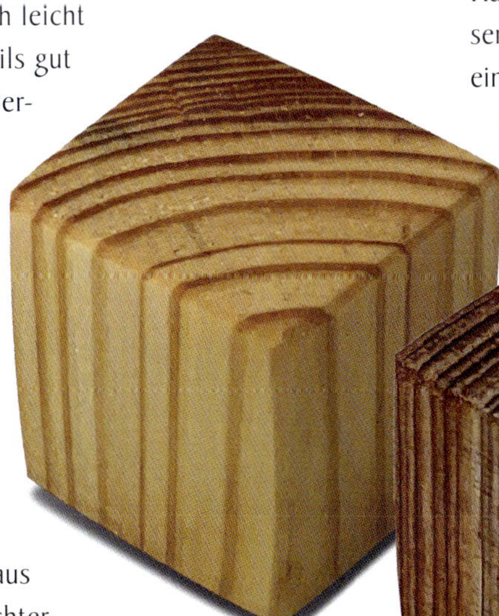

Waldkiefer

Weichhölzer

Nadelbäume produzieren Weichhölzer, die sich für gewöhnlich leicht schnitzen lassen, doch es gibt einige Ausnahmen und Vorbehalte. Äste, Harz und Splitter sind die größten Probleme bei vielen Weichhölzern. Sie müssen besonders sorgfältig arbeiten, wenn Sie Details schnitzen müssen. Bäume aus kälteren Klimazonen oder höheren Lagen liefern aufgrund ihres langsameren Wachstums dichteres, feiner gemasertes Holz.

Die **Waldkiefer** *(Pinus sylvestris)* wird weithin als Bauholz kultiviert, doch als Folge dessen variiert die Qualität sehr stark. Halten Sie Ausschau nach Stücken ohne Äste und mit enger Maserung. Auch wenn sie leicht zu bearbeiten ist, stellen Details eine Herausforderung dar und erfordern besondere Vorsicht. Das Holz sollte vor seiner Verwendung 6–12 Monate gelagert worden sein. Ein hoher Harzgehalt kann auch Oberflächenbehandlungen beeinflussen

Auch die **Gewöhnliche Fichte** (*Picea abies*) wird für den Bau verwendet, doch sie ist wahrscheinlich besser als traditioneller Weihnachtsbaum bekannt. Wie die Kiefer sollte auch sie 6–12 Monate lagern, bevor sie verwendet wird. Sie lässt sich leicht schnitzen, solange sich keine Äste finden, seien Sie allerdings besonders vorsichtig bei kleinen Arbeiten.

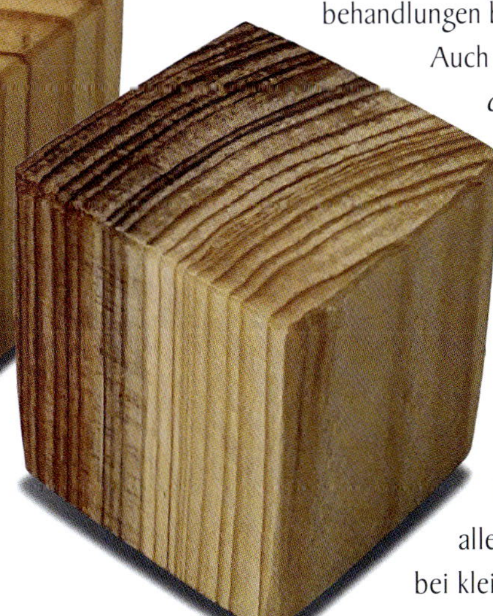

Gewöhnliche Fichte

Die **Alaska-Zypresse** *(Cupressus nootkatensis)* wächst im Nordwesten Amerikas. Andernorts ist ihr Holz teurer. Es lässt sich leicht schnitzen und ist fein und gerade gemasert. Durch das langsame Wachstum trägt es Details besser als die meisten Weichhölzer. Wachsen sie unter den richtigen Bedingungen, lassen Gelb- und Weymouthkiefer sowie Douglasie sich ähnlich gut schnitzen.

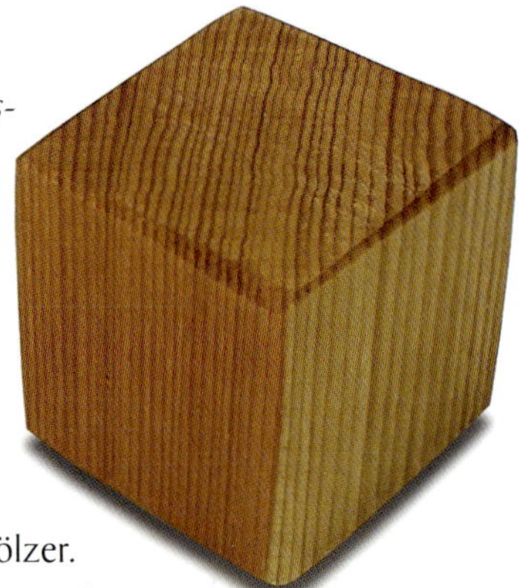
Alaska-Zypresse

Harthölzer

Wenn Sie, so wie ich, Zugang zu einem Obstgarten haben, wird das alljährliche Zurückschneiden Sie großzügig mit Ästen versorgen, die vor allem für Miniaturprojekte besonders geeignet sind. Obstbaumholz ist grundsätzlich eher hart und nicht für Einsteiger zu empfehlen, aber die typischen rötlichen Brauntöne nehmen natürliche Schlussbehandlungen schön auf. Denken Sie darüber nach, diese Hölzer für einfache Arbeiten wie Schlüsselanhänger oder Standfüße für Ihre Schnitzarbeiten zu nutzen..

Birnenholz (*Pyrus communis*) hat eine sehr feine, gerade und gleichmäßige Maserung sowie eine regelmäßige und beständige Textur. Es ist eines der feinsten europäischen Harthölzer, außerhalb Europas jedoch selten und kostspielig. Es ist ein exzellentes Schnitzholz, das auch Details gut aufnimmt, allerdings müssen Sie damit rechnen, Ihr Messer oft schärfen zu müssen und mit jedem Messerstrich nur kleine Holzstücke abzutragen.

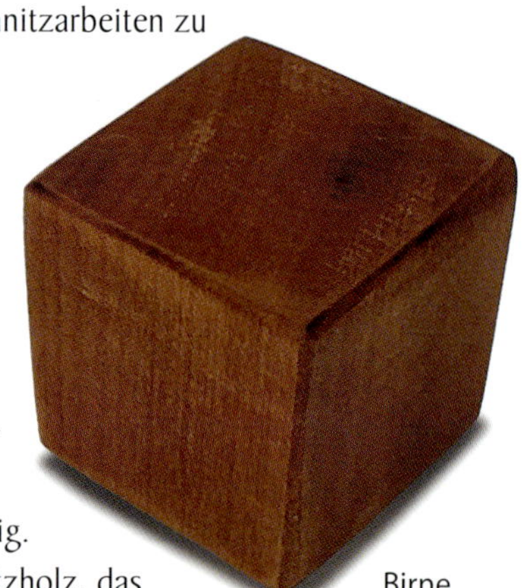
Birne

Das Holz der **Kirsche** (*Prunus avium* bzw. *serotina*) ist aufgrund seiner attraktiven Farbe und des zarten Wuchses beliebt und teuer. Dieser Wuchs kann das Schnitzen aber auch schwieriger gestalten, als es seine Härte vermuten lässt.

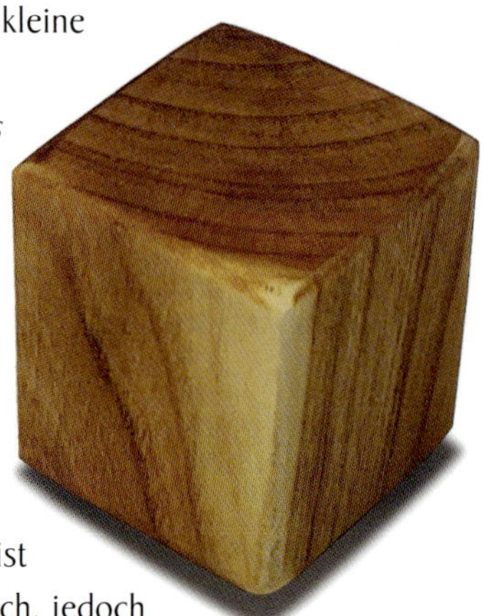
Kirsche

Apfelholz (*Malus domestica*) ist der Kirsche bemerkenswert ähnlich, jedoch nicht so beliebt. Aufgrund seiner Härte ist es ein schwieriges Holz für Anfänger. Die Maserung ist sehr fein und regelmäßig mit einander abwechselnden Farbstrichen.

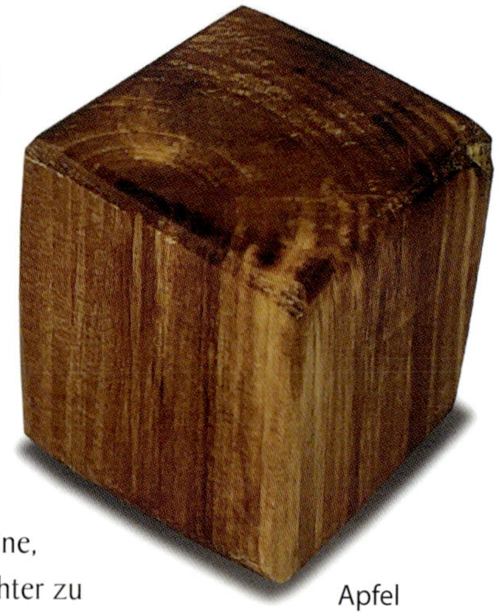
Apfel

Das Holz der **Pflaume** (*Prunus domestica*) ist oft knorrig und unregelmäßig, hat aber eine feine, feste Maserung. Es ist leichter zu bearbeiten als die meisten Obsthölzer und wird für gewöhnlich nur in kleinen Mengen gefunden. In dieser Liste ist es das farbenfroheste Holz, oft enthält es Striche aus Rot-, Rosa- und Violetttönen.

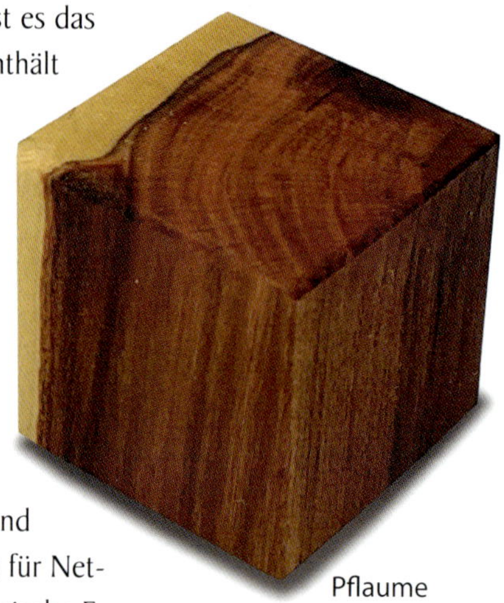
Pflaume

Von den härteren Holzarten verwende ich **Buchsbaum** *(Buxus sempervirens)*, da man in ihn auch Details schnitzen kann. Die Maserung ist fein, gerade und gleichmäßig und das Holz hart und stark. Dieses Holz wird oft für Netsuke-Miniaturen, eine japanische Form dekorativen Figurenschnitzens, verwendet. Als ich damit gearbeitet habe, habe ich Feilen für die Details verwendet und Sägen oder einen Dremel, um die Figur grob anzureißen.

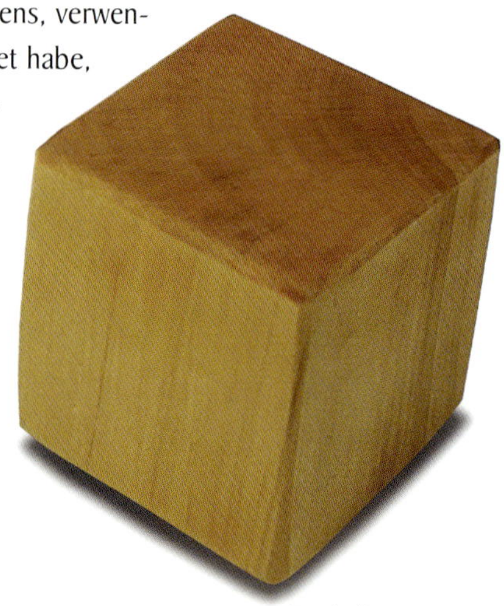
Buchsbaum

Werkzeug

Um die Projekte in diesem Buch schnitzen zu können, müssen Sie eine kleine Werkzeugsammlung zusammenstellen. Sie brauchen mindestens ein Schnitzmesser mit Klingenschutz, Messerschleifwerkzeug, Sicherheitsausrüstung, einen Erste-Hilfe-Kasten, einen Miniatur-Stielkloben und Bohraufsätze, eine Säge, einen Satz Acrylfarben und Pinsel, einen Bleistift, einen Fineliner, ein Zeichenbuch und Schleifpapier. Wenn ich mit meiner mobilen Werkstatt auf Reisen bin, packe ich diese Gegenstände in eine Zigarrenkiste (ohne Säge), gemeinsam mit einem kleinen Stoß Holzreste. Dann mache ich es mir am Strand bequem oder suche mir im Wald einen Baumstumpf zum Sitzen, damit meine Späne fallen können, wohin sie wollen.

Messer: Das wichtigste Werkzeug im Werkzeugkasten eines Schnitzers ist das Messer. Es muss über eine Klinge aus Karbonstahl verfügen, die hart genug ist, damit die Schneide hält, aber auch nicht ausbricht. Form und Größe des Griffs und der Klinge sind persönliche Vorlieben. Ich habe lieber ein Messer mit großer Klinge und ein kleineres Detailmesser. Die Messer, die ich für dieses Buch verwendet habe, sind das Harley-Messer von Pinewood Forge mit 5 cm Klingenlänge und ein paar Detailmesser von OCC Tools, David Lyon und Peter Lucas. Als günstige Allzweckalternative empfehle ich das Kirschen-Schnitzmesser 3358 mit Murphy-Klinge. Wenn Sie es gerade nicht verwenden, verwahren Sie das Messer in einer Scheide – zu Ihrer eigenen Sicherheit und zum Schutz der Schneide. Wird bei Ihrem Messer kein Klingenschutz mitgeliefert, können Sie Ihre eigene Messerscheide aus Leder, Kork oder einem Gummischlauch selbst anfertigen.

Werkzeug zum Schärfen: Um Ihr Messer rasierklingenscharf zu halten, brauchen Sie einen Streichriemen und Paste zum Abziehen; um eine beschädigte Klinge zu reparieren, brauchen Sie Schleifsteine. Abziehriemen sind Stücke aus Glatt- oder Veloursleder; manchmal wird je eine Variante an jeder Seite eines Holzes angebracht.

Streichriemenmittel sind Schleifpasten oder –puder, darunter beispielsweise grünes Chromoxid und weißes oder graues Aluminiumoxid. Schleifsteine gibt es in Sets mit variierender Grobkörnigkeit: Novaculit (Arkansas-Stein), Keramik, Diamant und Norton-India-Stein sind alle geeignet. Sie brauchen mindestens einen rauen und einen feinen Stein – zum Beispiel Körnung 600 und 1200.

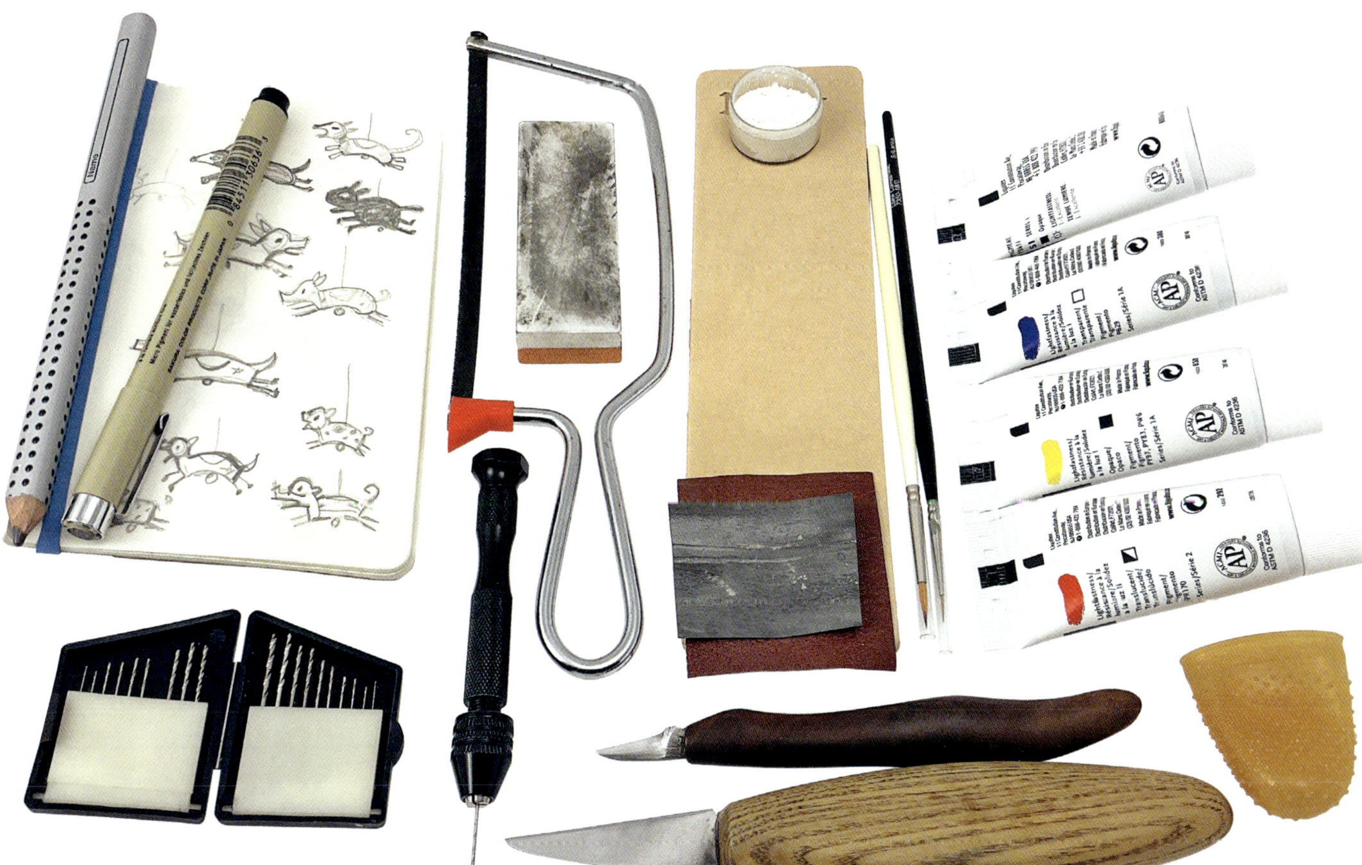

Von links nach rechts: Bleistift, Stift, Skizzenbuch, Mikrobohrerset, Dekupiersäge, Miniatur-Stielkloben, Schleifstein, Schnitzmesser (Pinewood Forge), Detailschnitzmesser (Peter Lucas), Schleifpapier, Lederstreichriemen, Aluminiumoxid-Streichriemenpaste, Farbpinsel, Acrylfarben, Fingerschutz aus Gummi.

Sicherheitsausrüstung: Ich empfehle Anfängern, mit einem Sicherheitshandschuh an der Hand, die das Holzstück hält, zu starten. Der Handschuh hält Schnitte ab, jedoch keine Stiche. Einige Schnitzer, dazu zähle auch ich mich, verwenden Leder-, Gummi- oder abgeklebte Finger, die wie eine zusätzliche Haut funktionieren. Auch wenn sie keine kräftigen Schnitte abhalten können, fangen sie doch Schnitte mit geringerer Intensität ab. Ich trage einen Gummifinger, um das Messer vom Daumen meiner Schnitzhand fernzuhalten. Wenn Sie Holz schleifen, tragen Sie eine Schutzmaske, um zu verhindern, dass schädlicher Staub in Ihre Lunge gelangt. Halten Sie Verbandzeug bereit; während es einiges an Kraft kostet, mit einem Messer durch Holz zu schneiden, leistet Haut nur geringen Widerstand. Ein Stich mit dem Messer tut weh, aber lange Schnittverletzungen müssen genäht werden – oder noch schlimmer. Also passen Sie auf sich auf!

Miniatur-Stielkloben: Ein Stielkloben ist eine Mini-Schraubzwinge an einem Griff, die Sie mit der Hand drehen können. Verwenden Sie ihn zum Bohren kleiner, präziser Löcher. So können Sie mit hoher Genauigkeit Tiefe, Stelle und Richtung des Lochs kontrollieren. Er kann gemeinsam mit einem Bohraufsatzset gekauft werden, das in die Spannvorrichtung des Werkzeugs passt. In diesem Buch verwenden Sie den Stielkloben, um Befestigungslöcher in Ihre Schnitzarbeiten zu bohren, damit Sie während des Bemalens einen Zahnstocher hineinstecken können.

Sägen: Am Anfang eines jeden Projekts müssen Sie das Holz auf die richtige Größe zuschneiden. Hier sind verschiedene Sägenarten praktisch, um das Holz zuzuschneiden und die Werkstücke in verschiedensten Größen grob in Form zu bringen. Handsägen wie eine Bogensäge sollten für Holz verwendet werden, das mit einer Zwinge befestigt wurde. Eine Dekupiersäge ist gut, wenn das Holz schon bereit ist, in kleine Stücke geschnitten zu werden. Eine Bandsäge ist das beste Allround-Werkzeug für Zuschnitt und Formgebung. Ich verwende auch eine Mini-Tischsäge, um die kleinen Kästen des letzten Projektabschnittes zuzuschneiden.

Farbe und Pinsel: Verwenden Sie hochwertige Acrylfarben, um Ihre Projekte zu bemalen. Sie brauchen mindestens fünf Farben: Blau, Gelb, Rot, Schwarz und Weiß. Bei den Pinseln sind Sie mit einigen in Größe 1 und einem größeren runden Pinsel von mittlerer Qualität sowie einem hochwertigen Pinsel für Detailarbeiten gut beraten. Pinsel, die in Nagelstudios für Details verwendet werden, eignen sich hierfür sehr gut.

Weiteres Werkzeug: Runden Sie Ihren Werkzeugkasten mit einem Bleistift zum Zeichnen auf dem Holz, einem Notizblock und einem Stift zum Aufzeichnen Ihrer Ideen sowie Schleifpapier (Körnung 150, 300 und 600) zum Schleifen von Oberflächen ab, falls gewünscht.

Schärfen und Warten des Werkzeugs

Sie müssen lernen, Ihr Messer rasierklingenscharf zu halten, da es das Schnitzen nicht nur einfacher und angenehmer macht, sondern auch sicherer: Ein stumpfes Messer ist gefährlich, weil es mehr Kraft zum Schneiden erfordert – Kraft, der die Kontrolle zum Opfer fällt. Vermeiden Sie es, Ihrem Messer unnötig zu schaden; verwenden Sie es nur für Holz und meiden Sie Metall, insbesondere andere Messer. Schützen Sie die Klinge, wenn Sie es aufbewahren, und verwenden Sie es nicht wie eine Brechstange. Bevor die Klinge stumpf und das Schnitzen beschwerlicher wird, ziehen Sie das Messer, abhängig von der Härte des Holzes, etwa alle 20 Minuten ab, um die Schnittkante zu verfeinern. Schärft das Abziehen eine stumpfe Klinge nicht mehr, schärfen Sie sie an einem Schleifstein, um die Schnittkante zu reparieren oder neu aufzubauen.

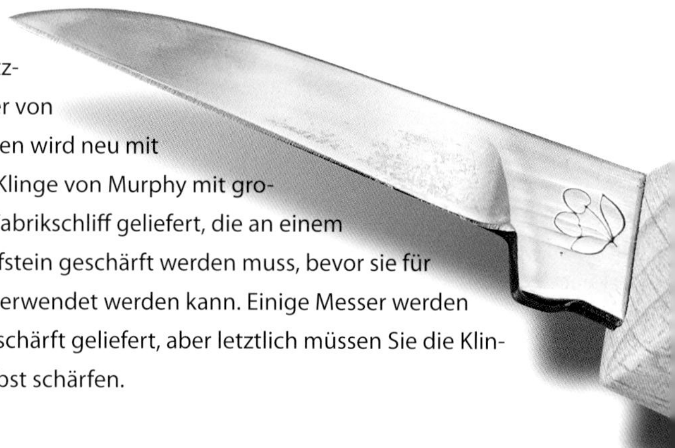

Das Schnitzmesser von Kirschen wird neu mit einer Klinge von Murphy mit grobem Fabrikschliff geliefert, die an einem Schleifstein geschärft werden muss, bevor sie für Holz verwendet werden kann. Einige Messer werden vorgeschärft geliefert, aber letztlich müssen Sie die Klinge selbst schärfen.

Abziehen

Das Abziehen sollte genügen, um eine Klinge für lange Zeit rasiermesserscharf zu halten. Einige Schnitzer verwenden Lederstreichriemen ohne Abziehmittel, aber die Zugabe eines Schleifmittels beschleunigt den Vorgang. Streichriemenpaste wird oft gemeinsam mit Wildleder verwendet, kann aber auch mit Glattleder genutzt werden. Reiben Sie die gesamte Oberfläche des Streichriemens mit dem Schleifmittel ein. Wiederholen Sie dies jedes fünfte Mal; wird die Paste dick und krustig, entfernen Sie sie bei Hitze mit einem Buttermesser. Um ein Messer abzuziehen, legen Sie den Streichriemen gerade hin und üben Sie festen Druck aus, während Sie es nach hinten über den Streichriemen ziehen. Halten Sie die Klinge des Messers die ganze Bewegung über flach. Die Schnittkante sollte das Leder leicht zusammendrücken, damit die Schleifkomponente die mikroskopisch kleine Schräge an der Kante schärfen kann. Eine Spur schwarzer Überreste, die anzeigt, dass Metall abgetragen wird, sollte auf dem Streichriemen zurückbleiben. Mit einem rauen Schleifmittel machen ein paar Striche auf beiden Seiten eine stumpfe Klinge wieder rasierklingenscharf.

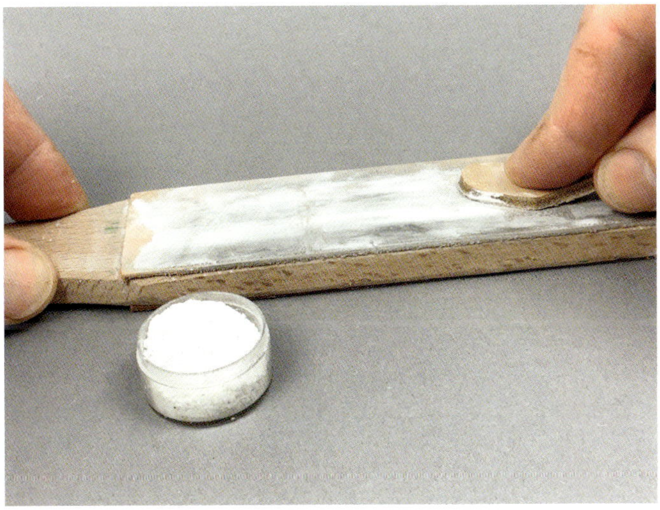

Um einen Lederstreichriemen mit Aluminiumoxidpuder zu präparieren, verteilen Sie das Puder mit dem Applikator gleichmäßig auf der gesamten Oberfläche des Streichriemens.

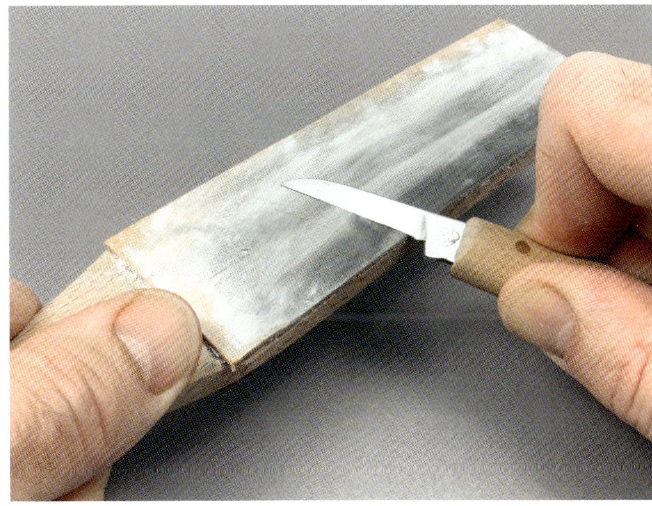

Ziehen Sie Ihr Messer ab, indem Sie es flach halten, kräftig andrücken und auf jeder Seite einige Male nach hinten über das Leder ziehen.

Schleifen mit Schleifstein

Wenn eine Klinge ab Werk schlecht gefertigt ist, eine Kerbe hat, oder wenn das Abziehen fehlgeschlagen ist, ist es Zeit für den Schleifstein. Zuerst fixieren Sie den Schleifstein mit der 600er-Körnung auf einer stabilen Oberfläche. Benetzen Sie die Oberfläche des Steins mit Wasser und führen Sie die Klinge dorthin. Mit einer Hand am Griff und einer an der Klinge heben Sie die stumpfe Seite der Klinge etwa 0,8 mm an und streichen das Messer auf dem Stein auf beiden Seiten nach hinten, bis ein kleiner Grat entlang der gesamten Kante erscheint. Entfernen Sie diesen Grat durch Schleifen mit einem feineren Schleifstein mit Körnung 1200 oder mit einem Lederstreichriemen; ein bloßes Stück Glattleder ist dafür gut geeignet.

Es gibt beim Messerschärfen Möglichkeiten und Vorlieben wie Sand am Meer, darum habe ich einige Empfehlungen, die Einsteigern helfen sollen, diese Fähigkeit zu meistern. Kaufen Sie zuerst ein zusätzliches Messer, an dem Sie täglich das Schleifen üben können, um herauszufinden, was für Sie gut funktioniert.

Als Zweites suchen Sie sich einen Holzschnitzerkollegen mit Erfahrung, der Ihnen die Technik persönlich zeigen kann. Als Drittes sehen Sie sich Lehrvideos darüber an, wie Schnitzmesser geschärft werden. Nicht jeder lernt am besten aus einer geschriebenen Anleitung, und dies ist eine Fähigkeit, in der Sie Experte werden müssen. Am Ende werden Sie sich so unzählige Stunden sparen, Verletzungen verhindern und Ihr Messer über eine lange Zeit hinweg erhalten.

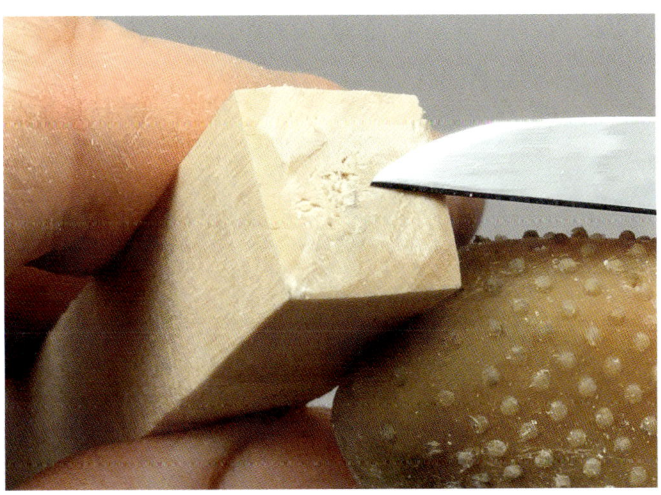

Reißt Ihr Messer das Hirnholz eines Stücks Lindenholz wie gezeigt, ist es sehr stumpf oder beschädigt und muss an einem Stein geschärft werden.

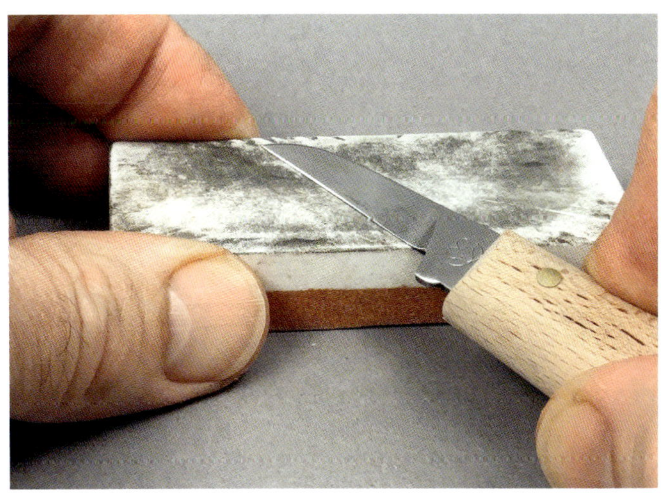

Ein zweiseitiger Schleifstein wie der von Kirschen bietet eine raue und eine feine Schleiffläche. Hier wird das Messer auf der feinen Keramikseite geschärft. Die Rückseite der Klinge wird leicht angehoben und ist bereit, nach hinten über den Stein gezogen zu werden.

Gestaltung Ihres Projekts

Natürlich ist dies ein Anleitungsbuch, aber es wird Sie auch lehren, wie Sie Ihre eigenen Projekte und Muster entfalten. Lassen Sie uns mit diesem Gedanken im Hinterkopf einen guten Designvorgang genauer betrachten.

Wenn Sie beschließen, ein bestimmtes neues Objekt oder Tier zu erschaffen, studieren Sie es, bevor Sie zum Messer greifen. Das mag eine Durchsicht von Fotos ebenso beinhalten wie auch das, was andere Künstler gezeichnet, gemalt oder bildhauerisch gestaltet haben. Im Fall von tierischen Arbeitsstücken zeigen Videos, wie der Körper sich in Bewegung verändert, und enthüllen Details, die in der unbewegten Fotografie oft verborgen bleiben. Beobachten Sie das Tier direkt und interagieren Sie mit ihm, falls dies möglich (und auch sicher) ist. Der Kern einer Idee kann Gedichten oder Märchen, Redewendungen oder der Mythologie entstammen. Von ägyptischen Hieroglyphen über Gary Larsons „Far Side" bis zu Rainer Maria Rilkes Gedicht „Panther" entsprang meine Inspiration für Designs aus einer Vielfalt von Quellen. Eine gute Art, Ihre Möglichkeiten innerhalb Ihres Repertoires zu erweitern, ist, sich während des Entwerfens eine alberne Vorstellung über eine Figur zu machen oder auch jeglichen Fehler, der während des Schnitzens geschieht, auszunutzen. Ich habe einmal den Kopf einer Katze während des Schnitzens verdorben, abgeschnitten und einen Ersatzkopf geschnitzt, den sie in den Pfoten hielt – eine Zombiekatze. Allerdings landet man nicht immer einen Knüller: Ich habe eine Schachtel voller zerbrochener und aufgegebener Schnitzereien und einen Stapel mit Skizzenbüchern gefüllt mit Ideen, die ich niemals in die Tat umsetzen werde, aber sie leben in meinem kreativen Raum als wertvolle Quellen weiter.

Wenn ich etwas entwerfe, mache ich schnelle Skizzen, um eine Idee festzuhalten. Oft werden Pläne im Laufe einer solchen Sitzung ausgefeilt, vermengt und aufpoliert. Behalten Sie, was funktioniert, legen Sie beiseite, was nicht klappt, und machen Sie weiter. Ich kritzle frei und planlos herum, arbeite dabei oft an mehreren Stücken, bis ich einen Zeichnungsfluss erreiche, der mir auch Optionen lässt. Wählen Sie einen Plan aus und übertragen Sie ihn grob aufs Holz. Zeichnen Sie weiter und markieren Sie das Holz nach Bedarf, um zu sehen, wo Sie schneiden müssen und wo nicht.

Haben Sie Schwierigkeiten, sich vorzustellen, wie Sie dreidimensional arbeiten sollen? Damit sind Sie nicht allein. Als Neuling hat mich dieses Problem so sehr beschäftigt, dass ich sogar davon geträumt habe. Eine effektive Methode, die dabei hilft, das Gehirn zu trainieren, ist das Formen von Ton-, Wachs- oder Drahtmodellen der Figur oder des Stücks, das Sie schnitzen möchten. Eine Schnitzschule im bayerischen Oberammergau verlangt dies von ihren Schülern, bevor sie überhaupt nur ein Stück Holz berühren dürfen.

Oft sind meine Gedanken Quell meiner Ideen, aber manchmal verhelfen mir ein zufälliges Gespräch oder ein Ratschlag zu einer Eingebung oder einer Antwort, deren Frage ich noch gar nicht gestellt hatte. Die Inspiration, die aus einem Treffen mit jemandem entspringt, dessen Herz genauso schlägt wie das eigene, ist ein Geschenk, das die Griechen als Muse bezeichneten. Der Funke der Kreativität kann allerlei Herkunft haben, solange Sie bescheiden bleiben und offen dafür sind, wohin er Sie führt. Es könnte das letzte Puzzleteil in einem Projekt sein, das Sie vor ein Rätsel gestellt hat – oder der erste Schritt auf einem völlig neuen Weg.

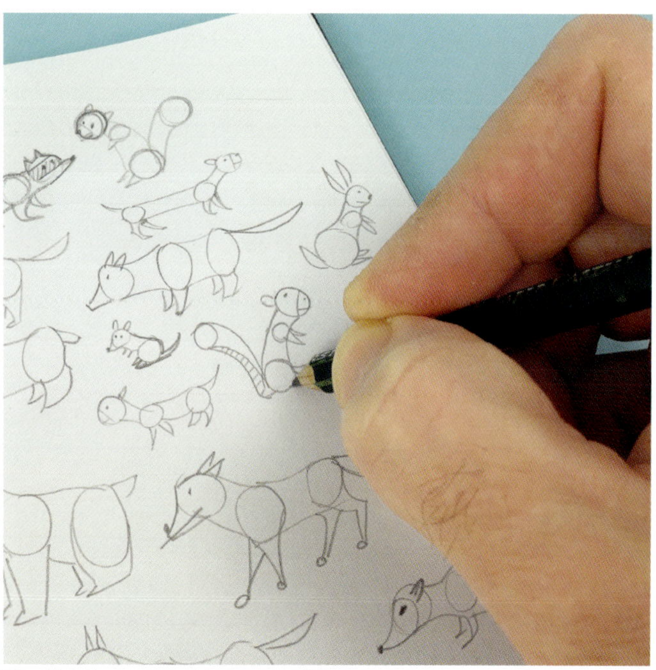

Eine Zeichnung aus Kreisen und Formen zusammenzufügen, ist eine effektive und einfache Methode.

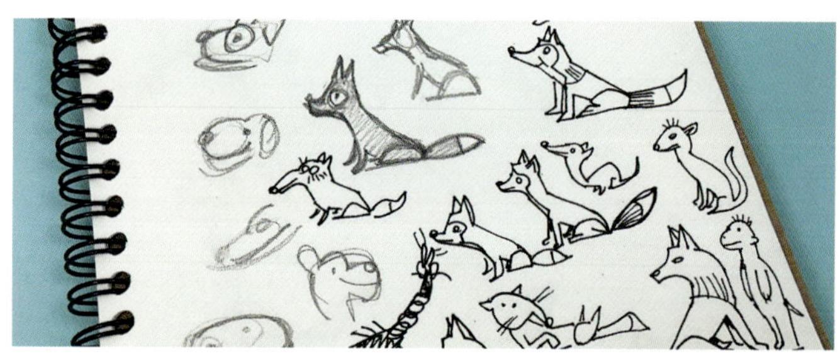

Ein und dieselbe Idee mehrere Male zu wiederholen, hilft Ihnen, sie jedes Mal anders zu zeichnen. Im Falle dieser Fuchsstudie folgen einige Skizzen einem bekannten Muster, andere weichen beträchtlich von der Norm ab.

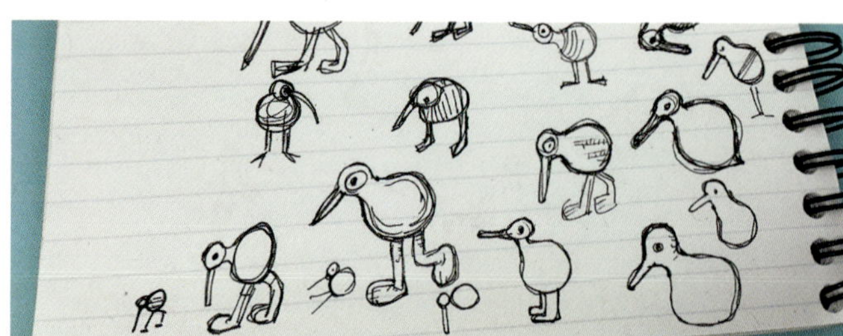

Diese Skizzen von Kiwis und Schnepfen untersuchen die Bewegung und die cartoonhafte Natur der Tiere.

Schnitztechniken

Holz ist stark in Maserungsrichtung und schwach im rechten Winkel dazu; behalten Sie dies beim Übertragen des Designs auf das Holz und beim Schnitzen im Hinterkopf. Lange Beine, Schwänze, Ohren oder Hörner müssen so positioniert werden, dass Sie diese Stärke so gut wie möglich ausnutzen. Wo dies nicht möglich ist, sollten Sie in Betracht ziehen, sie separat zu schnitzen und dann anzubringen. Während des Schnitzens wird Ihnen auffallen, dass es leichter ist, in Richtung der Maserung zu schnitzen als über sie. Sie bestimmt auch, wie mit geschnitzten Details verfahren wird: Ein unkontrollierter oder schlecht geplanter Schnitt, und die Figur verliert Fuß, Nase oder Ohr.

Die Sicherheit der Finger hat allerhöchste Priorität und erfordert das Aufrechterhalten von guter Technik und Kontrolle. Halten Sie Ihr Messer immer scharf und schnitzen Sie nie, wenn Sie müde, wütend, ungeduldig oder in Ihren Sinnen beeinträchtigt sind – das endet sonst blutig. Die Kontrolle über das Messer zu behalten bedeutet, mit jedem Schnitt nur kleine Holzstücke zu entfernen; wenden Sie mehr Kraft auf, haben Sie weniger Kontrolle darüber, was als Nächstes passiert. Da das Schnitzen eine subtraktive bildnerische Technik ist, bei der Material entfernt wird, um die Figur freizulegen, lassen Sie Vorsicht walten und nehmen Sie lieber weniger weg als zu viel. Wiederholen Sie Schnitte an derselben Stelle, um ein größeres Ergebnis zu erhalten. Schnitzen ist kein Wettrennen. Ihre Hände werden Stärke, Kontrolle und Feinmotorik nur über viele Stunden der Übung erlangen. Bis dahin schonen Sie Ihre Finger!

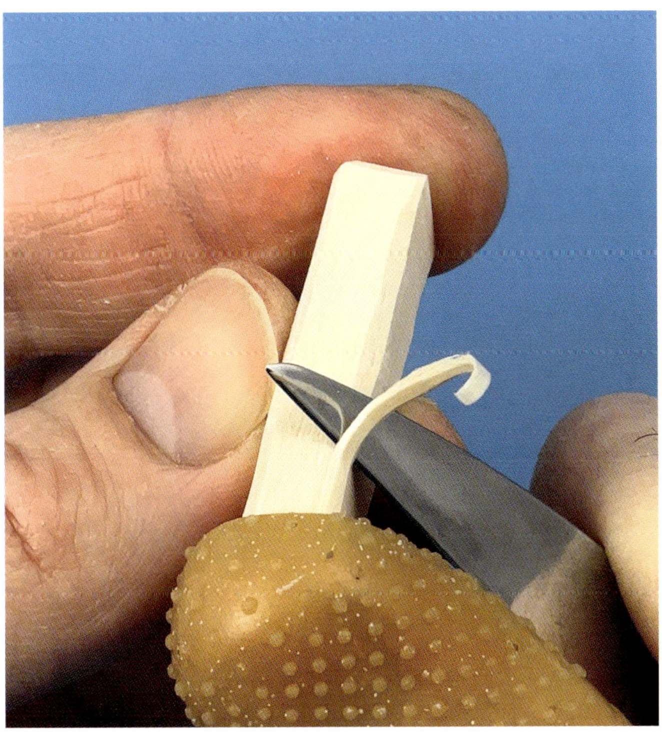

Schälschnitt

Grundschnitte

Der grundlegendste Schnitt ist der **Schälschnitt.** Er wird so ausgeführt wie beim Schälen von Gemüse oder einer Kartoffel: Spannen Sie die Messerhand an, während Sie kontrolliert zu Ihnen her schneiden, um ein Stückchen Holz abzuschaben. Dies ist die einfachste Methode, aber auch potenziell gefährlich, da Sie auf Ihren Daumen zu schneiden, darum ist sie für Einsteiger nicht zu empfehlen. Machen Sie Gebrauch von dieser Methode, so schützen Sie Ihren Daumen mit einer Schicht Leder, Tape oder Gummi vor kleinen Schnitten.

Ein **Schiebeschnitt** kann mit weniger Verletzungsrisiko weitestgehend das Gleiche erreichen wie der Schälschnitt. Das „Schieben" wird oft vom Daumen der Hand ausgeführt, die das Holz hält. Üben Sie Druck auf die stumpfe Seite des Messers oder den Daumen der Messerhand aus. Drücken Sie auch mit Ihrer Messerhand ein wenig und führen Sie die Klinge weg von Ihrem Körper. Sie können einen Schiebeschnitt auch ohne Hilfe des Daumens ausführen – er ist nur da, um die Kraft, die Sie anwenden, zu verstärken.

Kombinationsschnitte erfordern mehrere Messerschnitte, die gemeinsam Material entfernen.

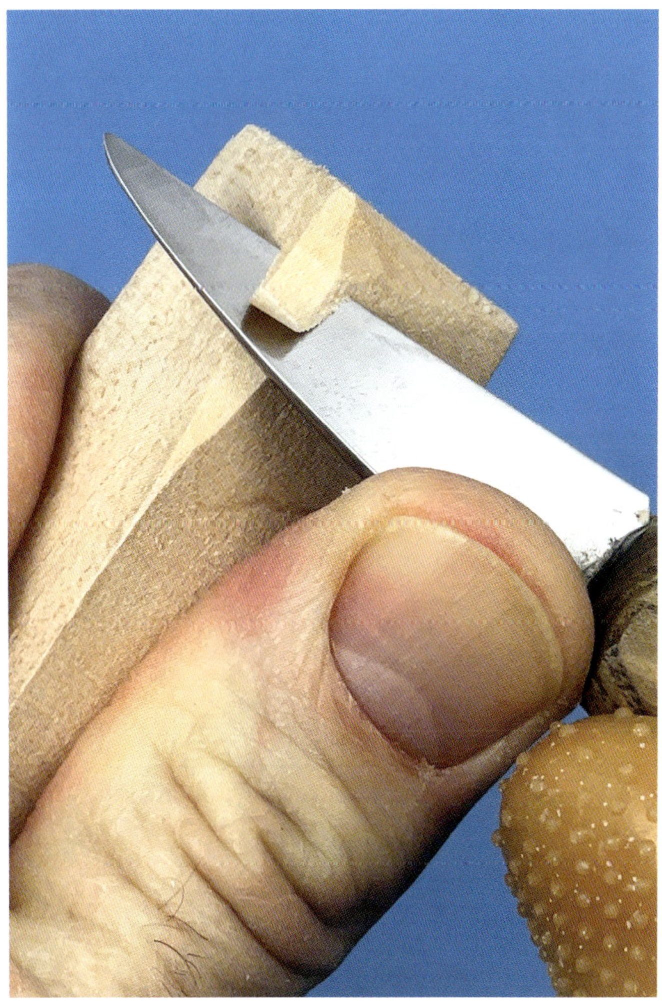

Schiebeschnitt

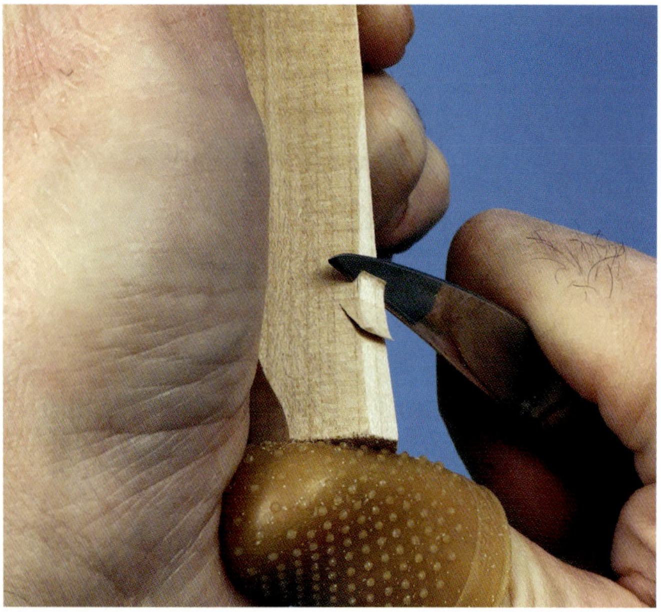

V-Schnitt (aus zwei Schnitten)

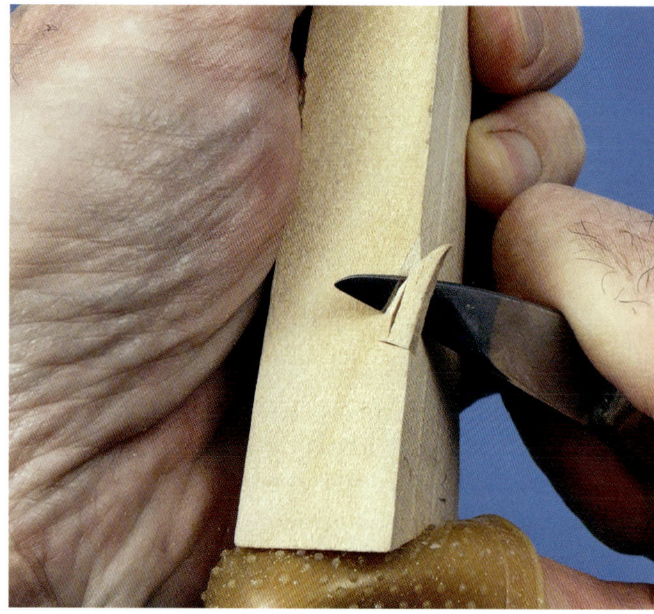

Stoppschnitt (aus zwei Schnitten)

Beim Holzschnitzen wird der Begriff **„Stoppschnitt"** oder „Einschnitt" typischerweise verwendet, um einen einzelnen Schnitt in das Holz zu bezeichnen, der selbst kein Holz entfernt, aber auf einen anderen Schnitt trifft, der dann sehr wohl das Holz entfernt. In diesem Buch wird der „Stoppschnitt" als zweiteiliger Schnitt definiert, wobei der erste Schnitt senkrecht oder im 90°-Winkel zur Holzoberfläche geschieht und der zweite schräg zu ihm stößt, ähnlich dem V-Schnitt.

Mit dem **V-Schnitt** und dem **Stoppschnitt** kreieren Sie mit dem ersten Messerschnitt eine Grenze und nutzen den zweiten, um das Stück Holz vor dem ersten Schnitt abzutragen. Beim V-Schnitt ist jeder Schnitt schräg, damit sie sich in der Mitte treffen. Beim Stoppschnitt ist der erste Schnitt senkrecht oder im 90°-Winkel zur Holzoberfläche und der zweite schräg, um auf ihn zu treffen. Drei oder mehr Schnitte in Kombination können zeltförmige oder dreieckige Kerben ergeben: Machen Sie mit der Messerspitze zwei Einschnitte, die wie ein V unter der Oberfläche aussehen, und führen Sie dann einen dritten Schnitt aus, um das Holz abzutragen.

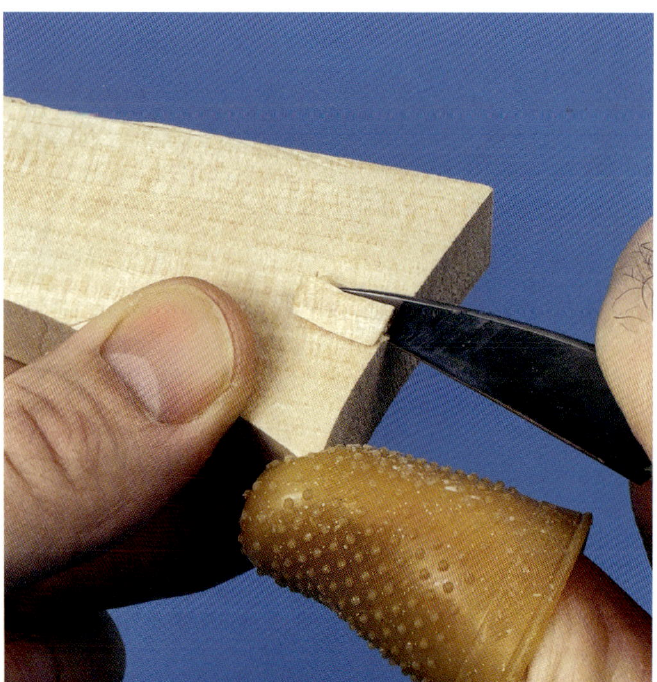

Kombination aus drei Schnitten: zeltförmiger Span

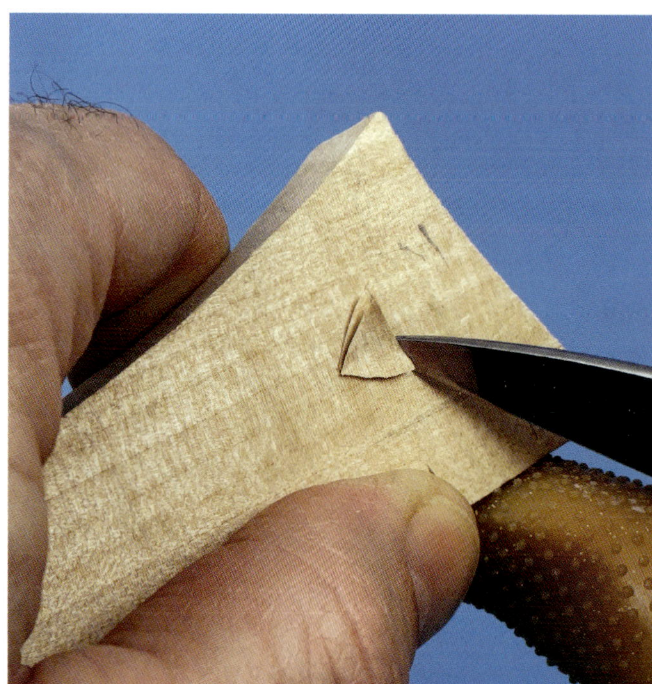

Kombination aus drei Schnitten: dreieckiger Span

Bemalen und Lackieren

Es gibt viele Arten, das Holz abschließend zu behandeln, aber für die Zwecke dieses Buchs liegt der Fokus auf meiner bevorzugten Methode, dem Malen mit Acrylfarben. Ich grundiere das Holz nicht und ich verwende keinen Klarlack, da er mehr Staub anzieht als pure Farbe. Benötigt eine mit Acrylfarben bemalte Figur einmal eine Reinigung, verwenden Sie ein in Alkohol oder Seifenwasser getunktes Tuch. Am Ende dieses Kapitels finden Sie Alternativen zur Acrylfarbe.

Ich empfehle den Kauf eines Basissets aus vier oder fünf hochwertigen Acrylfarben zum Selbstmischen, statt ausdruckslose, billige Farben aus der Flasche zu verwenden. Für dieses Buch habe ich fünf Liquitex-Farben verwendet, darunter Ultramarinblau, Kadmiumgelb mittel, Naphtholrot, Marsschwarz und Titanweiß. Durch Mischen dieser fünf können Sie unendlich viele Farben herstellen. Einige werden nach dem Trocknen dunkler, als sie im feuchten Zustand aussehen. Probieren Sie die Farben und Kombinationen auf Ihrer Palette aus, bevor Sie sie auf Ihre Schnitzarbeit auftragen.

Selbst für die durchgehend kleinen Projekte in diesem Buch benötigen Sie mehr als einen kleinen Pinsel. Diese gibt es nicht nur in unterschiedlichen Größen, sondern auch in unterschiedlichen Formen, etwa Rund-, Flach- und Katzenzungenpinsel, Schlepper oder Linierer, die unterschiedlichste Funktionen erfüllen. Wenn Sie sparen müssen, empfehle ich ein Rundpinselset, da dies die vielseitigste Form ist, und einen Linierer als Detailpinsel, der auch die Arbeit des Spotters erledigen kann. Verwenden Sie größere Pinsel, um Grundierungen oder größere Flächen in einer Farbe aufzutragen. Mit kleineren Pinseln gestalten Sie Augen, Punkte, Tupfen, Strichlein, Details und Konturlinien. Achten Sie darauf, die Farbe während des Malens alle paar Minuten gründlich auszuwaschen, damit sie nicht in den Borsten trocknet und den Pinsel beschädigt.

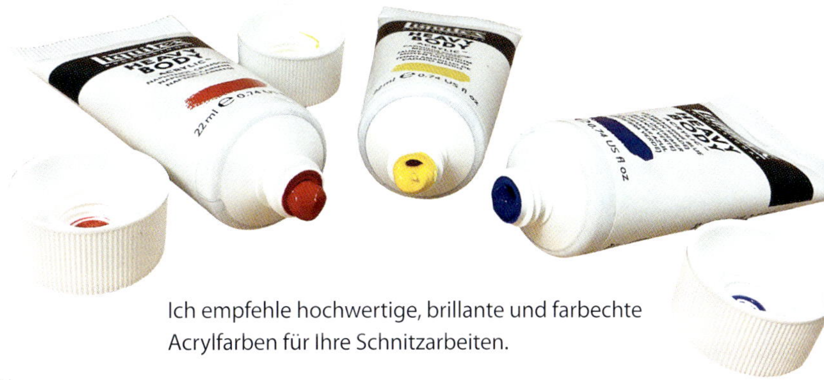

Ich empfehle hochwertige, brillante und farbechte Acrylfarben für Ihre Schnitzarbeiten.

Ich halte es mit dem Malen wie mit dem Design: Ich beginne mit einer weißen Leinwand, auch wenn sie in diesem Fall gebogen ist. Ich betrachte Stoffmuster, Bilder, Illustrationen, Spielzeug und die Felle in der Natur selbst, um Inspiration zu finden. Oft wähle ich für verspielte Modelle lebensnahe oder fantasievolle Farben. Ich versuche, mein Wissen zu erweitern, indem ich Meister der Farben wie den russischen Maler Wassily Kandinsky studiere, der ein ganzes Buch über dieses Thema geschrieben hat.

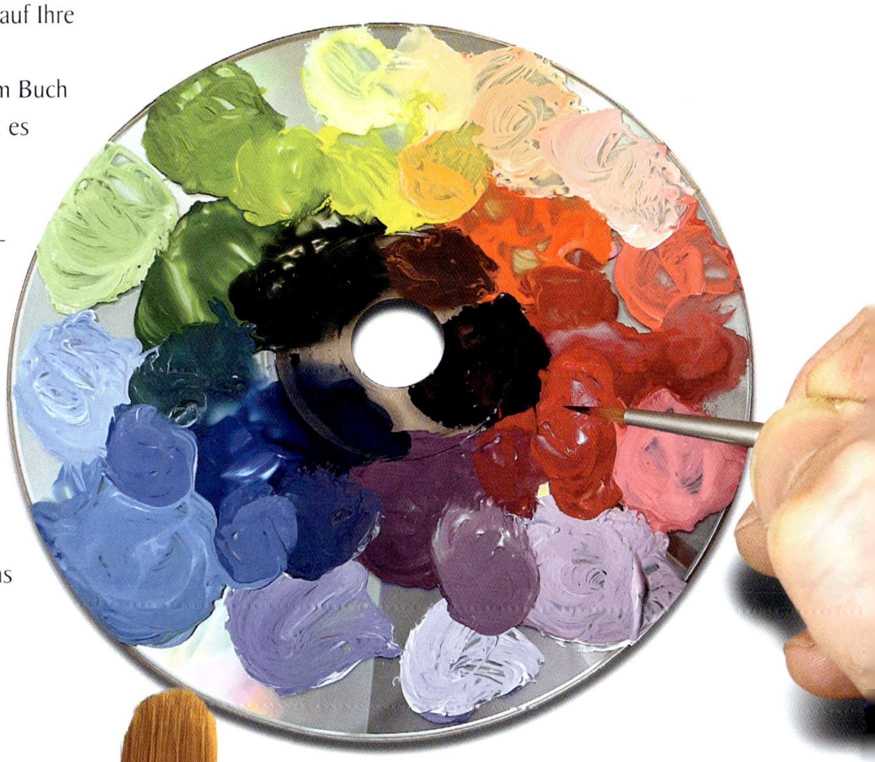

Farbrad aus einer alten CD als Palette, um zu lernen, wie Farben gemischt werden, und ihre Beziehungen zueinander zu erkunden. Experimentieren Sie mit Farbkombinationen und finden Sie heraus, welche Farben gut zusammenpassen.

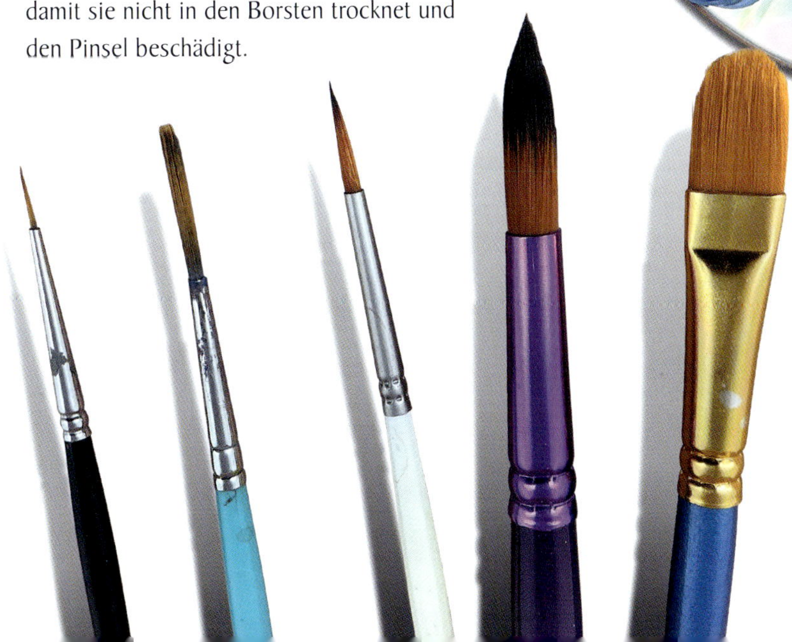

Farbpinsel (von rechts nach links): Katzenzungenpinsel, Rundpinsel Nr. 7 und Nr. 1, Linierer Nr. 2 und Nr. 18/0. Unterschiedliche Formen und Größen dienen für unterschiedliche Zwecken.

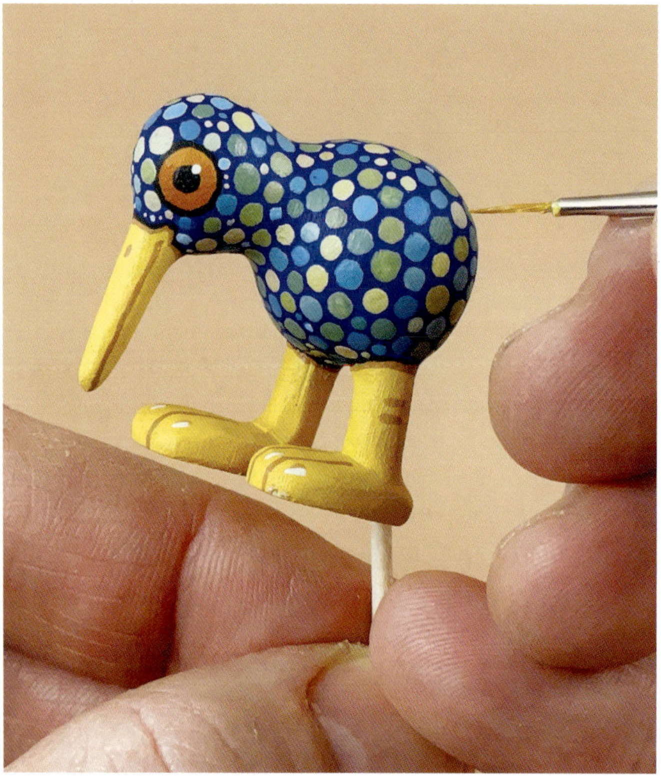

Diese Schnepfe ist nicht wirklichkeitsgetreu bemalt – lassen Sie sich nicht von der Realität einschränken!

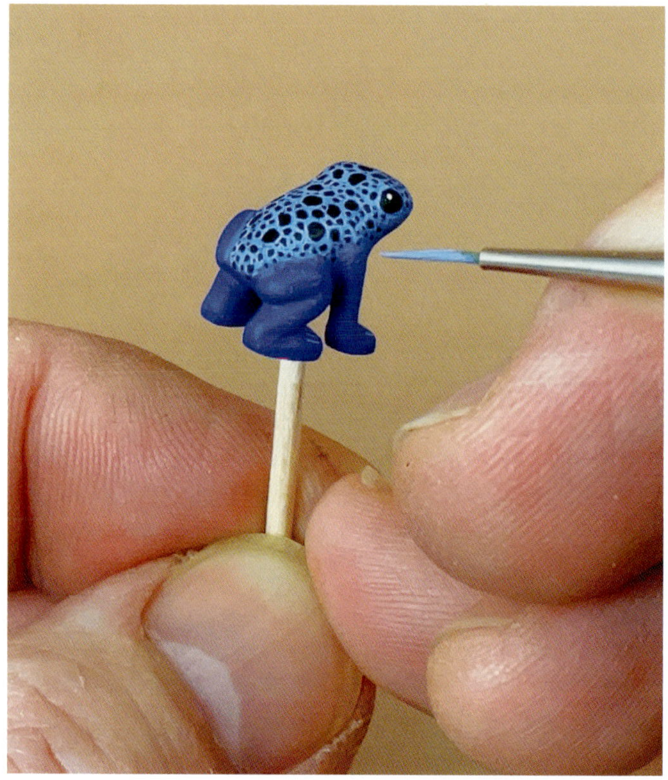

Die Arbeit auf einem Zahnstocher zu befestigen, erlaubt Ihnen während des Malens größere Kontrolle.

Manche Arbeiten erfordern eine bestimmte Zeichnung (z. B. Stinktiere), andere wiederum (etwa Drachen oder Dinosaurier) sind offene Tore für die Vorstellungskraft, wie eine leere Leinwand.

Die Natur der Miniatur spielt eine übergroße Rolle in der Festlegung von Farbausgewogenheit, Muster und Komplexität der Bemalung; eine daumengroße Figur erfordert spezielle Behandlung. Montieren Sie sie zuerst auf einen Zahnstocher: Bohren Sie ein kleines Loch an einer unauffälligen Stelle und kleben oder stecken Sie den Zahnstocher hinein. In den meisten Fällen kann man das Loch so stehen lassen, wenn die Schnitzarbeit fertig ist. Das Halten der Arbeit mit einem Zahnstocher erleichtert das Betrachten und bewahrt die Farbe davor, von Fingern verschmiert zu werden. Legen Sie sich einen genauen Bemalungsplan zurecht, beginnen Sie mit großen Flächen und gehen Sie nach und nach ins Detail. Malen in dieser Größenordnung ist peinlich genau und akribisch; es erfordert einen friedlichen Arbeitsplatz. Bei den kleinsten Elementen könnte es sein, dass Sie den Atem anhalten und während des Malens Ihren Herzschlag spüren – mir ergeht es so.

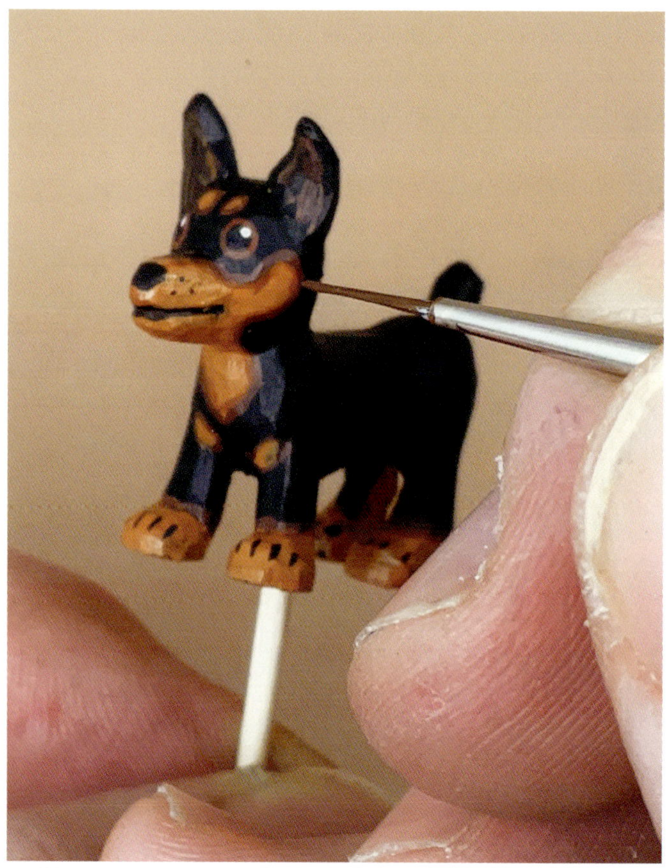

Ein kleiner Linierer ist gut für die Details dieses winzigen Hundes geeignet.

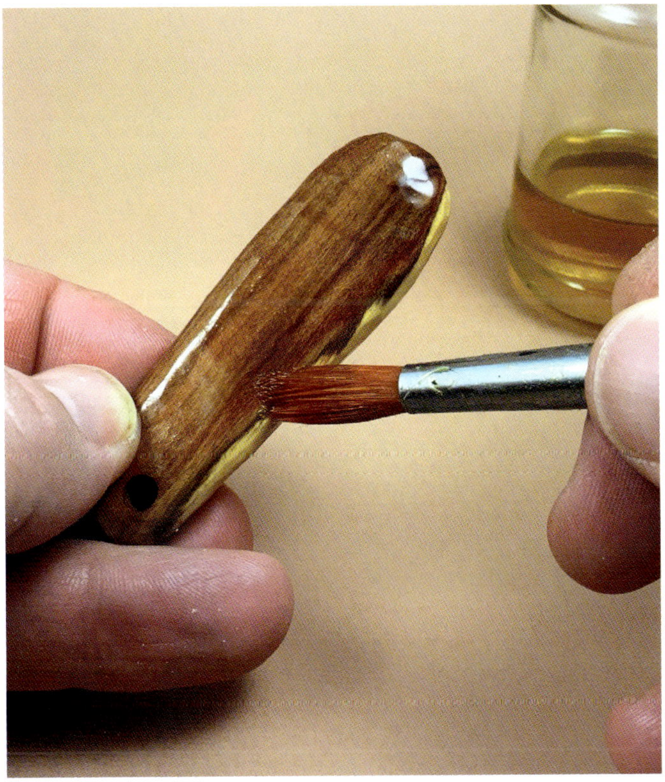

Gekochtes Leinöl betont die natürlichen Farben des Holzes, wie bei diesem Schlüsselanhänger aus Pflaumenholz.

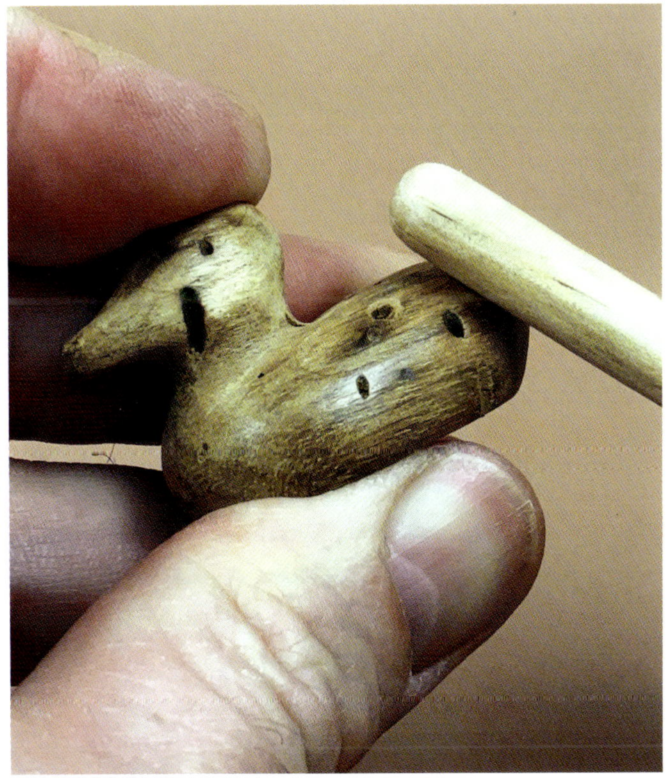

Polieren Sie Holz (in diesem Fall Graue Walnuss) mit Holz für einen glänzenden und klassischen Abschluss.

Alternative Methoden der Oberflächenbehandlung

Einige effektive Alternativen zum Bemalen sind Beizen, Polyurethanlacke oder gekochtes Leinöl für eine natürlichere Holzveredelung. Das Polieren mit Holz, sodass eine glatte Oberfläche entsteht, ist eine kostenlose Option, während die Brandmalerei (Pyrografie), also das Einbrennen eines Musters in das Holz mit speziellem Werkzeug, eine eigene Kunstform ist, die von vielen Schnitzern zur Veredelung ihrer Werke angewandt wird.

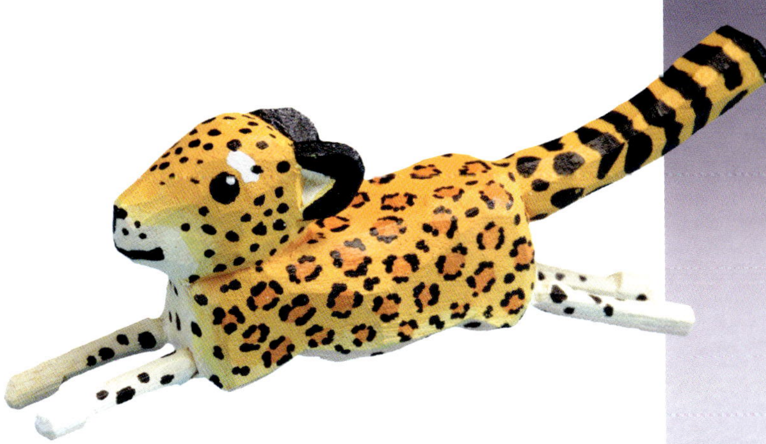

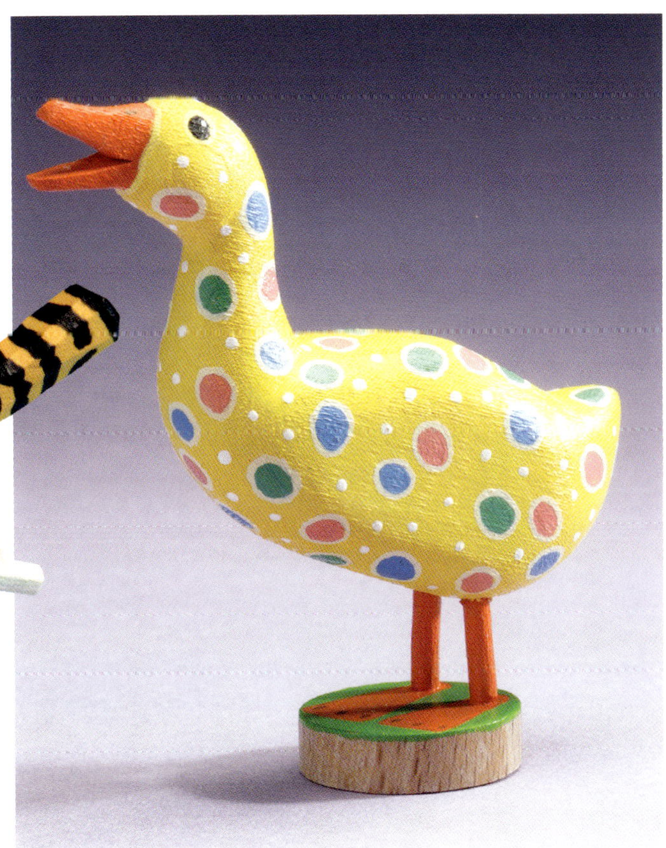

Bei jedem Projekt in diesem Buch können Sie entscheiden, ob Sie die echte Zeichnung des Tiers nachzeichnen oder sich kreativ und fantasievoll betätigen wollen!

Projekte

Leichte Projekte für Anfänger

Seite 20–43

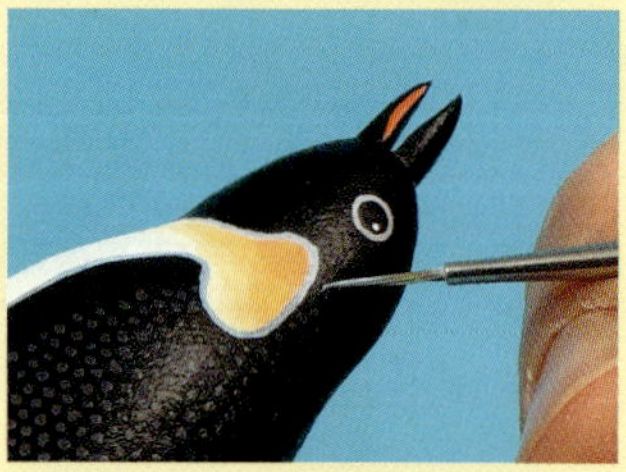

Wenn Sie noch nie zuvor ein Schnitzmesser in der Hand hatten, empfehle ich Ihnen, noch vor dem Eintauchen in diese Projekte scharfe Spitzen an Stäbe und einen Würfel in eine Kugel zu schnitzen, um eine grundsätzliche Vorstellung von den Einsatzmöglichkeiten des Messers und der Widerstandsfähigkeit von Holz zu erhalten. Das Schnitzen einer Kugel belehrt Sie auch über die Maserung des Holzes und darüber, wie wichtig es ist, aufmerksam zu bleiben und die Maserungsrichtung während des Schnitzens im Blick zu behalten. Ich habe diese Projekte so angelegt, dass sie leicht zu schnitzen sind. Die Pläne für die Figuren wurden mit der Maserungsrichtung im Blick so entworfen, dass die Details weniger anfällig für ein Absplittern sind. Bricht Ihnen ein Detail ab, können Sie es entweder wieder ankleben und bemalen oder eine völlig neue Tierart erfinden.

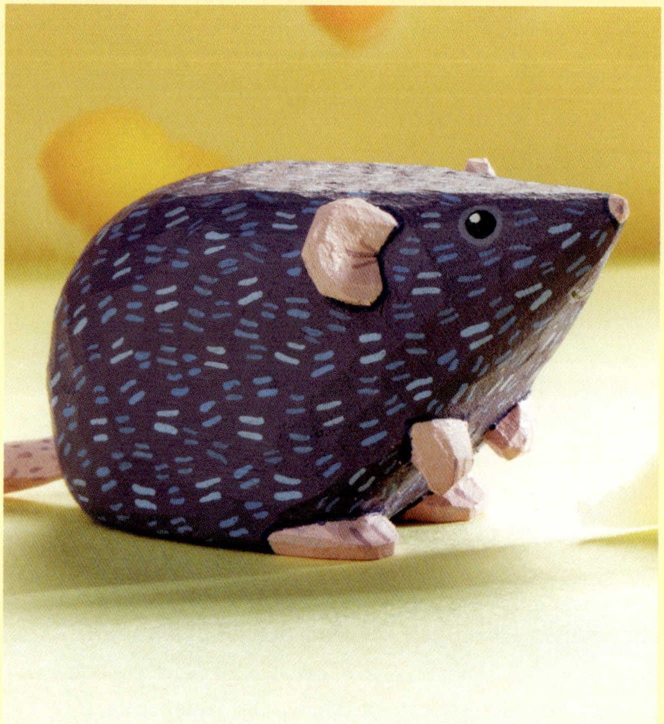

Fortgeschrittene Projekte für Lehrlinge

Seite 44–73

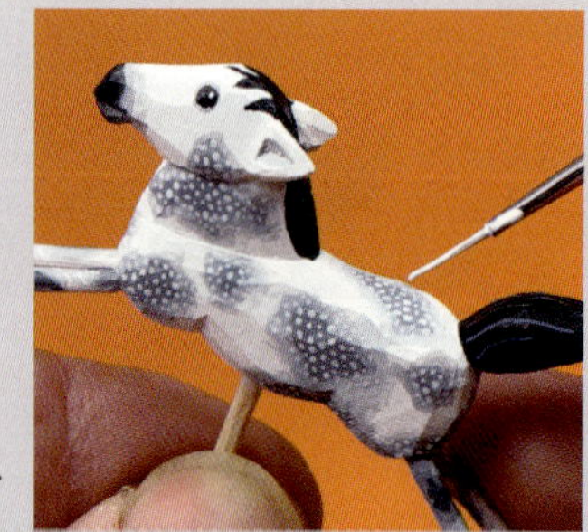

Die deutsche Sprache ist bekannt dafür, neue Wörter zu kreieren, indem sie bereits existierende Wörter kombiniert. „Springtier" ist ein ungewöhnlich prägnantes Beispiel dafür und auch sehr treffend, da diese Projekte das geschnitzte Pendant zu einem schnellen Sketch sind. Diese Kreaturen sind dafür gemacht, in einer Vielzahl hergestellt zu werden, da man durch Übung und Wiederholung Fertigkeiten gewinnt. Der springende Punkt einer Lehre ist, Erfahrung zu sammeln: die Handmuskeln zu trainieren und mit den Gedanken im Kopf abzustimmen. Halten Sie es einfach und streben Sie nach Präzision, nicht nach Perfektion. Der Fokus dieser Projekte liegt auf den Ohren und den Details des Kopfs.

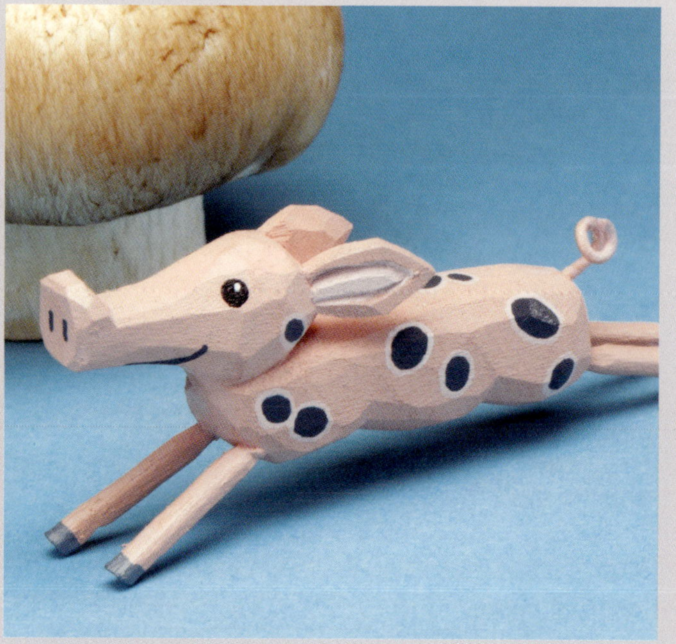

Themenbezogene Workshops

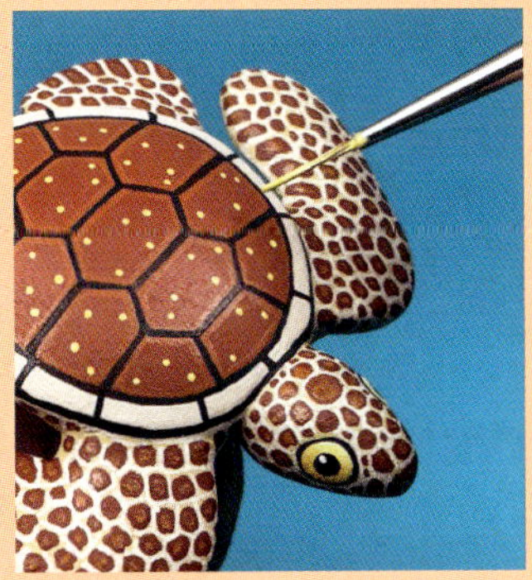

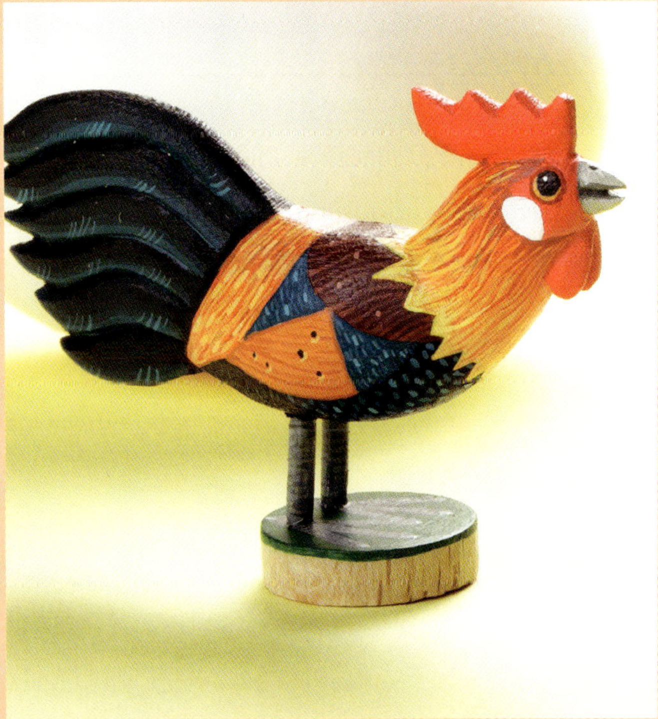

Seite 74–109

Nach der Tradition der Handwerkszünfte, die sich bis ins Mittelalter zurückverfolgen lässt, werden jene, die die Lehrzeit beendet haben, zu Gesellen, die von ihrem Lehrherrn fortgehen, um eine Zeit lang als Tagelöhner zu arbeiten. Diese Projekte sind in diesem Geiste entworfen, um Ihnen etwas mitzugeben, worüber Sie während Ihrer Schnitzreise nachdenken können. Durch das Sinnieren über unsere Tätigkeit können wir Erfüllung in den einfachsten Aufgaben finden. Durch das Erschaffen von Dingen mit wachem Geist gestalten wir eine greifbare Belohnung, ein Objekt, das von den Gedanken hinter dem Prozess durchdrungen ist.

Arbeiten in der Schachtel

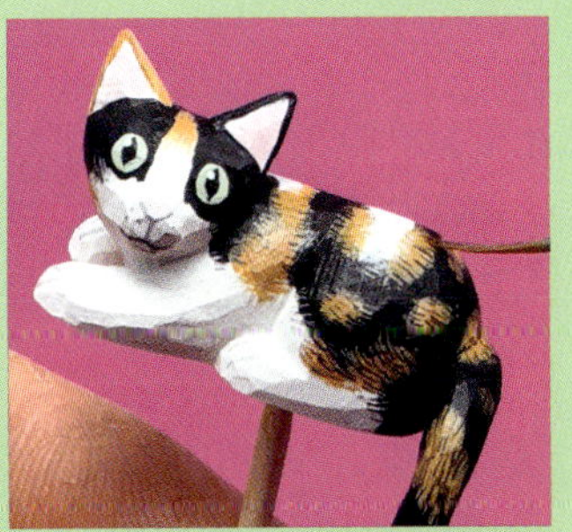

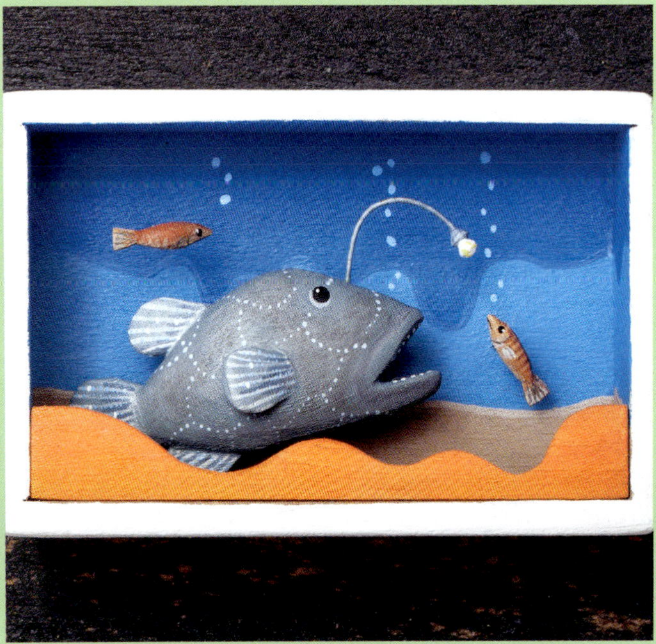

Seite 110–133

Das Aufbauen einer Miniaturwelt, eines Mikrokosmos, ist ein Meisterwerk intensiver perspektivischer Darstellung – auch wenn es auf engsten Raum begrenzt ist, steht es uns doch frei, ein unendliches Königreich zu erschaffen. Durch eine Schachtel buchstäblich beschränkt zu arbeiten, ist ein mächtiges Werkzeug, mit dem man experimentieren kann. Bei diesen Projekten wenden wir visuelle Tricks und einen flexiblen Maßstab an, spielen mit der Tiefenwahrnehmung und sprengen die Vorstellung von Distanz. Die Arbeit innerhalb der Schachtel bedeutet nicht, dass wir Kreativität und Innovation opfern. Sie setzt nur eine einzige Grenze, nämlich die maximale Größe der Schnitzarbeit, und stellt keine weiteren Ansprüche.

Maus

Wir haben in unserer Gegend eine Mäuseplage. Die Felder sind voller Mauselöcher, und das allnächtliche Trippeln der Pfötchen schreit nach extremen Maßnahmen. Wenn schon die alten Ägypter Miniatur-Tieramulette gefertigt haben, um sich gegen die Naturgewalten zu schützen, ist dies zumindest einen Versuch wert. Abstrakte Künstler meinen, die Kraft liege in der reinen Form; in diesem Geiste habe ich Kopf und Körper dieser Maus in Tränenform entworfen und die Gliedmaßen geschrumpft. Alles sieht trügerisch einfach aus, doch die Präzision kann sich als schwierig herausstellen. Als Anfänger sollten Sie bereit zum Improvisieren sein. Schwänze sind beispielsweise sehr zerbrechlich; notfalls kann ein Lederstreifen das Holz ersetzen.

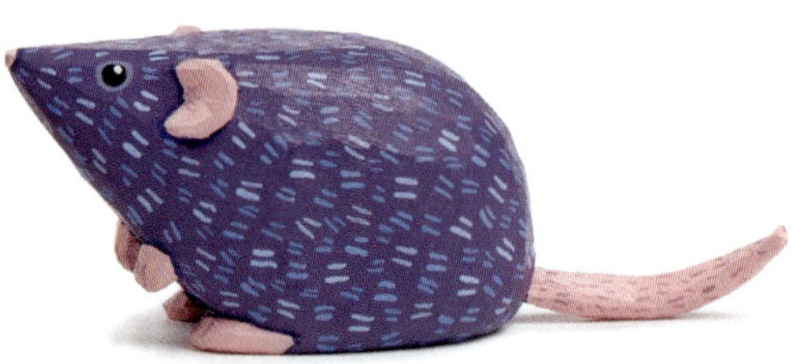

Material & Werkzeug

- Holz: 11 x 11 x 50 mm; Maserung in Richtung der längsten Abmessung
- 1 Zahnstocher
- Schnitzmesser
- Handschutz
- Stielkloben mit Bohrer (1,6 mm)
- Farbpinsel: Rundpinsel Nr. 1 oder größer, Linierer Nr. 10/0 oder kleinerer Detailpinsel
- Farben: Rot, Blau, Gelb, Weiß und Schwarz, um Violett-, Rosa- und Hellblautöne zu mischen

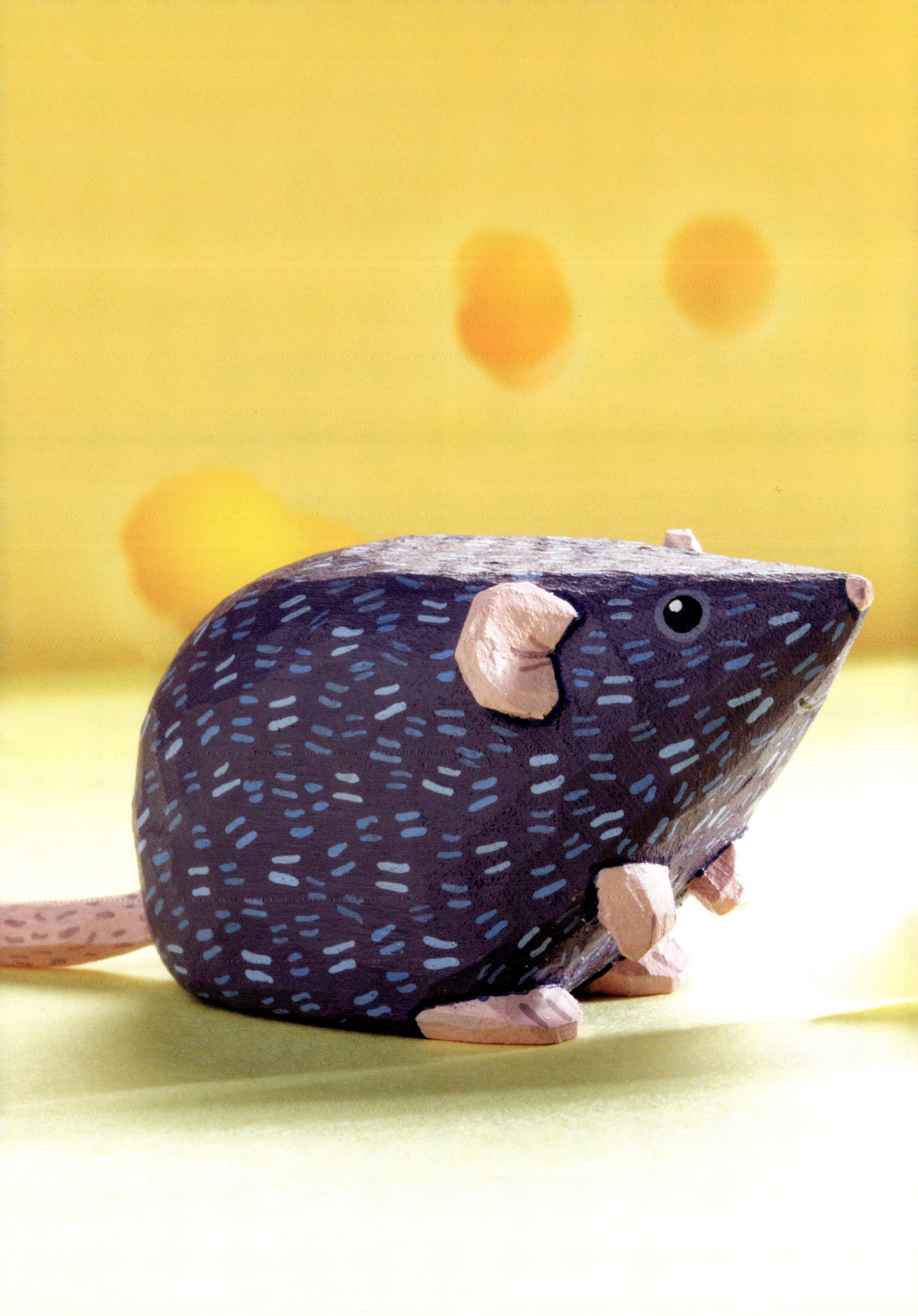

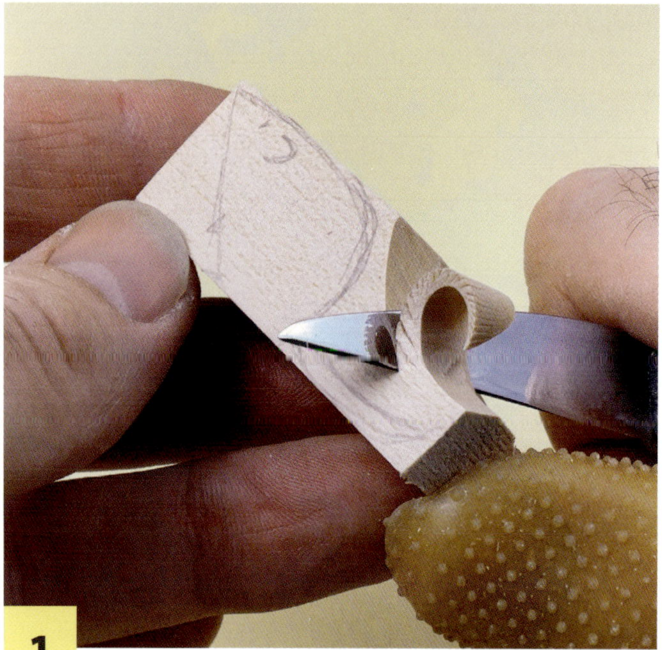

1

Grob bearbeiten. Übertragen Sie das Bild auf das Holz. Schnitzen Sie die gegenüberliegenden Ecken des Blocks unter dem Kinn und über dem Schwanz mit Schäl- und Schiebeschnitten grob zu. Lassen Sie am Bauch genug Material für die Pfoten stehen.

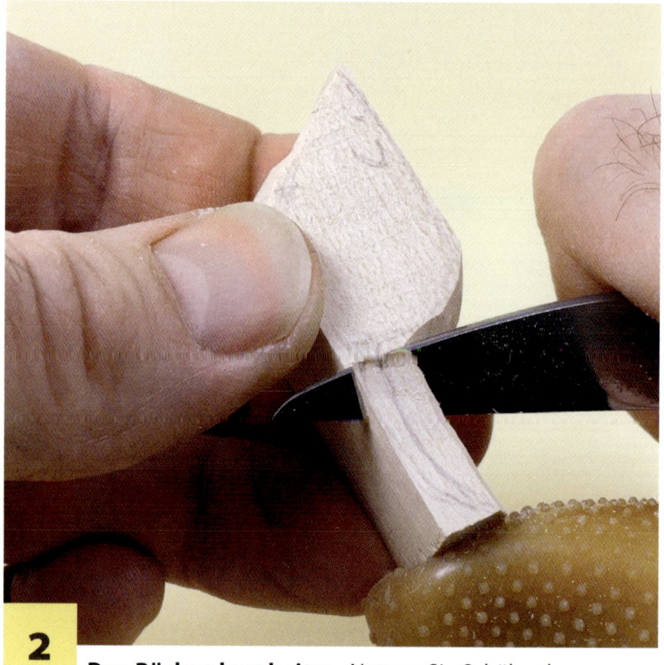

2

Den Rücken bearbeiten. Nutzen Sie Schäl- oder Schiebeschnitte, um die Kanten des Rückens abzurunden. Verschmälern Sie den Schwanz auf etwa 6,4 mm, damit er nicht zu zerbrechlich wird, und schnitzen Sie dann mit dem ersten Messerstrich Stoppschnitte, um das Ende des Rückens auszuarbeiten.

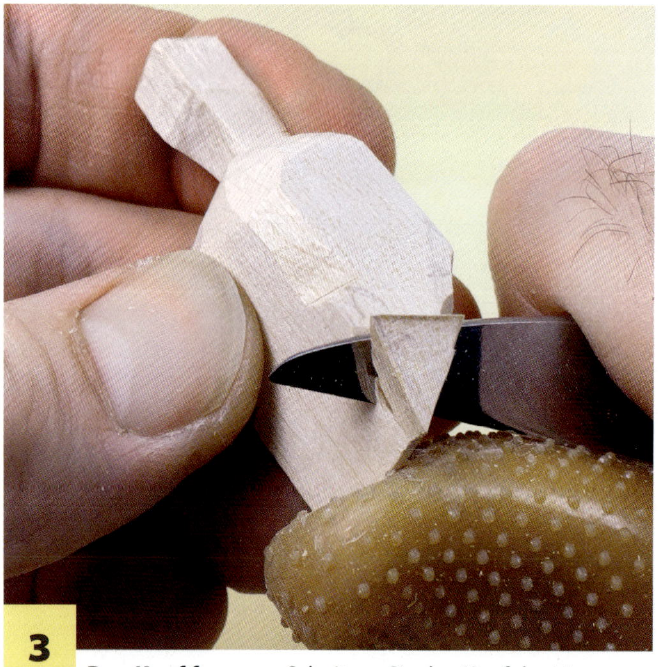

3

Den Kopf formen. Schnitzen Sie den Kopf der Maus spitz zulaufend. Machen Sie eine kleine Kerbe mit einem Stoppschnitt, um die Rückseite des Ohrs zu markieren, arbeiten Sie dann mit Schäl- oder Schiebeschnitten, um den Kopf der Maus schmaler zu gestalten, und lassen Sie die Schnitte an der Nase zur Spitze zusammenlaufen. Schnitzen Sie in langen Strichen, um die Oberfläche glatt und ohne Wellen zu halten.

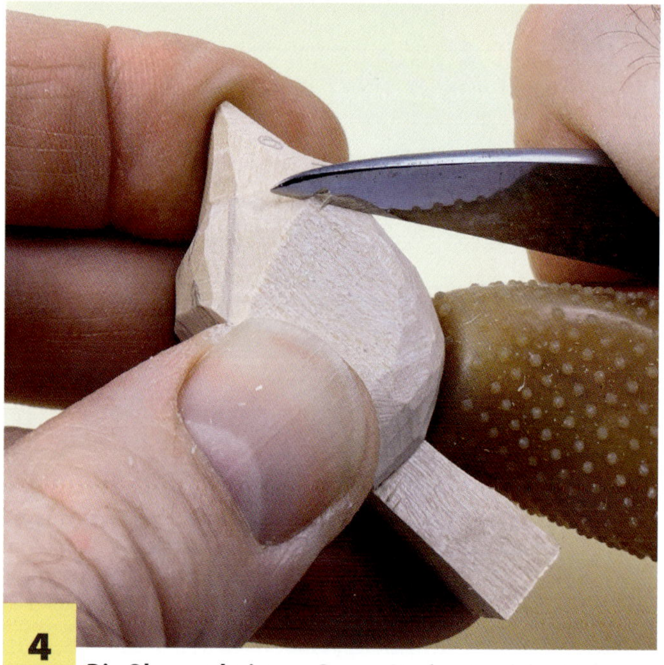

4

Die Ohren schnitzen. Bauen Sie den Rand des Ohres mit den ersten Schnitten in einem 90°-Winkel auf. Stimmen Sie die ersten Schnitte genau auf die zweiten Messerstriche ab, die vom Mäuserücken aus beginnen. Schnitzen Sie im Schälschnitt für den Verlauf der Vorderseite des Ohrs zum Gesicht hin. Gleichen Sie den Bereich hinter den Ohren mit Schälschnitten an den Rest des Körpers an.

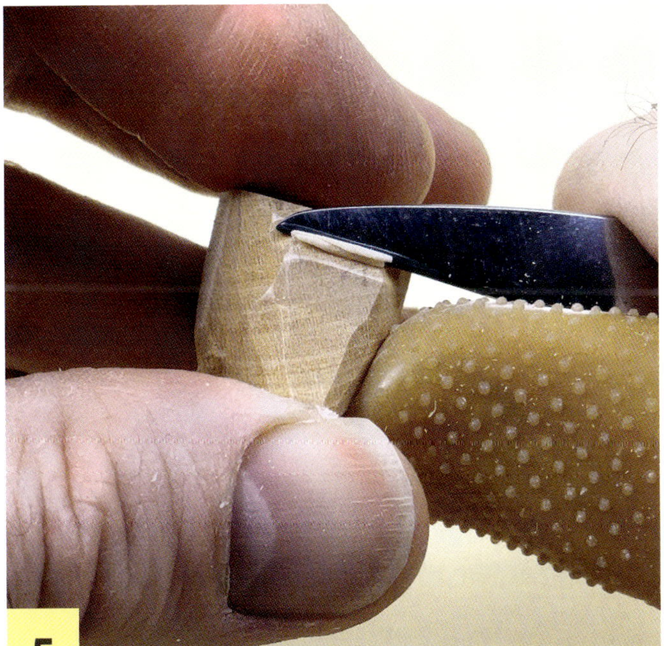

5 **Die Pfoten ausarbeiten.** Arbeiten Sie die Vorder- und Hinterpfoten mit Schäl- und Schiebeschnitten aus. Markieren Sie den Rand des Bauchs an der Seite der Figur, um sicherzugehen, dass Sie nicht darüber hinausschnitzen. Arbeiten Sie in Richtung der Nase. Machen Sie Schiebeschnitte vor den Vorderpfoten und Schälschnitte zwischen Vorder- und Hinterpfoten, um eine Trennung zwischen den beiden Beinpaaren zu schaffen.

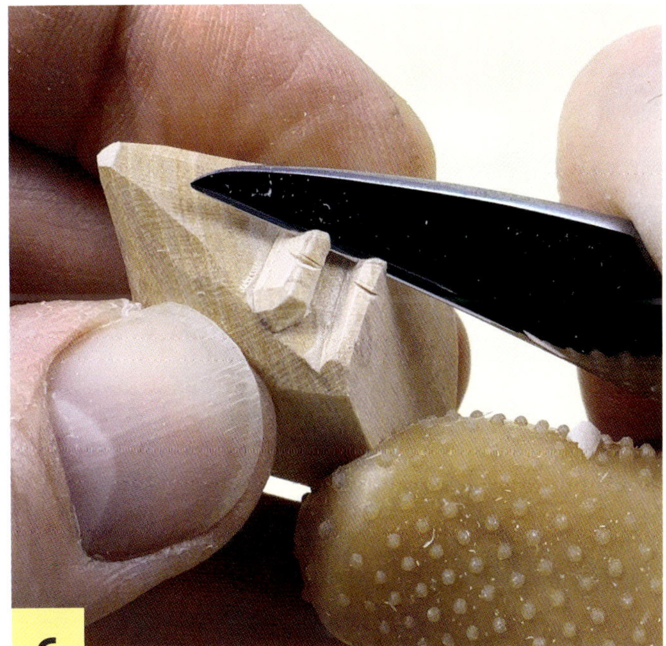

6 **Die linken von den rechten Pfoten trennen.** Mit V-Schnitten beginnen, um die Pfoten zu trennen, und dann Stoppschnitte schnitzen, um die Lücke zu vergrößern und die Ränder jeder Pfote aufzubauen. Die zweiten Messerstriche eines jeden Stoppschnittes sollten bündig mit dem Rand des Bauchs sein. Passen Sie auf, dass Sie nicht zu tief schneiden: Achten Sie auf die Linie, die den Rand des Bauchs markiert.

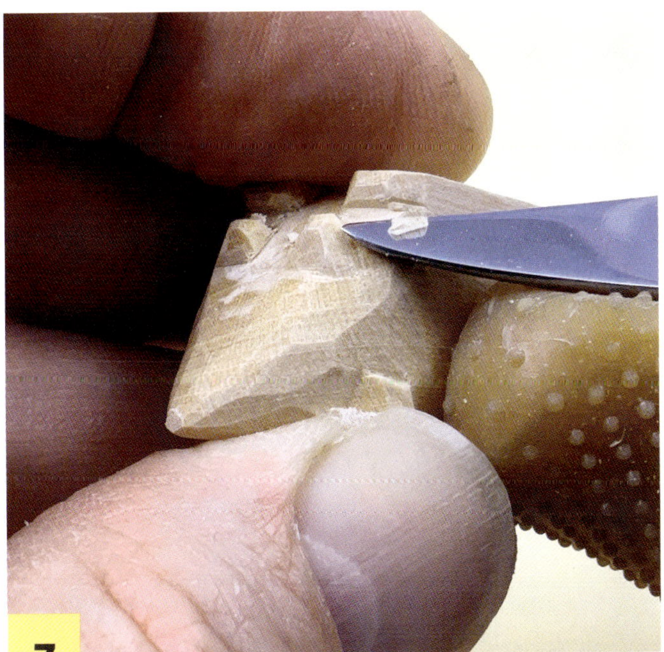

7 **Die Hinterpfoten vom Körper trennen.** Schnitzen Sie Stoppschnitte; machen Sie einen flachen ersten Messerstrich oberhalb und seitlich der Pfoten und folgen Sie diesem mit einem Strich in Richtung des ersten Schnittes von der Körperseite aus, um das Material abzutragen. Üben Sie zu viel Druck aus, sind die Pfoten verloren, also lassen Sie sich Zeit!

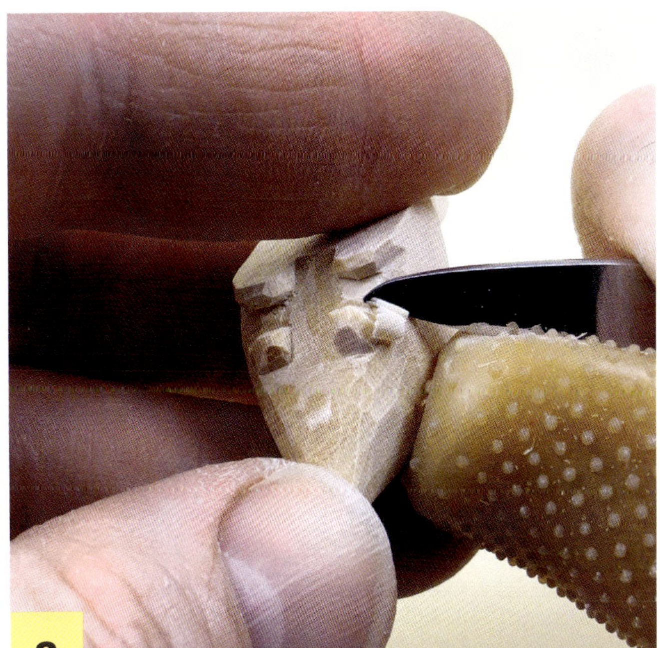

8 **Den Bereich um die Pfoten glätten.** Mit Schäl- und Schiebeschnitten bereinigen Sie den Bereich zwischen den Pfoten und um sie herum, damit der Bauch glatt und flach wird. Verwenden Sie dazu nur die Messerspitze und geben Sie acht, dass Sie nicht in die Pfoten schneiden. Betrachten Sie die Figur aus mehreren Winkeln, um zu prüfen, ob der Körper symmetrisch ist.

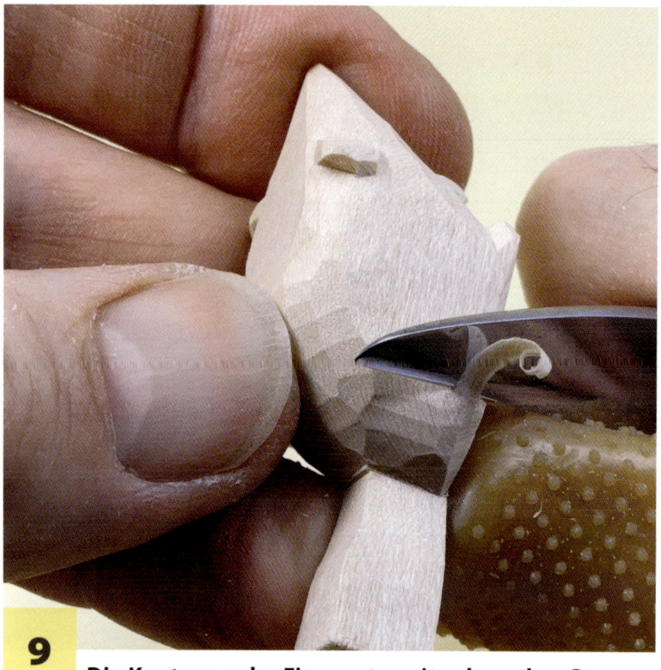

9

Die Kanten an der Figurunterseite abrunden. Dazu Schäl- oder Schiebeschnitte verwenden, nahe der Pfoten beginnen und bis zum Schwanz ziehen. Machen Sie einige lange Messerstriche, um das Material abzutragen, damit die Kanten glatt werden und sich die Späne um die Ränder ringeln. Lassen Sie die Schnitte mit den Seiten des Körpers verlaufen. Bereinigen Sie dann Unebenheiten am ganzen Körper, insbesondere dort, wo sich hervorstehende Körperteile befinden.

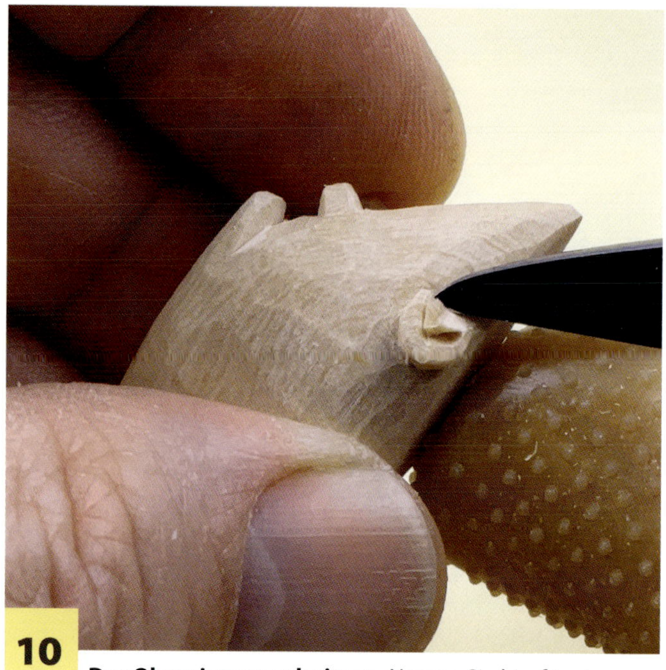

10

Das Ohreninnere schnitzen. Nutzen Sie hierfür einen Kombinationsschnitt aus drei Schnitten. Machen Sie zuerst zwei Einschnitte mit der Messerspitze, die der Biegung des Ohrrandes folgen. Beginnen Sie etwa 0,8 mm von der Ohrspitze und behalten Sie diesen Rand weiterhin bei, wodurch Sie einen flachen Einschnitt machen, der rund um die Kante unten am Ohr verläuft. Mit den dritten Messerstrichen – diesmal unten am Ohr – wird das Material entfernt.

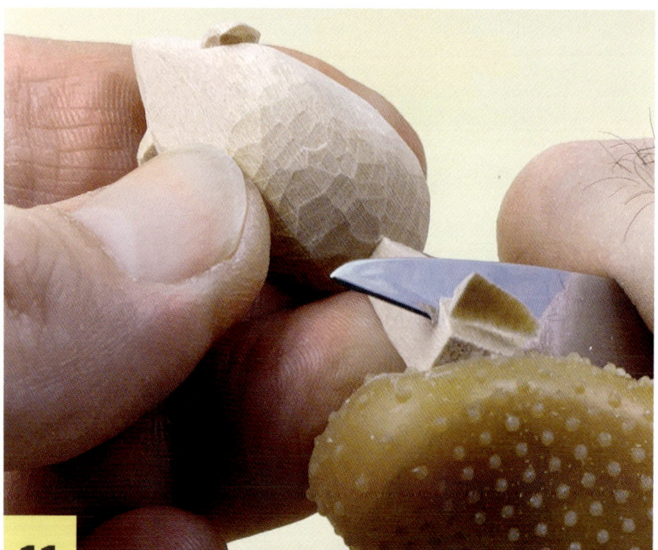

11

Den Schwanz schnitzen. Zeichnen Sie für den Schwanz eine gebogene Hilfslinie auf das Holz, dann verschmälern Sie ihn mit einer Reihe von Schäl-, Schiebe- und Stoppschnitten. Schnitzen Sie Stoppschnitte unten am Schwanz und Schäl- und Schiebeschnitte, um seinen Rest schmaler zu gestalten. Tragen Sie über den gesamten Schwanz gleichmäßig Material ab und achten Sie auf die Maserungsrichtung, um festzulegen, ob Sie mit Schäl- oder Schiebeschnitten arbeiten müssen. Wird der Schwanz dünner, entfernen Sie nur kleine Holzmengen. Bohren Sie schließlich ein 1,6 mm breites Loch unten in die Figur und setzen Sie einen Zahnstocher zum Halten während des Bemalens ein.

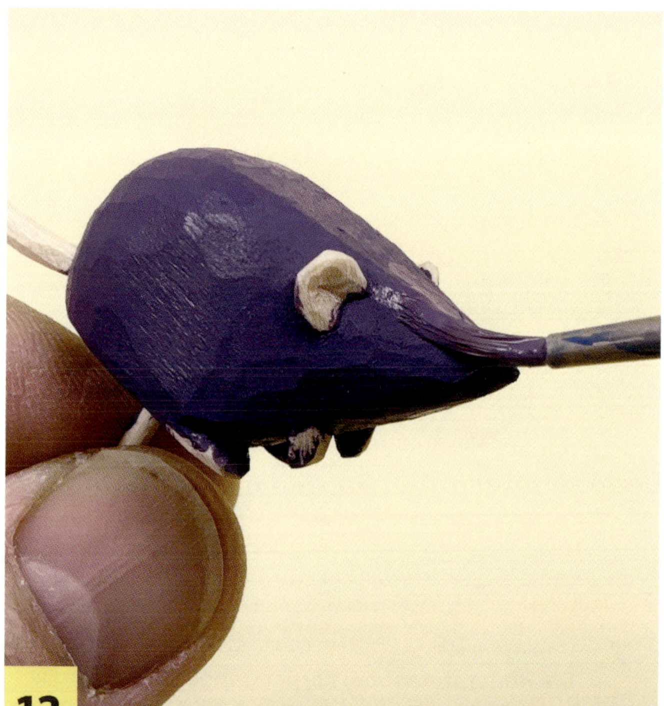

12

Das Tier bemalen. Vermischen Sie blaue, rote und weiße Farbe, um ein Violett für den Körper zu erhalten. Tragen Sie gleichmäßig einige Farbschichten auf, bis das Holz großzügig bedeckt ist. Wenn Sie auf lose Holzstückchen in den Spalten zwischen Pfoten und Bauch stoßen, schneiden Sie sie mit der Messerspitze ab, bevor Sie fortfahren.

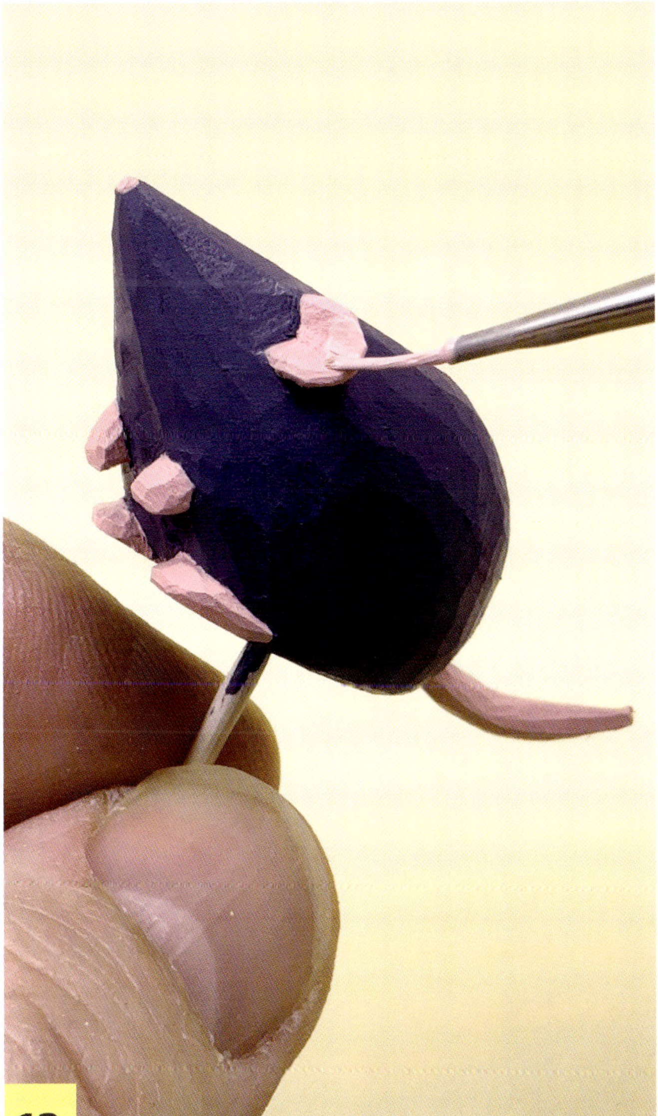

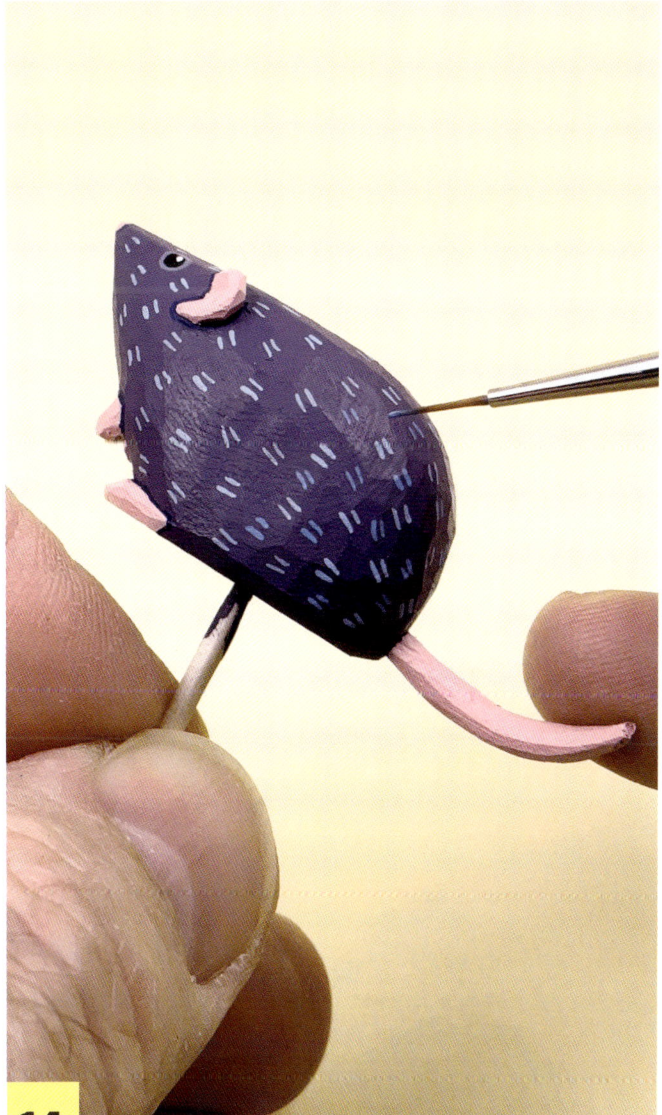

13 **Details malen.** Mischen Sie Rot, Weiß und eine Nuance Gelb für die Hautfarbe von Ohren, Nase, Pfoten und Schwanz. Tragen Sie zwei Schichten auf. Markieren Sie die Stelle für Augen und Mäulchen mit einem Bleistift und malen Sie diese mit schwarzer Farbe auf. Mischen Sie in zwei separaten Farbmengen einen helleren und einen dunkleren Farbton aus dem Violett durch Zugabe von Schwarz bzw. Weiß. Malen Sie die Konturen der rosa Details mit dem dunkleren Violett und die schwarzen Details mit dem helleren Violett.

14 **Gesicht und Muster malen.** Mischen Sie drei Hellblautöne aus weißer und blauer Farbe. Zeichnen Sie zufällig angeordnete Doppelstriche in jeder der drei Farben über den gesamten violetten Bereich. Mischen Sie einen neuen, etwas dunkleren Hautton aus dem ersten Hautton mit ein bisschen Hellblau. Tragen Sie diesen auf, um die Haare am Schwanz und an den Ohrinnenseiten sowie die Zehen an den Füßen und die Nasenlöcher an der Nase zu malen. Versehen Sie schließlich die Augen mit weißen Punkten für die Lichtreflexionen.

Muster

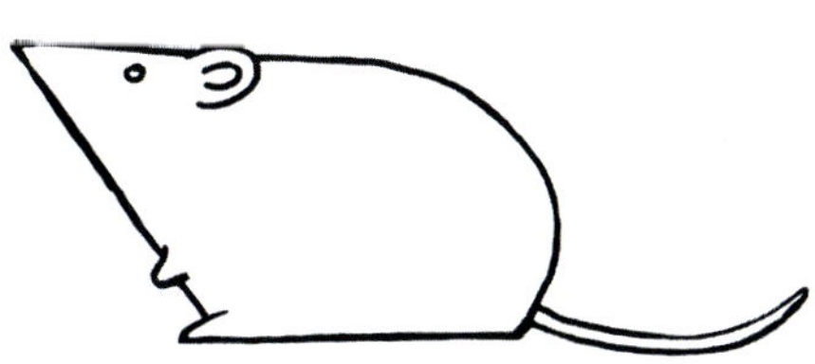

Pinguinfamilie

Pinguine sind vom typischen Vogel so weit entfernt wie die Antarktis von meinem Vogelhäuschen im Garten. Wohlbekannt für ihre Smokings und ihr beinahe schon mechanisch wirkendes Watscheln, könnte man sie für eine verloren gegangene Aristokratenkolonie halten – nur weit charmanter! Aus Künstlersicht können Pinguine in einer Vielzahl von dynamischen Posen geschnitzt werden, trotz ihres gestelzten Ganges: Sie schwimmen mit Eleganz unter Wasser, und ihre Darbietung an Land lässt sich leicht karikieren. Für dieses Projekt habe ich eine Form entworfen, in der der Schnabel der Maserungsrichtung folgt, damit er während des Schnitzens nicht so leicht aus Versehen abbricht. Ich habe auch ein Muster für einen Babypinguin hinzugefügt, damit Sie eine ganze Familie schnitzen können.

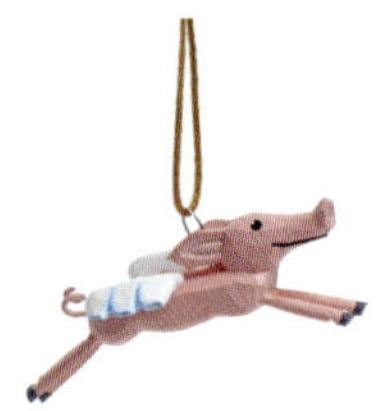

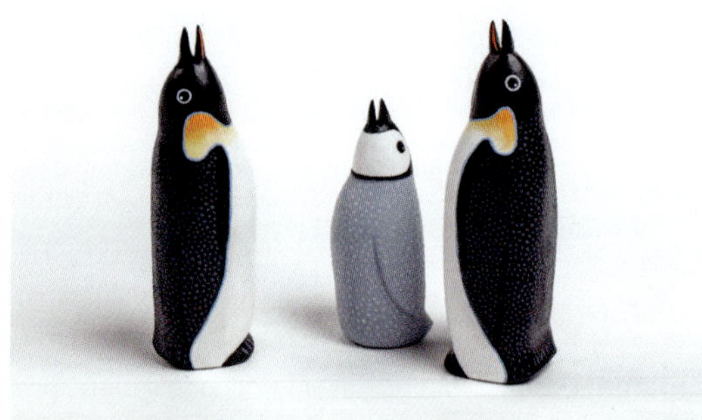

Material & Werkzeug

- Holz für jeden erwachsenen Pinguin: 22 x 22 x 73 mm; Maserung in Richtung der längsten Abmessung
- Holz für jeden Babypinguin: 19 x 19 x 51 mm; Maserung in Richtung der längsten Abmessung
- einige Zahnstocher
- Schnitzmesser
- Handschutz
- Stielkloben mit Bohrer (1,6 mm)
- Schleifpapier: Körnung 200–400 und Körnung 600–800
- Farbpinsel: Nr. 1 oder größerer Rundpinsel, Nr. 10/0 Linierer oder kleinerer Detailpinsel
- Farben: Rot, Blau, Gelb, Weiß und Schwarz zum Mischen von Orange-, Grau- und Hellblautönen

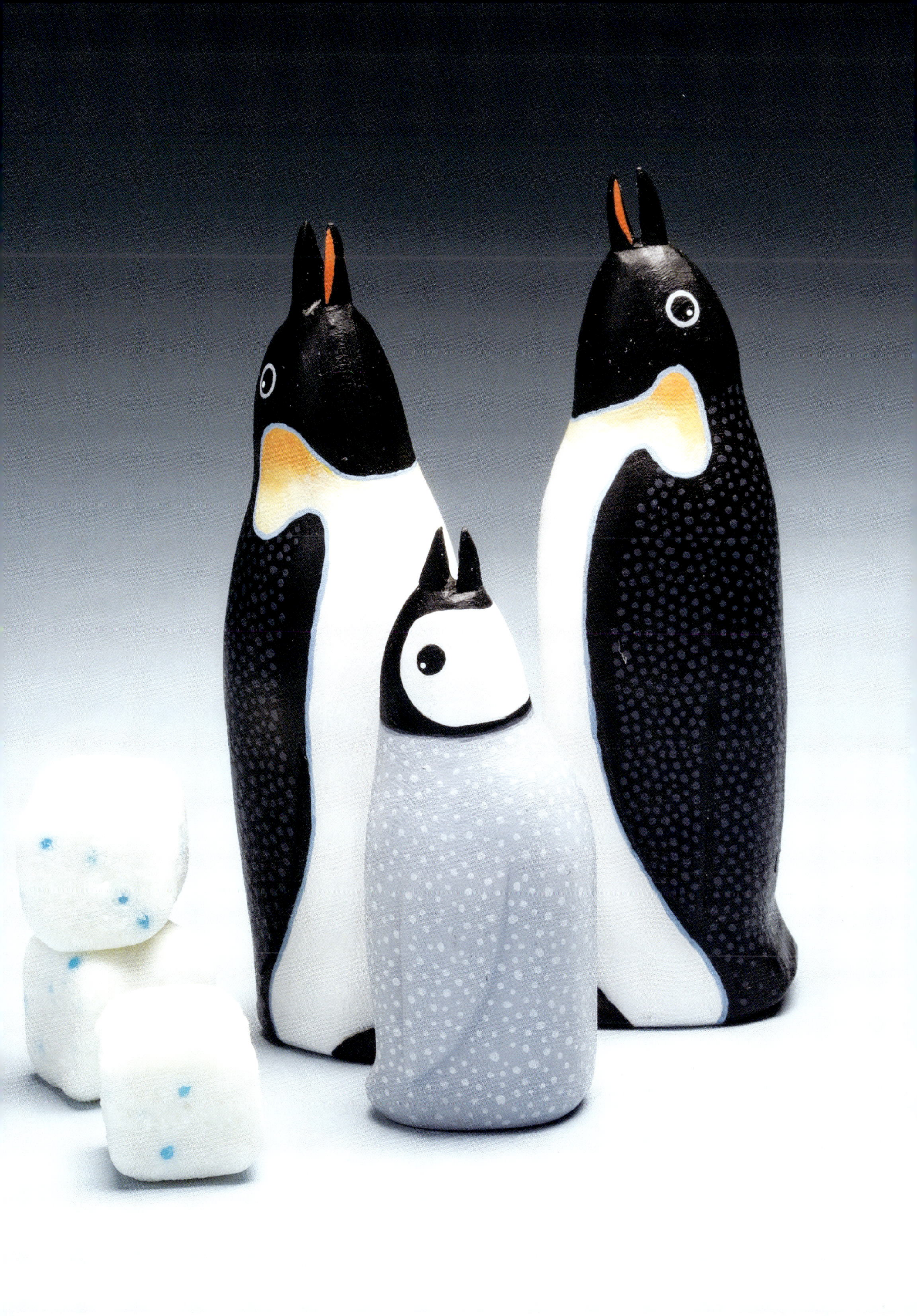

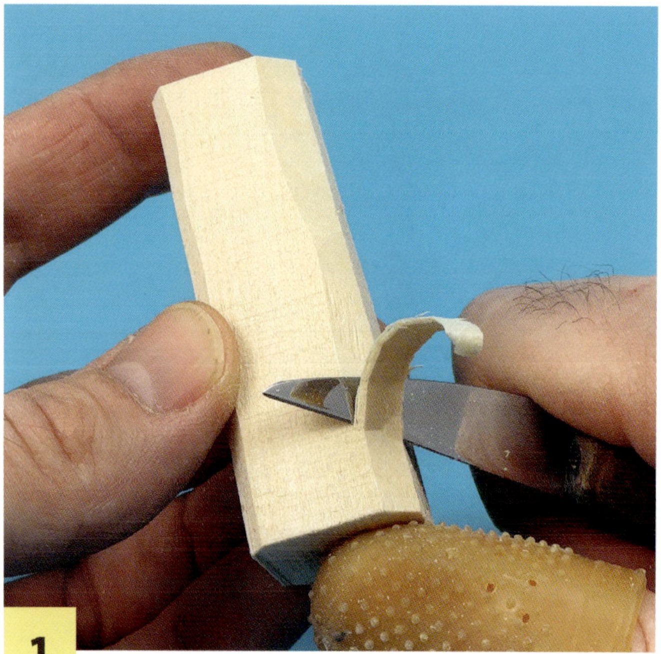

1 Grob bearbeiten. Übertragen Sie das Bild auf das Holz. Runden Sie die langen Kanten mit Schäl- oder Schiebeschnitten ab. Schnitzen Sie nicht zu tief – lassen Sie Material außerhalb der Linien für später stehen. Erneuern Sie Markierungen, die durch das Schnitzen verloren gegangen sind, insbesondere jene, die zeigen, wo Kopf und Schnabel beginnen.

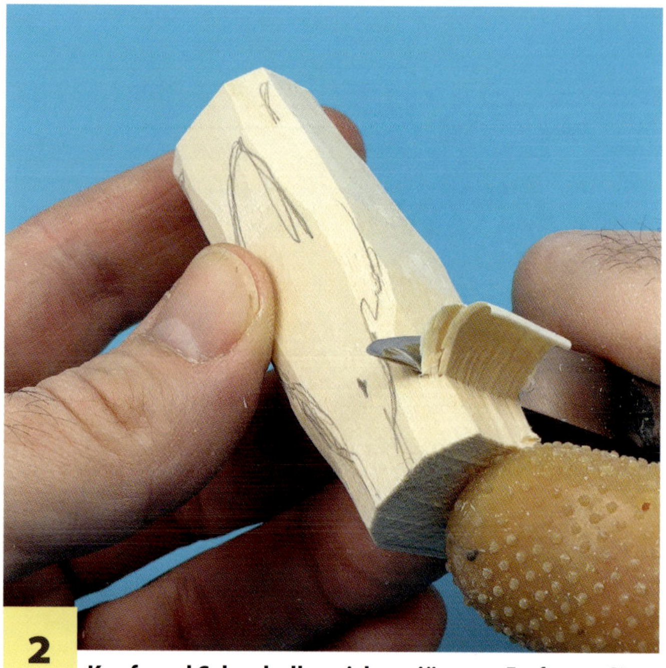

2 Kopf- und Schnabelbereich verjüngen. Entfernen Sie mit Schäl- oder Schiebeschnitten weiteres Material aus dem Kopf- und Schnabelbereich und lassen Sie etwas überschüssiges Material zum späteren Entfernen stehen. Schnitzen Sie an allen Seiten des Kopfes und des Schnabels und tragen Sie an jeder Seite gleich viel ab.

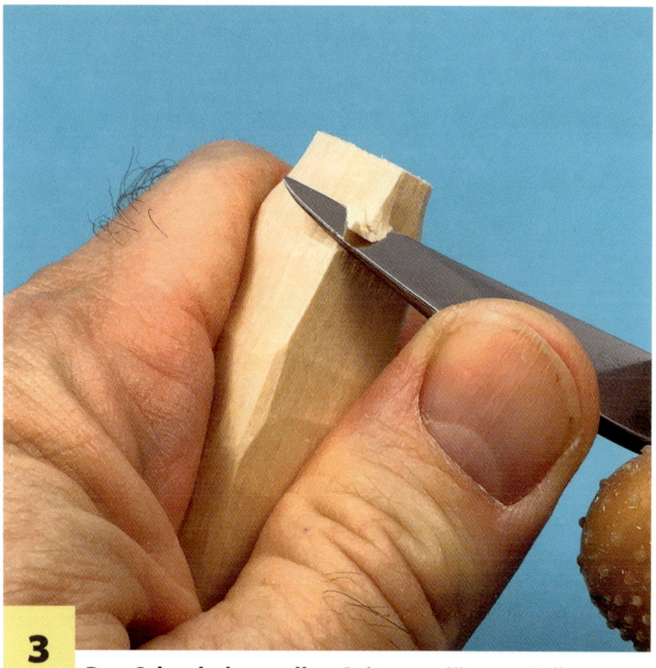

3 Den Schnabel von allen Seiten verjüngen. Falls notwendig, zeichnen Sie ihn erneut an. Nehmen Sie mehr Material von den Seiten und weniger von Ober- und Unterseite des Schnabels ab. Lassen Sie etwas Überschuss für künftige Verfeinerungen stehen. Gleichen Sie den Kopf mit Schälschnitten optisch an den Schnabelübergang an.

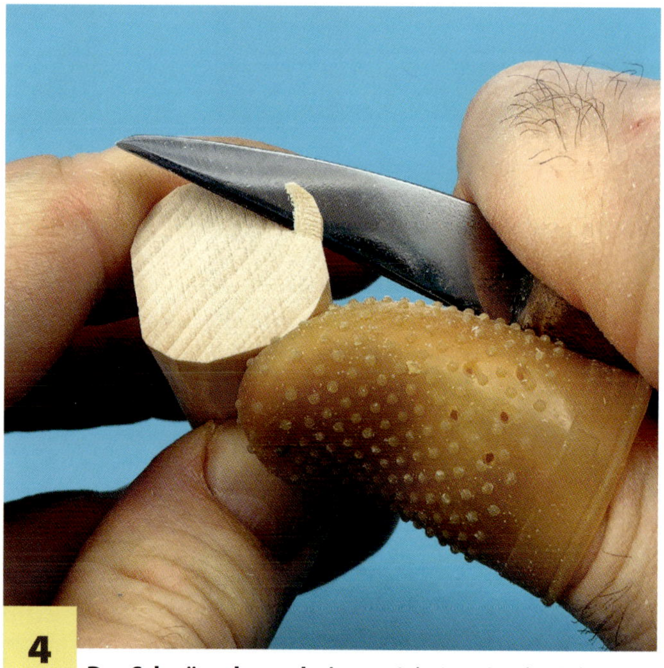

4 Das Schwänzchen schnitzen. Arbeiten Sie das Schwänzchen zuerst aus. Schneiden Sie die Kante an der Unterseite der Figur zuerst mit Schälschnitten zu und schnitzen Sie dann die Senke zwischen Schwanz und Pinguinrücken mit einem V-Schnitt. Beginnen Sie den ersten Schnitt an der Schwanzspitze und schneiden Sie in Richtung Kopf. Gleichen Sie diesen Schnitt mit einem Schnitt in die entgegengesetzte Richtung aus und beginnen Sie etwa 13 mm von der Schwanzspitze. Die Schnitte für Senke und Rücken ineinander übergehen lassen und eventuell nicht zusammenpassende Schnitte versäubern.

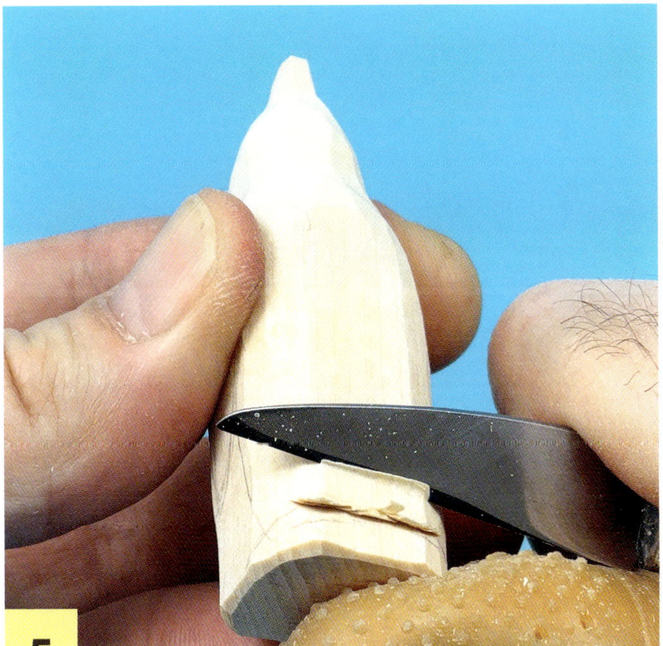

5 **Die Füße ausarbeiten.** Beginnen Sie einen V-Schnitt mit einem Messerstrich etwa 3,2 mm über der Unterseite der Figur und lassen Sie ihn auf einen vom Bauch ausgehenden Messerstrich treffen. Vertiefen Sie diese Kerbe mit ähnlichen Schnitten und achten Sie darauf, nicht zu tief aus der Bauchrichtung zu schneiden, damit die Füße nicht abbrechen. Passen Sie die Kerbe mit Schälschnitten optisch an den Bauch an und runden Sie die Wölbungen der Füße ab.

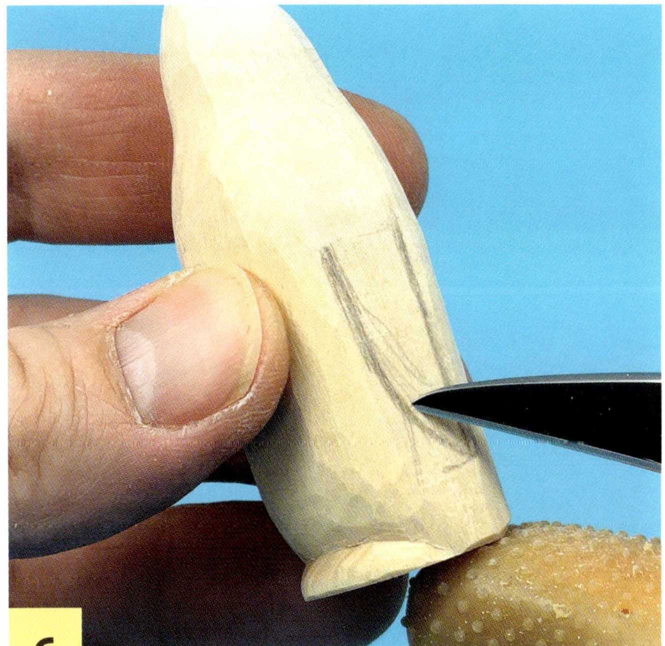

6 **Die Flügelränder ausarbeiten.** Zeichnen Sie die Flügel erneut an, falls notwendig; überprüfen Sie sie auf Symmetrie. Machen Sie mit der Messerspitze etwa 1,6 mm tiefe Einschnitte entlang des gesamten Randes eines jeden Flügels. Richten Sie den Winkel des Messers fast schon senkrecht an der Oberfläche der Figur aus.

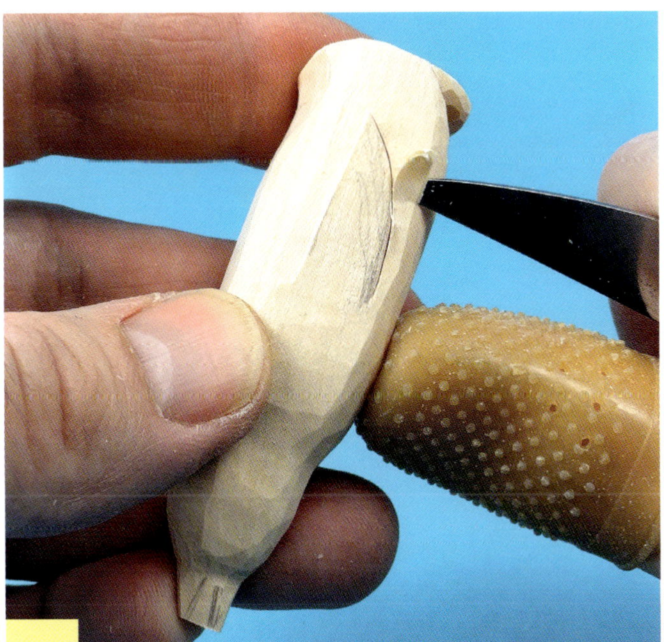

7 **Die Flügel freilegen.** Schnitzen Sie mit der Messerspitze das Holz vor und hinter jedem Flügel weg. Halten Sie die Messerspitze während des Schneidens an der eingeritzten Schnittmarkierung, ohne den Flügelrand zu durchstoßen. Mit Schäl- oder Schiebeschnitten optisch angleichen, was Sie mit den Wölbungen des Körpers ausgehöhlt haben.

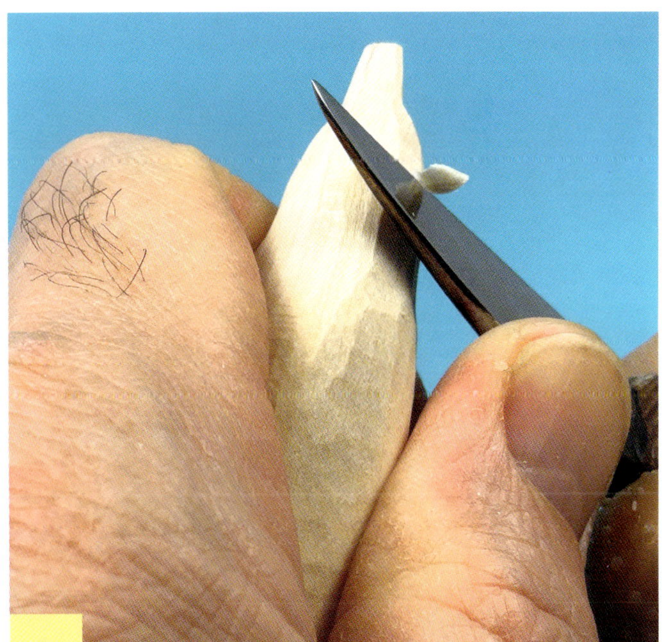

8 **Kopf und Schnabel verfeinern.** Passen Sie den Kopf mit kleinen Schiebe- oder Schälschnitten an den Körper an. Achten Sie besonders dort auf die Krümmungen an Vorder- und Rückseite des Kopfes, wo er in den Körper übergeht. Nutzen Sie das Muster, messen Sie die Maße des Schnabels nach und beachten Sie die Symmetrie, während Sie den Kopf und den Schnabel auf ihre endgültige Größe verjüngen. Legen Sie den Übergang zwischen Kopf und Schnabel mit Stoppschnitten an. Schnitzen Sie die äußere Biegung von Ober- und Unterschnabel.

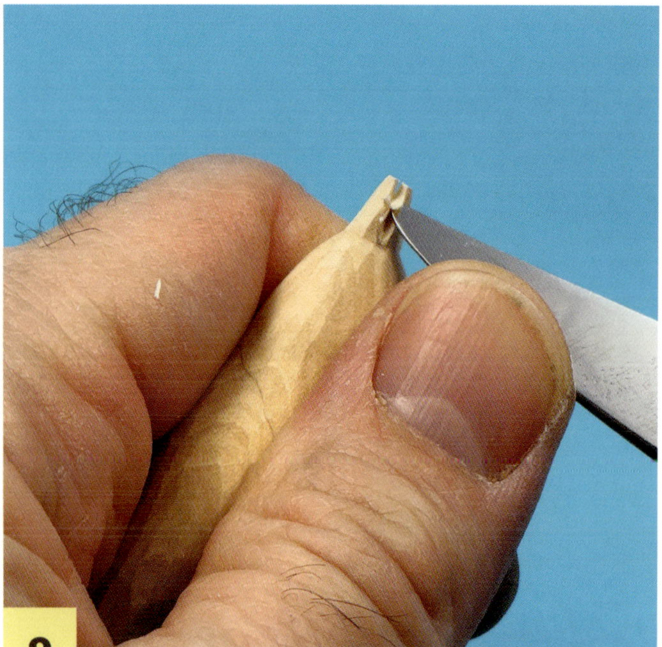

9 **Die Lücke im Schnabel erneut zeichnen und schnitzen.** Machen Sie mit der Messerspitze Einschnitte auf beiden Seiten zwischen Ober- und Unterseite des Schnabels. Vergrößern Sie die v-förmige Rille mit kontrollierten Schiebeschnitten und geben Sie dabei acht, nicht zu viel Kraft in die Messerstriche zu legen. Ist die Lücke einmal ausgearbeitet, erweitern Sie diese mit der Messerspitze, bis Sie die angezeichnete Grenzlinie erreichen.

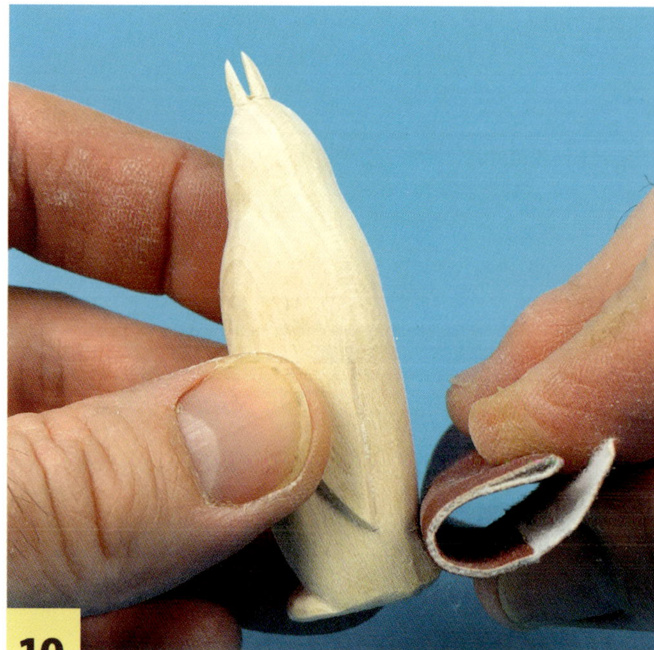

10 **Schleifen.** Beginnen Sie mit rauem Schleifpapier (Körnung 200–400) zum Glätten des Holzes und rollen Sie dabei das Papier ein, um eine gebogene Schleifoberfläche zu erhalten. Weichen Sie dem Schnabel aus; konzentrieren Sie sich auf die Wölbungen von Körper und Kopf. Wechseln Sie dann zu einem feineren Schleifpapier (Körnung 600–800). Schleifen Sie dieselben Bereiche für ein glatteres Endergebnis erneut. Schleifen Sie den Schnabel, aber achten Sie darauf, nicht zu viel Material zu entfernen. Schließlich bohren Sie ein 1,6 mm großes Loch in die Unterseite der Figur und stecken einen Zahnstocher hinein, um sie während des Bemalens halten zu können.

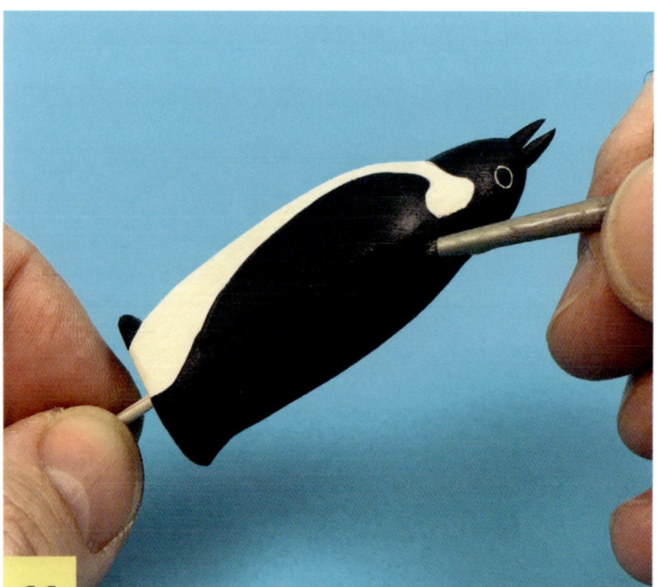

11 **Die schwarzen Bereiche bemalen.** Zeichnen Sie die Konturlinien der Farbfelder auf das Holz. Verdünnen Sie ein bisschen schwarze Farbe mit Wasser, damit sie sich leichter auftragen lässt, aber nicht so dünn wird, dass die Maserung des Holzes hervortritt. Den Bereich am Rücken, die Flügel, die Füße und den Kopf mit zwei Schichten schwarzer Farbe versehen. Verwenden Sie an den Rändern einen Detailpinsel für höhere Genauigkeit. Lassen Sie eine unbemalte Grenzlinie rund um die Augen stehen.

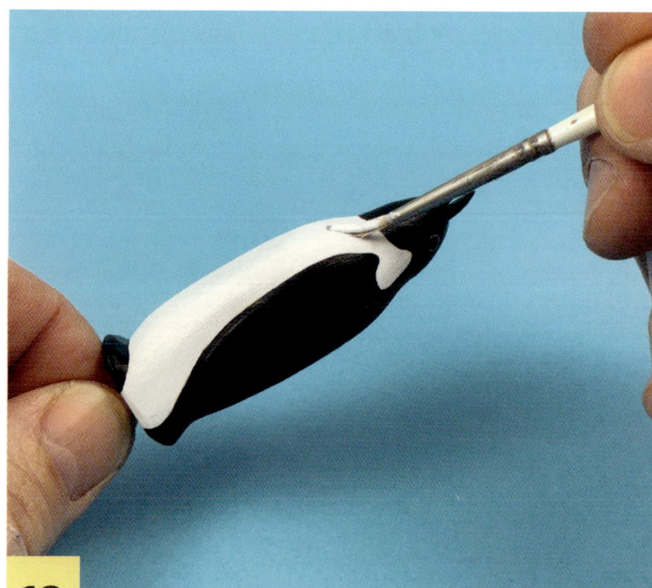

12 **Die weißen Bereiche bemalen.** Tragen Sie an Bauch und Wangen des Pinguins weiße Farbe auf. Benutzen Sie an den Rändern einen Detailpinsel. Bis auf die Wangen alle weißen Bereiche mit zwei Farbschichten bemalen, da diese später noch eine Schicht Hellorange benötigen.

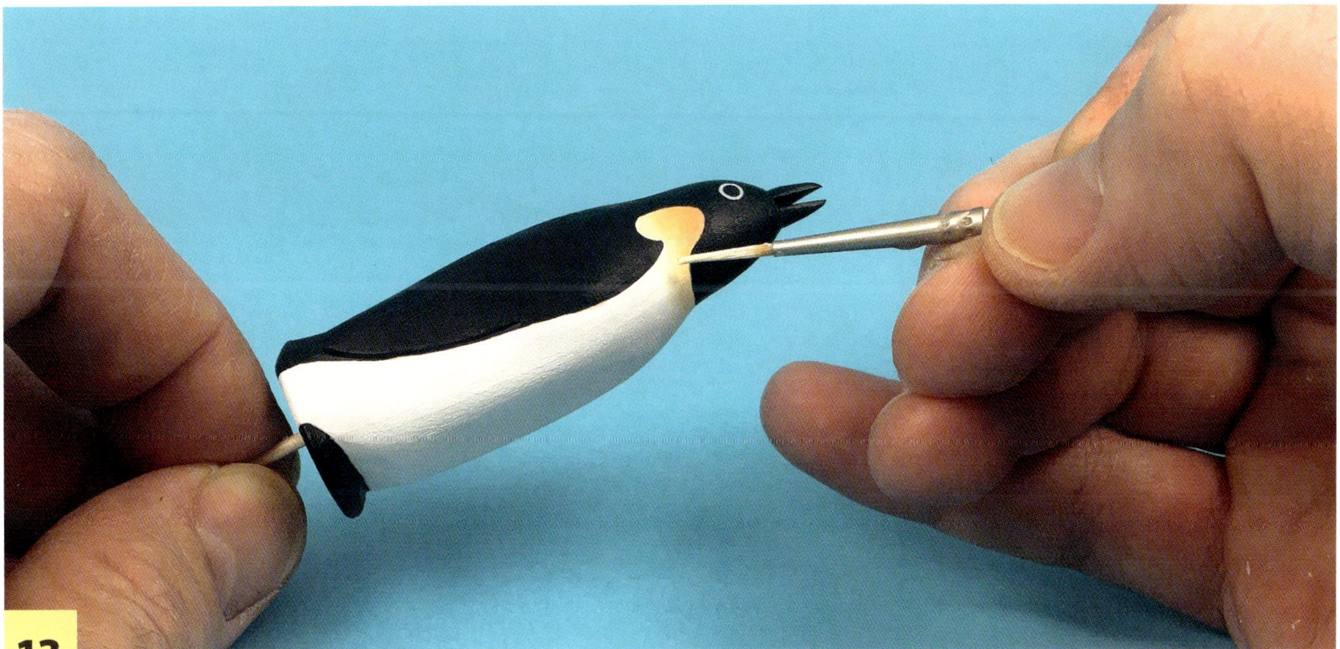

13 **Orange hinzufügen.** Mischen Sie Gelb, Weiß, ein wenig Rot und Blau, um einen hellen Orangeton zu erzeugen. Vermischen Sie das Hellorange mit Weiß, um zwei zusätzliche, zunehmend heller werdende Orangetöne zu erhalten, von denen der hellste beinahe schon cremefarben ist. Tragen Sie den dunkelsten dieser Orangetöne ganz oben auf die Wangen des Pinguins auf. Während die Farbe noch feucht ist, benutzen Sie beide helleren Orangetöne, um sie mit dem zuvor gemalten orangefarbenen Bereich zu vermischen und einen Übergang von Orange nach Weiß von der Oberkante der Wange bis hin zum Bauch zu erhalten. Mischen Sie Rot, Gelb und ein bisschen Weiß, um ein neues Orange zu mischen und einen kleinen, dünnen Halbmond auf den Unterschnabel zu malen.

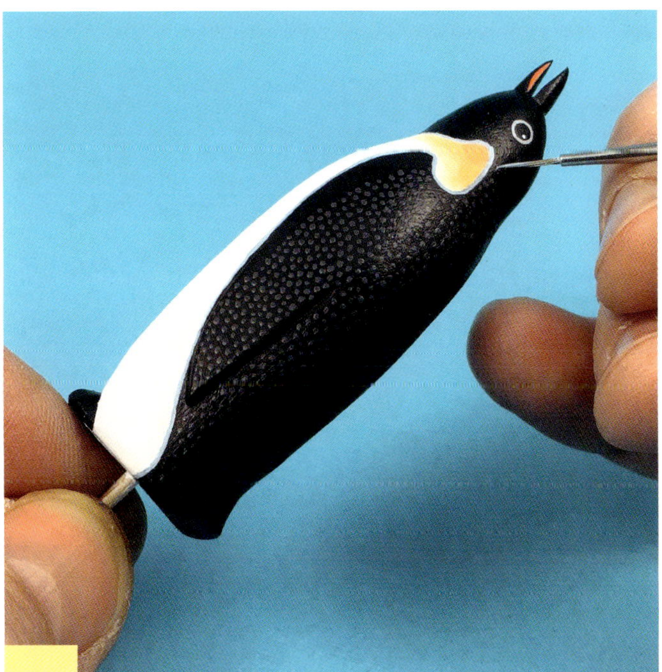

14 **Die Details hinzufügen.** Mischen Sie Schwarz und Weiß, um drei Grautöne zu erhalten. Malen Sie die Konturen der Augen mit dem hellsten Grau, färben Sie die Zehen mit dem mittleren und malen Sie mit dem dunkelsten Grau Punkte auf die Flügel und den Körper. Mischen Sie das hellste Grau mit Blau, um ein Stahlblaugrau zu erhalten. Ziehen Sie die Ränder zwischen den schwarzen und orangeweißen Bereichen mit dieser neuen Farbe nach.

Muster

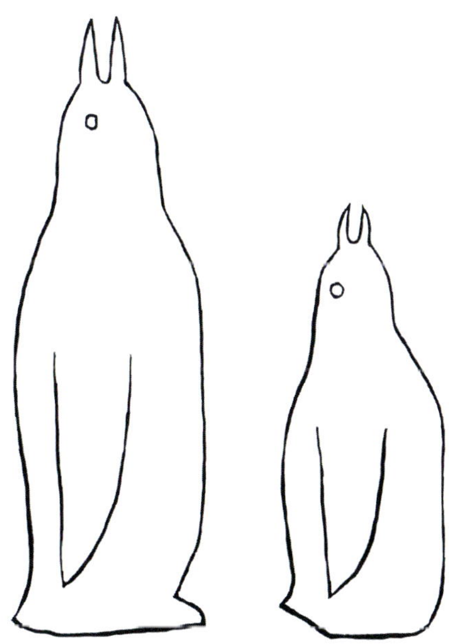

Ente

Einmal war ein Erpel auf unserem Bauernhof gerade dabei, eine Entendame zu „hofieren", als er von ihrem Rücken herunterrutschte und auf seinem eigenen landete. Er lag da und ruderte so lange mit seinen Füßen in der Luft, bis ich ihn rettete. Ich liebe Enten, weil sie regelmäßig urkomisch aussehen: Sei es, wenn sie in einer Reihe marschieren, im Matsch herumpatschen oder den Himmel nach Raubvögeln absuchen. Es ist verlockend, zu glauben, dass sie einfach nur Possenreißer sind, die Klamauk aufführen, um die Aufmerksamkeit auf das Komische im Leben zu lenken. Die Beine und Füße, die den Großteil der Narrenpossen und Tölpeleien ausmachen, können auch die Schwachstellen einer Schnitzarbeit sein. Durch die in nur eine einzige Richtung führende Holzmaserung und die rechtwinklige Natur von Beinen und Füßen würde das Schnitzen in einer Einheit bedeuten, dass entweder das eine oder das andere bedenklich schwach ausfiele. Einsteigern zuliebe konzentriert sich dieses Projekt auf die fließende bildhauerische Qualität von Kopf und Körper, während der kippelige Unterbau vereinfacht wird, indem er Zahnstocher zur Grundlage hat.

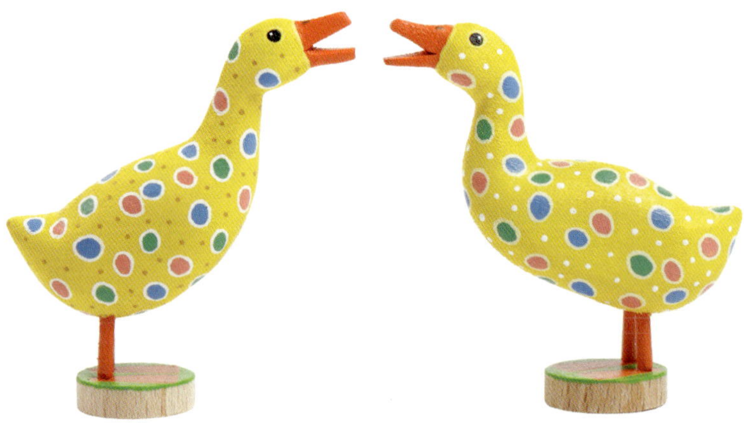

Material & Werkzeug

- Holz: 13 x 25 x 51 mm, Maserung in Richtung der längsten Abmessung
- einige Zahnstocher
- Dübel oder Zweig: 16 mm im Durchmesser oder größer, zugeschnitten auf eine Stärke von 4,8 mm
- Schnitzmesser
- Handschutz
- Stielkloben mit Bohrer (1,6 mm)
- Holzleim
- Schleifpapier: Körnung 200–400 und Körnung 600–800
- Farbpinsel: Rundpinsel Nr. 1 oder größer, Linierer Nr. 10/0 oder kleinerer Detailpinsel
- Farben: Rot, Blau, Gelb, Weiß und Schwarz zum Mischen von Gelb-, Orange-, Rosa- und Grüntönen

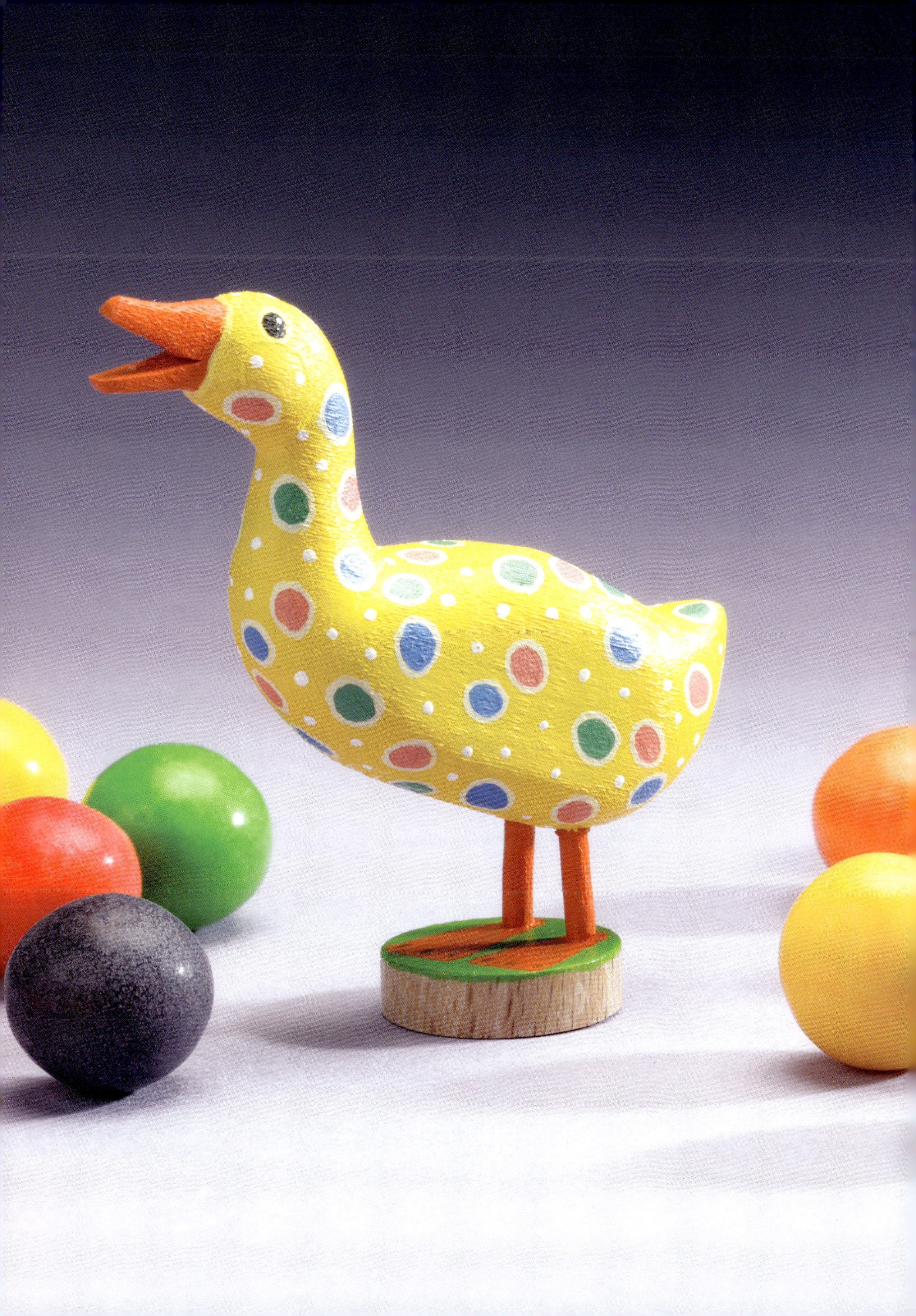

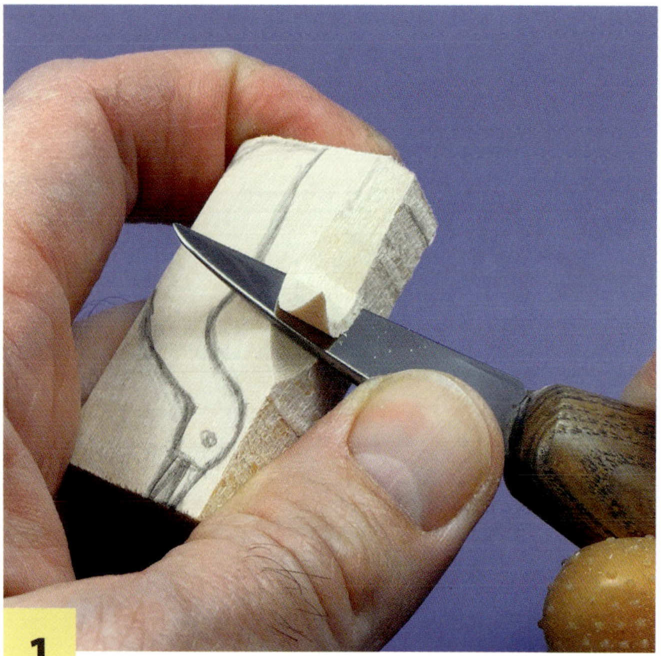

1

Grob bearbeiten. Übertragen Sie das Bild auf das Holz. Schneiden Sie den Bereich über dem Rücken und unter dem Kopf rudimentär zu. Entfernen Sie mit Schäl- oder Schiebeschnitten das Material und schnitzen Sie nahe an den Markierungen, die Sie für die Ränder der Ente angezeichnet haben. Formen Sie die Bögen über und unter dem Kopf und dem Hals.

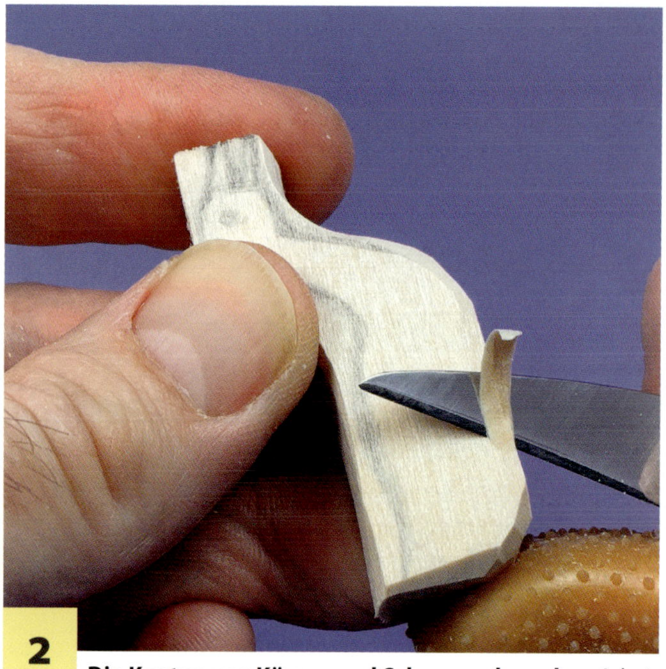

2

Die Kanten von Körper und Schwanz abrunden. Arbeiten Sie im Schäl- oder Schiebeschnitt und schneiden Sie beinahe quer zur Maserung, um den Schwanzabschnitt zu einer runden Form zu schnitzen, bis er zu den Seiten und der Unterseite des Körpers passt. Nutzen Sie ebenfalls Schäl- oder Schiebeschnitte, um die Kanten zwischen den Seiten und der Körperoberseite abzurunden.

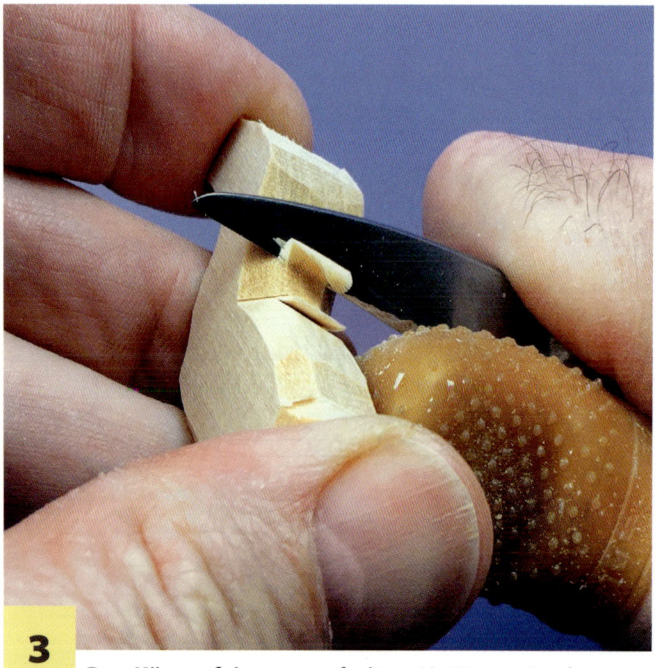

3

Den Körper feiner ausarbeiten. Verjüngen Sie die Schwanzspitze mit Schäl- oder Schiebeschnitten und gleichen Sie sie an den Körper an. Nutzen Sie V-Schnitte, um die Vertiefung vor der Schwanzspitze zu gestalten. Fangen Sie mit dem ersten Messerstrich nahe an der Spitze an und schneiden Sie in Kopfrichtung, dann treffen Sie auf diesen Schnitt mit einem Messerstrich, der in der Mitte des Rückens beginnt und in Schwanzrichtung schneidet. Die Vertiefung hinter dem Hals mit einem flachen V-Schnitt anlegen und mit Schälschnitten an Hals und Rücken anpassen.

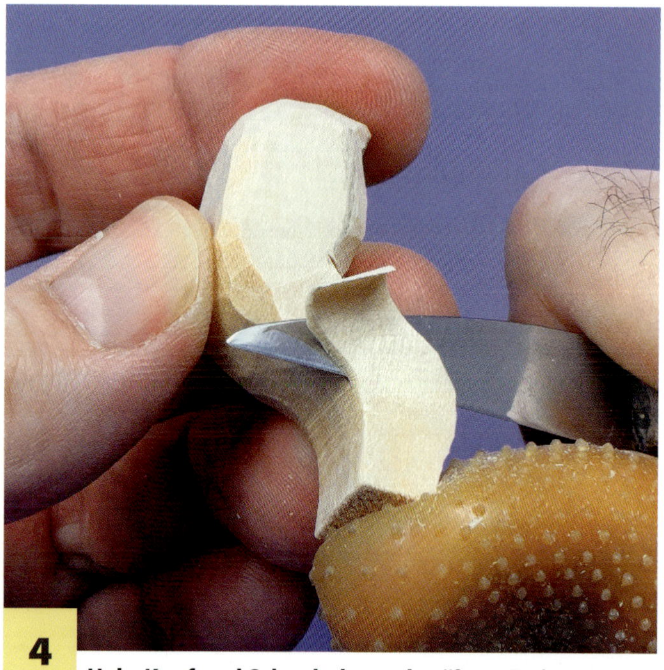

4

Hals, Kopf und Schnabel verschmälern. Reduzieren Sie die Breite von Kopf und Hals mit Schälschnitten auf ca. 6,4 mm. Machen Sie den Schnabelbereich mit Schäl- oder Schiebeschnitten noch dünner, nur etwa 3,2 mm breit. Geben Sie acht, dass Sie nicht zu viel Material entfernen; vergewissern Sie sich, dass Kopf und Schnabel symmetrisch bleiben.

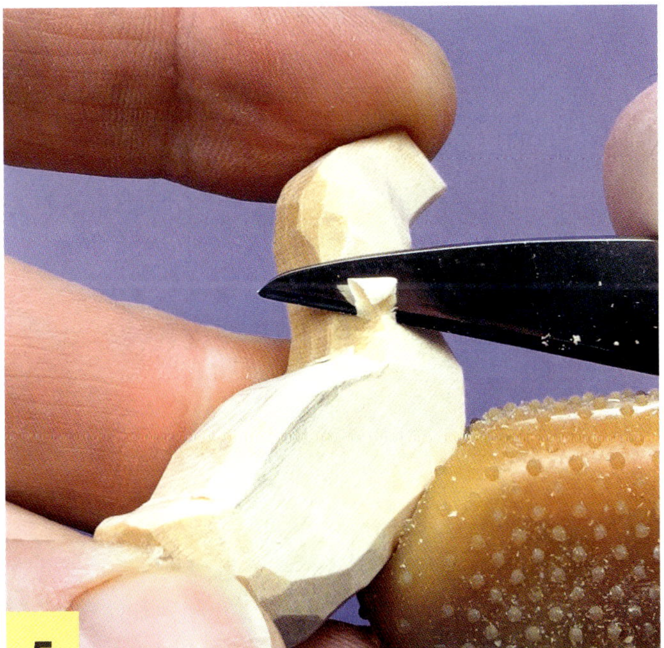

5 **Hals dünner schnitzen und angleichen.** Verringern Sie symmetrisch die Halsdicke mit Schäl- oder Schiebeschnitten. Achten Sie auf die Maserungsrichtung. Messerstriche an der Halsrückseite sollten am Hinterkopf beginnen und in Richtung Körper geschnitten werden, während jene an der Halsvorderseite vom Körper in Richtung Kopf geführt werden sollten. Gleichen Sie den Hals mit Schälschnitten an Kopf und Körper an, um die Kanten zu glätten.

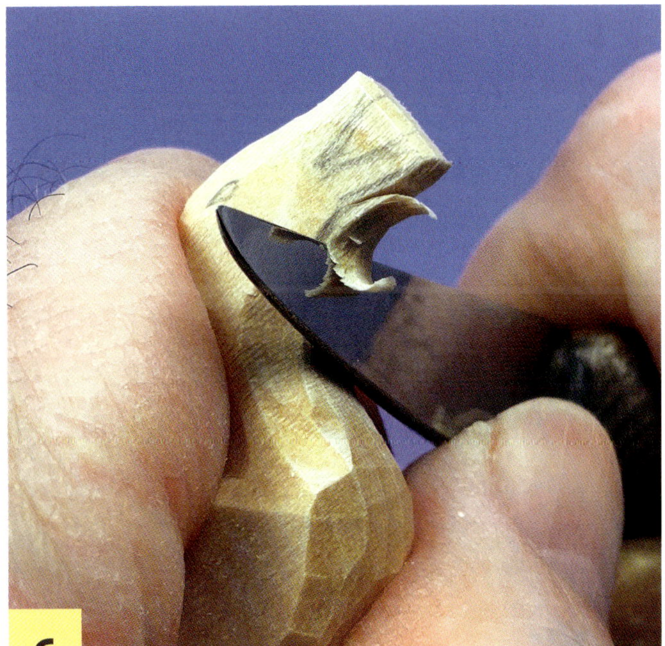

6 **Den Schnabel schnitzen.** Zeichnen Sie den Schnabel der Ente erneut auf das Holz. Formen Sie die Oberseite des Schnabels mit Schälschnitten und entfernen Sie überschüssiges Material in kleinen Spänen vor der Unterseite des Schnabels. Definieren Sie die Unterseite des Schnabels mit V-Schnitten an der Stelle, an der er mit dem Kopf verbunden ist; arbeiten Sie diesen fließenden Übergang zum Kopf mit Schälschnitten aus. Stellen Sie die Schnabelunterseite bis zur Spitze mit Schälschnitten fertig.

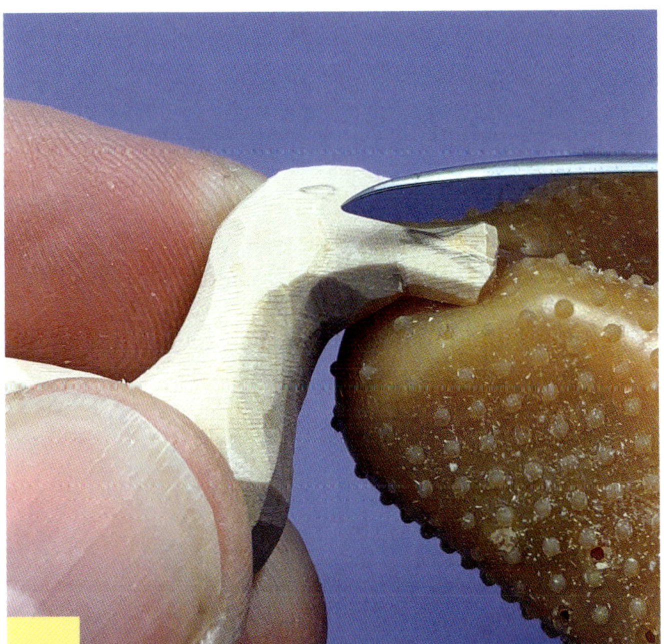

7 **Die Lücke im Schnabel schnitzen.** Beginnen Sie auf beiden Schnabelseiten mit einem V-Schnitt; arbeiten Sie dabei besonders vorsichtig und genau, um nicht über das Ziel hinauszuschießen oder den Schnabel zu zerbrechen. Schnitzen Sie mit der Messerspitze Schälschnitte entlang der Ränder der V-Schnitte, um die Kerben, die Sie auf jeder Seite ausgearbeitet haben, miteinander zu verbinden. Ist die Lücke einmal eine einzige v-förmige Kerbe, schnitzen Sie mit der Messerspitze im Schälschnitt weiter, um sie bis zur angezeichneten Randmarkierung im Schnabelinneren auszuweiten.

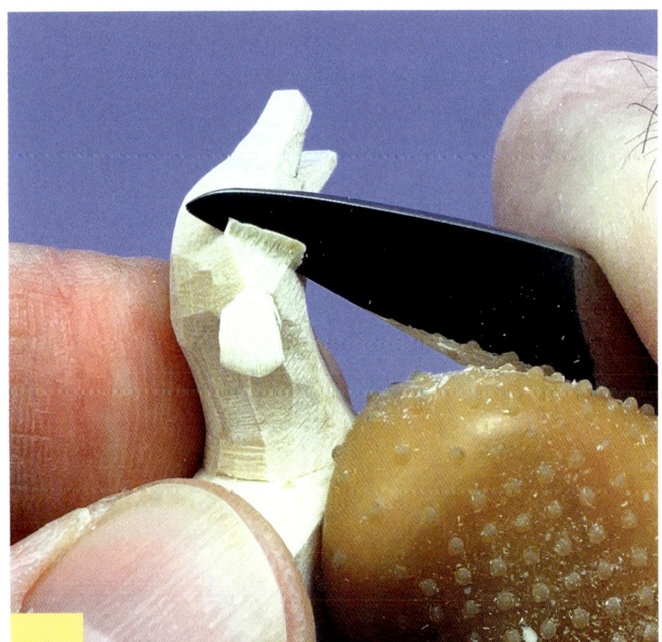

8 **Den Kopf formen.** Schnitzen Sie die obere Kopfhälfte schmaler, damit der Bereich um und hinter den Augen schmaler als die Wangen wird. Tragen Sie Material seitlich von der oberen Hälfte des Kopfes mit Schäl- oder Schiebeschnitten ab. Ebenfalls mit Schäl- oder Schiebeschnitten etwaige scharfe Kanten am Kopf begradigen und angleichen und den Rand zwischen Seiten, Kopfoberseite und Schnabel ausarbeiten. Betrachten Sie den Bereich aus jedem Winkel genau; korrigieren Sie etwaige Symmetrieprobleme mit Schälschnitten.

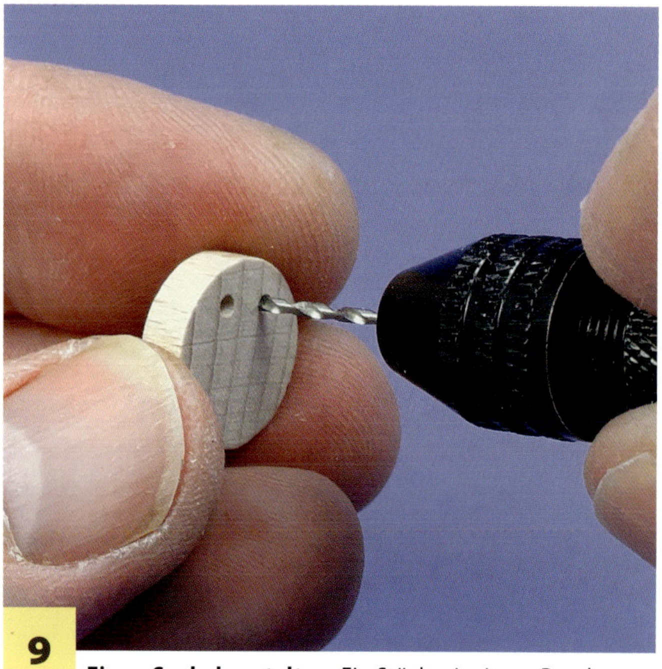

9 **Einen Sockel gestalten.** Ein Stück mit einem Durchmesser von mindestens 16 mm aus einem Zweig oder Dübel auf 4,8 mm Stärke zuschneiden. Markieren und bohren Sie zwei Löcher mit gleichem Abstand (1,6 mm) zum Rand und ca. 6,4 mm voneinander entfernt in die Unterseite des Entenkörpers. Bohren Sie so, dass die Beine ungefähr im rechten Winkel zur Unterseite des Entenschnabels stehen.

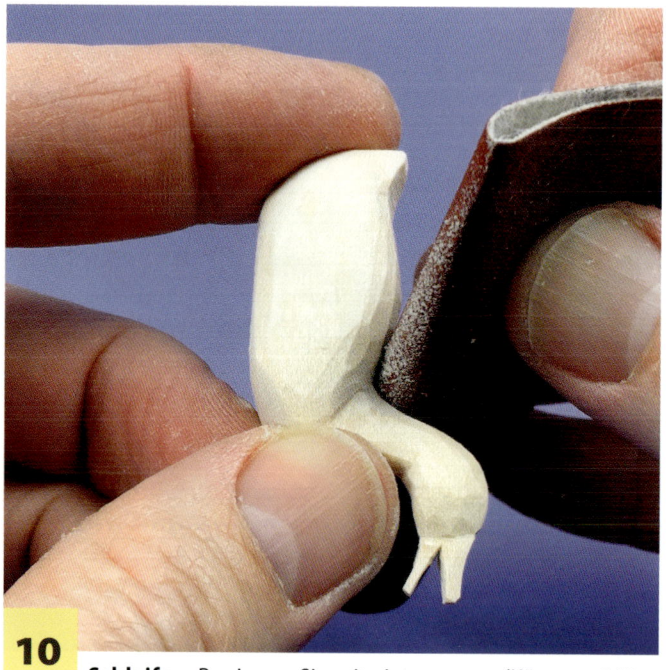

10 **Schleifen.** Beginnen Sie mit einem rauen (Körnung 200–400) Schleifpapier. Wo zu viel Material steht, um es abzuschleifen, gleichen Sie den Bereich mit Schälschnitten an. Vermeiden Sie, den Schnabel mit rauem Schleifpapier zu bearbeiten. Sind Sie zufrieden mit der grundsätzlichen Form der Schnitzarbeit, steigen Sie auf ein feineres Schleifpapier (Körnung 600–800) um. Verwenden Sie es, um die Feinabstimmung der Schnabelform vorzunehmen und die Figur überall zu glätten.

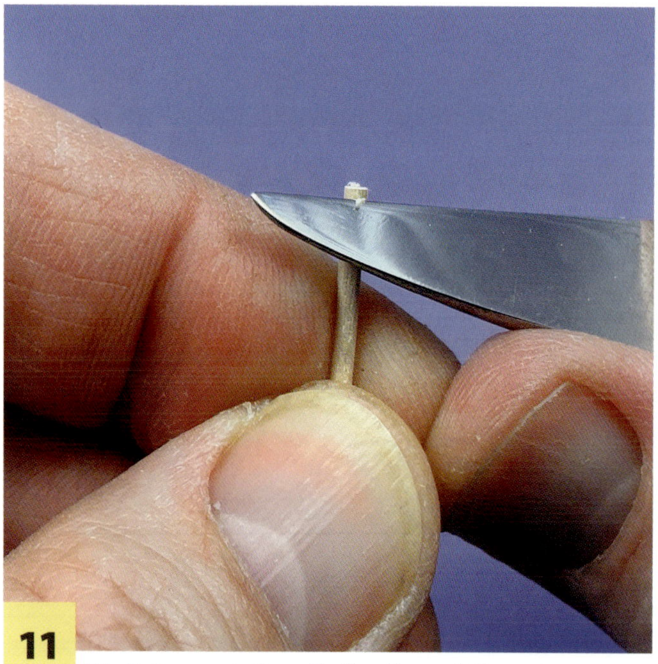

11 **Die Beine gestalten.** Stellen Sie zwei 13 mm lange Zylinder aus Zahnstochern her, indem Sie einen Zahnstocher ringsherum mit einer scharfen Klinge einkerben und an der Schnittstelle abbrechen. Jedes Ende über eine Länge von 2,4 mm hinweg auf einen Durchmesser von 1,6 mm verjüngen. Tragen Sie an den Enden Holzleim auf und stecken Sie sie in die Löcher, um die Ente am Sockel zu befestigen. Schließlich bohren Sie in die Unterseite der Figur ein Loch (1,6 mm) und stecken zum Bemalen einen Zahnstocher hinein.

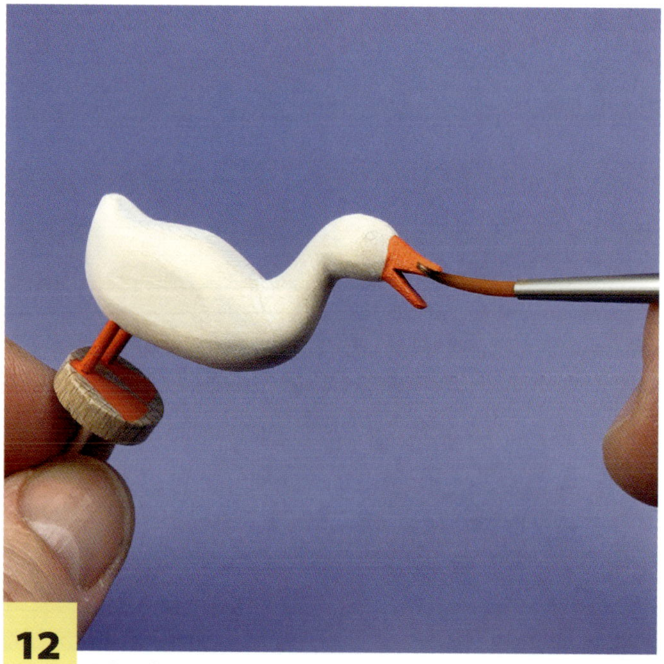

12 **Schnabel, Beine und Sockel bemalen.** Mischen Sie Rot, Gelb und eine Spur Weiß, um einen Orangeton zu erzeugen, mit dem Sie Beine, Füße und Schnabel mit zwei Schichten versehen können. Fügen Sie ein wenig Blau in die Mischung, um das Braun für die kurzen Strichlein für Zehen und Nasenlöcher zu erhalten. Vermischen Sie gelbe mit ein wenig blauer Farbe, um ein Grün zu erhalten, und tragen Sie zwei Schichten zwischen den Füßen auf den Sockel auf.

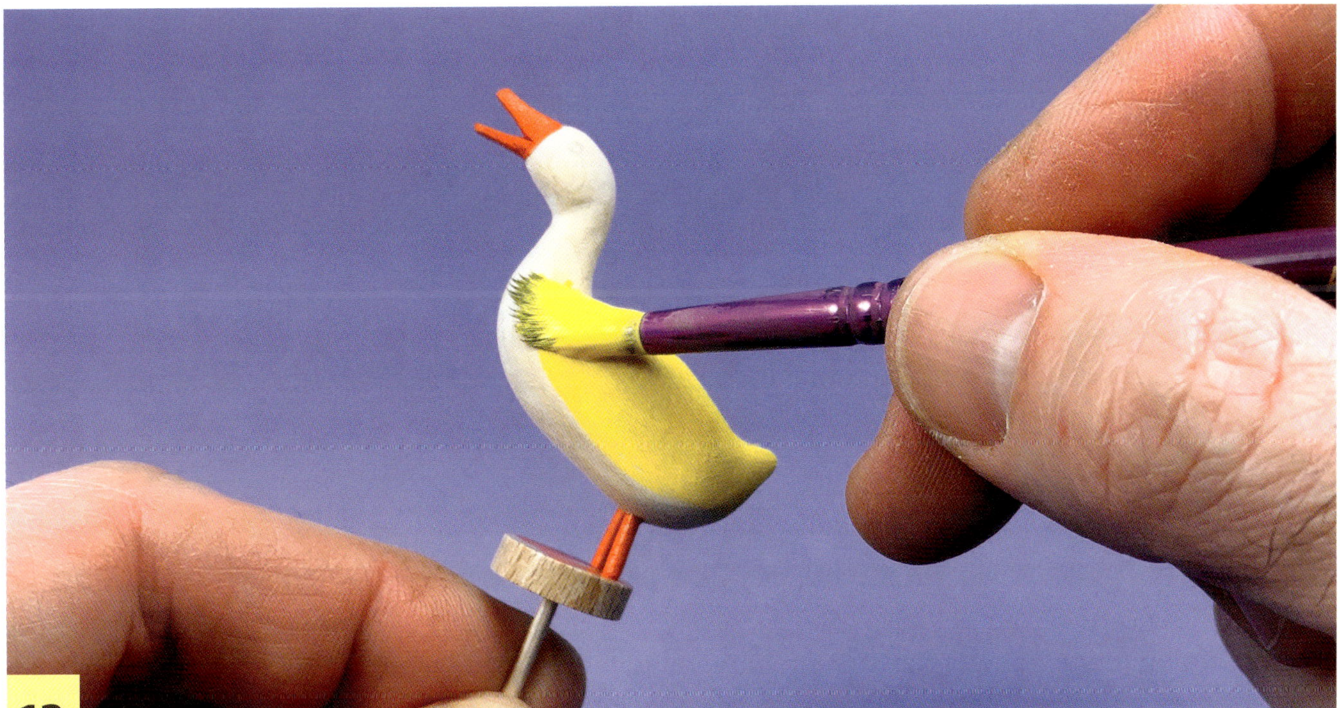

13 **Den Körper bemalen.** Mischen Sie Gelb mit ein wenig weißer Farbe, um ein helleres Gelb zu erhalten. Tragen Sie zwei dicke Farbschichten auf Kopf und Körper der Figur auf. Lassen Sie einen dünnen Rand entlang des Schnabels und der Beine vorerst unbemalt, dann färben Sie ihn mit einem Detailpinsel genauer. Markieren Sie die Position der Augen mit einem Bleistift und malen Sie die Augen mit schwarzer Farbe auf. Mischen Sie das Gelb mit mehr Weiß, um ein noch helleres Gelb für die Konturlinien der Augen zu erhalten. Malen Sie in jedes Auge einen weißen Fleck.

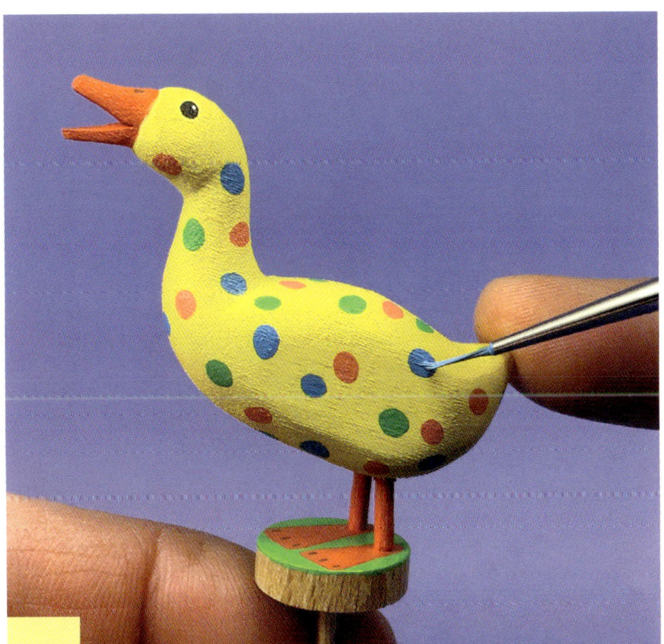

14 **Die Details hinzufügen.** Mischen Sie Blau und Weiß, um ein helles Blau zu erhalten; mischen Sie Rot, Gelb und Weiß, um ein Apricotrosa zu kreieren und mischen Sie Gelb, Blau und Weiß, um ein Hellgrün zu bekommen. Mit diesen drei Farben gestalten Sie ein zufälliges Muster aus eiförmigen Punkten auf dem gelben Körper der Figur. Mischen Sie Gelb und Weiß, um ein Hellgelb zu erhalten, und zeichnen Sie damit Konturlinien um die Punkte.

Muster

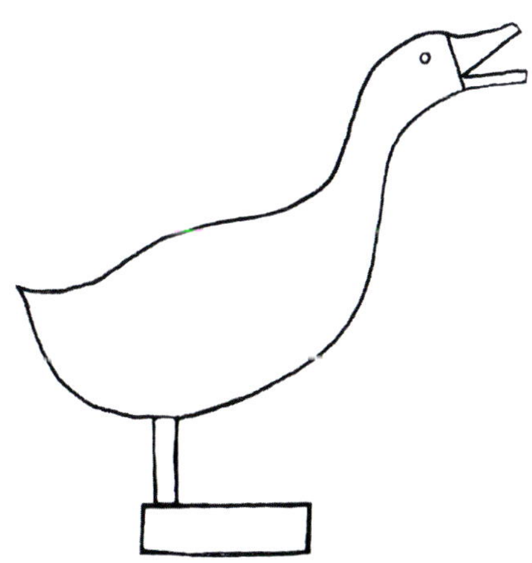

Dinosaurier

Dinosaurier sind vor Millionen von Jahren von der Erde verschwunden, doch in unserem modernen Zeitalter haben sie sich wieder bei uns niedergelassen – diesmal in Spielzeugkisten, genährt von kindlicher Vorstellungskraft. Für Künstler, die sich in die Welt der Jurazeit vertiefen wollen, sind diese Plastikspielzeuge preiswerte Studienmodelle, die eine riesige Vielfalt an Stoff liefern. Für dieses Projekt habe ich einen Brontosaurus entworfen, die „Donnerechse". Seine Achterbahnkurven wirken von Natur aus künstlerisch und präsentieren eine wundervoll runde Leinwand zum Bemalen. Da die Maserungsrichtung des Holzes bedingt, dass die Beine schwach sind, habe ich sie kürzer und dicker gestaltet als die Natur, um Einsteigern eine größere Chance zu bieten, sie ohne Brüche zu schnitzen. Die Bemalung erfordert einiges an Präzisionsarbeit am Pinsel, doch auch eine Annäherung daran sieht gut aus.

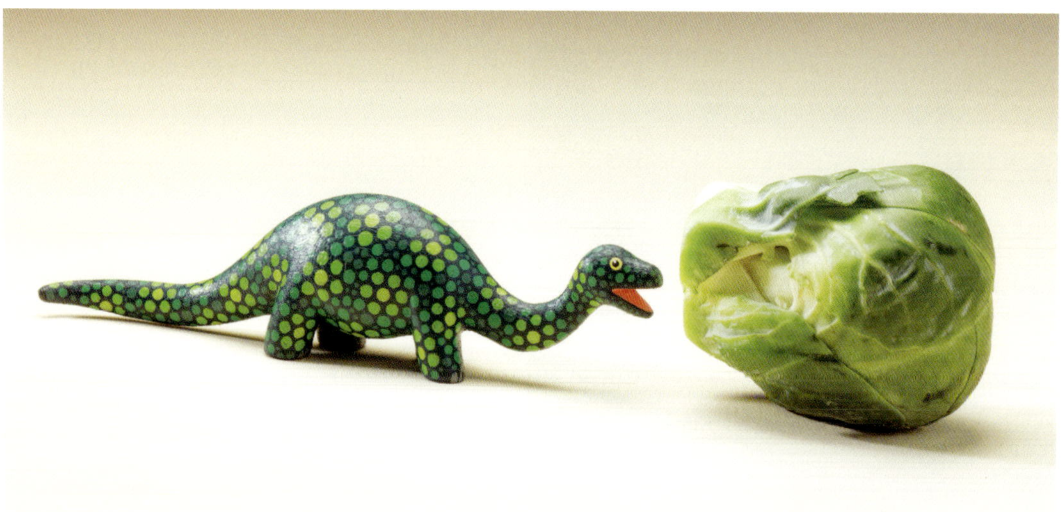

Material & Werkzeug

- Holz: 22 x 14 x 89 mm; Maserung in Richtung der längsten Abmessung
- 1 Zahnstocher
- Schnitzmesser
- Handschutz
- Stielkloben mit Bohrer (1,6 mm)
- Schleifpapier: Körnung 200–400 und Körnung 600–800
- Farbpinsel: Rundpinsel Nr. 1 oder größer, Linierer Nr. 10/0 oder kleinerer Detailpinsel
- Farben: Rot, Blau, Gelb, Weiß und Schwarz zum Mischen von Grün- und Rosatönen

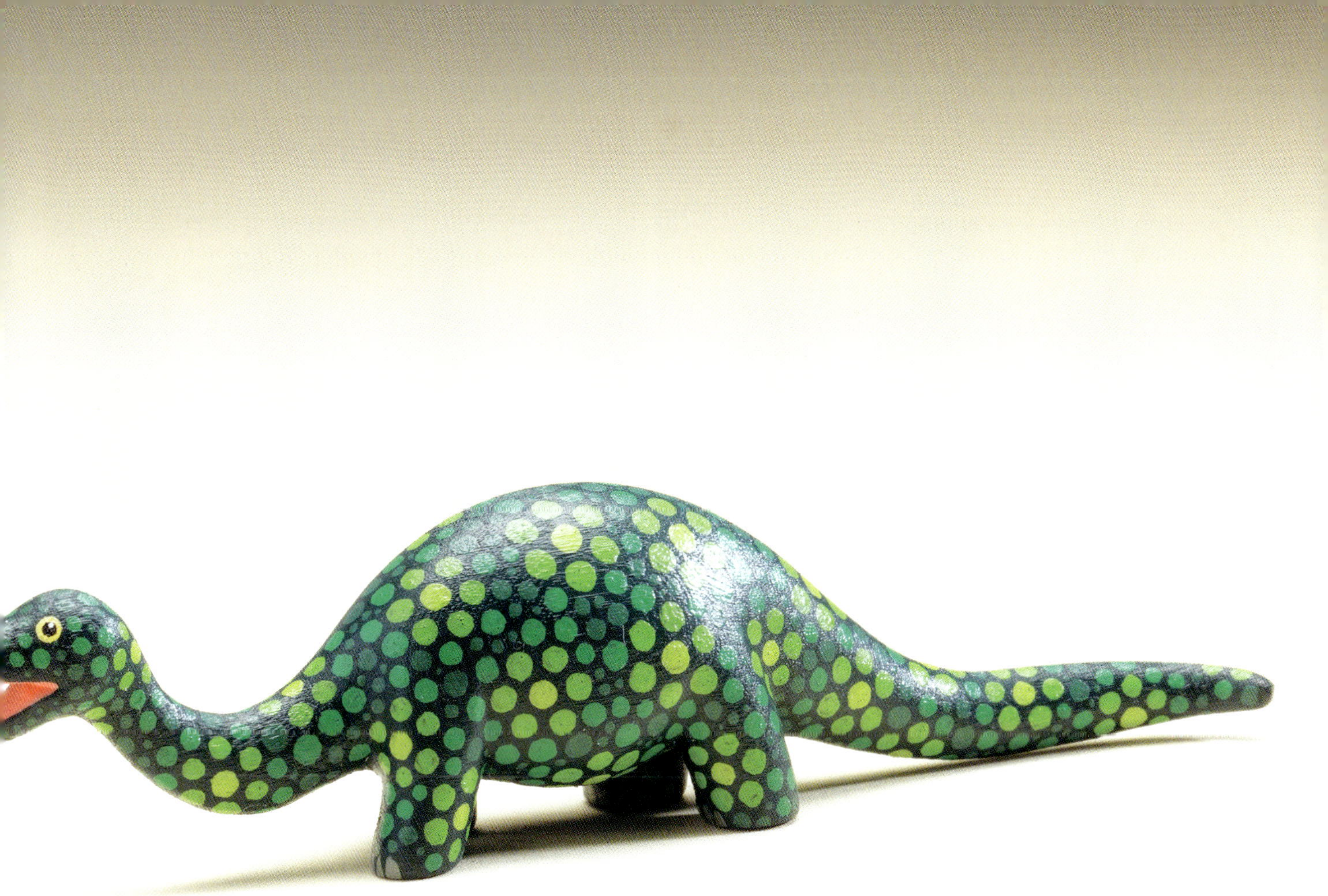

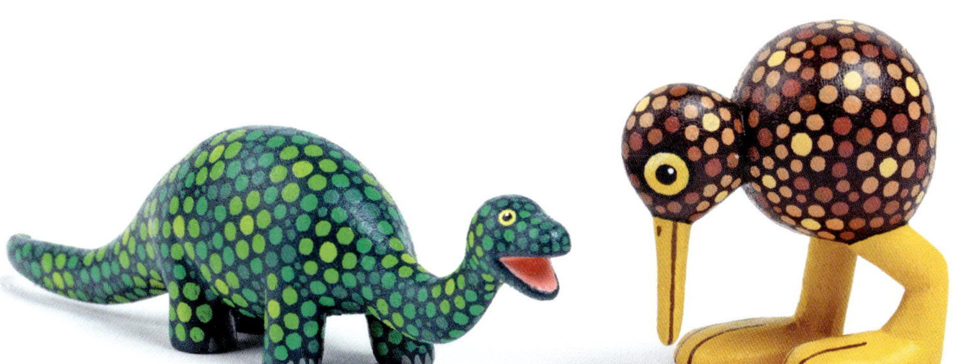

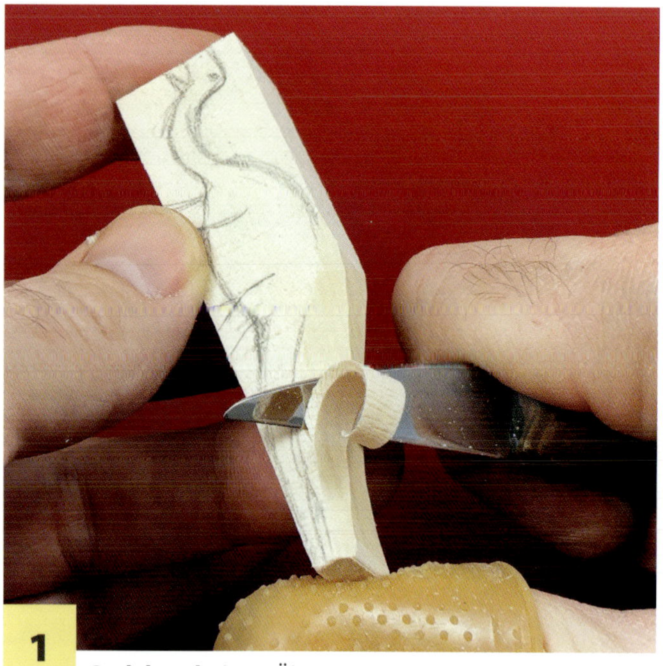

1

Grob bearbeiten. Übertragen Sie das Bild auf das Holz. Entfernen Sie das Material über dem Schwanz und unter Kopf und Hals mit Schäl- oder Schiebeschnitten. Schnitzen Sie nicht ganz bis zu den Linien des Musters, sondern lassen Sie lieber ein bisschen mehr Holz zum Stabilisieren stehen, während Sie am Rest der Figur arbeiten.

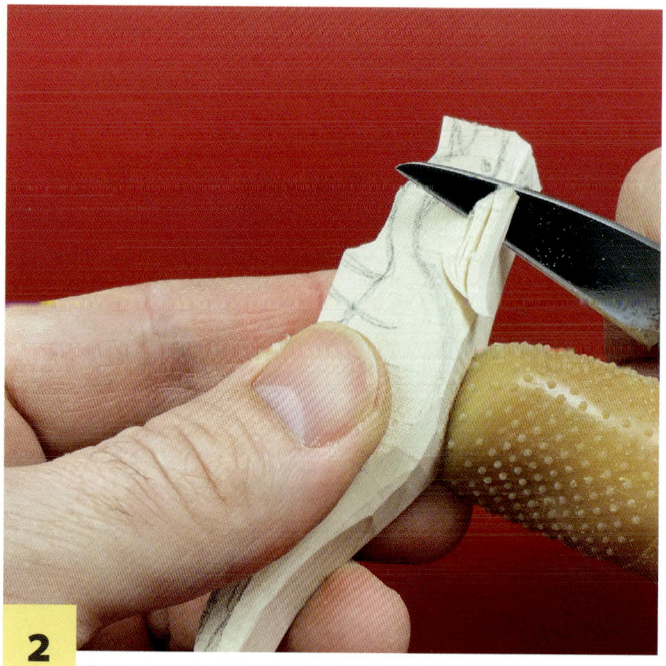

2

Das Material über Kopf und Hals wegschnitzen. Arbeiten Sie mit dem V-Schnitt, um das Holz zu entfernen; beginnen Sie mit einem Messerstrich vom Kopf aus und lassen Sie diesen auf einen Messerstrich vom Körper aus treffen. Vergrößern Sie das V mit Schäl- oder Schiebeschnitten von beiden Seiten, bis eine gebogene Vertiefung entsteht, die beinahe an den Rand des Musters reicht.

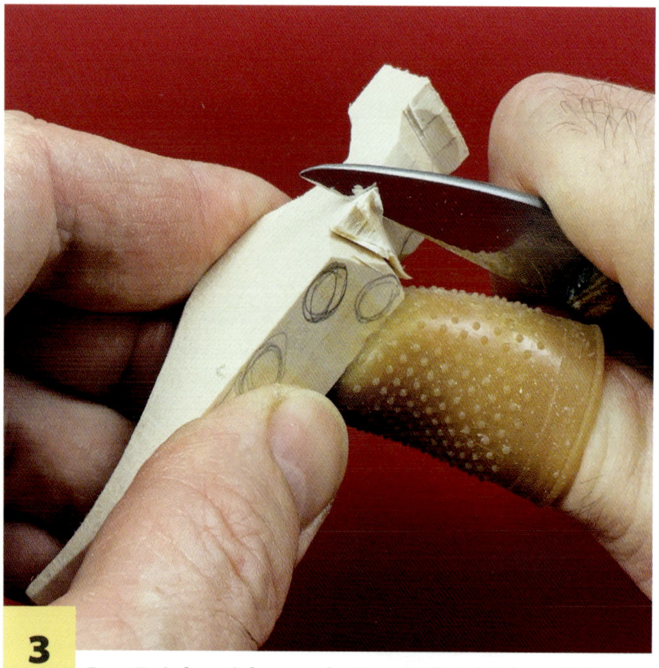

3

Den Beinbereich ausarbeiten. Fußabdrücke auf die Holzunterseite zeichnen. Schnitzen Sie Stoppschnitte vor den Vorder- und hinter den Hinterbeinen: Als ersten Schnitt den Stoppschnitt am Rand der Füße setzen und vom Hals aus passend dazu schnitzen. An den Hinterbeinen mit Schnitten am Rand der Fußrückseite und passenden Schnitten vom Schwanzbereich aus wiederholen. Weiter Material mit wiederholten Stoppschnitten abtragen, bis Sie fast die gezeichneten Randlinien erreichen.

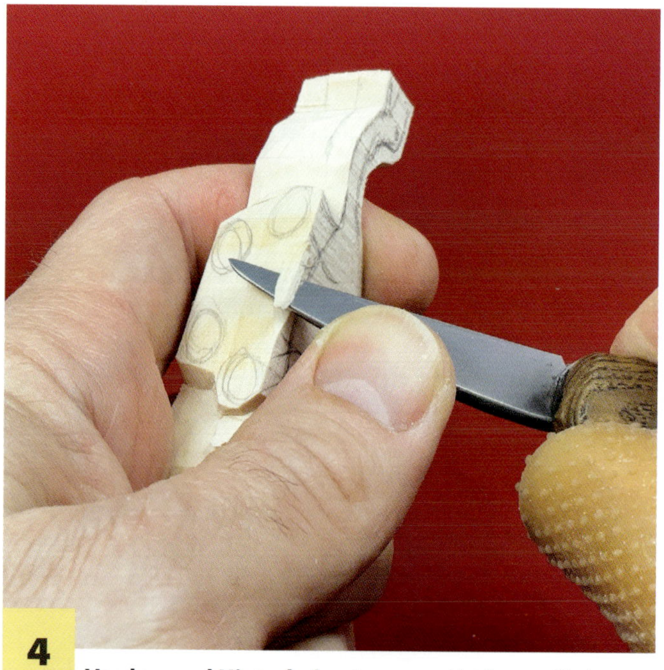

4

Vorder- und Hinterbeine trennen. Entfernen Sie im V-Schnitt Material zwischen Vorder- und Hinterbeinen. Wiederholen, bis Sie den Rand des Bauchs erreichen, dann mit Stoppschnitten den Rand mit den Beinen ausarbeiten. Mit den jeweils ersten Messerstrichen die Beinkante aufbauen und diese Schnitte auf Messerstriche vom Bauch treffen lassen. Die Kanten am Bauch mit Schälschnitten abrunden.

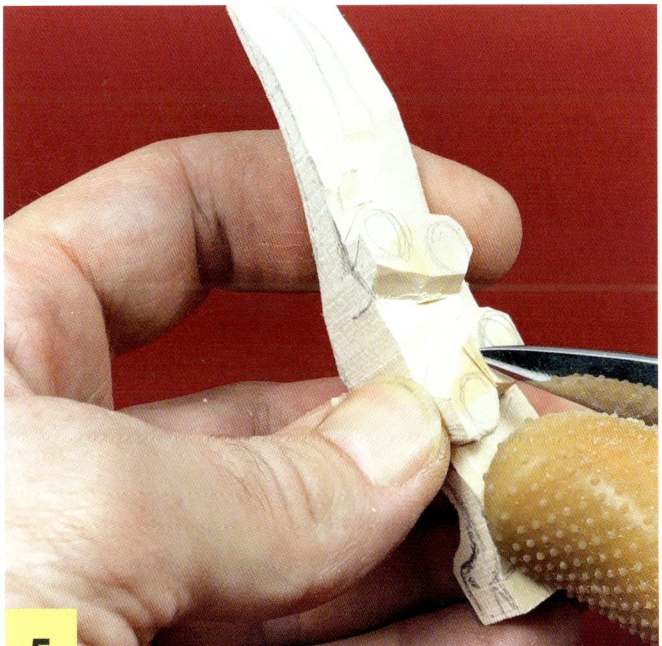

5 **Linke von rechten Beinen trennen.** Schnitzen Sie mit der Messerspitze je ein Schnittpaar sowohl an den Vorder- als auch den Hinterbeinen, um eine v-förmige Kerbe zwischen dem linken und dem rechten Bein zu erhalten. Vertiefen Sie diese Kerbe mit Schäl- oder Schiebeschnitten, die sich am tiefsten Punkt der Kerbe treffen. Erreicht die Kerbe den Bauch, wechseln Sie zu Stoppschnitten. Nutzen Sie den Rand des Fußabdrucks als Hilfe, um Schnitte entlang der Beininnenseite zu machen. Lassen Sie diese Schnitte auf Messerstriche treffen, die bündig mit der Bauchoberfläche einhergehen. Runden Sie den Rand der Beine mit Schiebeschnitten in Richtung Bauch ab und lassen Sie noch etwas zusätzliches Material für die Stabilität stehen.

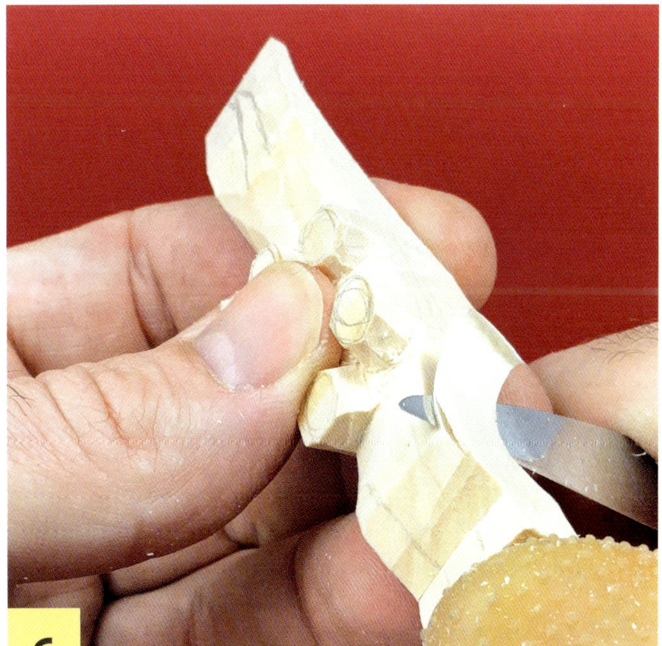

6 **Kopf und Hals schmaler gestalten.** Tragen Sie Material von beiden Seiten des Halses und des Kopfes ab, lassen Sie jedoch noch etwas stehen, um es erst später zu entfernen. Die Stelle, an der Kopf und Hals miteinander verbunden sind, ist besonders schwach, also seien Sie vorsichtig während des Schnitzens und üben Sie hier keinen unnötigen Druck aus! Entfernen Sie mit jedem Messerstrich nur kleine Holzmengen, statt zu versuchen, alles mit einem Schnitt zu entfernen.

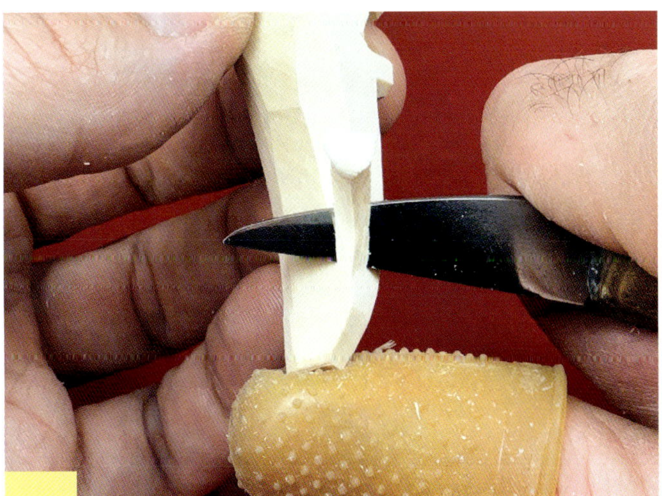

7 **Den Schwanz beginnen.** Mittelpunkt des Schwanzes von oben anzeichnen; an der Spitze eine leichte Krümmung ausarbeiten. Material von den Seiten mit Schäl-/Schiebeschnitten abtragen. An den Biegungen flache V-Schnitte ausführen; dabei mit Schnitten nahe der Schwanzspitze beginnen und diese auf Schnitte aus der anderen Richtung treffen lassen, damit die Spitze nicht abbricht. Die Kanten des Schwanzes und des Rückens mit Schiebe-/Schälschnitten abrunden; überschüssiges Material stehen lassen.

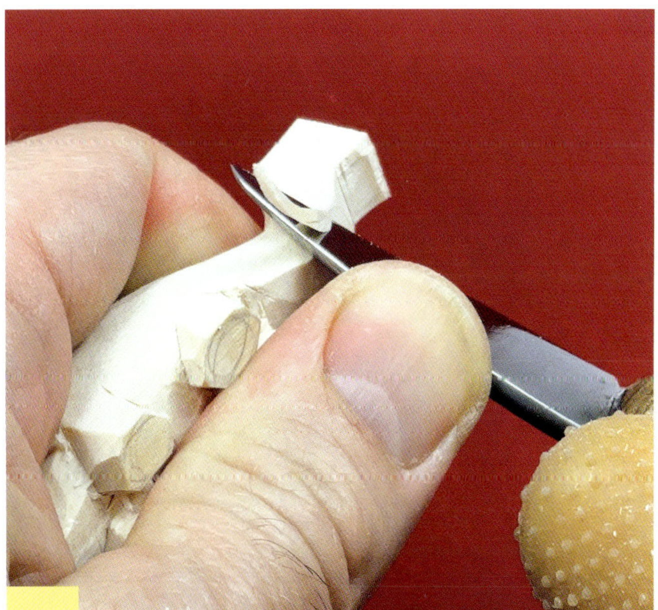

8 **Den Hals schnitzen.** Verschmälern Sie den Hals noch weiter, indem Sie den Rand des Kopfes mit V-Schnitten ausarbeiten. Lassen Sie den ersten Messerstrich am Hinterkopf beginnen und auf einen Schnitt vom Hals aus in Richtung Kopf treffen. Achten Sie besonders auf die Maserungsrichtung des Holzes! Falls Sie sich unsicher fühlen, entfernen Sie nur kleine Holzmengen, um zu vermeiden, dass Sie zu viel Druck auf die Schwachstelle ausüben.

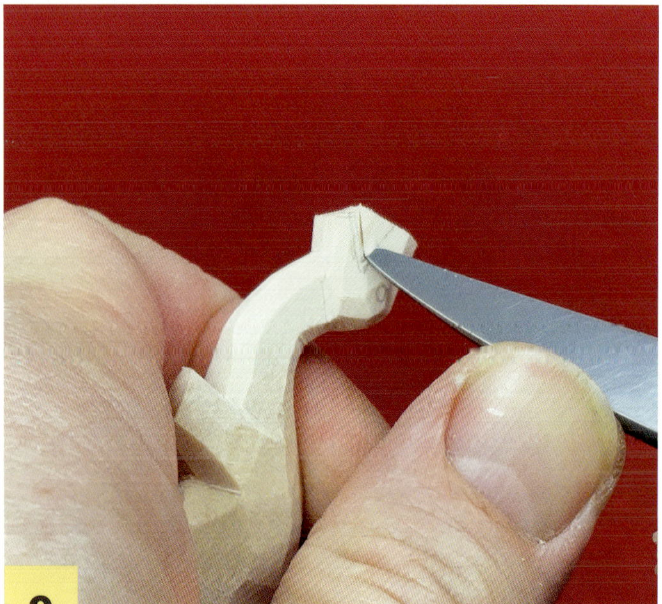

9 **Die Schnauze ausarbeiten.** Zeichnen Sie die Schnauze als Orientierungshilfe auf beide Seiten des Kopfs. Machen Sie nur mit der Messerspitze zwei Einschnitte auf beiden Kopfseiten von den Mundwinkeln nach vorn. Halten Sie die Klinge leicht schräg in Richtung der Mitte des Abstands, den Sie gestalten möchten, um den dreieckigen Span zu entfernen. Vergrößern Sie die Lücke mit der Messerspitze weiter, bis die beiden Kerben einander in der Mitte treffen.

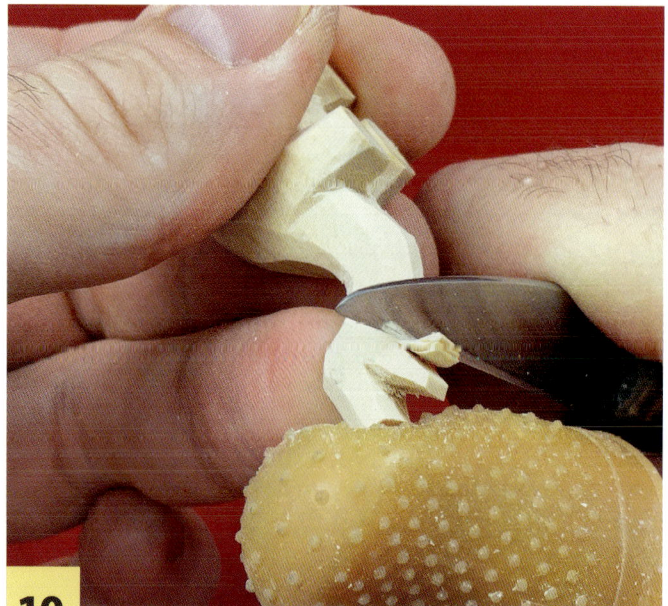

10 **Den Kopf verfeinern.** Tragen Sie mit Schiebe- oder Schälschnitten Material oberhalb des Oberkiefers ab und glätten Sie die Kanten an der Vorderseite des Mauls. Gestalten Sie den Unterkiefer mit Stoppschnitten dünner. Den ersten Messerstrich an der Spitze des Unterkiefers beginnen und in Richtung Hals schneiden. Stimmen Sie diesen Schnitt mit einem Schnitt vom Hals aus ab, der das Material entfernt. Glätten Sie die Außenkanten des Unterkiefers mit Schiebe- oder Schälschnitten. Achten Sie darauf, nicht zu viel Kraft anzuwenden.

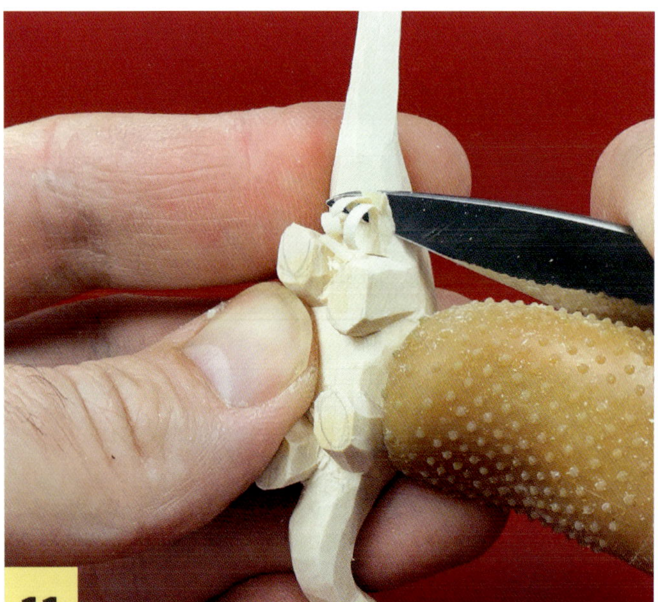

11 **Letzte Verfeinerungen von Beinen, Hals und Schwanz.** Begutachten Sie die gesamte Figur und nutzen Sie kleine Schäl- oder Schiebeschnitte, um Kanten zu glätten. Schnitzen Sie Schwanz und Hals mit Schäl- oder Schiebeschnitten schmaler, bis sie ihre Endmaße erreicht haben. Gestalten Sie die Beine mit Schälschnitten in Richtung Bauch dünner und entfernen Sie Material mit Schnitten am Beinansatz, das Messer bündig mit dem Bauch geführt.

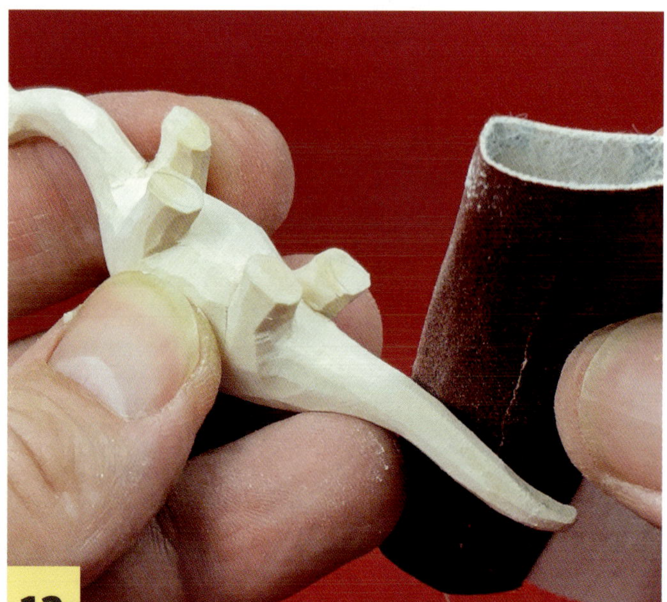

12 **Schleifen.** Beginnen Sie mit einem rauen Schleifpapier (Körnung 200–400) und seien Sie vorsichtig im Kopf-, Hals und Schwanzbereich, um nicht zu viel Material zu entfernen. Lassen Sie ein feineres Schleifpapier (Körnung 600–800) folgen, damit die gesamte Schnitzarbeit glatt wird. (Wünschen Sie einen kantigeren, raueren Look, ignorieren Sie diesen Teil des Arbeitsschrittes.) Überprüfen Sie nun die gesamte Figur auf etwaige raue Übergänge oder Flächen. Schließlich bohren Sie unten in die Figur ein 1,6 mm großes Loch und stecken zum Festhalten während des Bemalens einen Zahnstocher hinein.

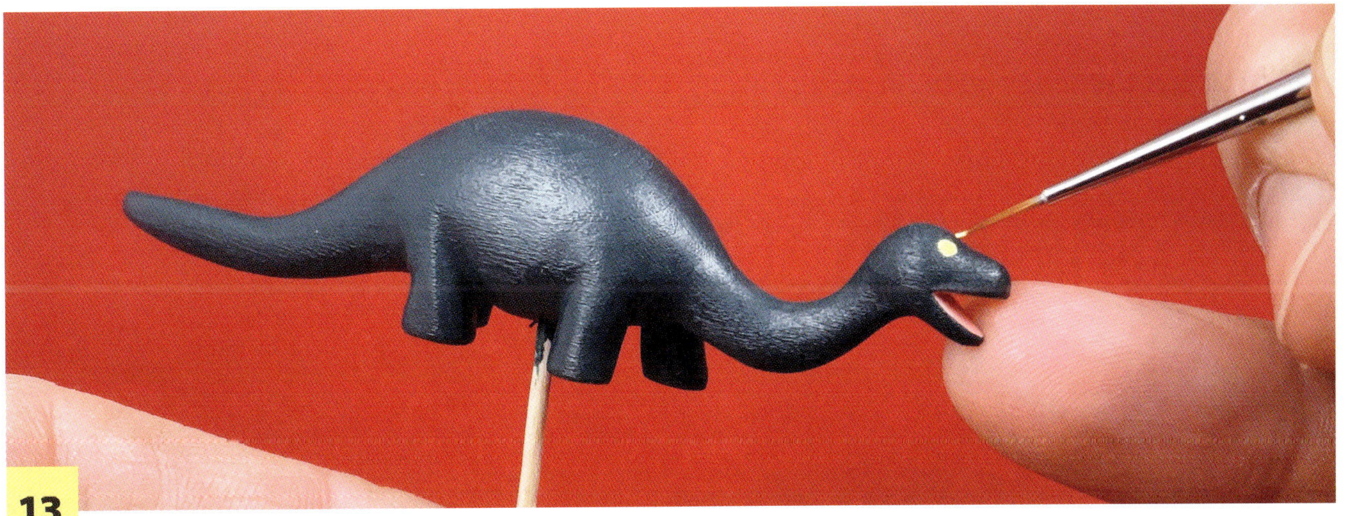

13 **Den Dino bemalen.** Mischen Sie Blau, Gelb und Rot, um ein dunkles Waldgrün zu mischen, und tragen Sie auf die ganze Figur zwei Schichten auf. Mischen Sie Rot, Weiß und Gelb zu einem Rosafarbton. Malen Sie eine Schicht in das Maul. Mischen Sie Gelb und Weiß und verwenden Sie diese Farbe für die Augen. Verwenden Sie Schwarz für jede Pupille und Weiß für die Lichtreflexionen.

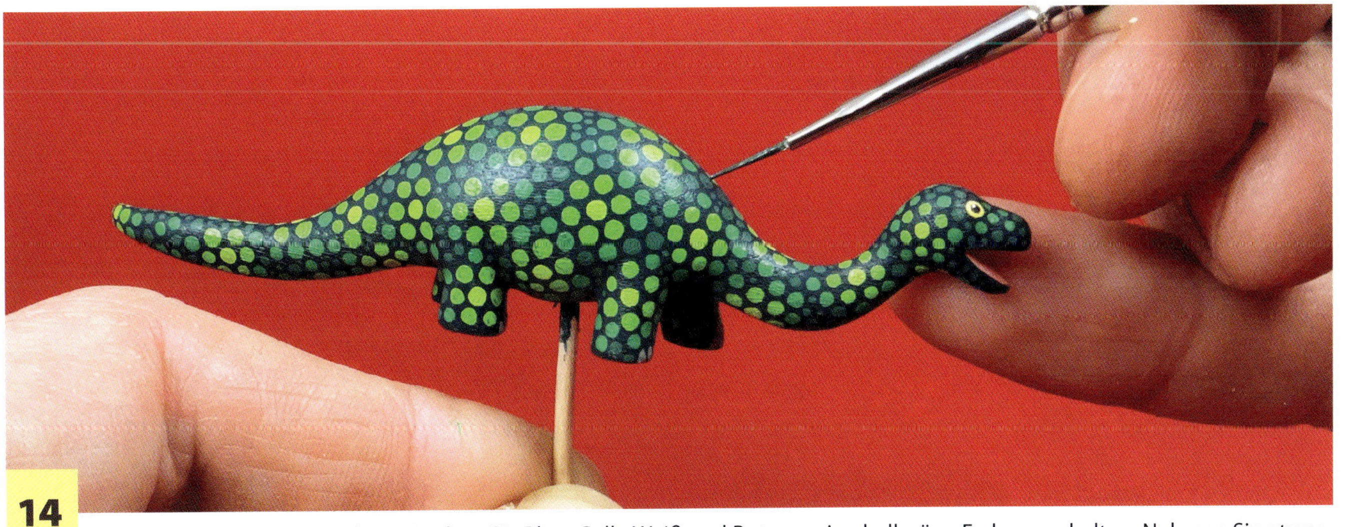

14 **Das Schuppenmuster malen.** Mischen Sie Blau, Gelb, Weiß und Rot, um eine hellgrüne Farbe zu erhalten. Nehmen Sie etwas von dieser Farbe, vermengt mit Weiß und Gelb, für vier weitere, immer heller werdende Grüntöne. Malen Sie ein Muster aus Punkten mit gleichmäßigen Abständen mit dem hellsten Grün, umgeben Sie diese Punkte mit einem Ring aus Punkten des nächstdunkleren Farbtons und wiederholen Sie dies mit zunehmend dunkleren Farbtönen, bis die Kreise aus Punkten aufeinandertreffen. Verwenden Sie den dunkelsten der Hellgrüntöne, um die leeren Bereiche mit Punkten zu füllen.

Muster

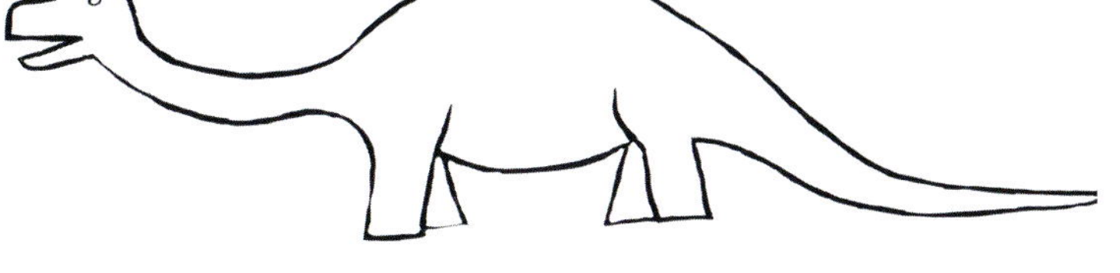

Springendes Schwein

Von deliziös bis dreckig spielen Schweine eine große, komplexe Rolle in der menschlichen Geschichte, Kultur und Küche, seit sie vor mehr als 10.000 Jahren domestiziert wurden. Im deutschsprachigen Raum ist das Glücksschwein ein beliebter Talisman als Geschenk oder Grußkarte, es ist also ein natürliches Motiv für Kunstschaffende. Unter meinen Lieblingsbildern sind die Bilder springender Schweine von Michael Sowa („Köhlers Schwein"); ich habe ein Design entworfen, das sich dieser Pose annähert. Die Zugabe eines einfachen Flügelpaares verwandelt es in das berühmte und unwahrscheinliche fliegende Schwein; das Flugschwein fühlt sich auf einem Sockel, von einem Zahnstocher emporgehoben, ebenso wohl wie an einem Zweig hängend.

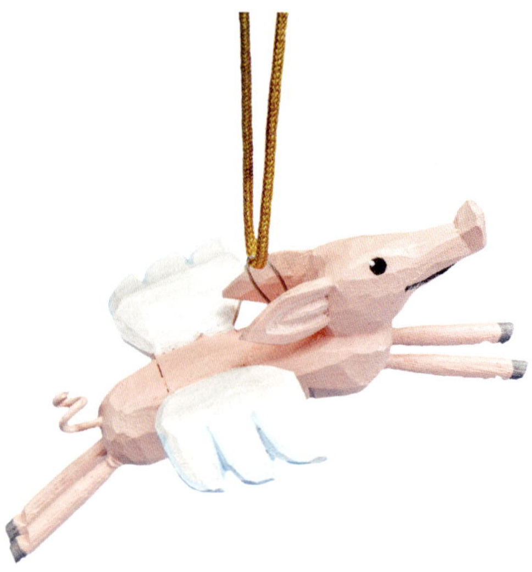

Material & Werkzeug

- Holz: 16 x 11 x 41 mm; Maserung in Richtung der längsten Abmessungen
- einige Zahnstocher
- Biegedraht (Ø: 0,8 mm; Länge: 25 mm)
- Schnitzmesser
- Handschutz
- Stielkloben mit Bohrer (1,6 mm)
- Holzleim
- Superkleber
- Schleifpapier: Körnung 200–400 und Körnung 600–800
- Farbpinsel: Rundpinsel Nr. 1 oder größer, Linierer Nr. 10/0 oder kleinerer Detailpinsel
- Farben: Rot, Gelb, Weiß und Schwarz, um helle Apricot-, Grau- und Apricot-Creme-Töne zu mischen.

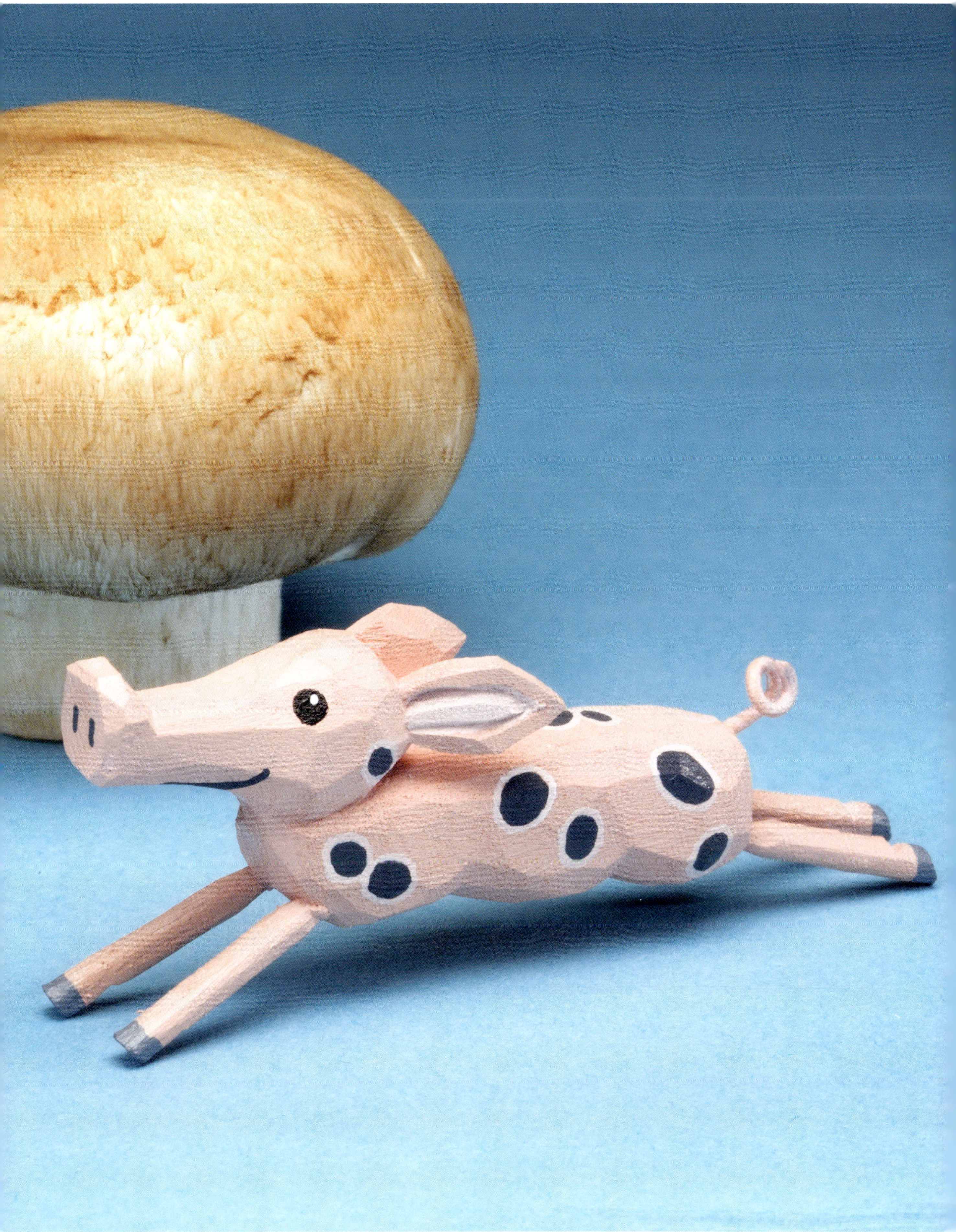

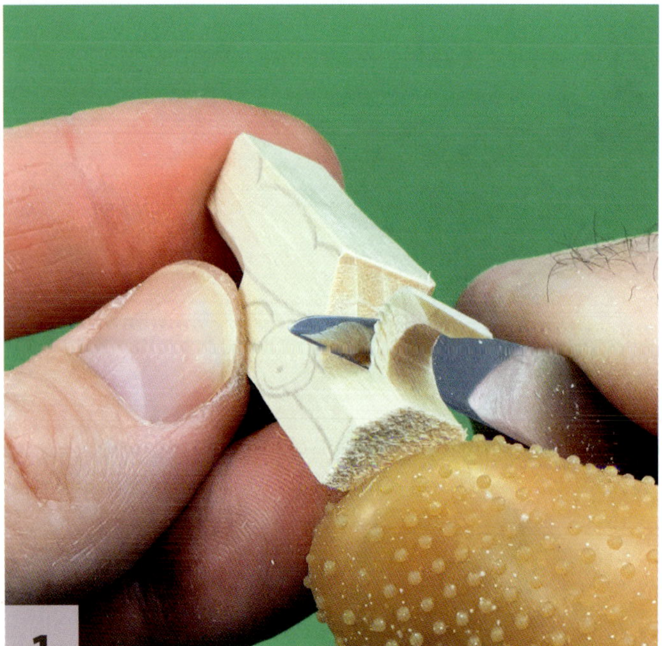

1 **Grob bearbeiten.** Übertragen Sie das Muster (ohne Beine) auf das Holz. Bearbeiten Sie die Grundform grob, indem Sie das Holz auf entgegengesetzten Seiten mit einer Serie aus Schäl- oder Schiebeschnitten entfernen. Beginnen Sie an den Rändern etwa ein Drittel vom Ende aus und schnitzen Sie fast bis zur Hälfte des Stückes unter dem Kinn und über dem Körper hinter den Ohren.

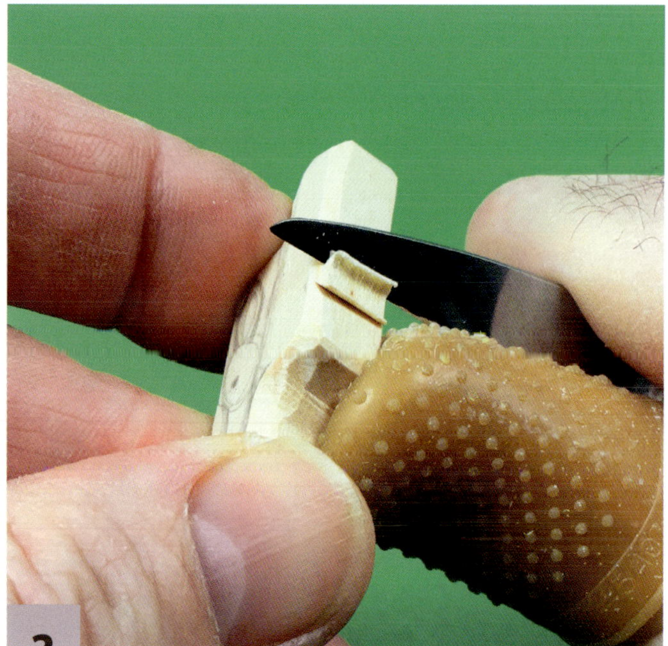

2 **Den Bauch schnitzen.** Die Kanten des Rumpfes mit Schäl- oder Schiebeschnitten glätten. Den Bauch mit V-Schnitten an der Körperunterseite an Vorder- bzw. Hinterteil ausarbeiten. Die ersten Schnitte nahe den Enden ansetzen und in Richtung Mitte führen. Die den Span abtragenden Schnitte möglichst nahe an der Bauchmitte in Richtung Vorder- bzw. Hinterteil ausführen. Die v-förmigen Kerben vor und hinter dem Bauch mit langen, wischenden Schälschnitten an die Körperseiten anpassen.

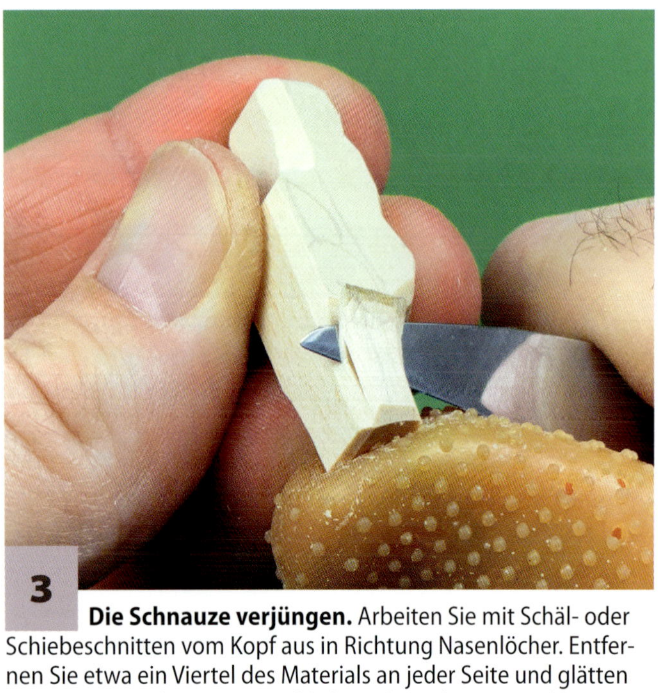

3 **Die Schnauze verjüngen.** Arbeiten Sie mit Schäl- oder Schiebeschnitten vom Kopf aus in Richtung Nasenlöcher. Entfernen Sie etwa ein Viertel des Materials an jeder Seite und glätten Sie die Kanten der Nase sowohl oben als auch unten. Arbeiten Sie die Rippe an der Nasenspitze mit einem V-Schnitt aus, wobei der erste Schnitt nahe der Spitze beginnt und in Richtung Kopf gerichtet wird. Schneiden Sie das Holz mit einem Schnitt von der Stirn in Richtung Nase aus. Definieren Sie die Rippe mit einem zweiten Satz spitzerer V-Schnitte. Um diese Rippe an der Nase nicht wegzuschnitzen, schnitzen Sie das Holz immer mit einem Strich in Richtung Kopf.

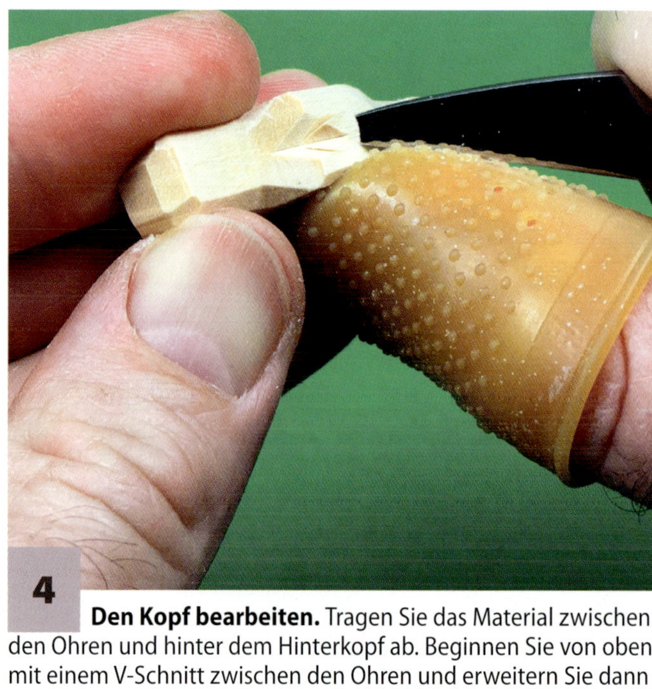

4 **Den Kopf bearbeiten.** Tragen Sie das Material zwischen den Ohren und hinter dem Hinterkopf ab. Beginnen Sie von oben mit einem V-Schnitt zwischen den Ohren und erweitern Sie dann die Lücke, indem Sie Dreischnittkombinationen an derselben Stelle wiederholen. Die ersten beiden Schnitte sollten zusammenpassen und die Anfangsvertiefung erweitern; für den dritten Schnitt führen Sie die Messerspitze über den Hinterkopf, um den Span zu entfernen.

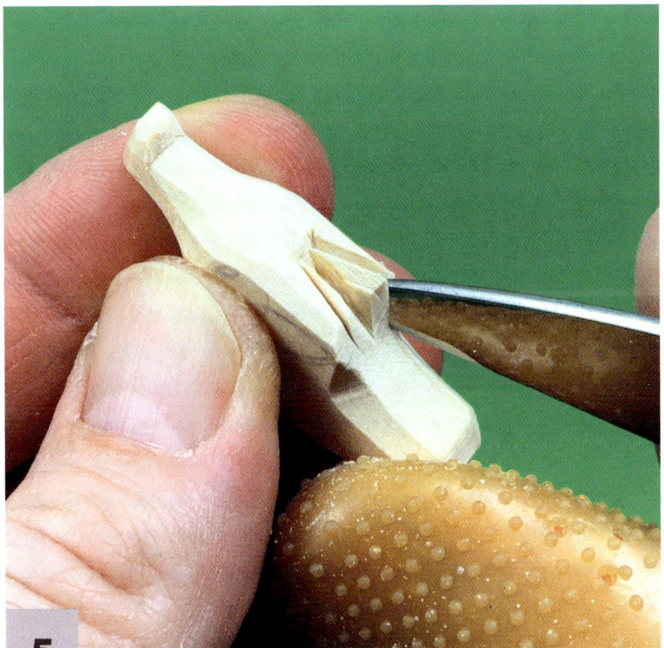

5 **Zwischen den Ohren weiterarbeiten.** Erweitern und vertiefen Sie die Lücke zwischen den Ohren mit Schiebe- und Schälschnitten. Wiederholen, bis die Vertiefung so weit nach unten vergrößert ist, dass sie auf die Körperrückseite trifft. Schnitzen Sie Schiebeschnitte am einen Ohr und Schälschnitte am anderen. Führen Sie die Schnitte so, dass die Ohren an den Spitzen dünner werden als unten am Ohransatz, wo sie etwa 2,4 mm dick bleiben sollten. Wo das Material noch mit dem Körper verbunden ist, lösen Sie es mit Schnitten, die bündig zur Oberkante des Schweinerückens geführt werden.

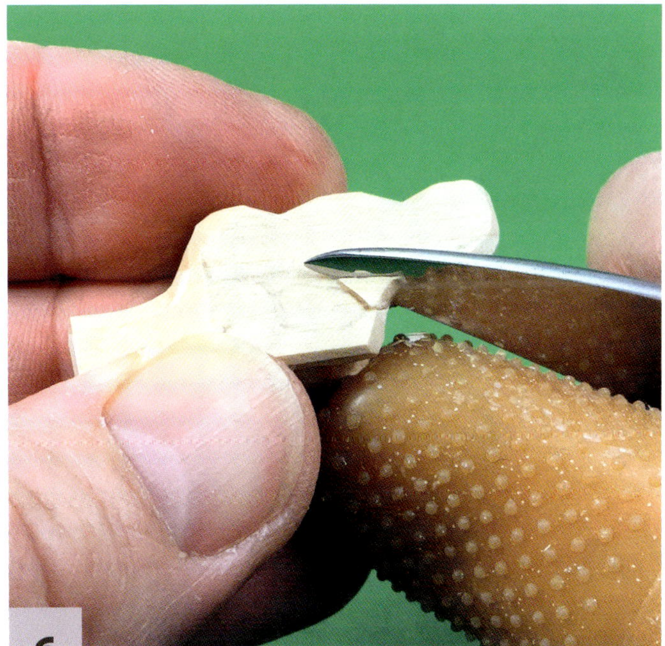

6 **Kopf und Körper voneinander trennen.** Arbeiten Sie an jeder Ohrenspitze mit Schälschnitten von der Ohrmitte bis zur Spitze. Machen Sie V-Schnitte, wo das Ohr mit dem Oberkopf verbunden ist. Schnitzen Sie eine v-förmige Kerbe zwischen Kopf und Körper. Nutzen Sie den V-Schnitt zwischen Ohrenspitze und Körper. Unten am Ohr, wo es mit dem Kopf verbunden ist, arbeiten Sie mit einer Dreischnittkombination, die ein kleines, dreieckiges Holzstück abträgt.

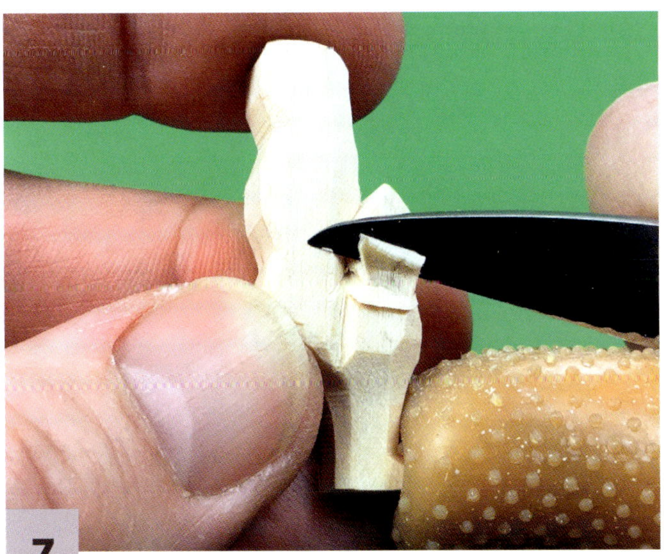

7 **Ohren und Kopf weiter formen.** Verschmälern Sie das Ohr von außen mit am Kopf endenden V-Schnitten. Dabei darauf achten, dass das Ohr dick und stabil genug bleibt. Gleichen Sie diese Kerbe mit Schälschnitten an den Kopf an. Glätten Sie scharfe Kanten an der Seite und auf dem Kopf. Verjüngen Sie den Kopf vor dem Ohr und passen Sie ihn mit Schälschnitten an die Schnauze an.

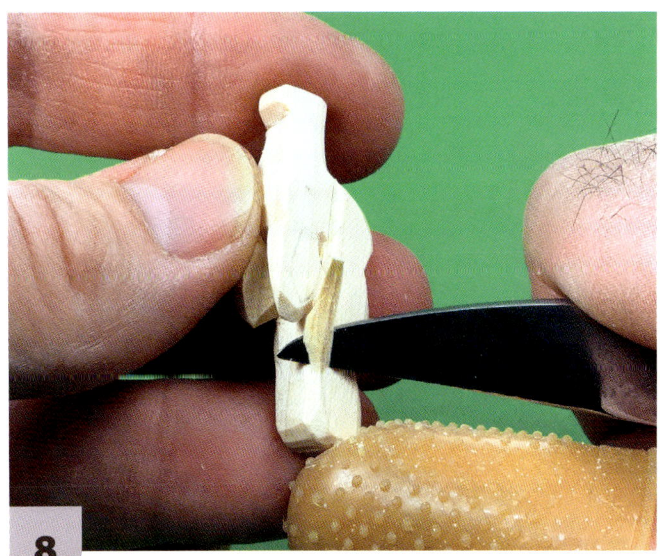

8 **Die Ohren weiter formen.** Teilen Sie den Unterteil des Ohrs von der Körperrückseite mit kleinen v-förmigen Kerben. Erweitern Sie diese durch tieferwerdende Wiederholungen unter dem Ohr, bis die Trennung erfolgt. Gestalten Sie die untere Innenseite der Ohren mit Schiebeschnitten, die die Kanten an den unteren Rändern der Ohren abschrägen, dünner. Vermeiden Sie, die Körperrückseite mit der Messerspitze zu berühren.

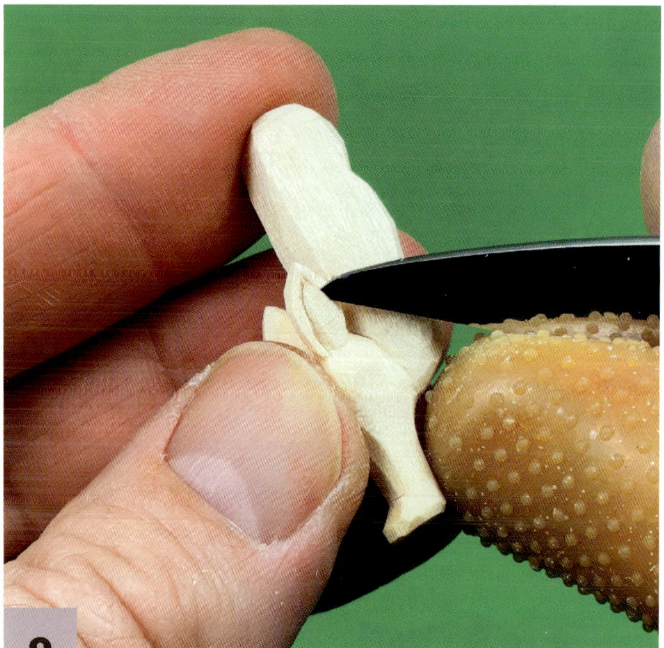

9 **Ohrendetails ausarbeiten.** Ritzen Sie in jede Ohraußenseite eine blattförmige Kontur, die der Form der Ohrmuschel entspricht. Halten Sie die Messerspitze wie einen Bleistift und schnitzen Sie etwa 1,6 mm von den Kanten entfernt eine flache, v-förmige Vertiefung in das Ohr. Arbeiten Sie diese mit je zwei Schnitten aus. Vermeiden Sie, zu tief zu schneiden: Arbeiten Sie nur bis zur Hälfte des Ohrs! Tragen Sie das Material unten am Kopfansatz ab, indem Sie die Messerspitze bündig mit dem Kopf ansetzen.

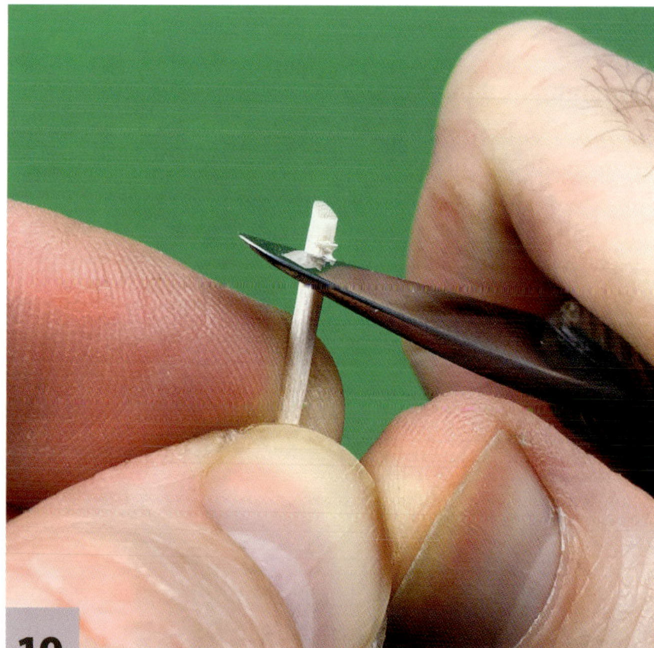

10 **Vier Beine aus Zahnstochern gestalten.** Sie können aus einem Zahnstocher zwei Beine schnitzen. Dafür den Zahnstocher diagonal zuschneiden und den Huf mit einem V-Schnitt 1,6 mm von der kurzen Seite dieses diagonalen Schnittes formen. Der erste Schnitt verläuft nah am Huf, während der zweite aus der entgegengesetzten Richtung auf diesen trifft. Machen Sie etwa 1,9 mm vor dem Huf ein paar Schnitte um den Zahnstocher herum, um eine 3,2 mm lange Verjüngung auszuarbeiten, und schneiden Sie das Bein dann an der dünnsten Stelle ab.

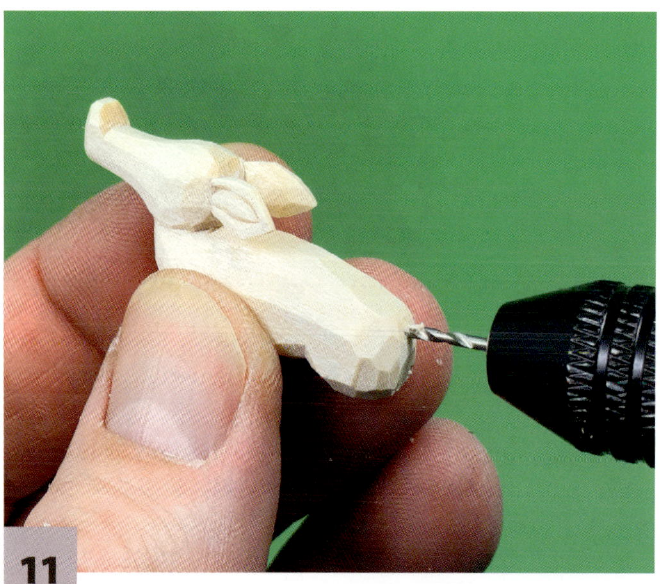

11 **Beine und Schwanz hinzufügen.** Bohren Sie sechs 1,6-mm-Löcher in den Körper: vier für die Beine, eines für den Schwanz und eines am Bauch, um einen Zahnstocher zum Halten während des Bemalens anbringen zu können. Tragen Sie Holzleim auf die spitz zulaufenden Beinenden auf und bringen Sie sie mit den Hufen in die richtige Richtung an. Biegen Sie für den Ringelschwanz ein ca. 16 mm langes Stück Draht um einen Zahnstocher. Tragen Sie Superkleber auf den Draht auf, stecken Sie ihn in das Loch für den Schwanz und klemmen Sie ihn mit dem angespitzten Ende eines Zahnstochers fest.

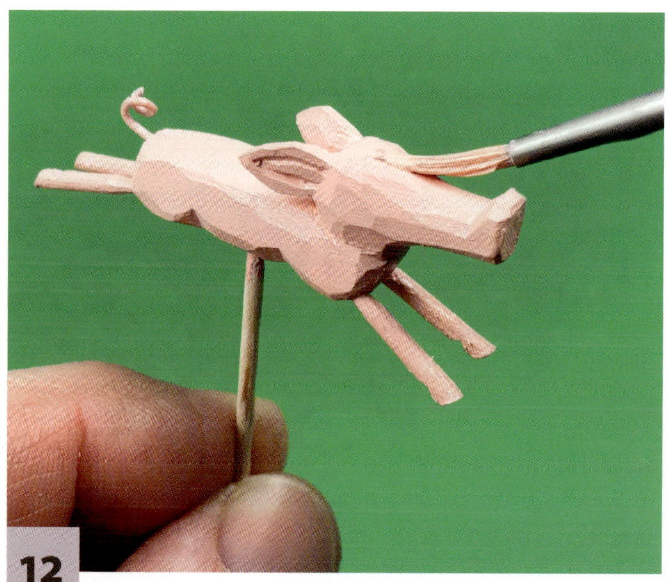

12 **Überall rosa bemalen.** Mischen Sie Weiß, Rot und Gelb, um ein helles Apricot zu erhalten. Einige rote Farben dunkeln beim Trocknen nach, was den Hautton eher rosa- als apricotfarben macht. Um hier gegenzusteuern, achten Sie darauf, dass Ihr Apricotton im nassen Zustand sehr hell ist. Tragen Sie zwei Farbschichten auf die gesamte Figur auf. Nach dem ersten Auftrag die Farbe im natürlichen Licht überprüfen, um zu sehen, ob die Farbe für die zweite Schicht aufgehellt werden muss.

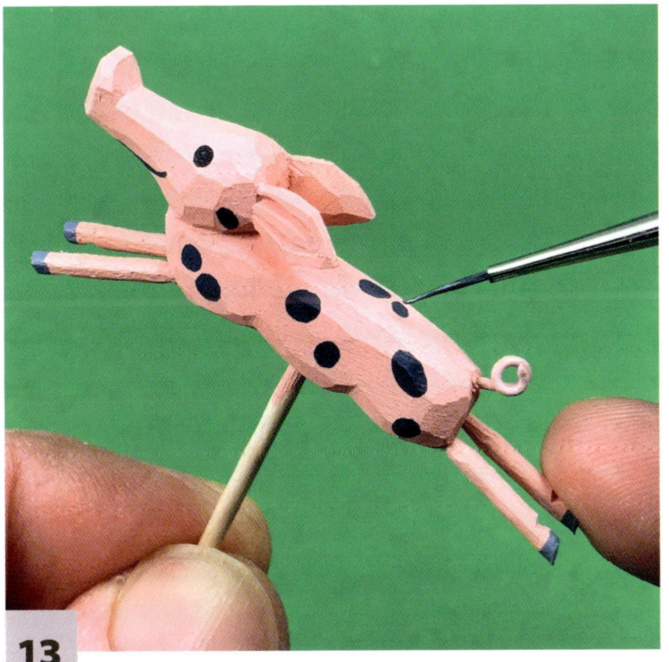

13 **Gesicht und Punkte hinzufügen.** Zeichnen Sie die Punkte für die Augen vor dem Malen mit Bleistift an, um zu prüfen, ob sie symmetrisch und mit gleichem Abstand positioniert sind. Die Augen schwarz anmalen. Sie können rund oder oval sein; verteilen Sie die Farbe jedoch immer gleichmäßig in Kreisbewegungen. Zeichnen Sie das Maul mit Bleistift vor, tragen Sie dann ein helles bis mittleres Grau (gemischt aus Schwarz und Weiß) für Maul und Hufe auf. Malen Sie mit einem dunkleren Grau zufällig angeordnete, bohnenförmige Punkte verschiedener Größen.

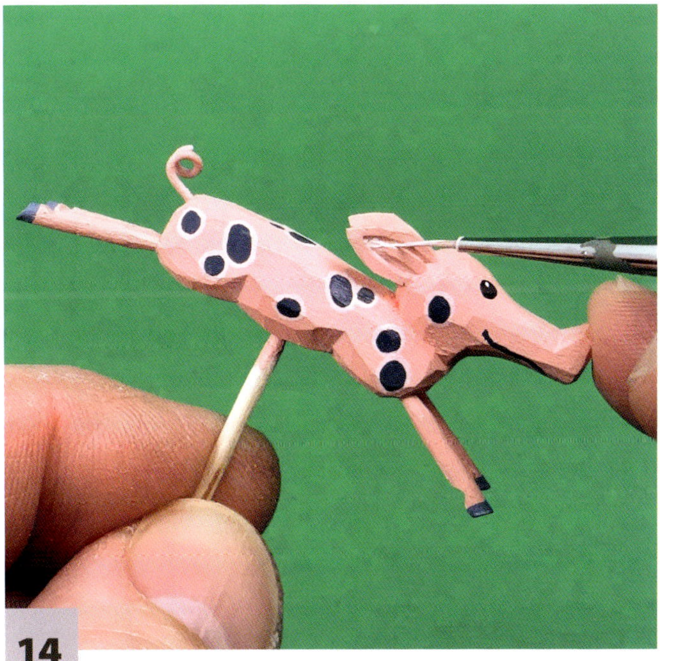

14 **Details hinzufügen.** Mischen Sie einen etwas helleren Apricotton mit einer Spur Grau. Zeichnen Sie Konturen mit dem Grau um die Punkte auf dem Körper; bemalen Sie die Ohrmuschel ebenso. Das Konturzeichnen kann sich schwierig gestalten, ist aber eine effektive Technik, um Gesichtszüge und Details zu betonen und hervorzuheben. Entspannen Sie sich und achten Sie auf Ihren Atem, als würden Sie meditieren, um sich die Arbeit zu erleichtern. Schließlich malen Sie weiße Lichtreflexionen in die Augen.

Wenn Schweine fliegen

Um eine fliegende Version des Schweins zu gestalten, folgen Sie bis Schritt 9 demselben Muster, dann schnitzen Sie die Flügel und befestigen sie. Schnitzen Sie drei flache V-Schnitte in ein Stück Holz mit den Maßen 38 x 13 x 3,2 mm mit der Maserung in Richtung der langen Seite, um die Form der Knickflügel aufzubauen, und arbeiten Sie dann im Schälschnitt, um die Enden spitz zulaufen zu lassen. Zeichnen Sie die Konturen der Flügel an und schnitzen Sie die Federspitzen mit der Messerspitze. Arbeiten Sie die Kurven der Flügel vorn und hinten mit V-Schnitten aus, wo sie auf den Körper treffen, und schneiden Sie den Bereich in der Mitte auf eine Breite von 6,4 mm zu. Übertragen Sie die Maße für die Länge dieses Mittelbereichs auf den Schweinekörper und höhlen Sie mit Stoppschnitten eine rechtwinklige Kerbe für die Flügel aus. Kleben Sie die Flügel an und fahren Sie mit dem Zusammenbau des Schweins bei Schritt 10 fort. Für den Anhänger bohren Sie zwischen die Ohren ein 1,6 mm großes Loch in den Rücken und befestigen eine Schlinge aus Biegedraht durch Ankleben und Feststecken mit einer Zahnstocherspitze, die später abgebrochen wird.

Muster

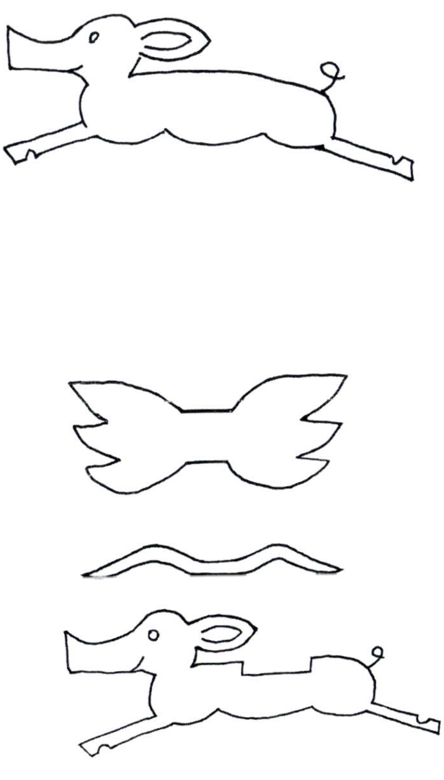

Springende Ziege

Ziegen haben einen entzückenden Charakter, hegen Missachtung gegenüber Zäunen und haben einen unkomplizierten Gaumen; auf eine Weise sind sie gute Vorbilder für Kinder – nicht nur für Ziegenkinder. Die Bilder des Künstlers Marc Chagall stecken voller poetischem Symbolismus und beinhalten oft Ziegenmotive, die als Sprungbrett für Ideen genutzt werden könnten. Für dieses Projekt habe ich eine gefährdete alte Rasse aus der Gegend, in der ich lebe, gewählt: die Thüringer Landziege. Es handelt sich nur um eine grobe Annäherung, einen Anhaltspunkt für Design und Malerei. Die Zugabe von ein paar rötlichen Farbtönen zu einem satt braunen Fell verleiht der Schnitzarbeit mehr Vitalität. Wie bei so vielen meiner Schnitzwerke und Malereien handelt es sich nicht um eine genaue Darstellung, sondern eher um eine neckische Abweichung von der Realität.

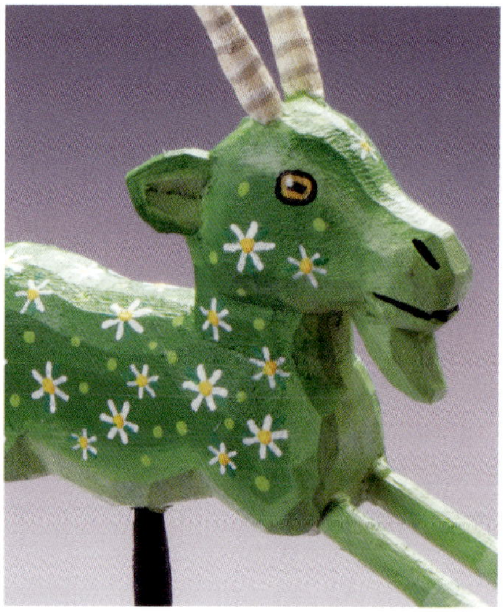

Material & Werkzeug

- Holz: 10 x 22 x 35 mm; Maserung in Richtung der längsten Abmessung
- einige Zahnstocher
- Schnitzmesser
- Handschutz
- Stielkloben mit Bohrern (1,6 mm und 0,8 mm)
- Schleifpapier: Körnung 400–600
- Farbpinsel: Rundpinsel Nr. 1 oder größer, Linierer Nr. 10/0 oder kleinerer Detailpinsel
- Farben: Rot, Blau, Gelb, Weiß und Schwarz zum Mischen von Braun- und Grautönen

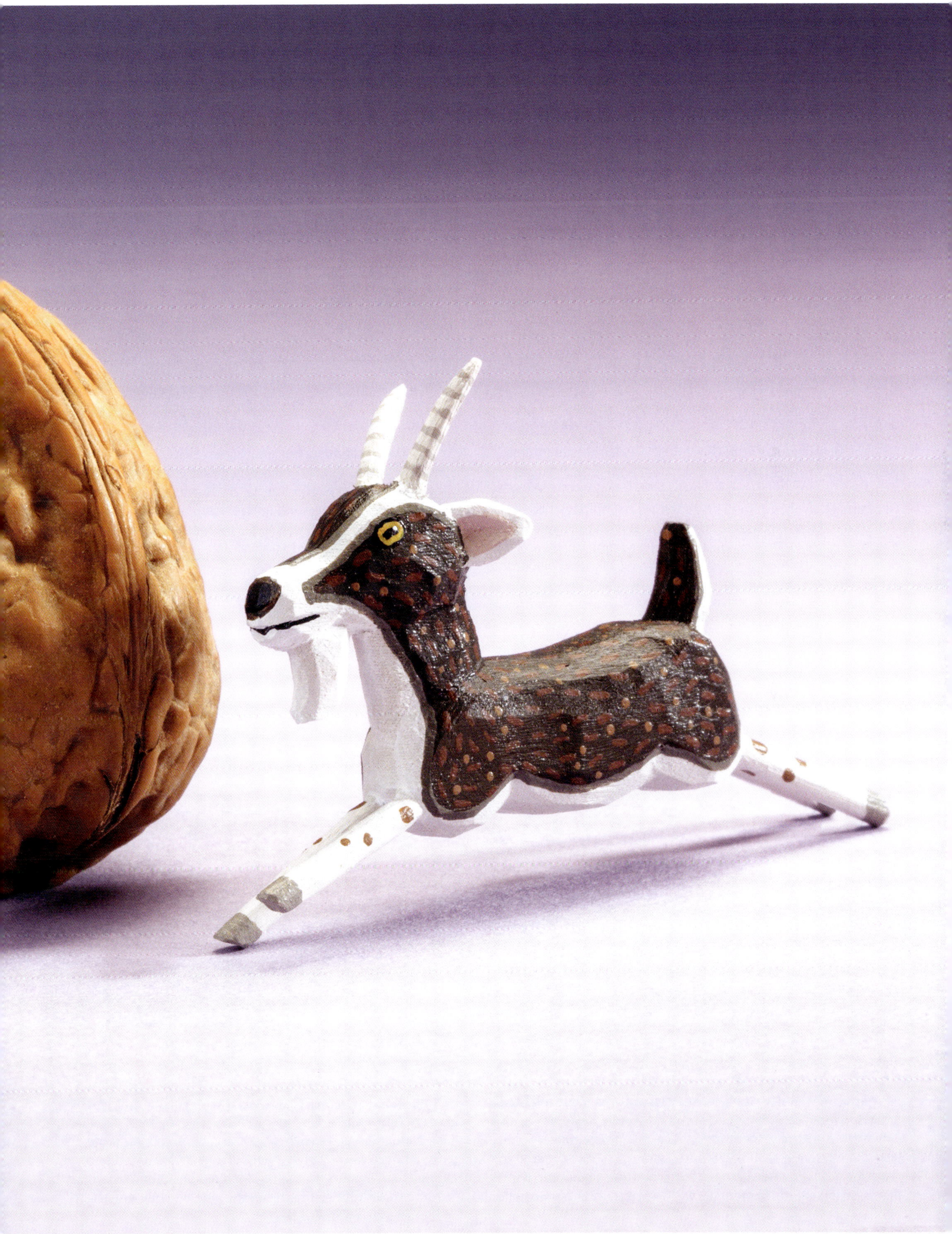

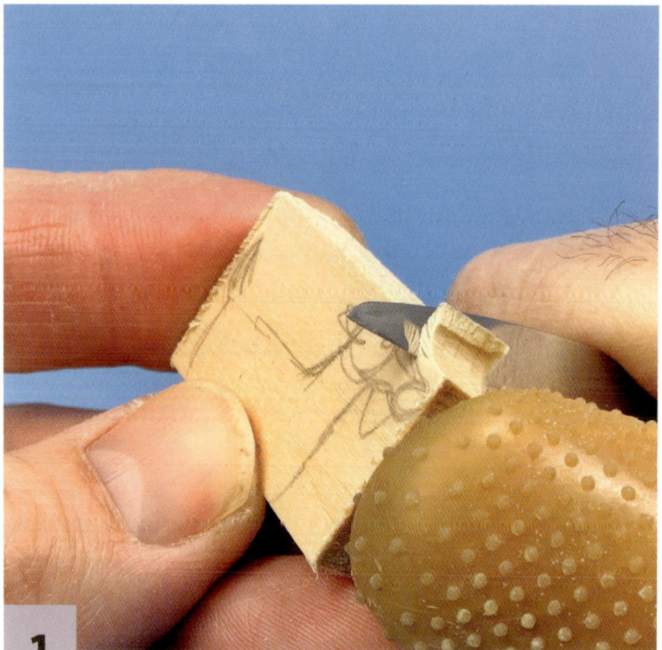

1 **Grob bearbeiten.** Übertragen Sie das Muster (ohne Beine) auf das Holz. Über und unter dem Kopf grob zuschneiden. Arbeiten Sie mit Schäl- oder Schiebeschnitten, um Material über Kopf und Nase abzutragen. Beginnen Sie mit Messerstrichen von der Stirn in Richtung Nase. Entfernen Sie das Material unter dem Kopf mit Schäl- oder Schiebeschnitten. Sie schnitzen hauptsächlich quer zur Maserung, also benötigen Sie besonders viel Kraft. Entfernen Sie mit jedem Schnitt nur kleine Holzmengen.

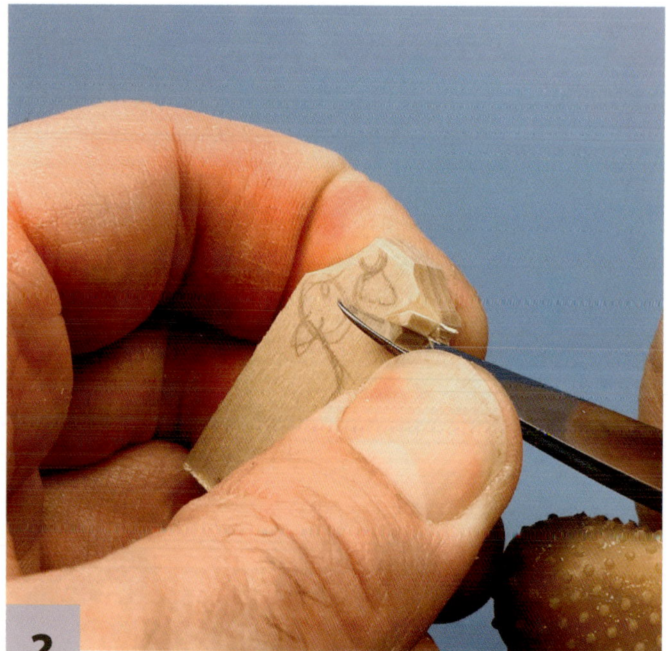

2 **Den Bart ausarbeiten.** Nutzen Sie Stoppschnitte, um die Konturen des Bartes aufzubauen. Setzen Sie die ersten Schnitte bündig zum Hals und gleichen Sie diese mit Schnitten an, die an der Bartspitze beginnen und in Halsrichtung führen. Lassen Sie genug überschüssiges Material für später stehen; der Bart verläuft nicht in Maserungsrichtung und ist daher einer der schwächsten Punkte der Schnitzarbeit.

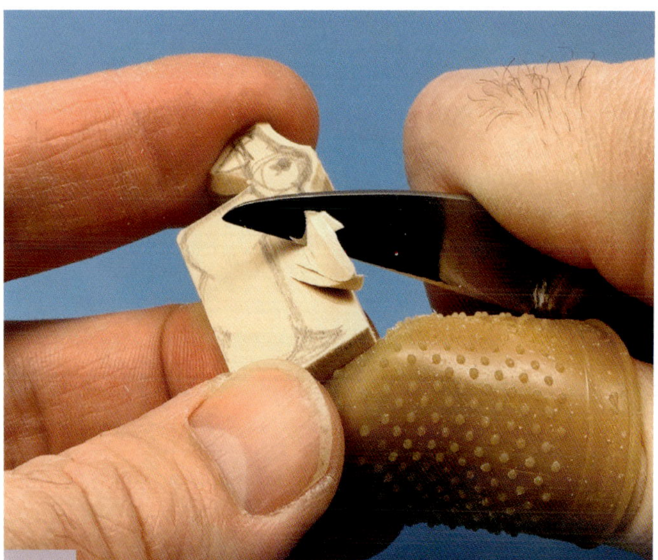

3 **Grob hinter dem Kopf zuschneiden.** Entfernen Sie das Holz über den Ohren mit Schälschnitten und das über dem Rücken und zwischen Schwanz und Hals mit V-Schnitten. Lassen Sie genug Material für die Ohren stehen. Beginnen Sie mit Schnitten vom Schwanz in Richtung Kopf und schnitzen Sie passende Schnitte vom Kopf in Richtung Schwanz, ohne diesen versehentlich abzuschneiden. Höhlen Sie den Bereich bis zur Körperoberseite aus und arbeiten Sie dann mit Schnitten, die bündig zum Rücken auf Schnitte treffen, die von Schwanz und Hals ausgehen.

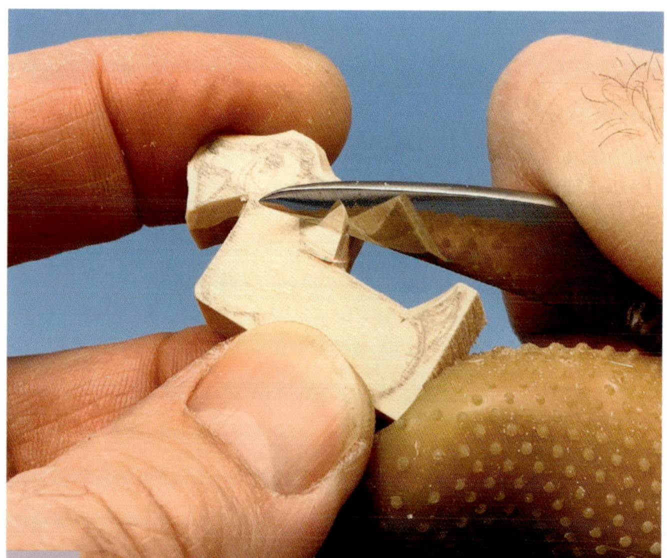

4 **Die Unterkanten der Ohren ausarbeiten.** Mit Stoppschnitten unter dem Ohr und hinter dem Hals die Ohren herausarbeiten. Arbeiten Sie erste Schnitte bündig mit dem Rücken aus und lassen Sie diese auf Messerstriche von den Ohrspitzen aus treffen. Schnitzen Sie eine weitere Reihe an Stoppschnitten; diesmal mit dem ersten Schnitt entlang der Ohrunterkante. Für den zweiten Messerstrich verwenden Sie die Messerspitze und beginnen am Ohransatz, um das Material direkt unter dem Ohr abzutragen. Vergrößern Sie die Vertiefung von beiden Seiten her, bis sie sich in der Mitte treffen.

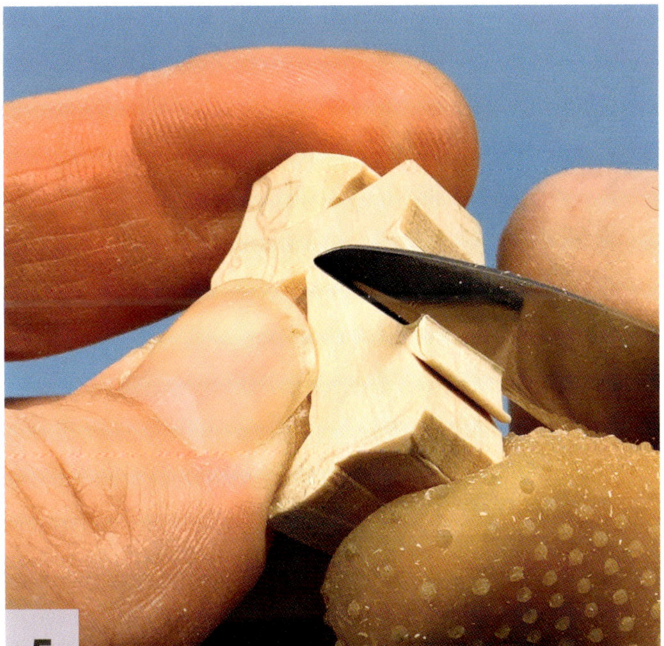

5 **Den Körper abrunden und ausarbeiten.** Runden Sie die Kanten des Körpers mit Schäl- oder Schiebeschnitten ab und arbeiten Sie dann die Vertiefungen, die den Bauchbereich von den unteren Bereichen der Vorder- und Hinterbeine trennen, mit V-Schnitten aus. Beginnen Sie mit Messerstrichen von der Vorder- bzw. Hinterseite in Richtung Mitte und gleichen Sie diese mit Schnitten vom Bauch in Richtung der beiden Enden an. Runden Sie die Kanten dieser Wölbungen mit Schäl- oder Schiebeschnitten ab.

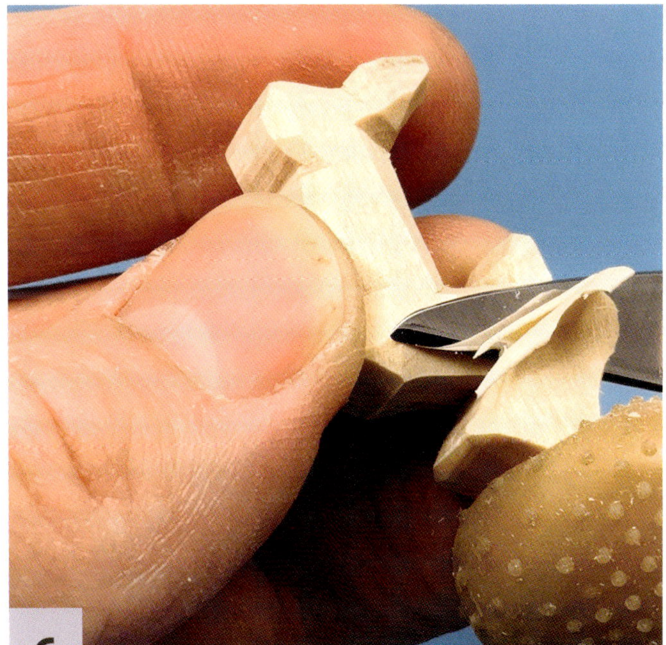

6 **Kopf, Bart, Hals und Schwanz schmaler gestalten.** Schnitzen Sie den Kopf mit Schiebe- oder Schälschnitten schmaler; dabei jeden Schnitt am Ohransatz beginnen und in Richtung Nase führen. Formen Sie den Hals mit Stoppschnitten dünner als den Kopf. Schnitzen Sie erste Schnitte an den Wangen, lassen Sie sie knapp unter dem Ohransatz bis zur Nase hin verlaufen. Lassen Sie diese Schnitte auf Messerstriche treffen, die beginnen, wo Hals und Körper aufeinandertreffen, und in Richtung Kopf verlaufen. Schnitzen Sie den Schwanz mit Schäl- oder Schiebeschnitten, die oben an der Schwanzspitze beginnen und in Richtung Körper führen, schmaler. Entfernen Sie das Holz mit Schnitten, die in einer Linie mit dem Rücken verlaufen.

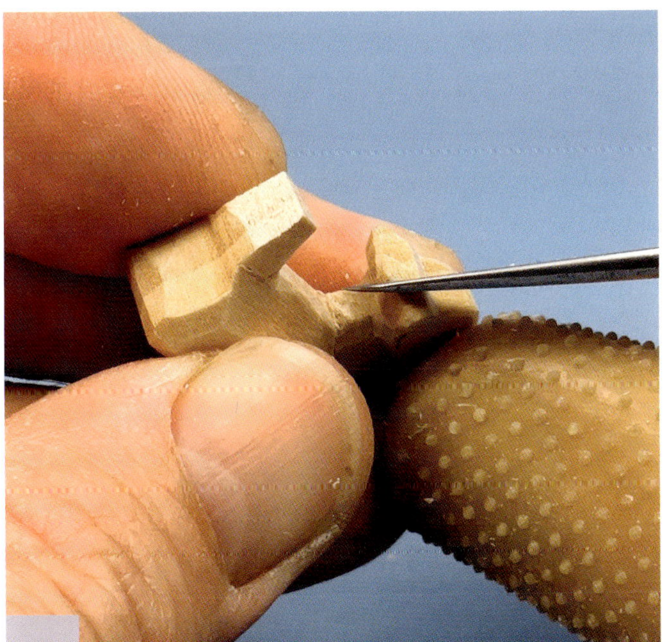

7 **Linkes vom rechten Ohr trennen.** Beginnen Sie mit einem V-Schnitt oberhalb des Ohrbereichs, um eine Kerbe zu schnitzen. Erweitern Sie diese mit Schäl- oder Schiebeschnitten mit der Messerspitze in der Kerbe beginnend in Richtung Ohrenspitze. Vergrößern Sie die Lücke nach unten zwischen den Ohren mit einer Reihe von Schiebeschnitten an den Ohrrückseiten. Formen Sie die Ohren so, dass sie leicht nach außen stehen. Lassen Sie sie besonders dick, um sie stark zu halten; sie werden später feiner ausgearbeitet.

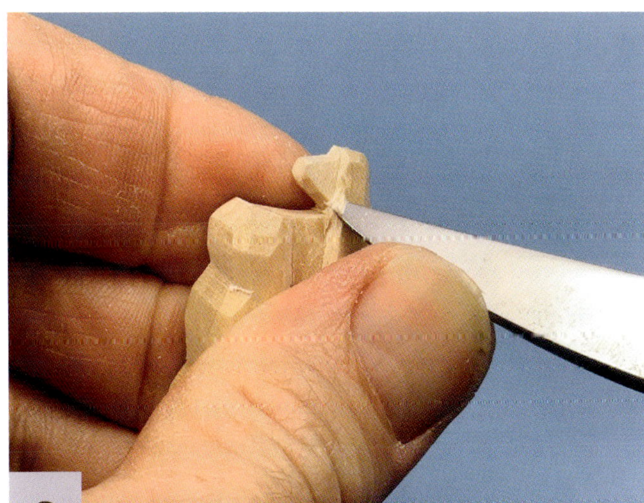

8 **Kinn, Wangen und Bart ausarbeiten.** Schnitzen Sie mit der Messerspitze im Kombinationsschnitt, um eine flache Vertiefung hinter dem Kinn zu gestalten. Beginnen Sie den ersten Schnitt unter dem Kinn und schneiden Sie in Richtung Hals. Beginnen Sie den zweiten Schnitt an der Kinnlinie und lassen Sie ihn auf den ersten Schnitt treffen. Das Material mit einem dritten Schnitt, der bündig mit dem Bart verläuft, entfernen. Verschmälern Sie den Bart mit Schälschnitten und runden Sie die Kanten vorne und hinten ab, lassen Sie ihn jedoch in der Mitte dicker.

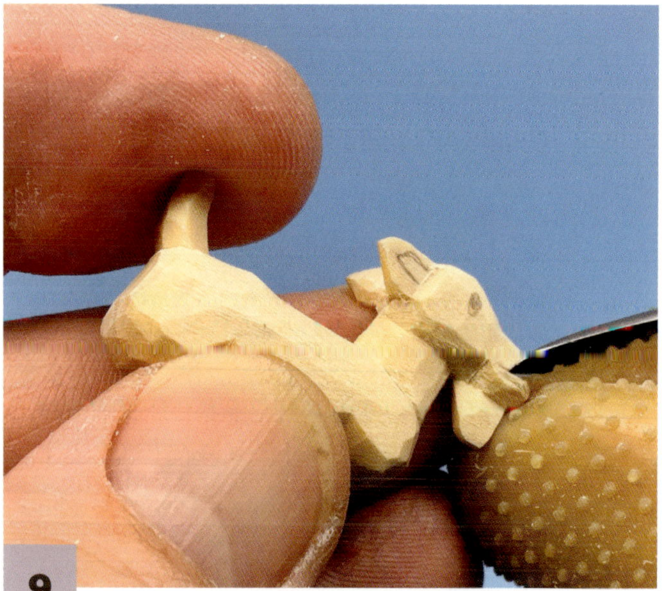

9 **Maul und Ohrinnenseite ausarbeiten.** Zeichnen Sie als Hilfslinien einen Strich für das Maul und ein V für die Ohrinnenseiten. Machen Sie für das Maul mit der Messerspitze einige aufeinandertreffende Einschnitte für eine Vertiefung entlang der Hilfslinie. Beim Ohr eine Dreischnittkombination mit der Messerspitze ausführen: Erst zwei flache, v-förmige Einschnitte nahe der Ohrenspitze mit Verlauf bis zum Ohrenansatz ausführen. Der dritte Einschnitt am Ohrenansatz verbindet die ersten beiden, um das Holz abzutragen.

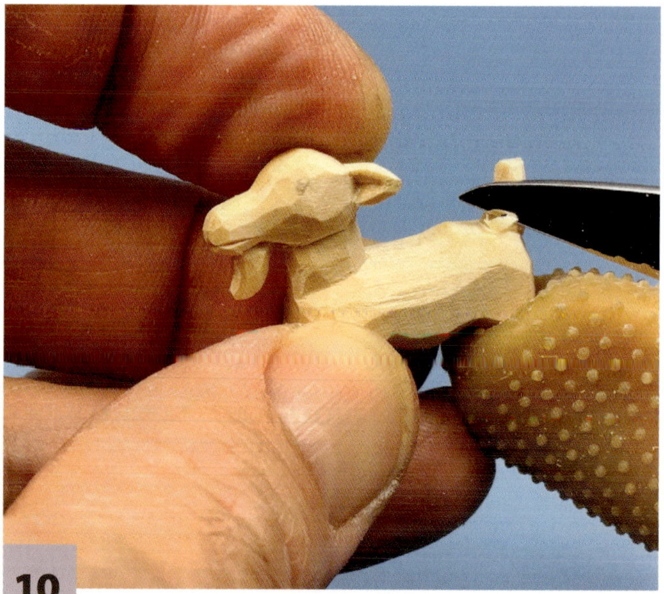

10 **Den Schwanz ausarbeiten.** Schnitzen Sie den Schwanz mit Schälschnitten schmaler und runden Sie ihn ab. Nachdem der Schwanz entgegen der Maserung verläuft, ist er recht schwach, achten Sie also darauf, dass er während des Schnitzens nicht abbricht. Beginnen Sie mit Schnitten nahe der Spitze und formen Sie diese spitz, bevor Sie den Schwanz dort schmaler gestalten, wo er mit dem Körper verbunden ist. Schneiden Sie durch die Maserung und in Richtung des Körpers. Säubern Sie den Bereich rund um den Ansatz mit kontrollierten Schnitten, die bündig mit dem Körper verlaufen.

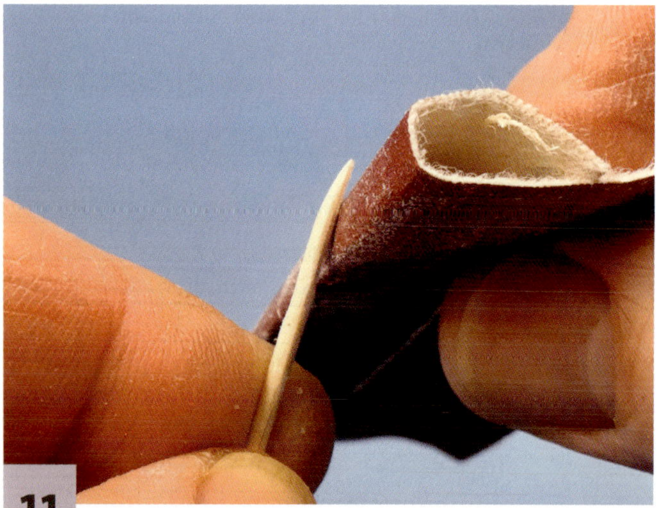

11 **Beine und Hörner gestalten.** Ein Zahnstocher genügt für zwei Beine. Dafür den Zahnstocher diagonal durchschneiden und den Huf mit einem V-Schnitt 1,6 mm von der kurzen Seite dieses diagonalen Schnittes mit einer Kerbe versehen. Der erste Schnitt verläuft nah am Huf, während der zweite aus der entgegengesetzten Richtung auf diesen trifft. Machen Sie etwa 1,9 mm vor dem Huf ein paar Schnitte um den Zahnstocher herum, um eine 3,2 mm lange Verjüngung auszuarbeiten. Das Bein dann an der dünnsten Stelle abschneiden. Für die Hörner einen Zahnstocher im 60°-Winkel (besser als die 45°-Diagonalschnitte für die Hufe) zuschneiden, das Ende mit Schleifpapier (Körnung 400–600) in Hornform bringen.

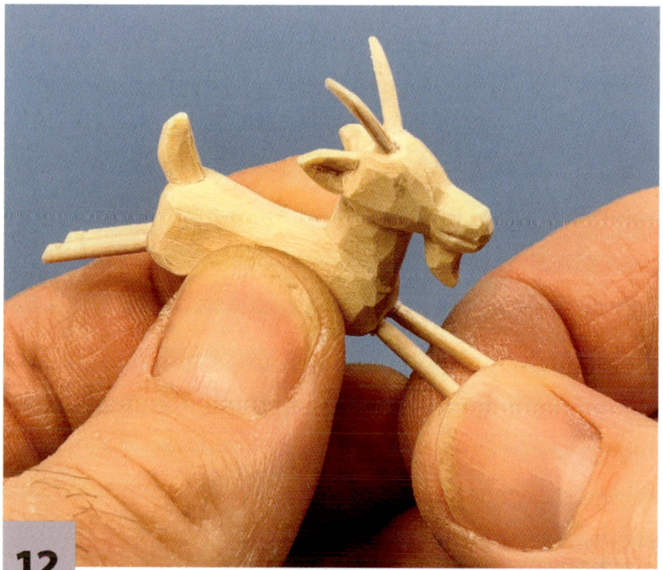

12 **Die Figur verfeinern und Hörner und Beine anbringen.** Zum Vermeiden von Splittern die Löcher für die Hörner mit 0,8 mm vorbohren und dann sieben 1,6 mm große Löcher bohren: zwei für die Hörner, vier für die Beine und eines am Bauch für den Zahnstocher zum Festhalten während des Bemalens. Verschmälern Sie den Körper mit Schälschnitten auf 0,8 mm von den Beinlöchern nach außen hin. Betrachten Sie die ganze Figur; gleichen Sie, wo notwendig, Linien und Kanten mit Schälschnitten aus und achten Sie auf die Symmetrie. Beine und Hörner mit Holzleim in die Löcher kleben. Verwenden Sie Schleifpapier (Körnung 400–600), um die Form der Hörner feiner auszuarbeiten, so dies erforderlich ist.

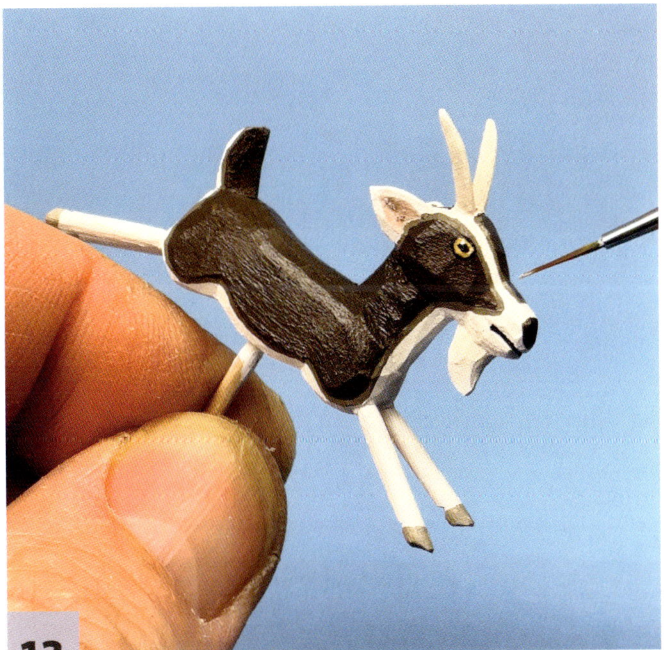

13 Das Tier bemalen. Mischen Sie Rot, Gelb und einen Hauch Blau und Weiß, um ein dunkles Rotbraun zu erhalten und tragen Sie dieses wie gezeigt auf Rücken, Hals und Kopf der Figur auf. Fügen Sie der Mischung weiße Farbe hinzu und benutzen Sie diesen Farbton, um Konturen um die dunklen Bereiche zu ziehen. Malen Sie schwarze, ovale Augen. Mischen Sie Gelb mit ein wenig Rot und Weiß, um ein Bernsteingelb für die Iris zu erhalten. Mischen Sie Schwarz, Weiß und ein wenig Gelb, um ein Graubraun zu erhalten; tragen Sie dieses auf die Hufe auf. Schließlich malen Sie einen weißen Punkt in jede Pupille.

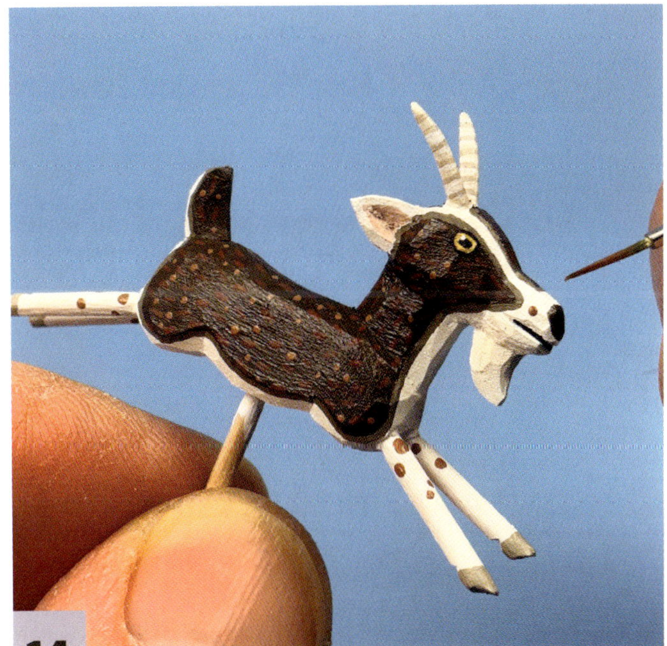

14 Die Details hinzufügen. Inspiriert von einer echten Ziegenrasse habe ich beschlossen, den dunklen Farbbereich mit ein paar helleren Brauntönen aufzuhellen – einer ins Rote gehend, der andere ins Gelbe. Mischen Sie die drei Hauptfarben und Weiß in den richtigen Mengen, um Ihre Brauntöne zu erhalten. Tragen Sie das dunklere rötliche Braun in einem ordentlichen, haarartigen Muster auf; malen Sie das hellere Goldbraun als Punkte zwischen die Haare und als Sprenkel oben auf die Beine.

Eine fantasievolle Variante

Wenn Sie Ihre Ziege weiter ins Reich der Fantasie versetzen wollen, bemalen Sie das Fell mit Blumen auf einem Feld aus Grün! Befestigen Sie die Ziege auf einem Sockel, erscheint es, als sei ihr Sprung mitten in der Luft eingefroren. Dies ist eine einfache und effektive Weise, eine dynamische Körperhaltung zu präsentieren. Verwenden Sie ein mehrfarbig gemasertes Stück Holz mit den Maßen 31 x 22 x 10 mm. Bohren Sie ein 1,6 mm großes Loch in dessen Mitte. Bemalen Sie einen Zahnstocher schwarz und stecken Sie ein Ende in den Block und das andere in das Loch an der Unterseite der Schnitzarbeit.

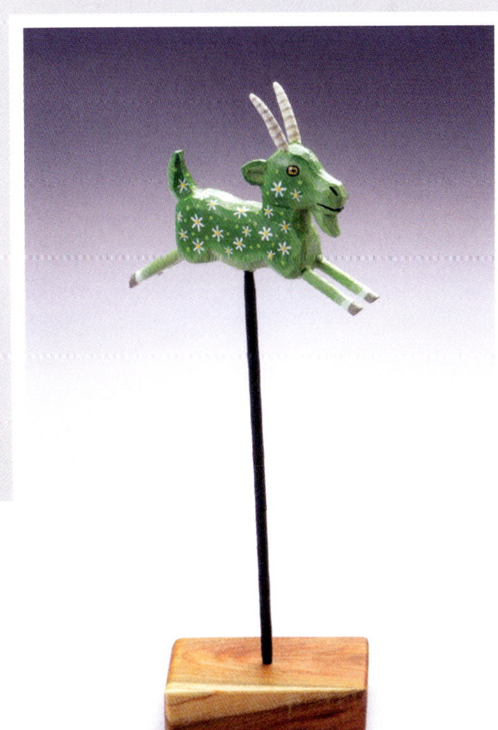

Muster

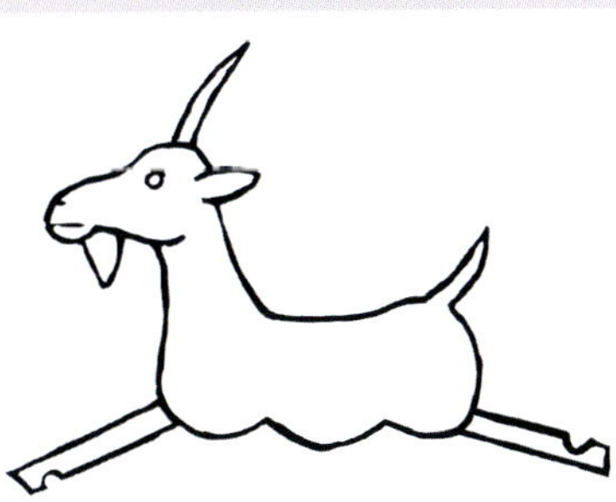

Springender Leopard

Großkatzen bewegen sich als lebendige Verkörperung von Schönheit mit ruhiger Kraft durch die Welt. Sie sind legendäre Raubtiere; sie rufen in uns eine Urangst hervor. Ich stand einmal einem brüllenden Berglöwen Auge in Auge gegenüber; ein Glück, dass meine Blase leer war! Sekunden später fand ich heraus, dass er als Baby gerettet und von Geburt an mit der Flasche großgezogen worden war, also war er zahm wie ein Lämmchen, doch er besaß immer noch eine Stärke, die einen aus der Fassung bringen konnte. Wenn Sie eine Katze haben, haben Sie schon ein kleines Modell für die Großkatzenstudie. Die Malereien von Henri Rousseau sind ebenfalls nützlich, insbesondere wenn Sie ein Diorama rund um die Figur planen möchten. Dieser geschnitzte Leopard zeigt ein vereinfachtes Design des charakteristischen, plötzlichen Losspringens eines Lauerjägers.

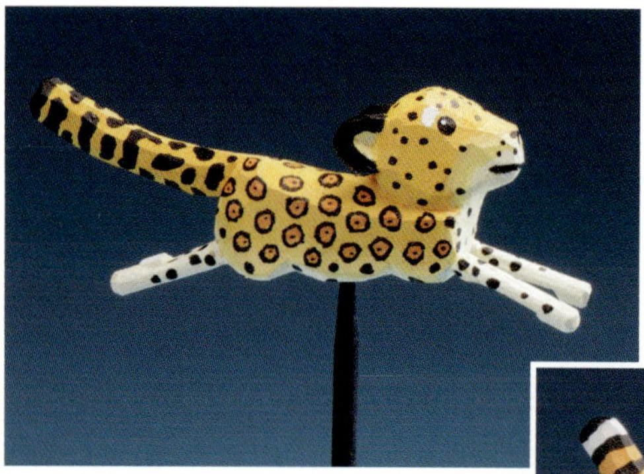

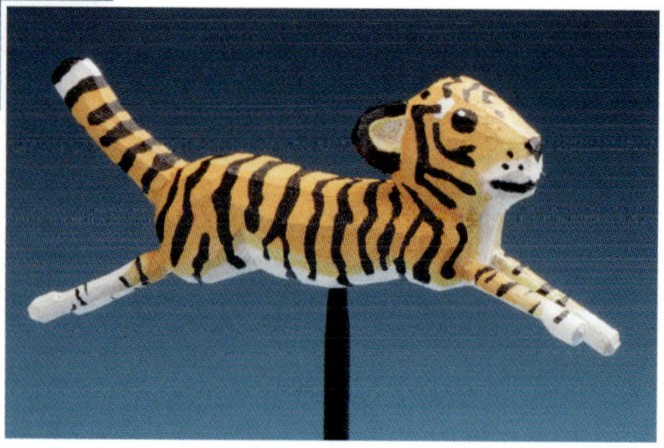

Material & Werkzeug

- Holz: 10 x 16 x 41 mm; Maserung in Richtung der längsten Abmessung
- einige Zahnstocher
- Schnitzmesser
- Detailmesser (optional)
- Handschutz
- Stielkloben mit Bohrer (1,6 mm)
- Farbpinsel: Rundpinsel Nr. 1 oder größer, Linierer Nr. 10/0 oder kleinerer Detailpinsel
- Farben: Rot, Blau, Gelb, Weiß und Schwarz zum Mischen heller Orangetöne

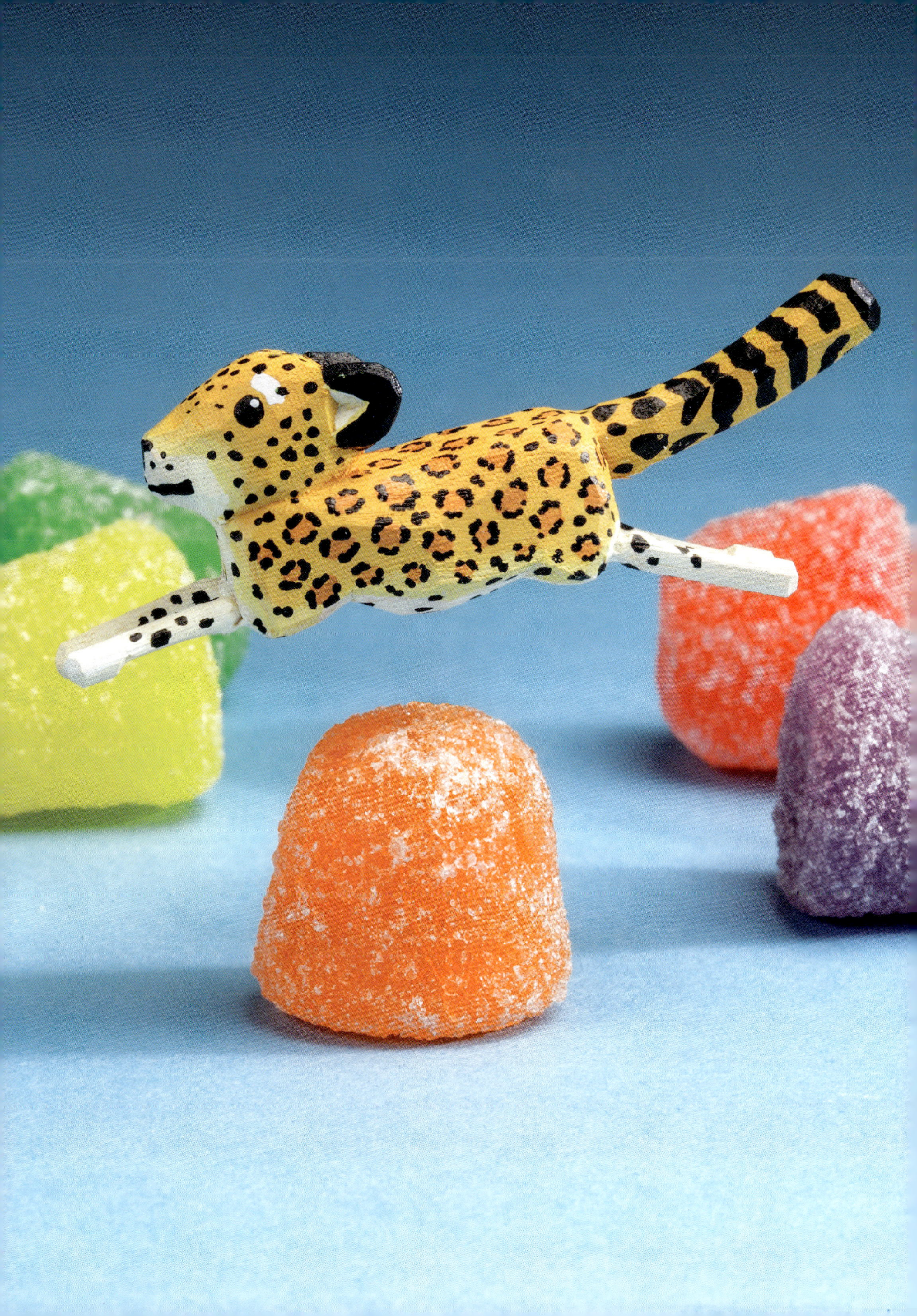

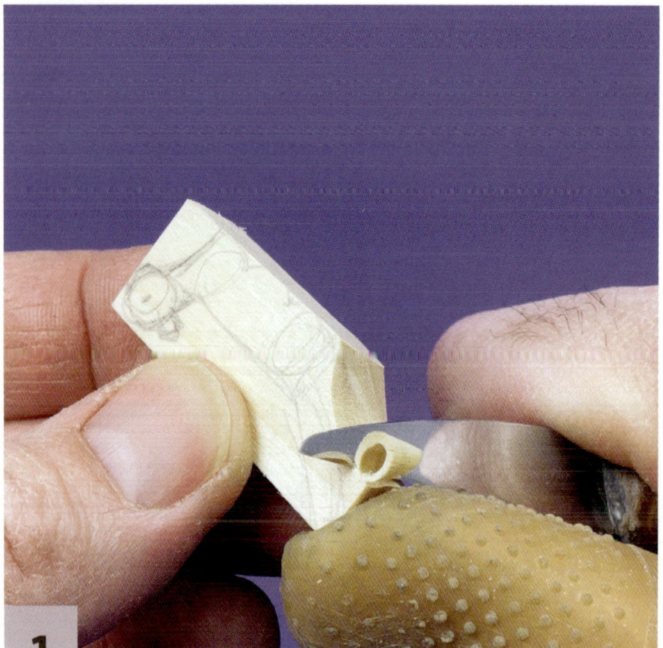

1 **Grob bearbeiten.** Übertragen Sie das Muster (ohne Beine) auf das Holz. Tragen Sie das Material im Schäl- oder Schiebeschnitt unterhalb des Schwanzes ab. Schnitzen Sie nicht ganz bis an die Linien – lassen Sie ein bisschen Überstand zum Schnitzen für später. Sie brauchen den Schwanz zum Festhalten während des Schnitzens, weshalb er jetzt noch stärker sein muss.

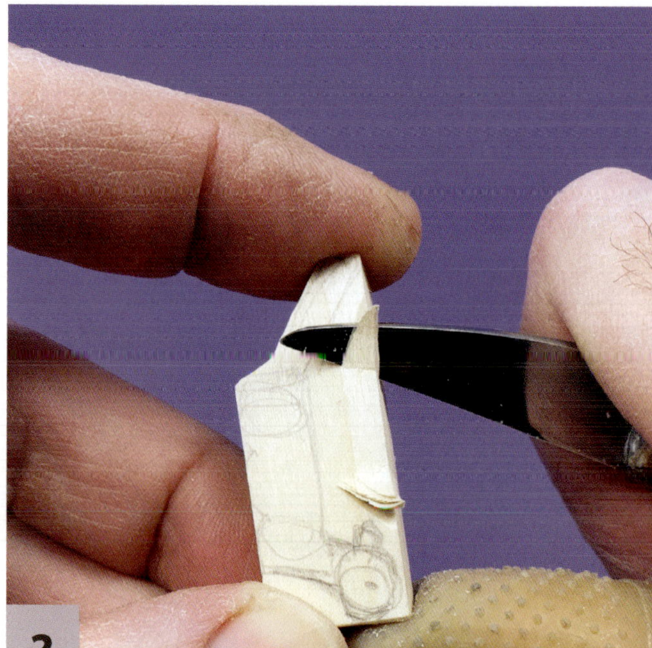

2 **Den Rücken bearbeiten.** Schnitzen Sie Stoppschnitte an der Oberseite der Figur, um Material von den Ohrenspitzen bis zur Schwanzspitze zu entfernen. Der erste Schnitt sollte hinter den Ohren ausgeführt werden. Lassen Sie den zweiten Schnitt vom Schwanz ausgehen und auf diesen treffen. Mit wiederholten Stoppschnitten an der gleichen Stelle fortfahren, bis die Vertiefung die Grenzlinie des Körpers erreicht.

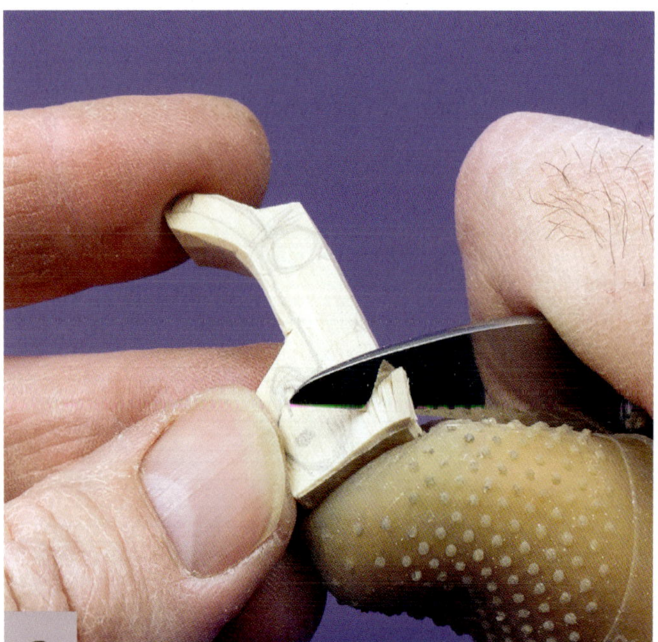

3 **Am Brustbereich arbeiten.** Schnitzen Sie im Schäl- oder Schiebeschnitt, um Material unter dem Kinn und vor Hals und Körper zu entfernen. Beginnen Sie die Messerstriche am Brustansatz und schneiden Sie in Richtung Nase. Wiederholen Sie dies, bis Sie das Holz vor dem Körper abgetragen haben. Lassen Sie noch etwas Überstand für die Nase, die erst später ausgearbeitet wird.

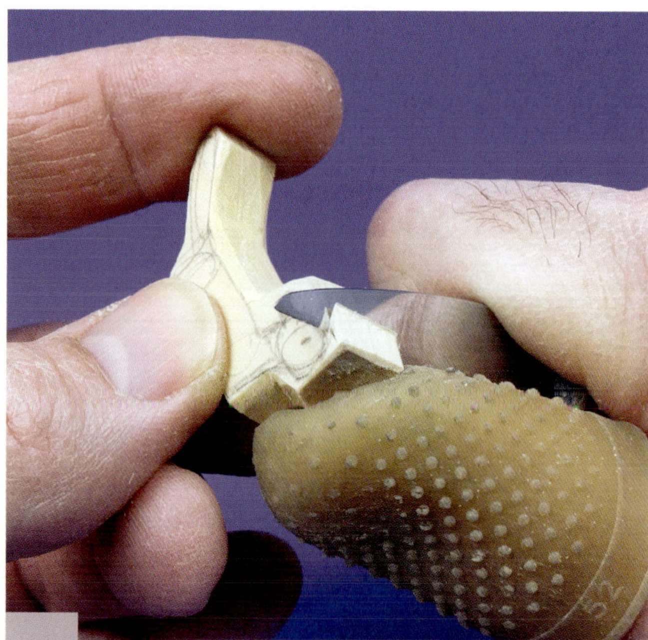

4 **Den Kopf schmaler schnitzen.** Schnitzen Sie mit Schäl- oder Schiebeschnitten von der Stirn zur Nase. Gestalten Sie den Kopf auch an den Seiten schmaler. Beginnen Sie mit Messerstrichen im Ohrbereich und verjüngen Sie das Profil, bis Sie an der Nase ankommen.

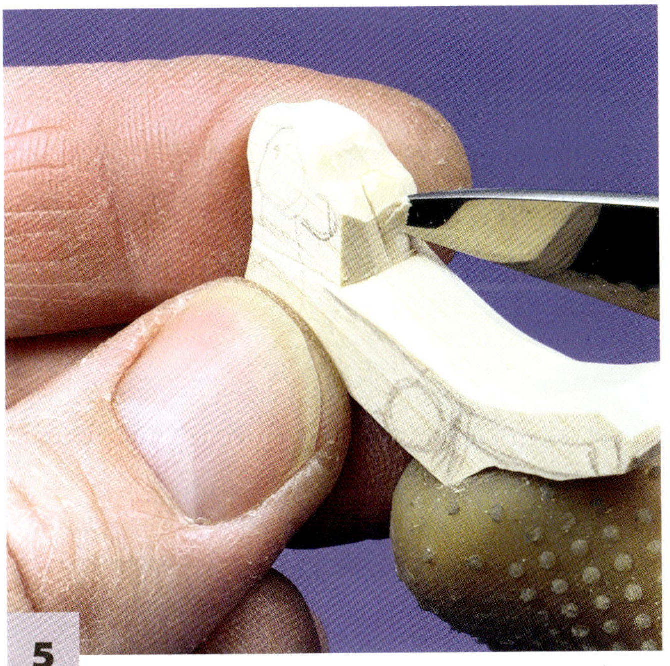

5 **Die Ohren trennen.** Mit einem V-Schnitt von oben beginnen, die Ohren zu trennen. Erweitern Sie die Kerbe mit wiederholten Messerstrichen bis zum Hinterkopf. Schnitzen Sie direkt in der Mitte der Kerbe Stoppschnitte, die bündig mit dem Kopf in Richtung Ohr verlaufen und auf Messerstriche an der Rückseite eines jeden Ohrs treffen. Ein kleineres Detailmesser ist innerhalb dieses geringen Raumes hilfreich, aber auch die Spitze einer größeren Klinge leistet gute Dienste.

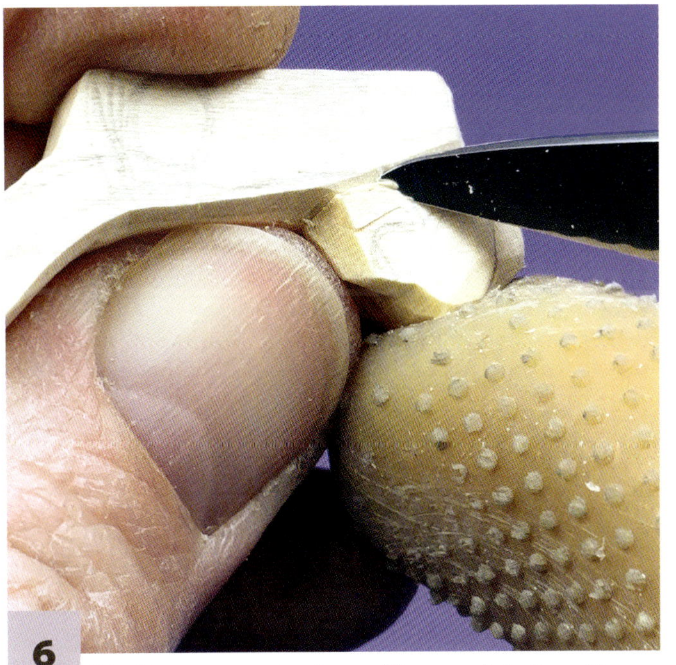

6 **Die Ohren von unten herauf formen.** Schnitzen Sie eine Dreischnittkombination unter den Ohren und hinter dem Hals: Mit der Messerspitze zwei tiefe Schnitte ins Holz unter dem Ohr ausführen. Der untere Schnitt verläuft bündig zum Körper, der obere folgt dem Ohransatz. Der dritte verbindet dann die beiden und entfernt das Holz. Stellen Sie die Biegung am Ohransatz mit behutsamen und bedachten Schäl- und Schiebeschnitten fertig.

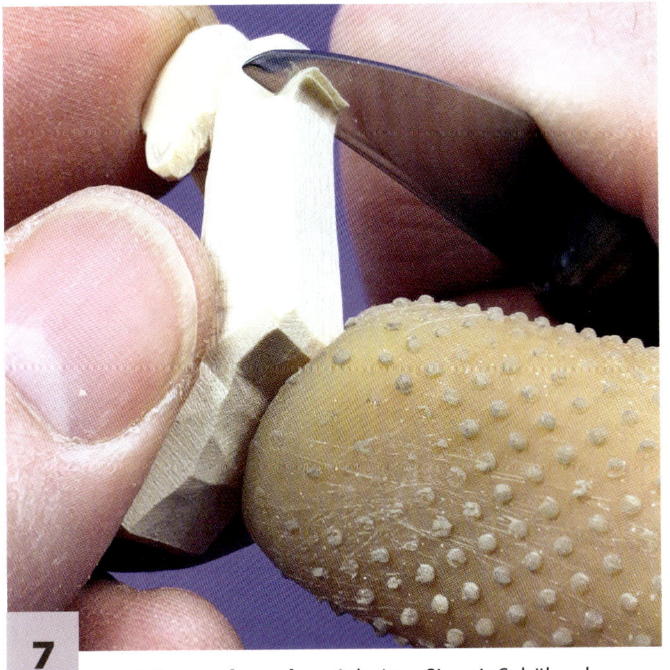

7 **Den Körper abrunden.** Arbeiten Sie mit Schäl- oder Schiebeschnitten, um die Ecken und Kanten am gesamten Körper zu glätten. Schnitzen Sie V-Schnitte an zwei Stellen an der Körperunterseite, um den Bauch auszuarbeiten. Beginnen Sie mit Messerstrichen von Vorder- bzw. Rückseite zur Mitte hin. Lassen Sie diese Schnitte auf solche aus der entgegengesetzten Richtung treffen, vom Bauch in Richtung Körperenden.

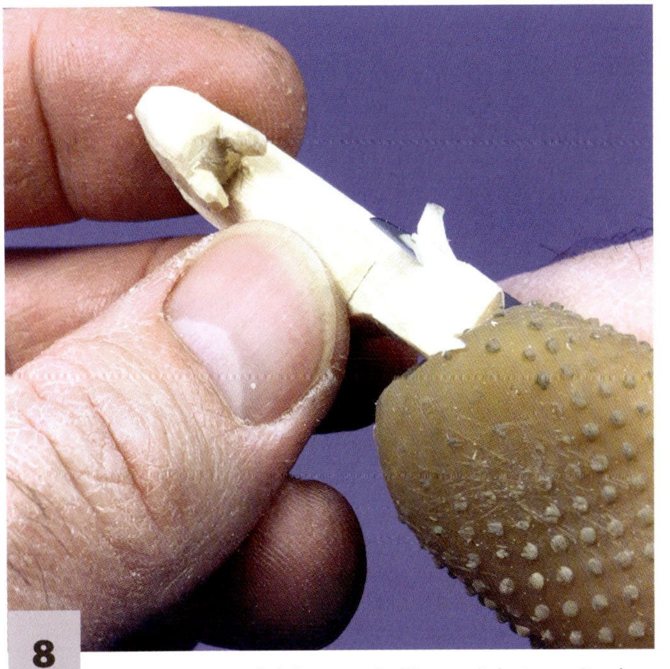

8 **Den Körper angleichen und glätten.** Schnitzen Sie den Körper mit Schäl- und Schiebeschnitten schmaler. Kürzen Sie das Holz am Rücken unter den Ohren und schneiden Sie den daraus resultierenden Span am Rand des Halses ab. Betrachten Sie den Körper genau aus jedem Winkel und verfeinern Sie etwaige scharfe Winkel oder Asymmetrien mit zusätzlichen Schnitten.

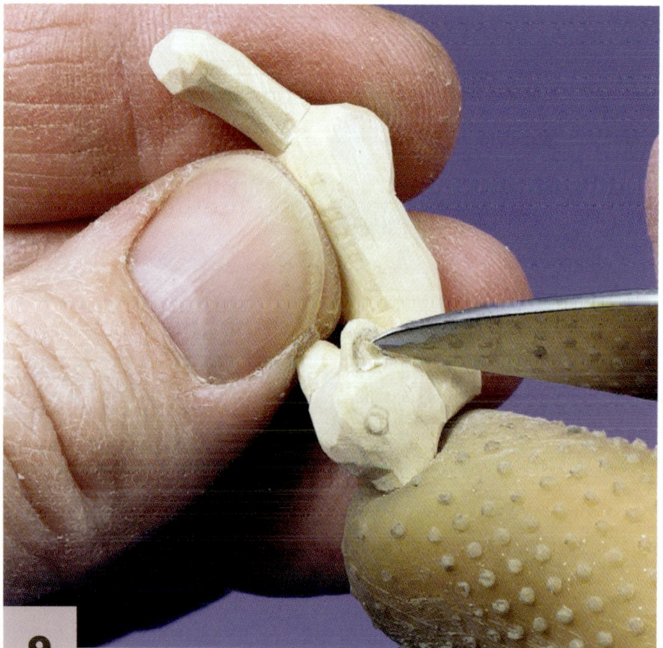

9 **An den Gesichtszügen arbeiten.** Zeichnen Sie Maul und Ohreninneres zur Orientierung mit Bleistift an. Ritzen Sie die Linie, die das Maul kennzeichnet, mit der Messerspitze ein, dann wiederholen Sie dies mit dem leicht angewinkelten Messer. Wieder mit der Messerspitze einen Kombinationsschnitt an den Ohren ausführen: Schneiden Sie in die Hilfslinien und achten Sie darauf, schräg zu schneiden, damit die Schnitte in der Mitte des Ohrs aufeinandertreffen. Mit dem dritten Schnitt den Span am Ohransatz entfernen.

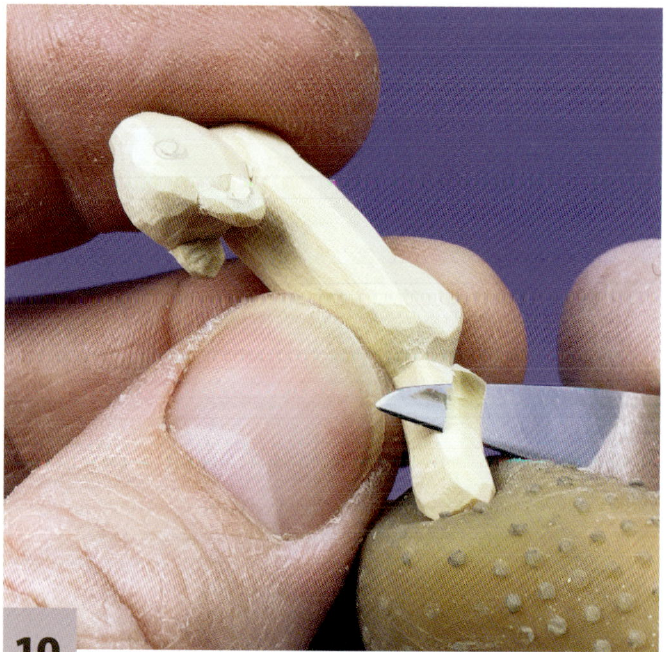

10 **Verschmälern Sie den Schwanz.** Betrachten Sie die gesamte Figur und versäubern Sie eventuelle unordentliche Übergänge. Schnitzen Sie dann die kleinsten Teile mit Schäl- oder Schiebeschnitten auf ihre Endgrößen. Bringen Sie den Schwanz auf seinen endgültigen Durchmesser und nutzen Sie lange Schnitte, um die gewünschte Biegung des Schwanzes zu gestalten.

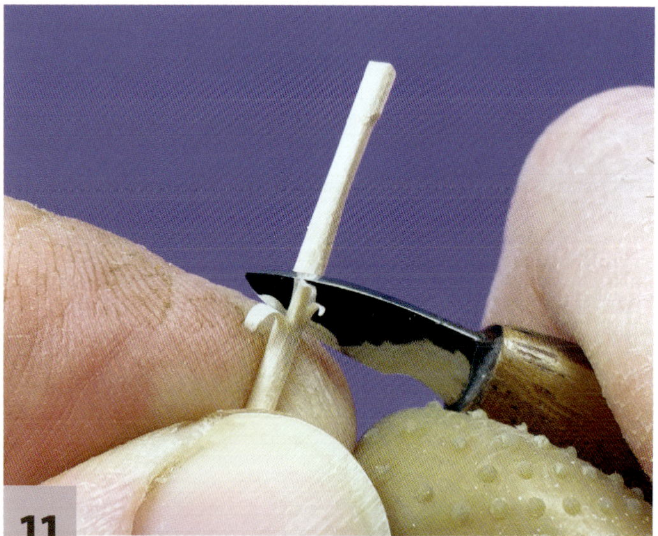

11 **Beine formen und einsetzen.** Fünf Löcher (1,6 mm) bohren: vier für die Beine und eines am Bauch für einen Zahnstocher zum Festhalten. Spitzes Ende eines Zahnstochers abschneiden; ca. 10–13 mm vom Ende mit Bleistift markieren. Das Ende für die Pranke mit einigen Schnitten abrunden. Einen Stoppschnitt 3,2 mm vom Ende aus ausführen und diesen auf einen an der Markierung beginnenden Schnitt treffen lassen. Am Stoppschnitt abgerundete Prankenrückseite mit Schälschnitten ausarbeiten. Auf der anderen Seite der Markierung beginnen und den Zahnstocher zu sich verjüngendem Stift formen; abschneiden und, mit Holzleim versehen, ins Beinloch stecken.

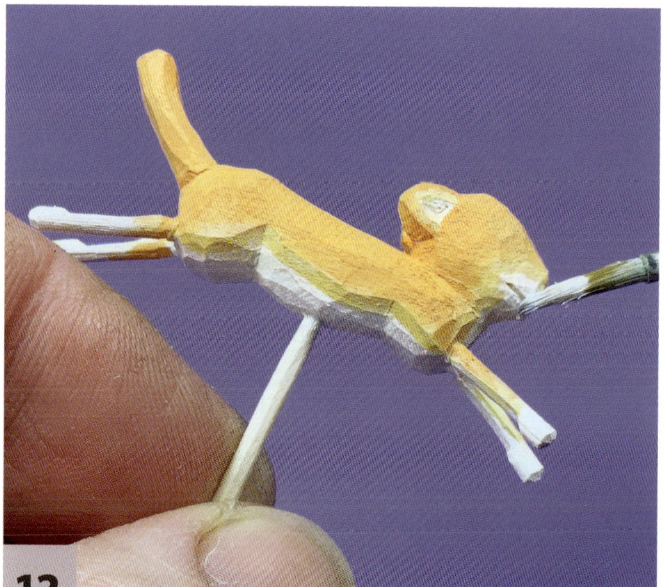

12 **Die Grundfarben auftragen.** Rot, Gelb und Weiß zu einem hellen orange-gelben Farbton mischen und Schwanz, Körper und Kopf mit zwei Schichten versehen. Verwenden Sie Weiß, um Bauch, Ohrinnenseiten, Beine, Halsvorderseite und Maul zu bemalen. Mischen Sie ein bisschen Gelb in das Weiß, während die Farbe noch feucht ist, um ein helleres Orange zu erhalten, und tragen Sie diese Farbe am Rand zwischen den orangen und weißen Bereichen auf. Für einen Farbverlauf mischen Sie diese Übergangsbereiche.

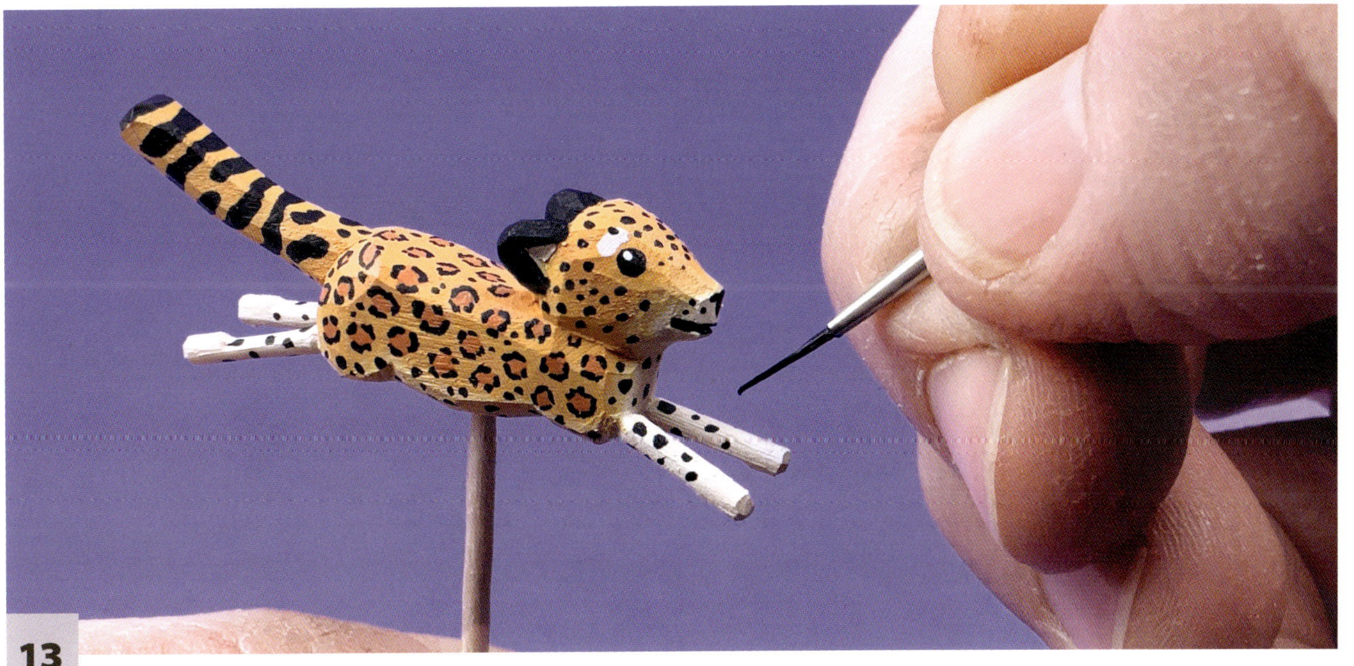

13 **Die Fellzeichnung malen.** Benutzen Sie schwarze Farbe für Augen, Nase, Maul, Barthaare und Ohren. Beginnen Sie an der Stirn mit den Leopardenflecken und arbeiten Sie weiter den Rücken entlang mit rosettenförmigen Tupfen, die bis zum Schwanzansatz reichen. Malen Sie schwarze Streifen oder Kleckse auf den Schwanz. Mischen Sie Rot und Gelb mit ein wenig Weiß und Blau, um einen orangebraunen Farbton zu erhalten, den Sie in die Mitte der Rosetten malen. Versehen Sie die Beine mit schwarzen Punkten. Schließlich malen Sie einen weißen Punkt über und einen weiteren in jedes Auge.

Eine Familie von Katzenartigen

Der Jaguar (oben) hat geschlossene Rosetten mit einem Punkt in der Mitte, doch ansonsten sind Bemalung und Farben gleich wie beim Leoparden. Ein Tiger (unten) wird ebenfalls ähnlich wie der Leopard bemalt, nur eben mit Streifen anstelle der Rosetten. Beginnen Sie die Streifen an der Stirn, fahren Sie den Rücken entlang bis zur Schwanzspitze fort und halten Sie dabei Stil und Feinheit des Streifenmusters konstant. Versehen Sie auch die Beine mit kurzen Streifen und die Schwanzspitze mit einer weißen Stelle.

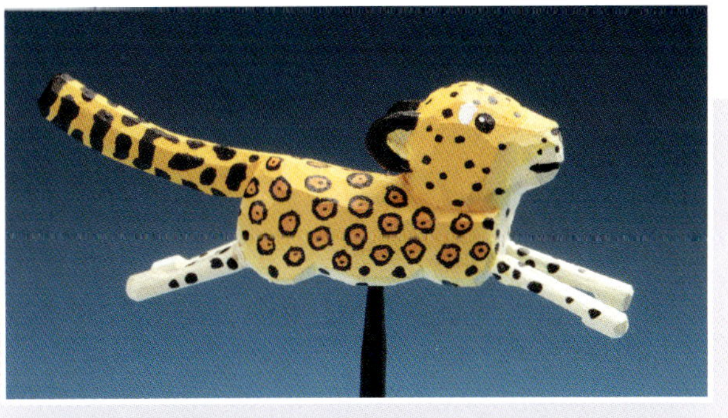

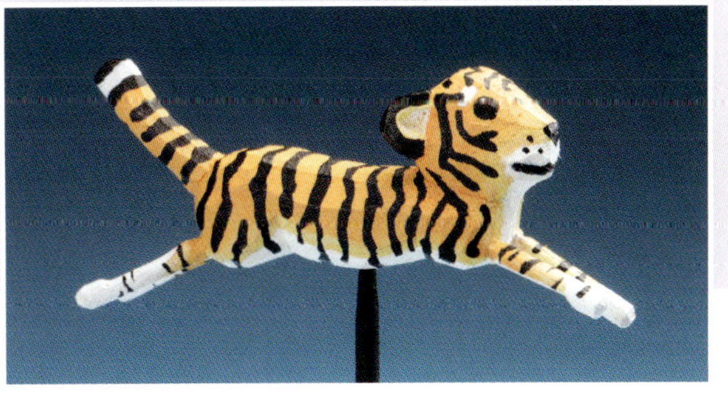

Muster

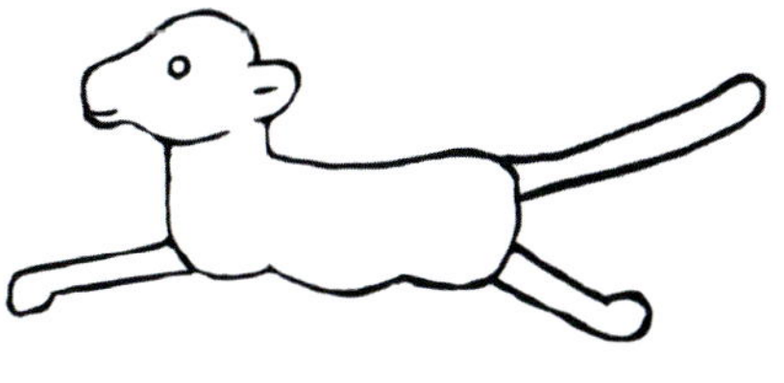

Springender Hase

Wir hatten kurze Zeit ein Paar Castor-Rex-Kaninchen; ihr Fell ist so seidig wie das eines Maulwurfs. Das Männchen hatte es sich zur Angewohnheit gemacht, sich auf mir zu erleichtern, und meine Frau fand das lustig – bis ihr das mal passiert ist! Ihren Pieselstreichen zum Trotz werden Hasen als Glückstiere betrachtet; ein abgeschnittener Fuß gilt für manche Menschen als Glücksbringer (sie vergessen, dass es für den Hasen weniger glücklich ausgegangen ist). Ostern wiederum macht den Hasen zum Star, weshalb dieses Projekt einen in Osterfarben bemalten Hasen darstellt, der in perfekter Gesellschaft mit bunten Eiern und Süßigkeiten ist. Der schwierigste Teil eines jeden Hasen sind die langen, dünnen Ohren, die kontinuierliche Sorgsamkeit erfordern, damit sie nicht abbrechen, weshalb sie hier in Maserungsrichtung verlaufen. Lassen Sie sie jedoch noch recht dick und unbearbeitet, bis alles andere weitestgehend erledigt ist.

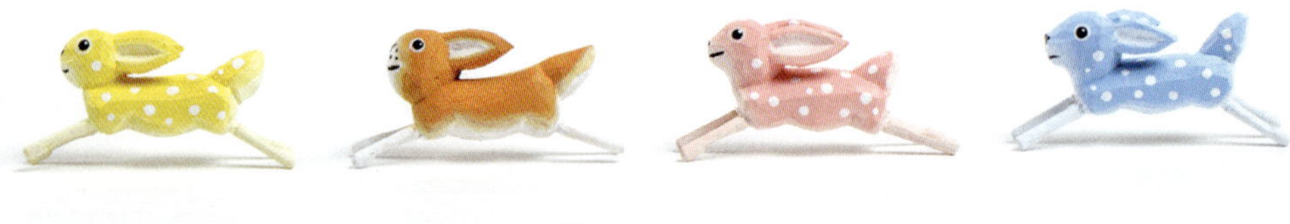

Material & Werkzeug

- Holz: 10 x 16 x 29 mm; Maserung in Richtung der längsten Abmessung
- einige Zahnstocher
- Schnitzmesser
- Detailschnitzmesser (optional)
- Handschutz
- Stielkloben mit Bohrer (1,6 mm)
- Farbpinsel: Rundpinsel Nr. 1 oder größer, Linierer Nr. 10/0 oder kleinerer Detailpinsel
- Farben: Rot, Blau, Gelb, Weiß und Schwarz zum Mischen von Rosa-, Gelb- und Hellblautönen

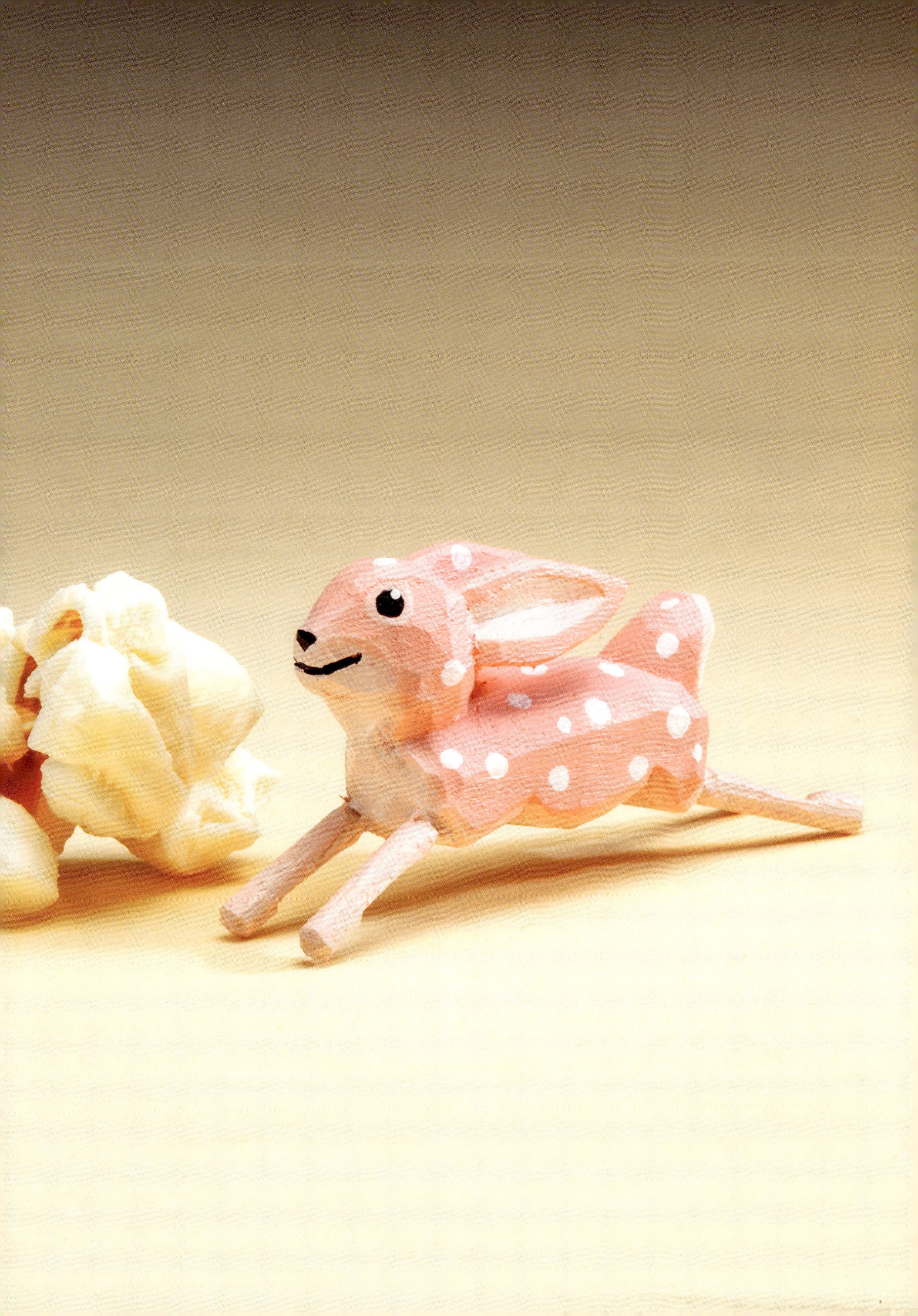

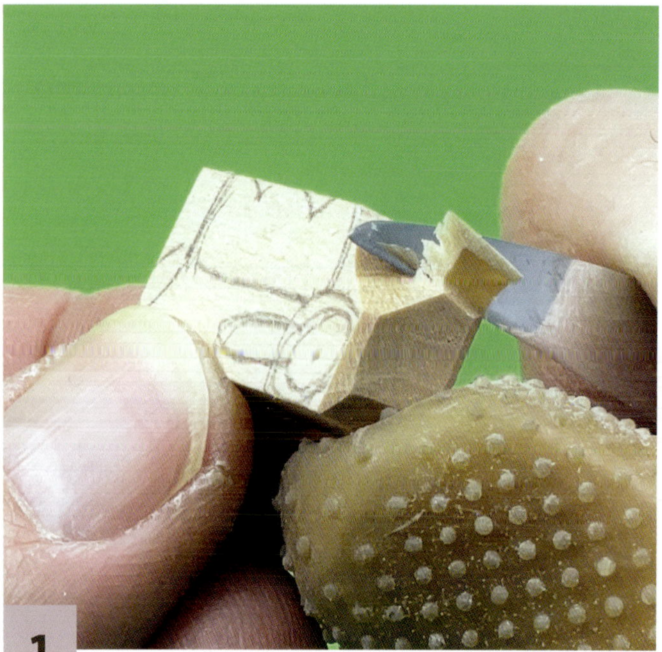

1

Grob bearbeiten. Übertragen Sie das Muster (ohne Beine) auf das Holz. Vorder- und Rückseite grob zuschneiden. Entfernen Sie im Schäl- oder Schiebeschnitt Material unter Kinn und Schwanz. Dafür müssen Sie fast quer zur Maserung schnitzen, also achten Sie darauf, dass Ihr Messer scharf ist. Beginnen Sie, indem Sie die Ecken und Kanten wegschnitzen. Schneiden Sie nicht ganz bis an die Linien – lassen Sie ein bisschen überschüssiges Material für später stehen.

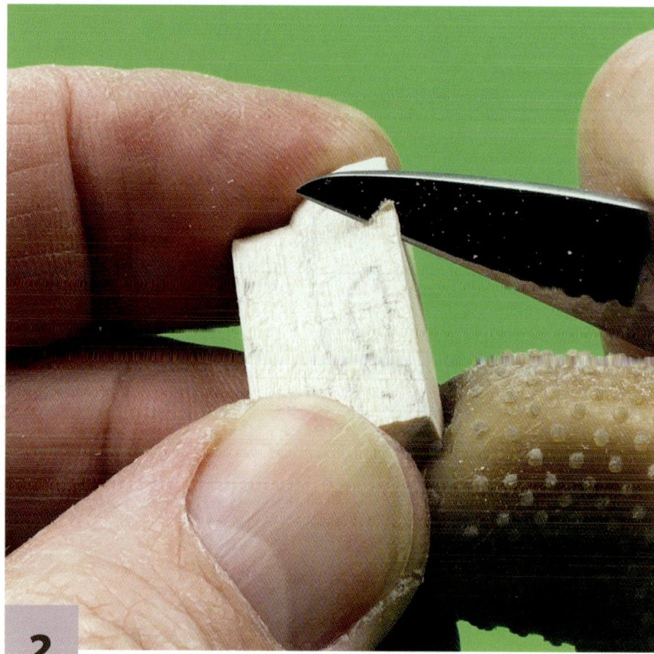

2

Das Material zwischen Schwanz und Ohrenspitzen entfernen. Schnitzen Sie den Rücken des Hasen von der Ohrrückseite bis zum Schwanz mit V-Schnitten. Beginnen Sie mit vom Schwanz in Richtung Ohren führenden Messerstrichen und lassen Sie diese auf aus der anderen Richtung kommende Schnitte, die an den Ohren beginnen, treffen. Schnitzen Sie hinter den Ohren Stoppschnitte und lassen Sie diese auf Schnitte treffen, die parallel zum Rücken in Ohrenrichtung führen.

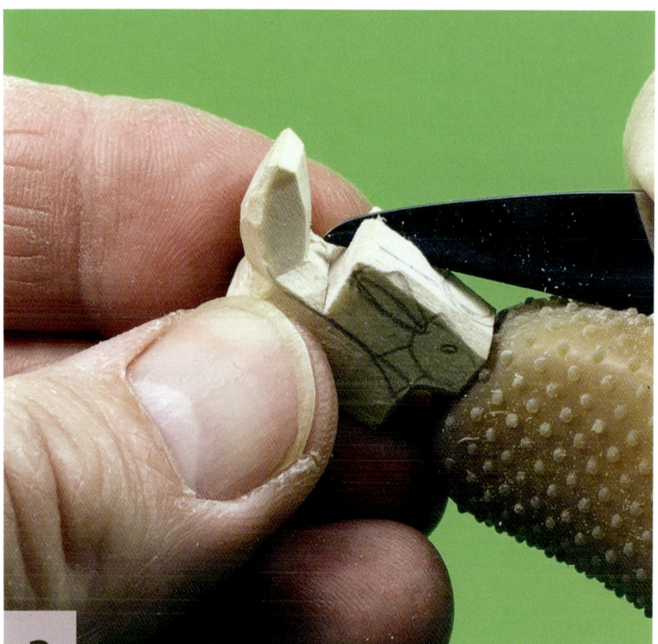

3

Linkes und rechtes Ohr trennen. Zeichnen Sie oben auf die Figur zwei Linien für die Ohren; sie sollten schräg und leicht nach außen gerichtet aus dem Kopf kommen. Trennen Sie das rechte Ohr mit V-Schnitten vom linken Ohr. Wiederholen Sie diese, bis die Kerbe bis zu den Ohrrückseiten und bis hinunter zum Rücken reicht.

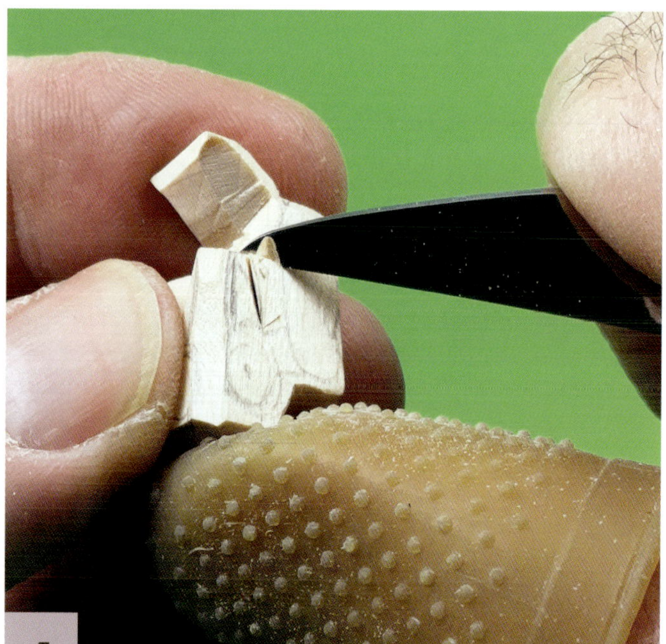

4

Die Ohren vom Körper trennen. Bedienen Sie sich einer Dreischnittkombination, um das Material unter den Ohren wegzuschnitzen. Führen Sie einen Schnitt bündig mit dem Körper aus, sodass er zu einem weiteren Schnitt passt, der im 45°-Winkel zum ersten Schnitt und bündig mit dem Ohransatz ausgeführt wird. Nutzen Sie einen dritten Schnitt, um die beiden Schnitte am Hinterkopf zu verbinden und den Span zu lösen. Durch Wiederholungen die Kerbe vertiefen.

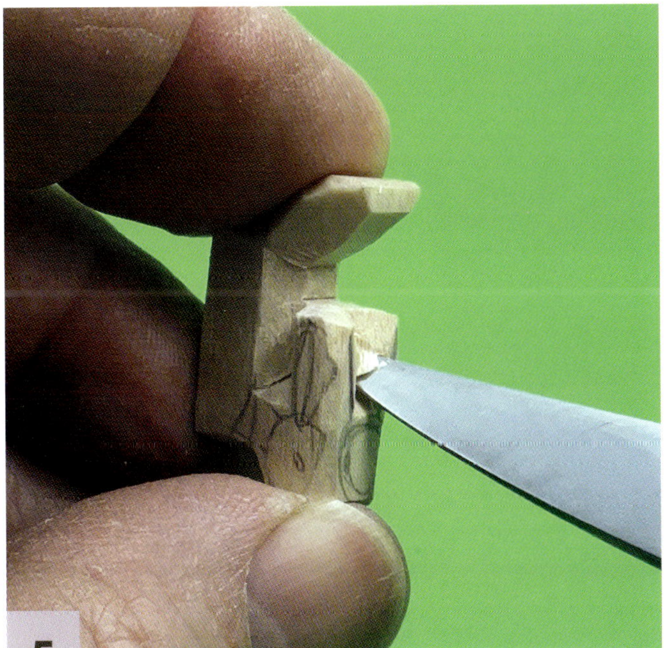

5 **Die Lücke zwischen den Ohren erweitern.** Arbeiten Sie die Trennung der Ohrrückseiten mit Schiebeschnitten aus. Beginnen Sie mit der Messerspitze in der Mitte des V-Schnittes am Hinterkopf und schneiden Sie von innen in Richtung Ohrenspitze. Fahren Sie mit Schiebeschnitten fort, bis Sie diese Aushöhlung mit dem Raum, den Sie im vorigen Arbeitsschritt unter den Ohren ausgearbeitet haben, verbunden haben.

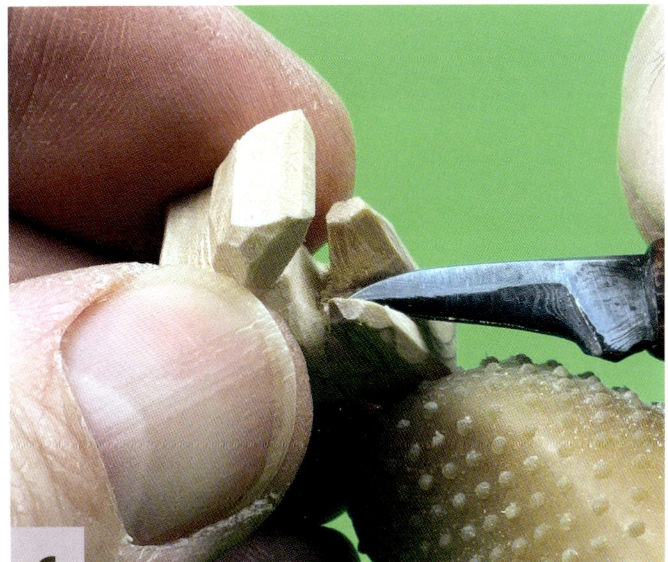

6 **Die Ohren fein ausarbeiten.** Entfernen Sie Material zwischen den Ohren mit Stoppschnitten. Schnitzen Sie die Ohren schmaler und erweitern Sie die Lücke zwischen den Ohren, wo diese den Kopf erreicht. Führen Sie die ersten Messerstriche an der Ohrrückseite in Richtung Kopf aus. Lassen Sie diese auf Schnitte treffen, die bündig mit Hals und Hinterkopf verlaufen, um das Holz abzutragen. Ein Messer mit einer kleinen Klinge erleichtert die Arbeit. Das abgebildete Schnitzmesser hat eine 15 mm lange Klinge in Wharncliffe-Form aus Damaszenerstahl, gefertigt von dem deutschen Messerschmied Peter Lucas.

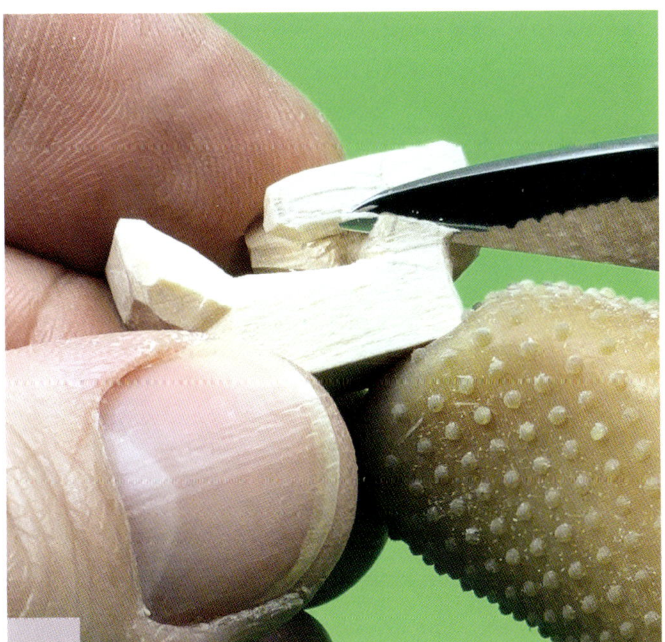

7 **Den Kopf schmaler schnitzen.** Entfernen Sie mit Schäl- oder Schiebeschnitten Material von den Seiten des Kopfes. Setzen Sie den Schnitt an der Ohrmitte an und schneiden Sie in Richtung Nase. Schnitzen Sie V-Schnitte, um die Trennung zwischen Kopf und Körper vorzunehmen. Machen Sie wiederholt flache Schnitte, bis der Hals erreicht ist; gestalten Sie diesen Bereich nicht zu dünn!

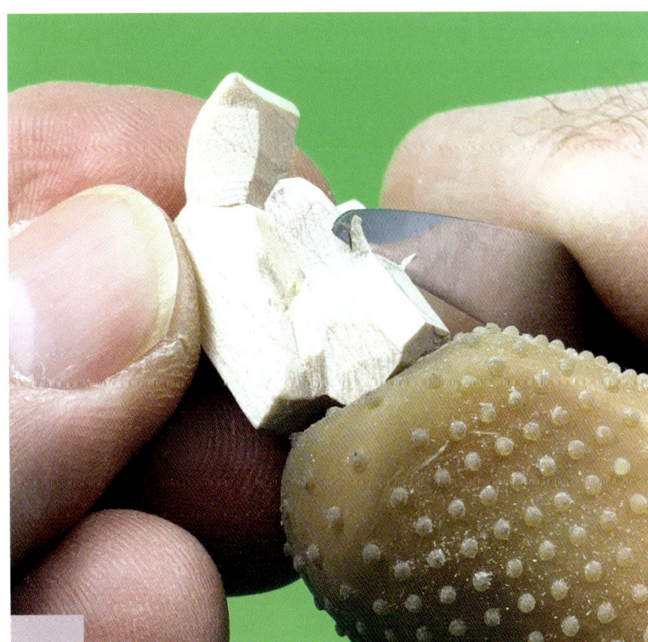

8 **Den Kopf abrunden.** Verjüngen Sie mit Schäl- und Schiebeschnitten die Seiten des Kopfes; formen Sie Nase und Schnauze schmaler als den Hinterkopf. Glätten Sie die Kanten am Kopf mit weiteren Schälschnitten. Gestalten Sie das allgemeine Aussehen des Gesichts: Probieren Sie mit dem Bleistift Augenpositionen aus, überprüfen Sie die Symmetrie und schnitzen Sie die gewünschten Gesichtszüge heraus. Ist das Häschen für die Osterdekorati-on gedacht, kann der Kopf sowohl cartoonhaft als auch völlig lebensnah wirken.

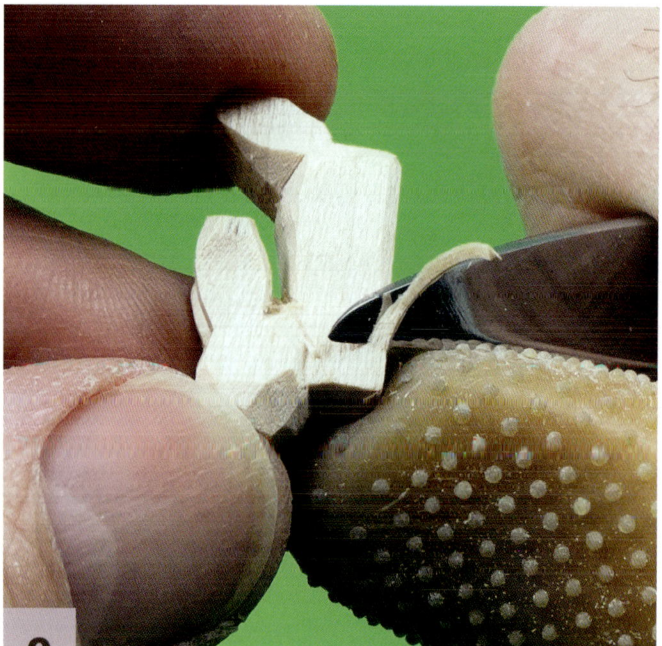

9 **Den Körper fein ausarbeiten.** Reduzieren Sie die scharfen Kanten des Körpers mit weiteren Schäl- oder Schiebeschnitten. Um dem fertigen Werk den Eindruck von Bewegung zu verleihen, versuchen Sie, lange gerade Messerspuren auf dem Holz zu hinterlassen. Führen Sie einige V-Schnitte an jedem Ende des Bauchs aus: Die ersten Messerstriche sollten an den Körperenden beginnen und in Richtung Mitte laufen. Lassen Sie diese auf Schnitte treffen, die vom Bauch in Richtung Körperende führen.

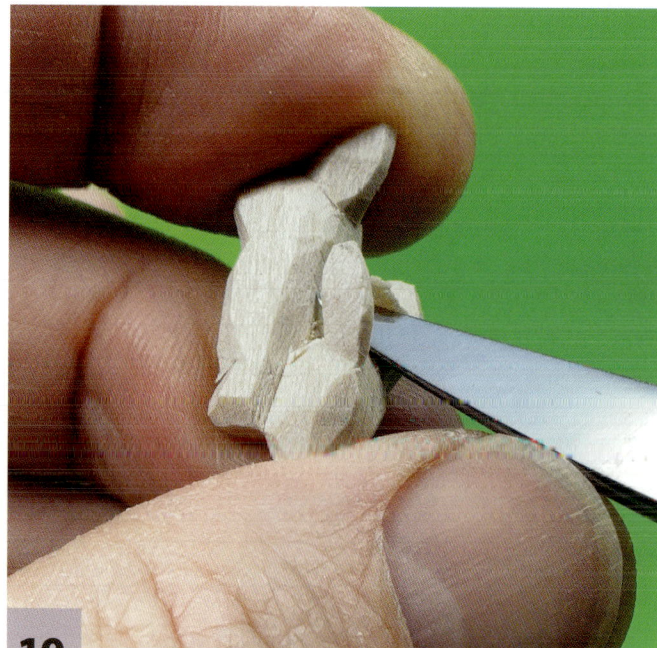

10 **Die Ohren versäubern.** Schnitzen Sie letzte Verfeinerungen an den Ohren vom Ansatz bis zur Ohrenspitze im Schäl- oder Schiebeschnitt. Beginnen Sie mit den grundlegenden blattförmigen Konturen und verleihen Sie dann den Ohrrückseiten mit Schiebeschnitten den letzten Schliff. Seien Sie bei diesen letzten Schnitten vorsichtig! Sollte Ihnen ein Ohr abbrechen, kleben Sie es mit Holzleim wieder an und lassen es über Nacht trocknen, bevor Sie es noch einmal bearbeiten.

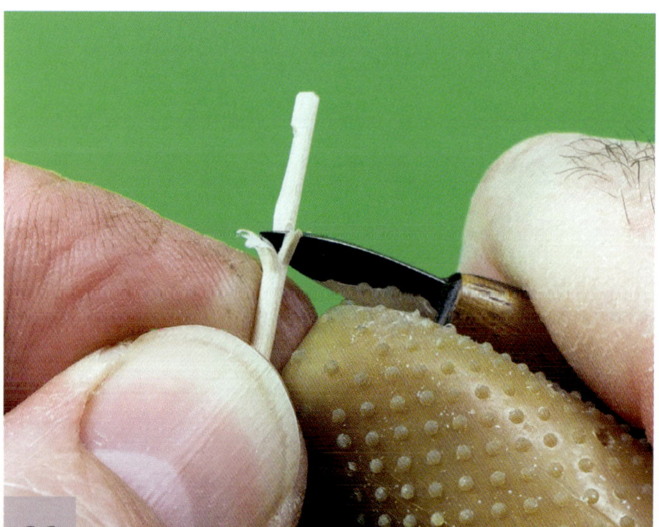

11 **Die Beine formen und einsetzen.** Bohren Sie fünf Löcher (1,6 mm): vier für die Beine und eines für den Bauch, um einen Zahnstocher zum Halten während des Bemalens anzubringen. Ein Zahnstocherende abschneiden und ca. 10–13 mm vom Ende mit Bleistift markieren. Runden Sie das Ende mit einer Reihe an Schnitten ab, um eine Pfote zu formen. Führen Sie einen Stoppschnitt 3,2 mm vom Ende aus und lassen Sie ihn auf einen Schnitt treffen, der an der Bleistiftmarkierung beginnt. Formen Sie die am Stoppschnitt abgerundete Rückseite der Pfote mit ein paar Schälschnitten. Auf der Außenseite der Bleistiftmarkierung den Zahnstocher zu einem spitz zulaufenden Stift formen. Abschneiden, mit Holzleim versehen und ins Beinloch kleben.

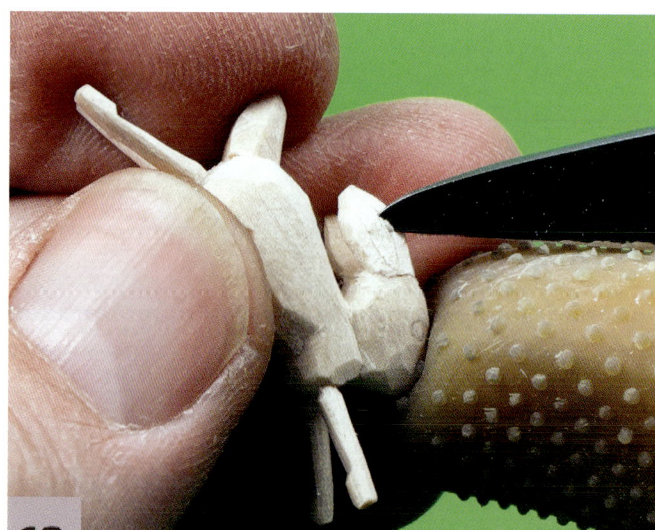

12 **Innenohr und Maul ausarbeiten.** Zeichnen Sie das Maul mit Bleistift an und zeichnen Sie in jedes Ohr ein V als Hilfslinie für Ihre Klinge. Führen Sie entlang der Bleistiftmarkierung am Mäulchen einen flachen Schnitt mit der Messerspitze aus und wiederholen Sie diesen, um ein dünnes Holzbändchen zu entfernen. Schnitzen Sie – wieder mit der Messerspitze – einen relativ flachen Schnitt entlang jeder der beiden Hilfslinien im Ohr, sodass die Schnitte sich in der Mitte entlang der Ohrlänge treffen. Entfernen Sie den Span mit einem dritten Schnitt am Ohransatz.

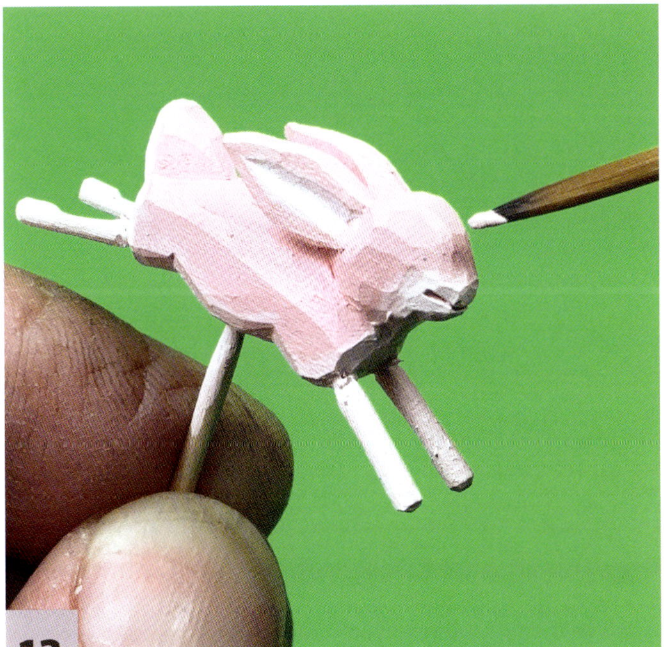

13 **Mit der Grundfarbe bemalen.** Wählen Sie entweder Blau, Rot oder Gelb und mischen Sie es mit Weiß, um einen hellen Pastellton zu erzeugen. Tragen Sie zwei Schichten auf Körper, Kopf und Ohren auf. Mischen Sie ein wenig von dieser Farbe mit einer größeren Menge Weiß, um einen leicht getönten Weißton zu erhalten. Tragen Sie zwei Schichten dieser Farbe auf Bauch, Schwanz, Beine und Innenohren sowie vorn auf Schnauze und Hals auf. Vermischen Sie die beiden Farben für einen Farbton, der zwischen den beiden liegt, und konturieren Sie die Grenze zwischen den beiden Farbfeldern.

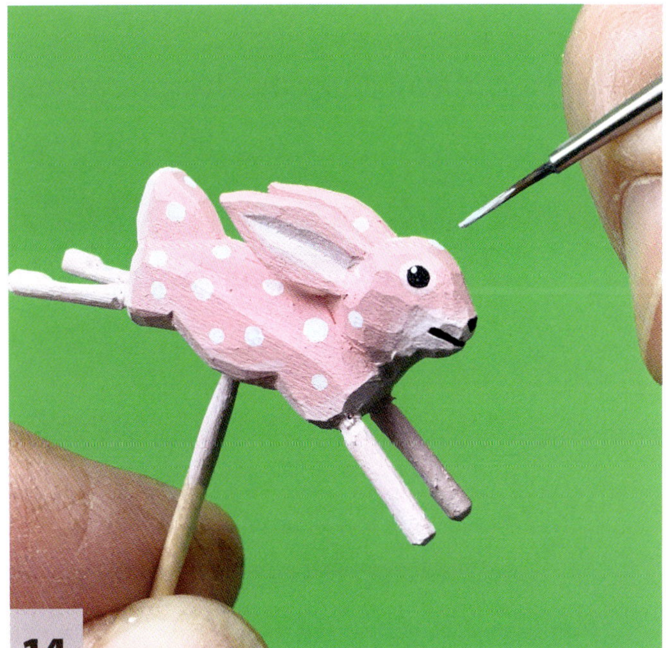

14 **Die Details malen.** Tragen Sie schwarze Farbe mit einem Detailpinsel auf, um Augen, Nase und Mäulchen zu malen. Malen Sie die Konturen der Augen mit weißer Farbe und setzen Sie in jedes Auge einen Punkt für die Lichtreflexion. Schließlich malen Sie auf die Wangen und den Rücken des Hasen mit weißer Farbe ein zufälliges Muster aus kleinen Punkten in verschiedenen Größen.

Niedliche Varianten

Haben Sie keine Scheu, Ihre Schnitzarbeiten ein bisschen anders als meine zu gestalten! Probieren Sie ein spitzeres oder runderes Gesicht für Ihr Häschen aus, gestalten Sie den Schwanz in einem anderen Winkel oder versuchen Sie ein neues Farbschema, sei dies nun aus dem Reich der Fantasie oder realistisch!

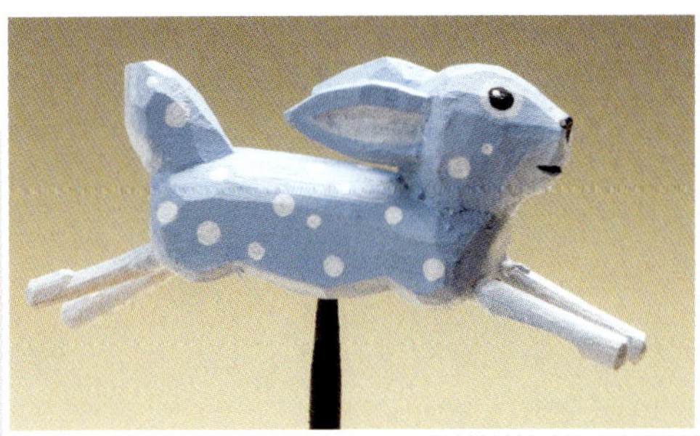

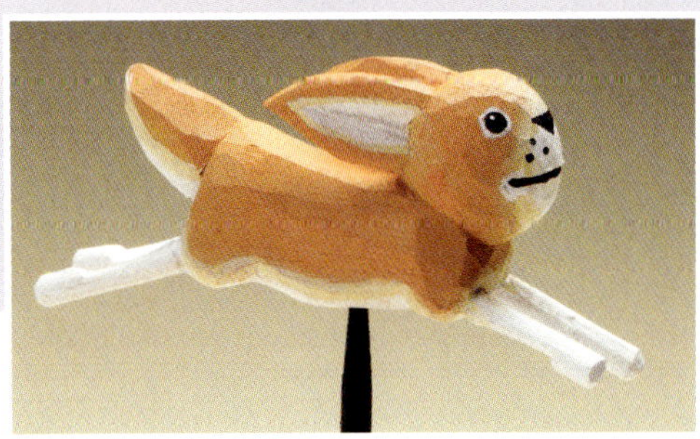

Muster

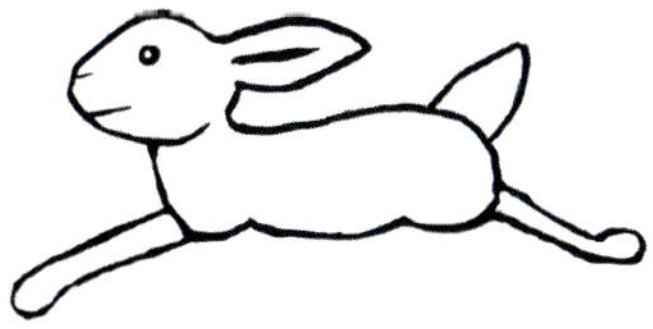

Springendes Pferd

Pferde sind eindrucksvolle Lasttiere, die Schönheit und Muskelkraft vereinen. Sie haben einen Intellekt, der in etwa dem eines dreijährigen Menschen entspricht. Die Kraft der Pferde trug uns über Jahrhunderte hinweg, daher stammt auch das Wort „Pferdestärke", das bis heute als Maß für mechanische Leistung verwendet wird. Von den Höhlenmalereien von Lascaux über die schwedischen Dala-Pferdchen bis hin zu Eadweard Muybridges „The Horse in Motion" hat die Pferdeform zahllose Künstler inspiriert, ob nun berühmt oder anonym. Ich habe die Form für dieses Projekt einfach im Zeichentrickstil gehalten, damit Sie sich auf Kopf und Ohren konzentrieren können. Bei der Bemalung habe ich mich für eine Apfelschimmelvariante entschieden, aber viele andere Optionen sind nur eine schnelle Internetsuche entfernt. Ich habe auch ein Muster für ein Einhorn und einen Pegasus angefügt, die auf dem gleichen Design basieren, falls Sie mehr Fantasie spielen lassen wollen!

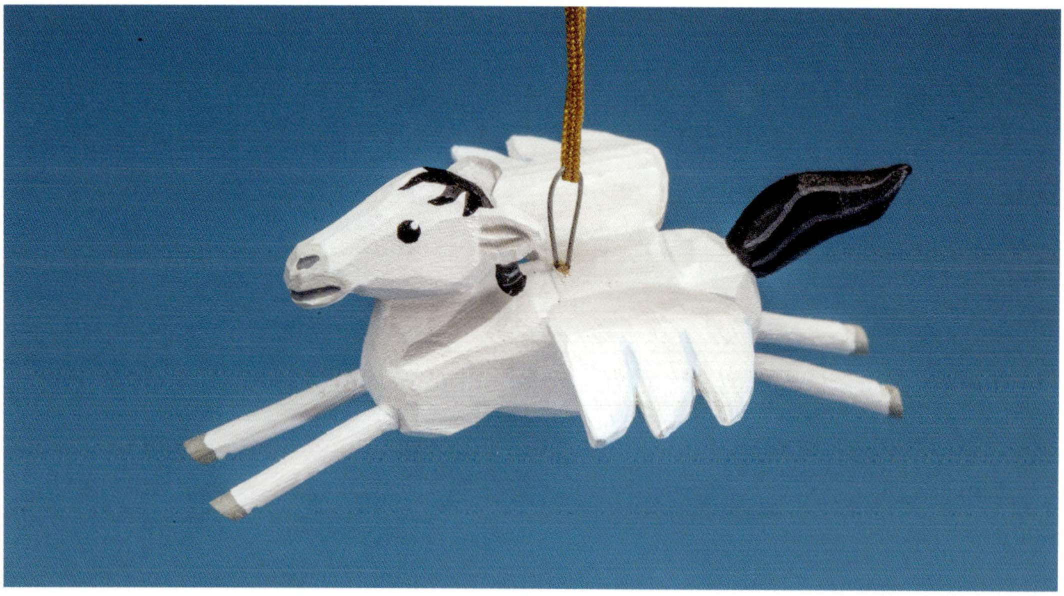

Material & Werkzeug

- Holz: 10 x 22 x 45 mm; Maserung in Richtung der längsten Abmessung
- einige Zahnstocher
- Schnitzmesser
- Handschutz
- Stielkloben mit Bohrer (1,6 mm)
- Farbpinsel: Rundpinsel Nr. 1 oder größer, Linierer Nr. 10/0 oder kleinerer Detailpinsel
- Farben: Rot, Blau, Gelb, Weiß und Schwarz zum Mischen von Grautönen

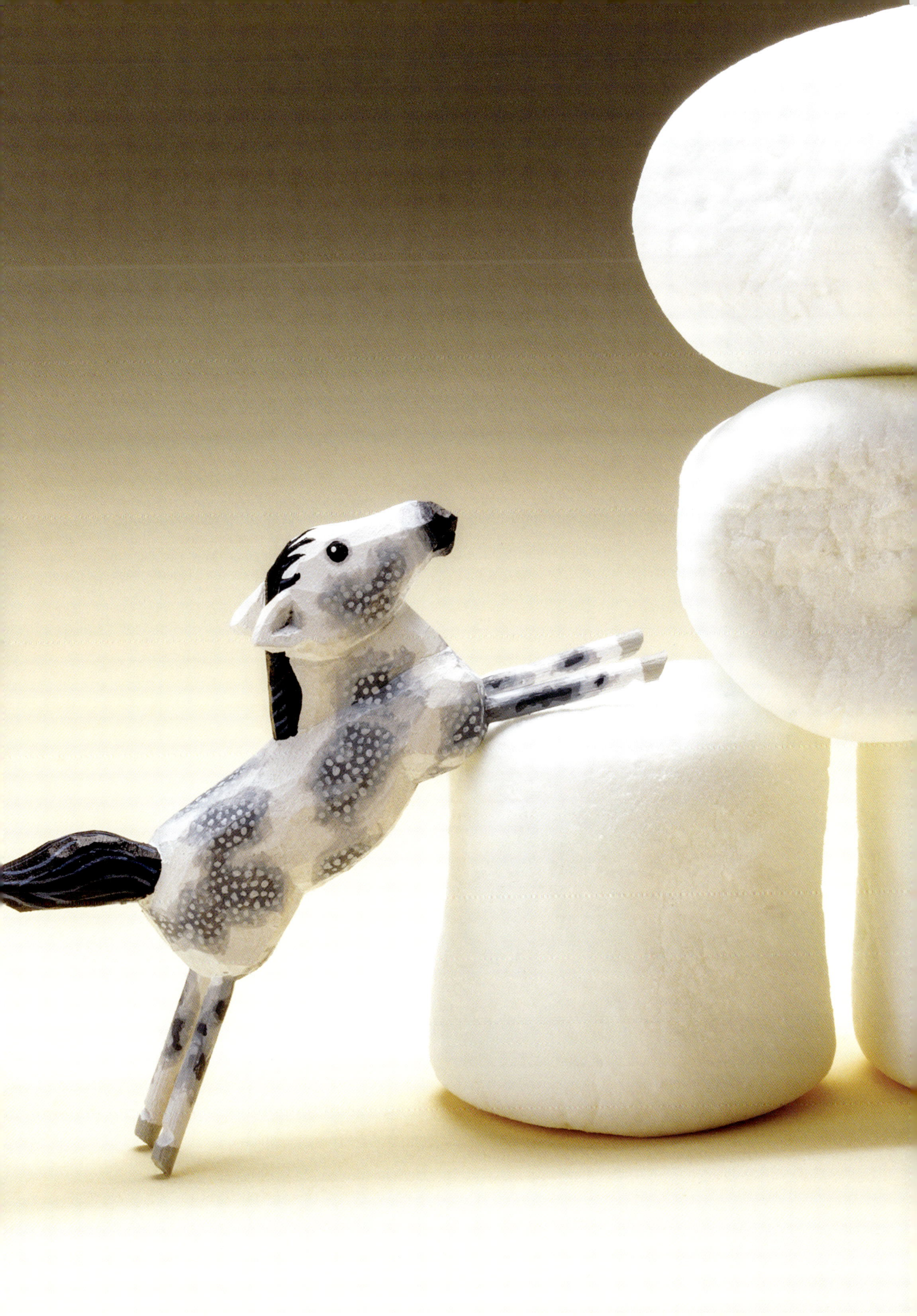

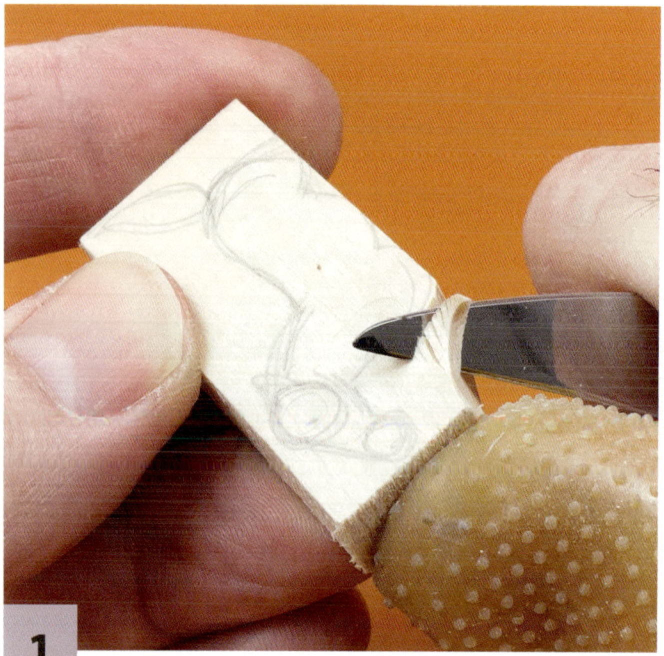

1 **Grob bearbeiten.** Übertragen Sie das Muster (ohne Beine) auf das Holz. Schneiden Sie das Holz unter Kopf und Schweif mit Schäl- oder Schiebeschnitten grob zu. Die Maserung verläuft der Länge entlang, weshalb diese Schnitte fast quer zur Maserung verlaufen; versuchen Sie, keine großen Späne in nur einem Schnitt zu entfernen, sondern wiederholen Sie einen Schnitt lieber mehrmals, um die gewünschte Vertiefung zu erhalten.

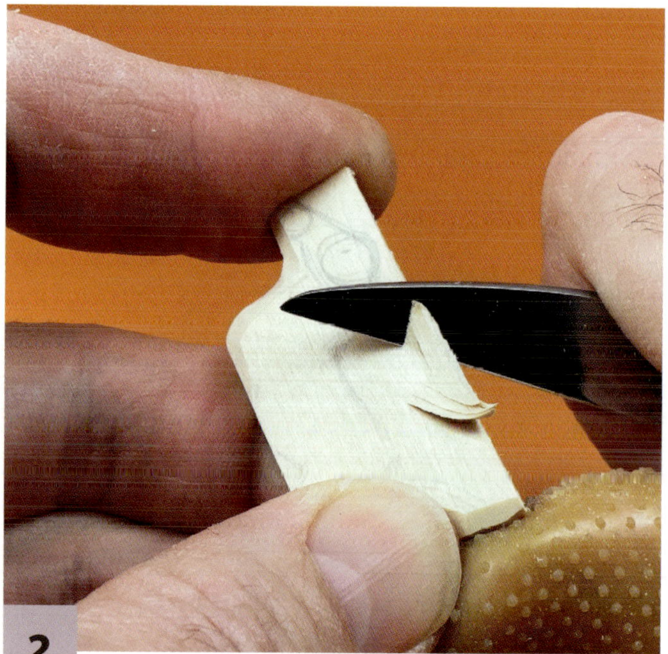

2 **Material über dem Körper entfernen.** Nutzen Sie wiederholt V-Schnitte, um die Figur zwischen Kopf und Schweif grob zuzuschneiden, und beginnen Sie mit einem Schnitt vom Schweif in Richtung Kopf, den Sie mit einem Messerstrich vom Hinterkopf in Schweifrichtung angleichen. Lassen Sie genug Material hinter Kopf und Hals für die Ohren stehen. Haben die wiederholten V-Schnitte einmal die Körperoberseite des Pferdes erreicht, gleichen Sie diese an von Kopf und Schweif ausgehende Schnitte an, die in einer Linie mit dem Rücken verlaufen.

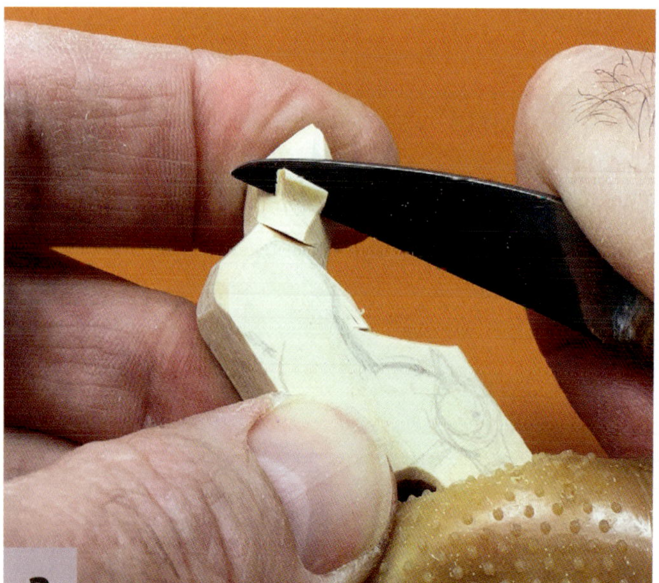

3 **Den Schweif schmaler schnitzen.** Reduzieren Sie den Schweif mit Schäl- und Schiebeschnitte und runden Sie die Kanten ab. Wo der Schweif auf den Rücken trifft, mit Stoppschnitten arbeiten: Erste Schnitte vom Schweif aus ansetzen und auf Schnitte treffen lassen, die das Holz in einer Linie mit dem Rücken abtragen. Lassen Sie den Übergang vom Schweif zum Körper jetzt noch besonders dick, damit er nicht abbricht, während Sie am Rest der Figur arbeiten.

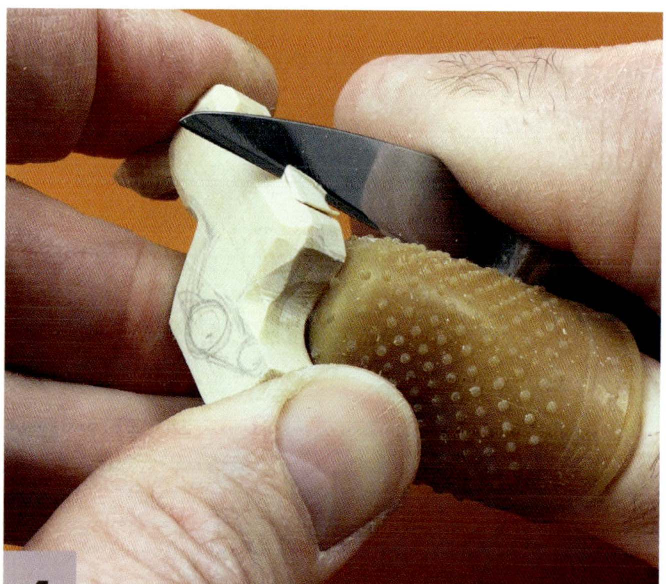

4 **Den Bauch abrunden und die Nase ausarbeiten.** Im Schäl- oder Schiebeschnitt die Kanten des Bauchs runder schnitzen, dann mit V-Schnitten zwei Vertiefungen ausarbeiten, die ihn definieren und von Vorder- und Hinterhand des Körpers trennen. Beginnen Sie mit Messerstrichen von den Enden und lassen Sie sie auf Schnitte aus dem Bauchbereich treffen. Mit Schäl- oder Schiebeschnitten das Material oberhalb der Nase abtragen und dabei an der Stirn des Pferdes beginnen.

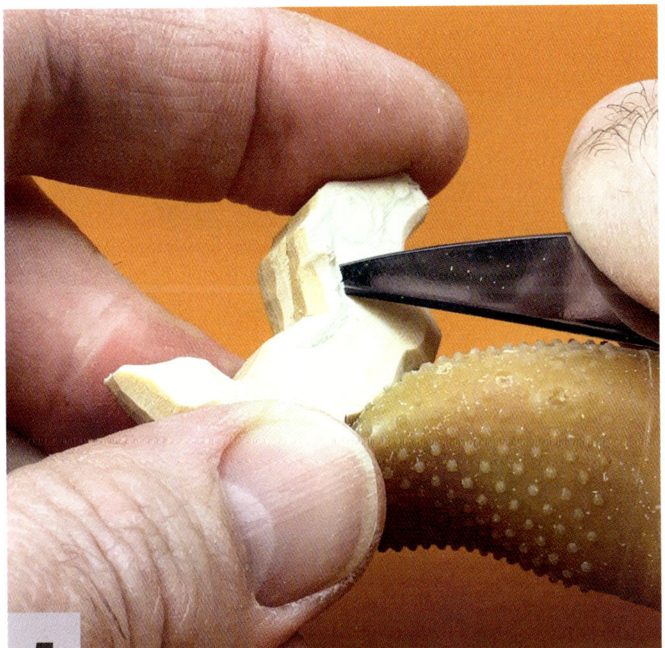

5 **Die Ohren ausarbeiten.** Entfernen Sie mit Schäl- oder Schiebeschnitten das Material hinter dem Kopf über den Ohren. Tragen Sie auch das Holz hinter dem Hals unter den Ohren ab. Beginnen Sie mit Schnitten an der Ohrenspitze und führen Sie diese nach unten in Richtung Körper. Schneiden Sie dieses Material mit einem bündig zum Pferderücken ausgerichteten Schnitt ab.

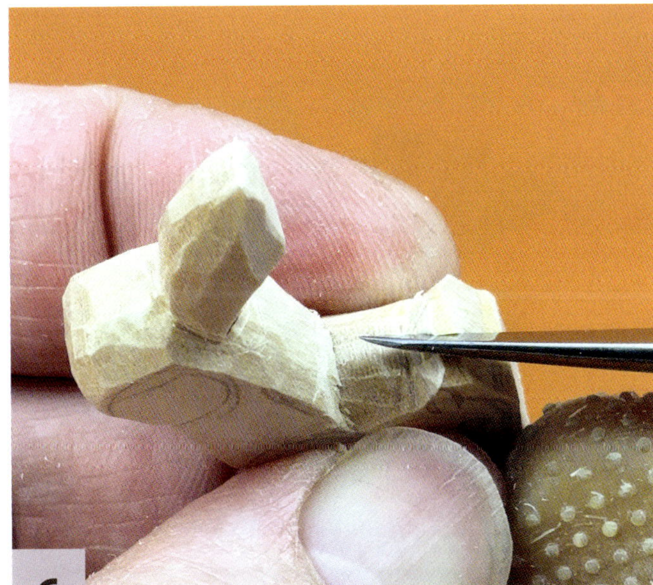

6 **Rechtes und linkes Ohr trennen.** Schnitzen Sie nur mit der Messerspitze Schnittpaare, die eine v-förmige Kerbe vom Hinterkopf bis zum oberen Rücken formen. Schneiden Sie nicht zu tief, nur etwa 1,6 mm. Arbeiten Sie von oben mit Schälschnitten, um die Vertiefung zu vergrößern und die Ohrenrückseiten sowie den Werkstückrand mit der Mähne auszuarbeiten. Beginnen Sie mit der Messerspitze in der Kerbe und entfernen Sie das Holz hinter jedem Ohr. Unter den Ohren mit Stoppschnitten den unteren Rand und den Mähnenansatz ausarbeiten. Schneiden Sie mit der Messerspitze am unteren Rand der Ohren und entfernen Sie den Span mit einem Schnitt von unten, ebenfalls mit der Messerspitze.

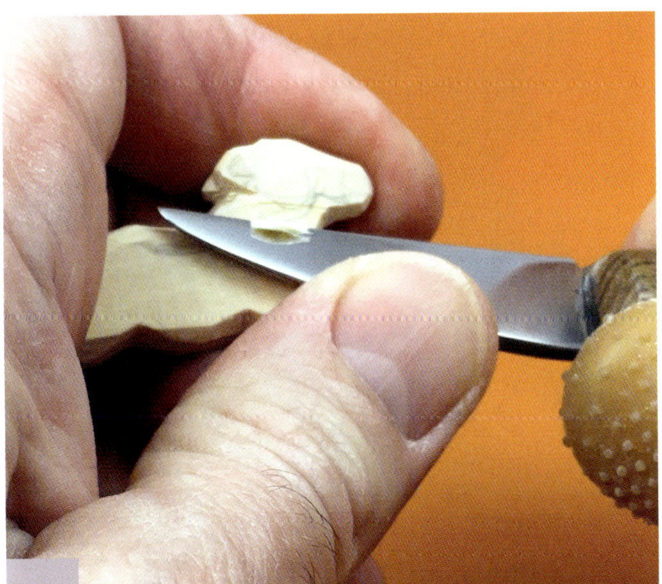

7 **Einzelheiten an Kopf und Hals ausarbeiten.** Schnitzen Sie den Kopf und den Hals mit Schäl- oder Schiebeschnitten dünner und runden Sie die Kanten oben am Kopf ab. Arbeiten Sie die Trennung zwischen Kopf und Hals mit Stoppschnitten aus; mit einem Schnitt beginnen, der den Rand der Wange definiert, und auf einen passenden Schnitt treffen lassen, der am Übergang zwischen Körper und Hals beginnt und kopfwärts schneidet.

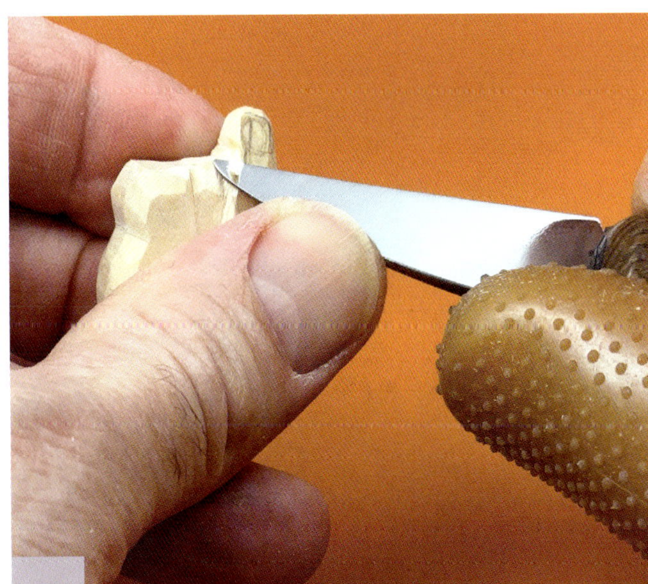

8 **Das Maul ausarbeiten.** Arbeiten Sie die Kinnwölbung unter dem Maul mit V-Schnitten aus. Beginnen Sie mit einem Messerstrich am tiefsten Punkt des Kinns und schneiden Sie dann in Richtung Hals. Gleichen Sie an diesen einen Schnitt an, der beginnt, wo Kopf und Hals aufeinandertreffen. Runden Sie das Kinn vorn, oben und unten mit Schälschnitten ab. Verwenden Sie Schäl- oder Schiebeschnitte, um die Wangen an den Bereich hinter dem Kinn anzugleichen.

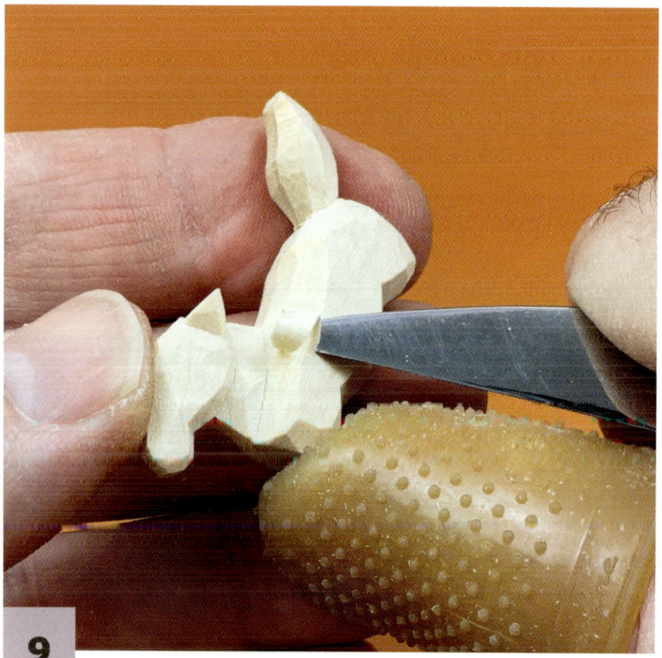

9 **Rücken, Hals und Flanken glätten.** Runden Sie die Ecken am Rücken des Pferdes ab und entfernen Sie Material von der Mitte des Rückens, um den Rumpf zu gestalten. Arbeiten Sie mit Stoppschnitten an den Übergängen des Rückens zu Hals und Mähne sowie zum Schweif. Für den Übergang am Hals kann der erste Schnitt von beiden Bereichen ausgehen, wenn Sie jedoch am Rand des Schweifs arbeiten, machen Sie den ersten Schnitt im Schweifbereich und passen Sie einen zweiten vom Körper aus an, um zu vermeiden, dass er bricht.

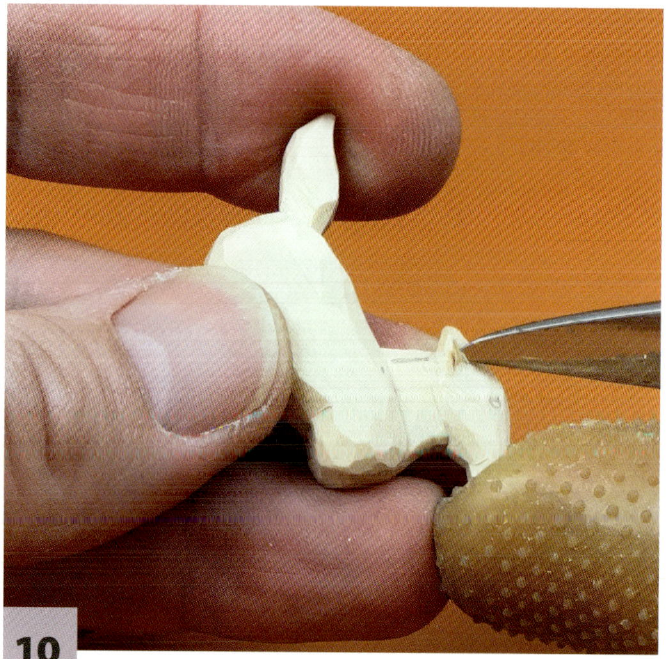

10 **Maul und Ohren ausarbeiten.** Zeichnen Sie das Maul auf das Holz und malen Sie in jedes Ohr ein liegendes V als Hilfslinie. Schneiden Sie mit der Messerspitze eine v-förmige Vertiefung anhand von flachen Einschnitten, die der Hilfslinie für das Maul folgen. Führen Sie – wieder mit der Messerspitze – weitere aufeinander abgestimmte flache Einschnitte aus, die den Hilfslinien im Ohr folgen. Dann schnitzen Sie einen dritten Schnitt am Ohrenansatz, der zu diesen Schnitten passt und ein dreieckiges, pyramidenförmiges Holzstückchen abträgt.

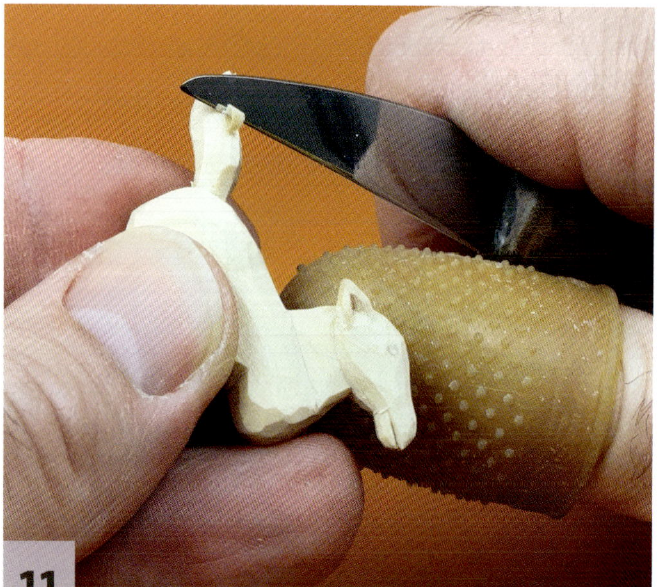

11 **Den Schweif fein ausarbeiten.** Der Übergang Schweif/Körper hat die kürzeste Maserung der gesamten Figur, weshalb er am schwächsten ist und zuletzt fertiggestellt werden sollte. Zuerst die Arbeit am Schweifende mit Schäl- und Schiebeschnitten in Richtung Körper abschließen. Mit Schälschnitten oben auf dem Schweif und mit Schiebeschnitte darunter arbeiten, um der Maserung des Holzes zu folgen. Die Bögen des Schweifs für einen fließenden Eindruck mit langen Messerstrichen glätten.

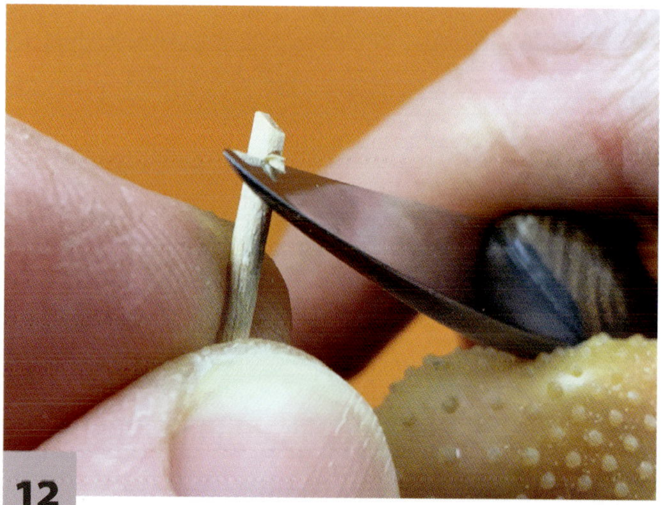

12 **Beine formen und einsetzen.** Fünf Löcher (1,6 mm) bohren: vier für die Beine und eines am Bauch für den Zahnstocher zum Festhalten. Für jedes Bein einen Zahnstocher diagonal im 30°-Winkel zuschneiden und ca. 1,6 mm von der kurzen Seite mit V-Schnitt einen Huf samt Kerbe ausarbeiten. Den ersten Schnitt möglichst nah am Huf ansetzen und auf einen Schnitt aus der entgegengesetzten Richtung treffen lassen. Etwa 1,6 mm über dem Huf rund um den Zahnstocherumfang schneiden, um eine 3,2 mm lange Verjüngung auszuarbeiten. Bein an der dünnsten Stelle abschneiden; die vier mit Holzleim versehenen Beine in die Löcher stecken.

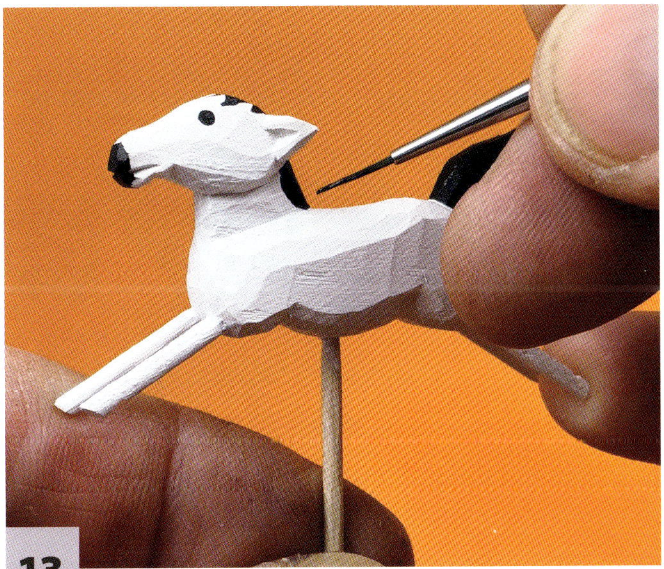

13 **Mit den Grundfarben bemalen.** Tragen Sie zwei Schichten weiße Farbe auf das gesamte Pferd auf. Sollte die Farbe Bereiche des Pferdes aufdecken, die noch stärker bearbeitet werden müssen (etwa schlampige Übergänge), versäubern Sie den betroffenen Bereich mit einem Messer und tragen Sie darauf weiße Farbe auf. Zeichnen Sie die Augen mit einem Bleistift an, prüfen Sie sie auf Symmetrie und bemalen Sie Schweif, Mähne, Nase und Augen mit Schwarz.

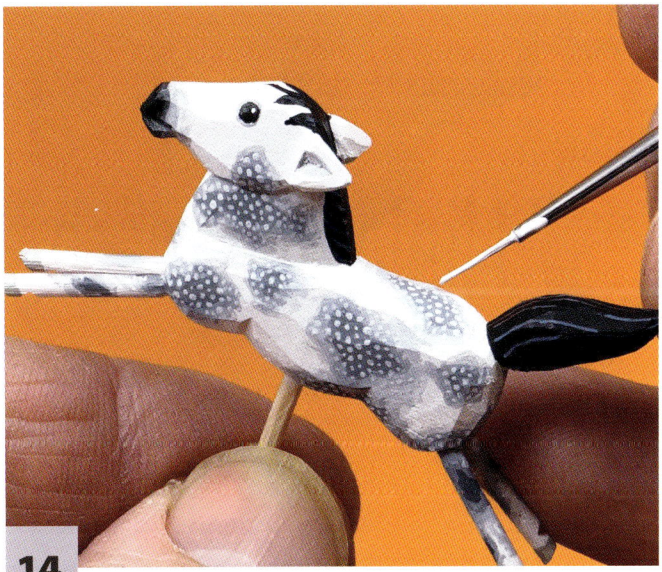

14 **Die Details malen.** Mischen Sie Schwarz und Weiß, um einen mittelgrauen Farbton zu erzeugen. Malen Sie unregelmäßige graue Bereiche auf Körper und Hals. Hellen Sie die Graumischung mit Weiß auf und ziehen Sie ungefähr die Konturen der grauen Bereiche und der Nase nach. Hellen Sie dieses Grau erneut auf und malen Sie die ungefähre Kontur außen an den Graubereichen sowie an Nase und Augen. Versehen Sie die grauen Felder mit kleinen weißen Punkten und malen Sie einen einzelnen weißen Punkt in jedes Auge. Mischen Sie Hellgrau mit ein wenig Gelb für ein helles Graubraun und bemalen Sie die Hufe damit.

Magische Variationen

Um ein Einhorn (links) zu schnitzen, fügen Sie Ihrem Pferd einfach einen Ziegenbart und ein Horn hinzu. Schnitzen Sie das Horn aus einem spitz zulaufenden etwa 16 mm langen Zahnstocherende. Verschmälern Sie das andere Ende, damit es in das 1,6 mm große Loch, das in den Kopf gebohrt wurde, hineinpasst. Verwenden Sie feines Schleifpapier (Körnung 600 800) für die Feinabstimmung der Verjüngung und kleben Sie es an. Für den fliegenden Pegasus folgen Sie den Anleitungen für das geflügelte Schwein im Projekt „Springendes Schwein“.

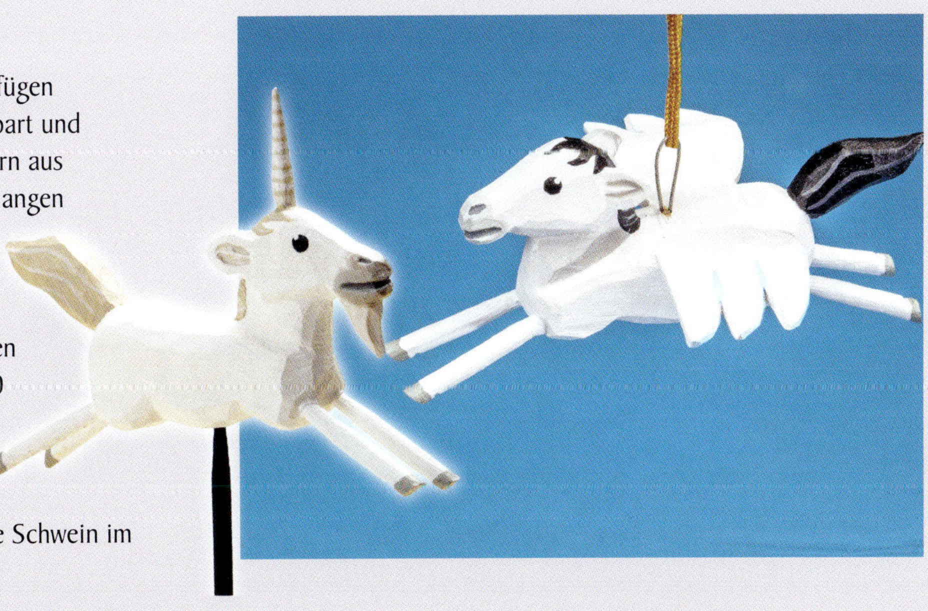

Muster

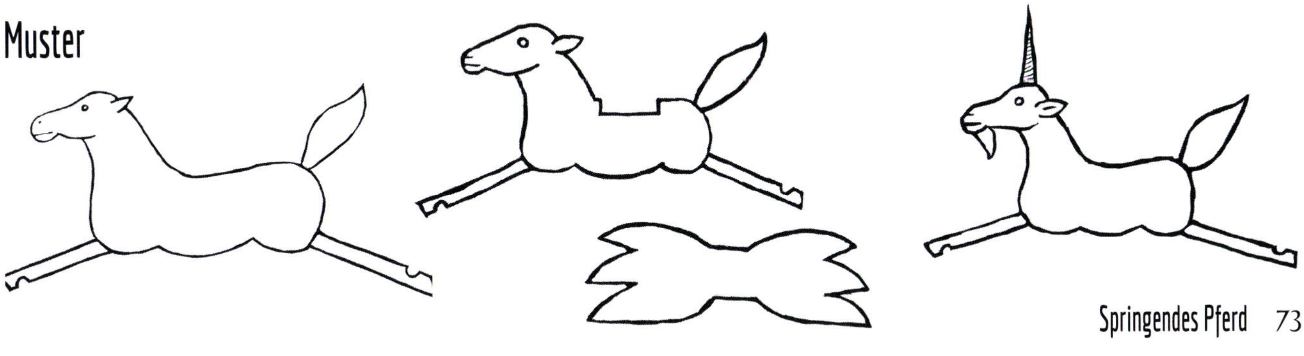

Miniatur: Frosch

Gelegentlich machen wir es uns mit der Sprache sehr einfach und sind davon überzeugt, dass „groß" mit „wichtig" gleichzusetzen sei, während winzige Dinge herabgesetzt werden. Das ist ein Überbleibsel aus der Zeit, bevor mikroskopisch kleine Elektronik die Welt regierte. Große Dinge sind großartig, aber Miniaturen sind seit jeher wertvoll und in sich künstlerisch. Wie eine zusammengedrückte Feder ist ein Frosch trotz seines erschreckend zerbrechlichen Aussehens mit außerordentlicher Sprungkraft geladen; ein Musterbeispiel für Winzigkeit. Wenn Sie etwas so Kleines schnitzen, sind eine geschickte Hand, Übung und Wissen über das Material vonnöten, um genau das richtige Maß an Druck auszuüben. Der grobe Zuschnitt ist schnell erledigt; der Teufel steckt im Detail. Kleinere Arbeiten sind schwieriger zu halten. Wenn möglich, konzipieren Sie sie so, dass Sie sie aus dem Ende eines größeren Holzstücks schnitzen und so lange daran befestigt lassen können, bis Sie fast fertig sind.

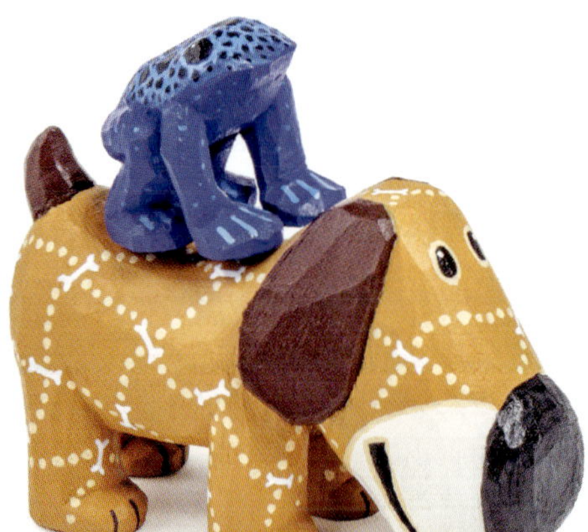

Material & Werkzeug

- Lindenholz: 13 x 13 x 38 mm; Maserung in Richtung der längsten Abmessung
- 1 Zahnstocher
- Schnitzmesser
- Detailmesser (optional)
- Handschutz
- Stielkloben mit Bohrer (1,6 mm)
- Farbpinsel: Rundpinsel Nr. 1 oder größer, Linierer Nr. 10/0 oder kleinerer Detailpinsel
- Farben: Blau, Gelb, Weiß und Schwarz zum Mischen von Blautönen

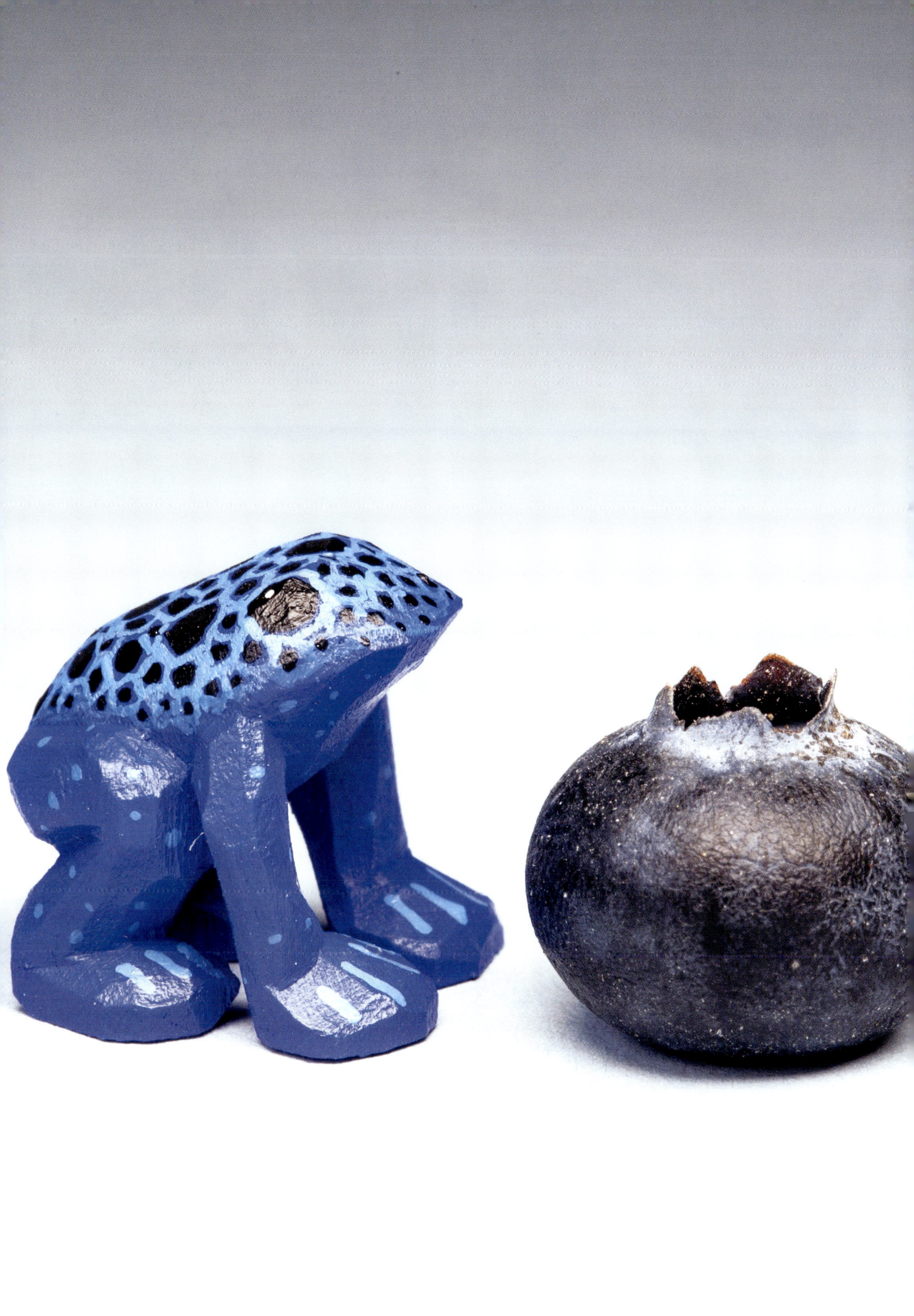

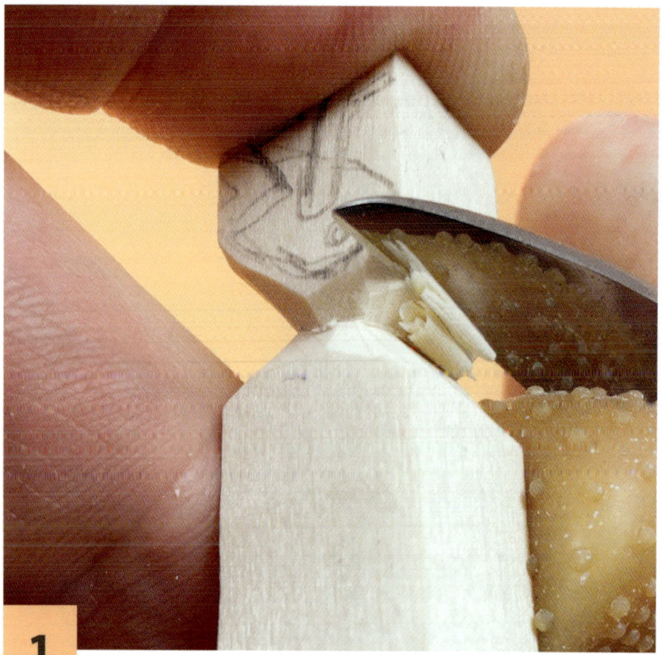

1 **Den Schnitzbereich definieren.** Übertragen Sie das Muster auf das Holz. Zeichnen Sie die Fußabdrücke des Frosches auf ein Ende des Werkstücks. Arbeiten Sie mit einer Reihe von V-Schnitten rund um das Holzstück, um einen Rand auszuarbeiten und die Oberseite von Kopf und Körper festzulegen. Lassen Sie genug Material stehen, damit der Frosch nicht abbricht. Lassen Sie ihn fest mit dem Holz verbunden, bis die Schnitzarbeit fast fertig ist.

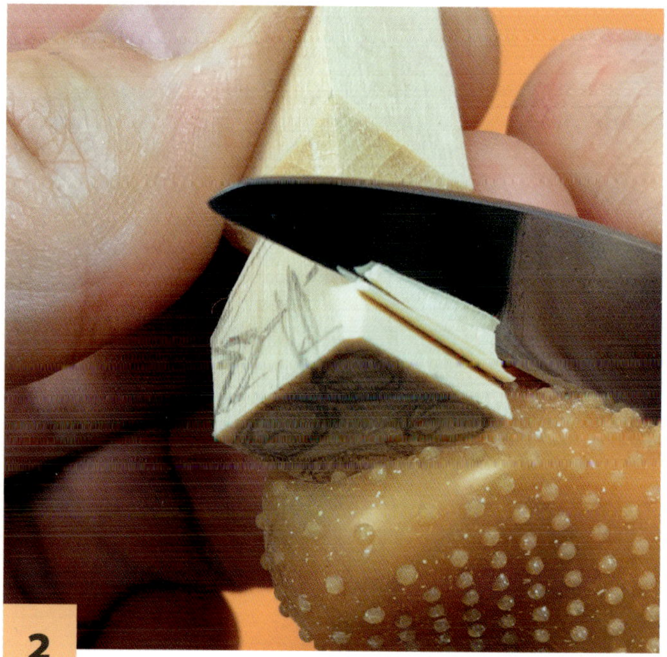

2 **Grob bearbeiten.** Schnitzen Sie V-Schnitte, um den vorderen Teil des Frosches grob zuzuschneiden, indem Sie Material unter dem Kinn und vor den Vorderbeinen entfernen. Mit den ersten Schnitten eine Bereichsgrenze über den Füßen ausarbeiten. Beginnen Sie die zweiten Messerstriche unter dem Kinn und tragen Sie das Material von oben aus ab. Lassen Sie den Fußbereich jetzt noch dick, damit er nicht während des Schnitzens der restlichen Figur abbricht.

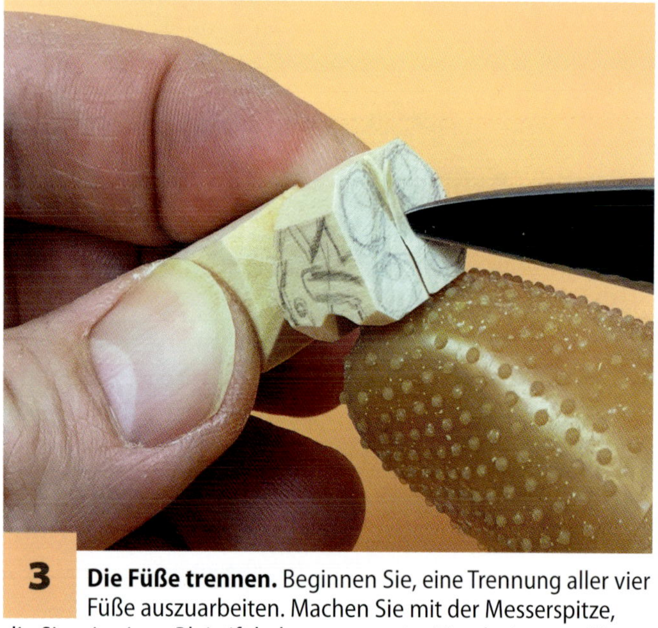

3 **Die Füße trennen.** Beginnen Sie, eine Trennung aller vier Füße auszuarbeiten. Machen Sie mit der Messerspitze, die Sie wie einen Bleistift halten, paarweise Einschnitte, um kleine Kerben zu erhalten, die die vier Füße in der Mitte voneinander trennen. Diese Schnitte wiederholen, um die Kerben zu vertiefen. Nutzen Sie die Fußabdrücke auf der Unterseite der Figur als Hilfslinien, um zu sehen, wo Sie nicht schneiden dürfen.

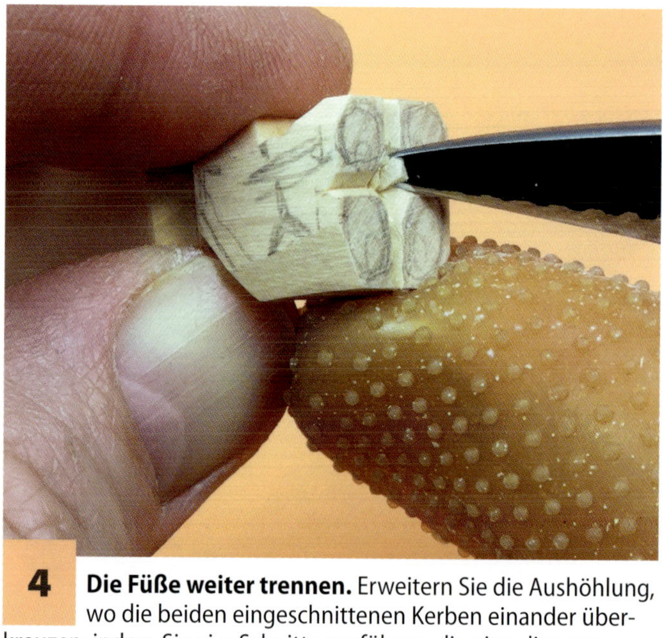

4 **Die Füße weiter trennen.** Erweitern Sie die Aushöhlung, wo die beiden eingeschnittenen Kerben einander überkreuzen, indem Sie vier Schnitte ausführen, die eine diamantförmige Kerbe in der Mitte der vier Füße erzeugen. Vergrößern Sie die Kerben mit der Messerspitze weiter und runden Sie die Ecken der Fußabdrücke ab. Sie schneiden in einem unüblichen Winkel in die Maserung, aber wenn das Holz weich und Ihre Klinge scharf ist, sollte dies leicht sein; ist es schwierig, nehmen Sie weniger Material mit jedem Schnitt weg. Wiederholen Sie die Schnitte, bis die Trennung bis zu den Rändern der Füße reicht.

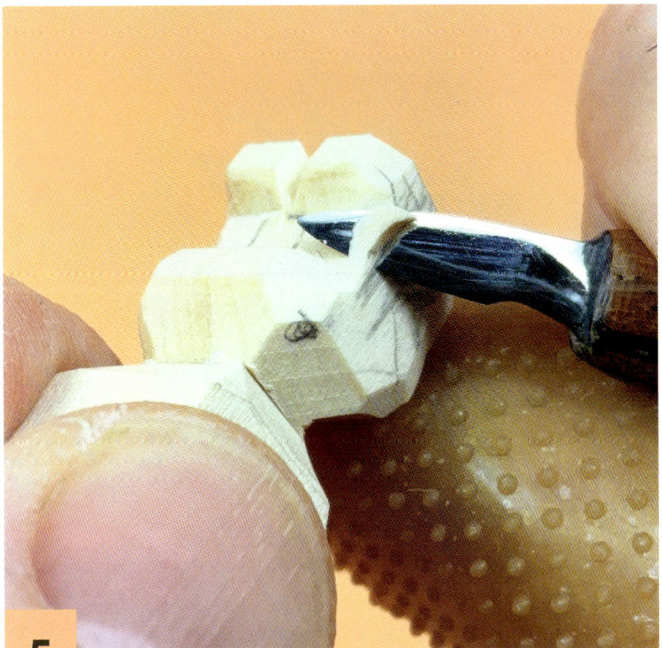

5 **An den Beinen arbeiten.** Beginnen Sie, die Vorderseite der Vorderbeine von links nach rechts mit Kerben durch Einschnitte mit der Messerspitze zu trennen. Verschmälern Sie die Vorderbeine mit Schnitten, die oberhalb der Füße beginnen und dort enden, wo die Beine auf den Körper treffen. Mit den zweiten Schnitten die Späne abtragen, die in einer Linie mit der Körperunterseite verlaufen, um den Rand des Bauches auszuarbeiten.

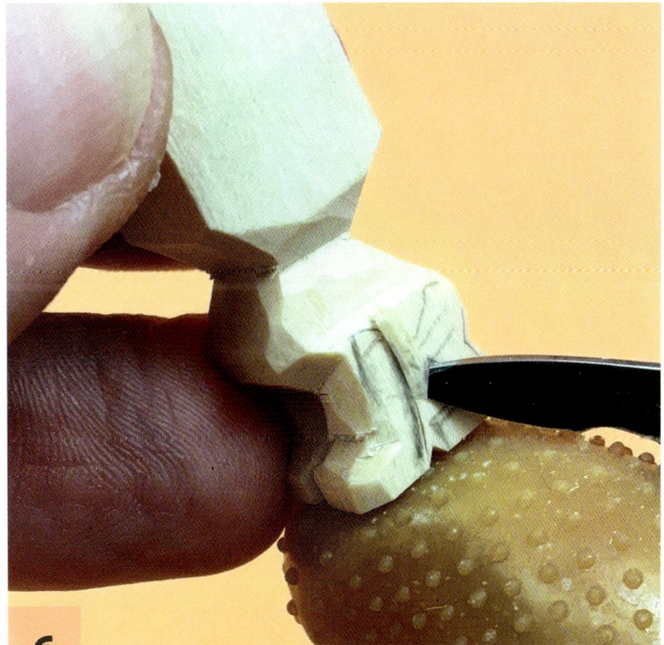

6 **Weiter an den Beinen arbeiten.** Beginnen Sie damit, anhand von mit der Messerspitze ausgeführten Einschnitten die Vorder- von den Hinterbeinen zu trennen. Halten Sie das Messer wie einen Bleistift und schnitzen Sie eine v-förmige Vertiefung mit ein paar aufeinandertreffenden Schnitten auf jeder Seite. Verbreitern und vertiefen Sie die Kerben mit wiederholten Messerstrichen auf beiden Seiten, bis Sie am Körper des Frosches ankommen. Achten Sie darauf, die Füße nicht mit dem Messer zu berühren.

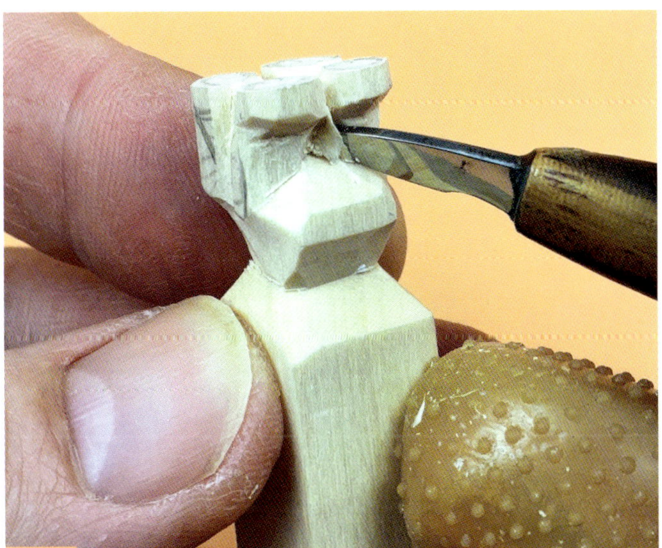

7 **Den Bauchbereich herausschnitzen.** Erweitern Sie vorn und hinten die Lücke zwischen rechtem und linkem Bein. Beginnen Sie die ersten Schnitte nahe der Füße und schneiden Sie hinauf in Richtung Bauch. Entfernen Sie den Span mit dem nächsten Schnitt, der in einer Linie mit dem Bauch durchgeführt wird. Wiederholen, bis der Bereich unter dem Bauch frei von überschüssigem Material ist.

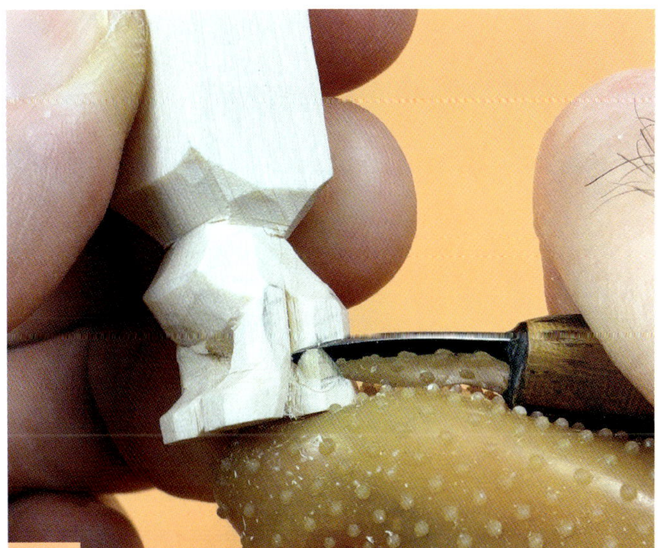

8 **Die Hinterfüße mit Stoppschnitten formen.** Schneiden Sie von der Lücke zwischen den Beinen über den Fuß und schnitzen Sie einen passenden Messerstrich vom Knie in Richtung Fuß, um den Span zu entfernen. Vertiefen Sie die Kerbe mit wiederholten Stoppschnitten, bis die Hinterfüße geformt sind. Lassen Sie die Füße für später ein bisschen dicker, um sie vor Bruch zu schützen. Wenn Sie vom Knie in Richtung Fuß schneiden, passen Sie auf, dass Sie den Fuß nicht abschneiden.

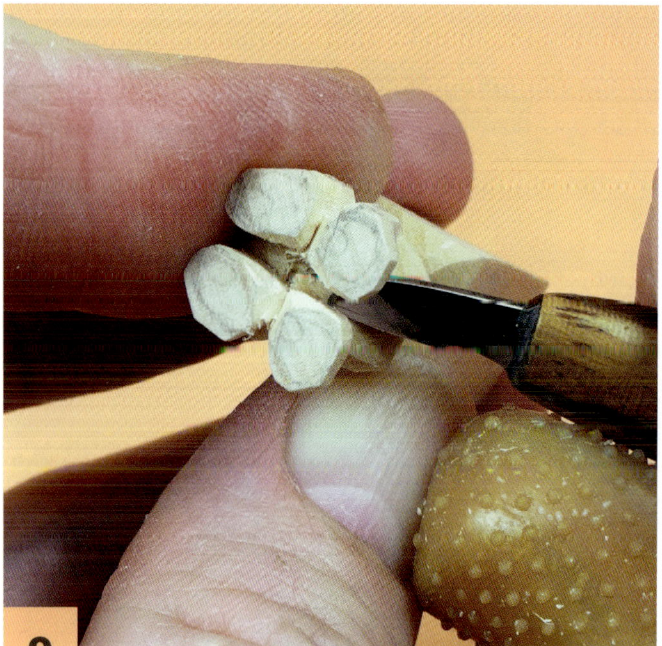

9

Die Beine fertigstellen. Entfernen Sie das Holz zwischen den linken und rechten Vorder- und Hinterbeinen mit Stoppschnitten. Schnitzen Sie die Beininnenseiten mit Schnitten, die nahe an den Füßen beginnen und bauchwärts nach oben führen; entfernen Sie den daraus resultierenden Span mit einem Schnitt, der in einer Linie mit dem Bauch ist. Ein Detailmesser ist auf so begrenztem Raum nützlich. Erweitern Sie die Lücke unter dem Bauch, bis die Beininnenseiten mit der Körperaußenseite harmonieren.

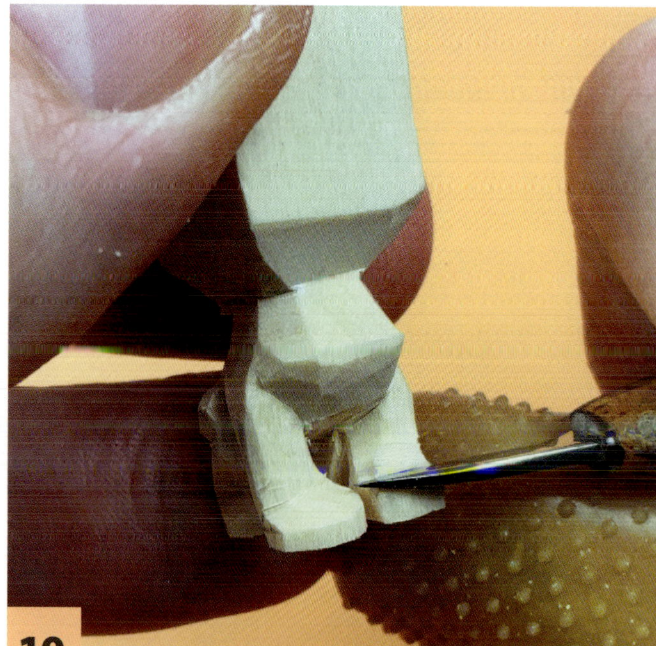

10

Die Füße formen und dünner schnitzen. Schneiden Sie im Schälschnitt quer zur Maserung auf den Füßen und mit der Maserungsrichtung rund um den gesamten Umfang des Fußabdrucks. Glätten Sie die Kanten der Füße mit winzigen Schälschnitten, die die Winkel weicher gestalten. Mit Schälschnitten an den Beinen jeden Fuß an sein Bein und jedes Bein an den Körper anpassen.

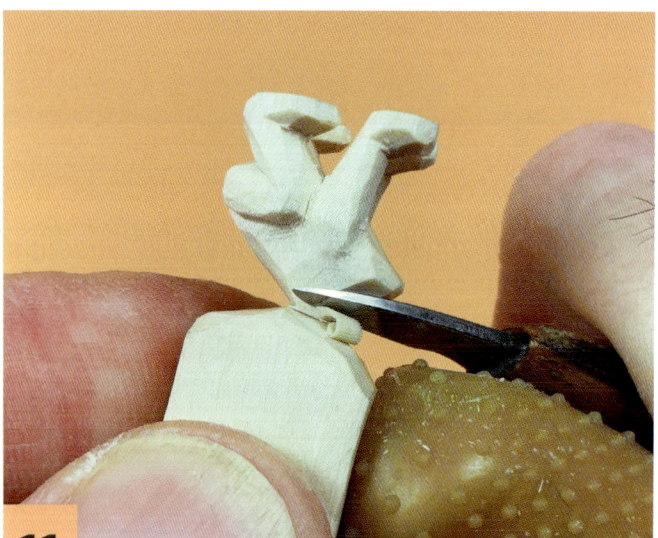

11

Die Figur vom Holz lösen. Formen Sie die Oberseite des Frosches mit V-Schnitten und lösen Sie dabei die Skulptur von dem Holzstück, das es hält. Verfeinern Sie die Oberseite und den Rücken der Froschschnitzerei und achten Sie dabei genau auf die Symmetrie. Arbeiten Sie mit flachen V-Schnitten, formen Sie kleine Wölbungen für die Augen und passen Sie Nase und Rücken mit Schälschnitten an. Formen Sie mit Schälschnitten einen symmetrischen Rand für das Maul. Gleichen Sie eventuelle scharfe Kanten der gesamten Schnitzarbeit aus und säubern Sie unordentliche Stellen mit Schälschnitten. Schließlich bohren Sie ein 1,6 mm großes Loch unten in die Figur und stecken einen Zahnstocher hinein, um sie während des Bemalens halten zu können.

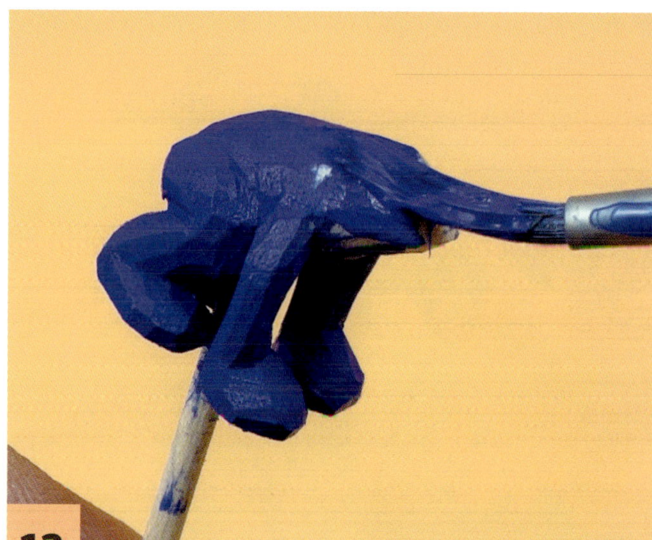

12

Mit der Grundfarbe bemalen. Mischen Sie blaue Farbe mit ein wenig Weiß und einer Spur Gelb, um einen kräftigen Dunkelblauton zu erzeugen. Tragen Sie zwei Schichten dieser Farbe auf Beine und Unterseite und eine Schicht auf Kopf und Rücken auf. Je nach Blauton stimmen Sie die Farbe noch mit Weiß und Gelb ab, um den gewünschten Ton zu erhalten.

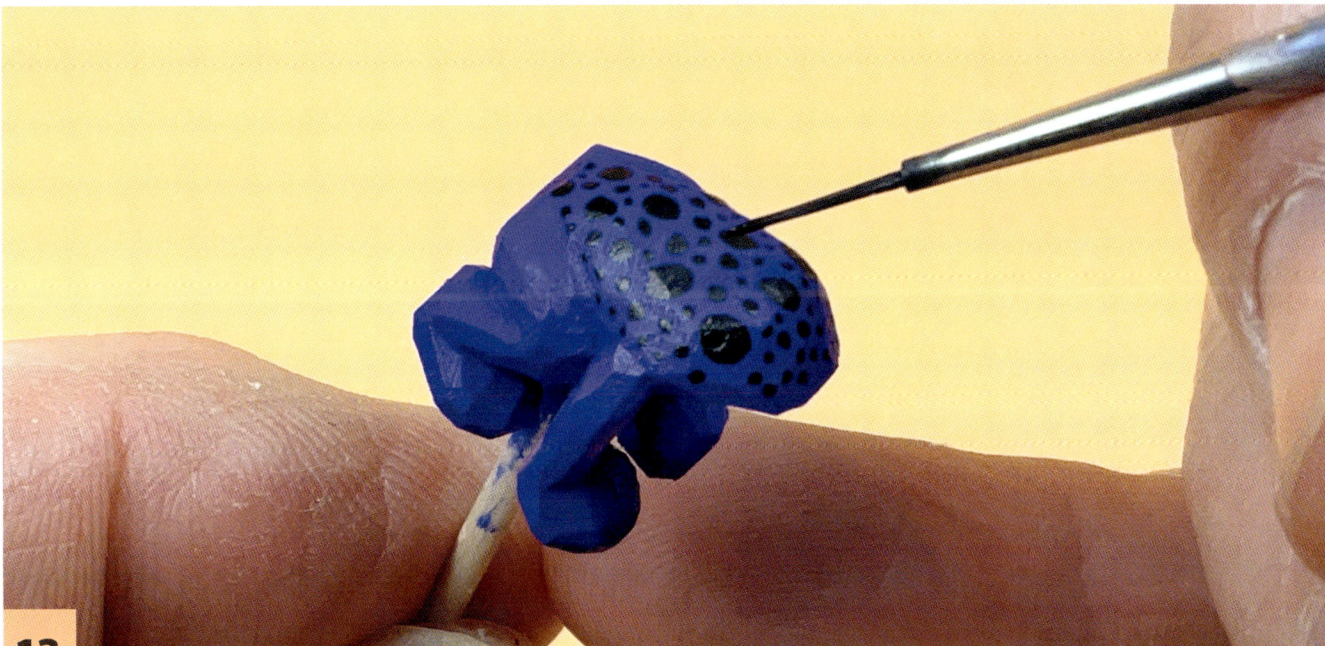

13 **Gesicht und Details hinzufügen.** Verwenden Sie schwarze Farbe für Augen und Flecken. Zeichnen Sie die Augen erst mit Bleistift an, bevor Sie loslegen, um sicherzugehen, dass sie symmetrisch sind. Malen Sie die Augen in einer Kreisbewegung. Malen Sie nun ungleichmäßige runde Punkte auf den restlichen Rücken, die etwas kleiner als die Augen sind. Füllen Sie den Raum zwischen diesen mit kleineren Punkten, bis der gesamte Platz am Rücken mit einem Punktmuster gefüllt ist.

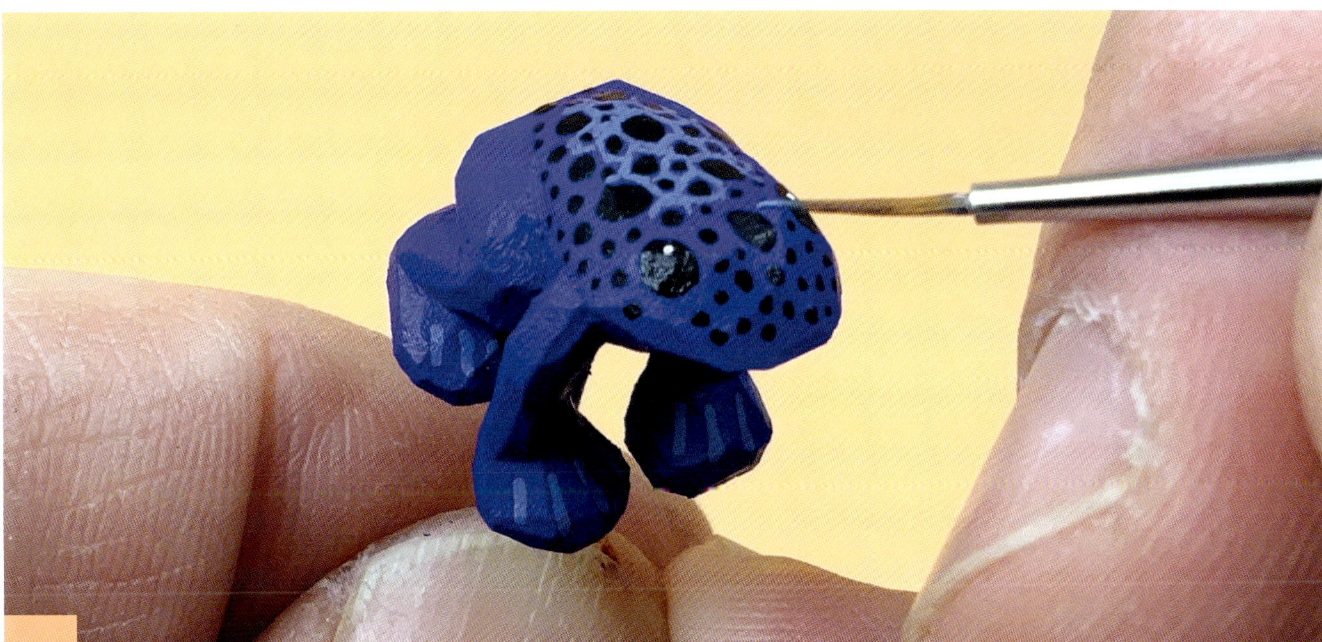

14 **Fertig malen.** Mischen Sie die blaue Farbe mit etwa einem Viertel Weiß. Verwenden Sie diese Mischung, um die Konturen der Punkte und Augen nachzuziehen und versehen Sie die Füße mit Zehen. Malen Sie außerdem winzige Pünktchen auf den Rest des dunkelblauen Bereichs, auch auf Beine und Bauch. Tragen Sie diese Punkte zufällig und sparsam auf. Schließlich malen Sie mit Weiß die Punkte für die Lichtreflexionen in den Augen.

Muster

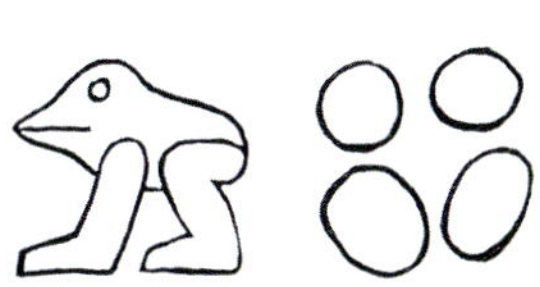

Design: Minotaurus

Vor einhundert Jahren und nur fünfzig Meilen von mir entfernt entwickelte sich im deutschen Weimar eine Kunstschule, die unauslöschliche Spuren in der modernen Welt hinterlassen hat: das Bauhaus. Sie strebte nach Erfindung, Verspieltheit und Klarheit mit einem Eifer, der von Intuition und Zweck geleitet wurde, wie er immer noch bei Produkten von Firmen wie Apple und IKEA deutlich erkennbar ist. Ich habe versucht, die Essenz dieser Philosophie in meiner Arbeit anzuwenden, ganz besonders in der Planung dieser Figur. Der Minotaurus ist eine Sagengestalt aus dem antiken Griechenland, ein mordlustiger Charakter, eingesperrt in ein Labyrinth. Ich habe ihn als spielzeugartige Figur, eingehüllt in ein Fell aus chaotischem Konfetti, neu interpretiert. Das Design ist albern, lebhaft und steckt voller belebender Energie. Im Geiste der Aufmunterung soll er nicht erschrecken, sondern Freude bringen; immerhin sind die Chancen gering, dass er den Raufbold markiert – so klein, wie er ist, kann er nicht einmal einer Fliege etwas zuleide tun.

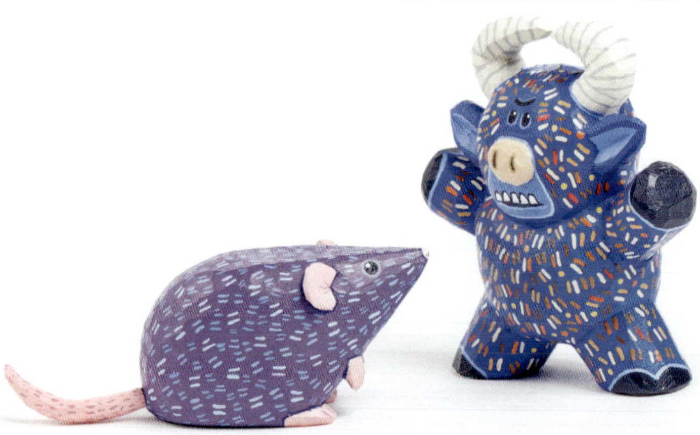

Material & Werkzeug

- Holz: 45 x 41 x 19 mm; Maserungsrichtung vertikal
- 1 Zahnstocher
- Schnitzmesser
- Handschutz
- Stielkloben mit Bohrer (1,6 mm)
- Schleifpapier: Körnung 200–400 und Körnung 600–800
- Farbpinsel: Rundpinsel Nr. 1 oder größer, Linierer Nr. 10/0 oder kleinerer Detailpinsel
- Farben: Rot, Blau, Gelb, Weiß und Schwarz

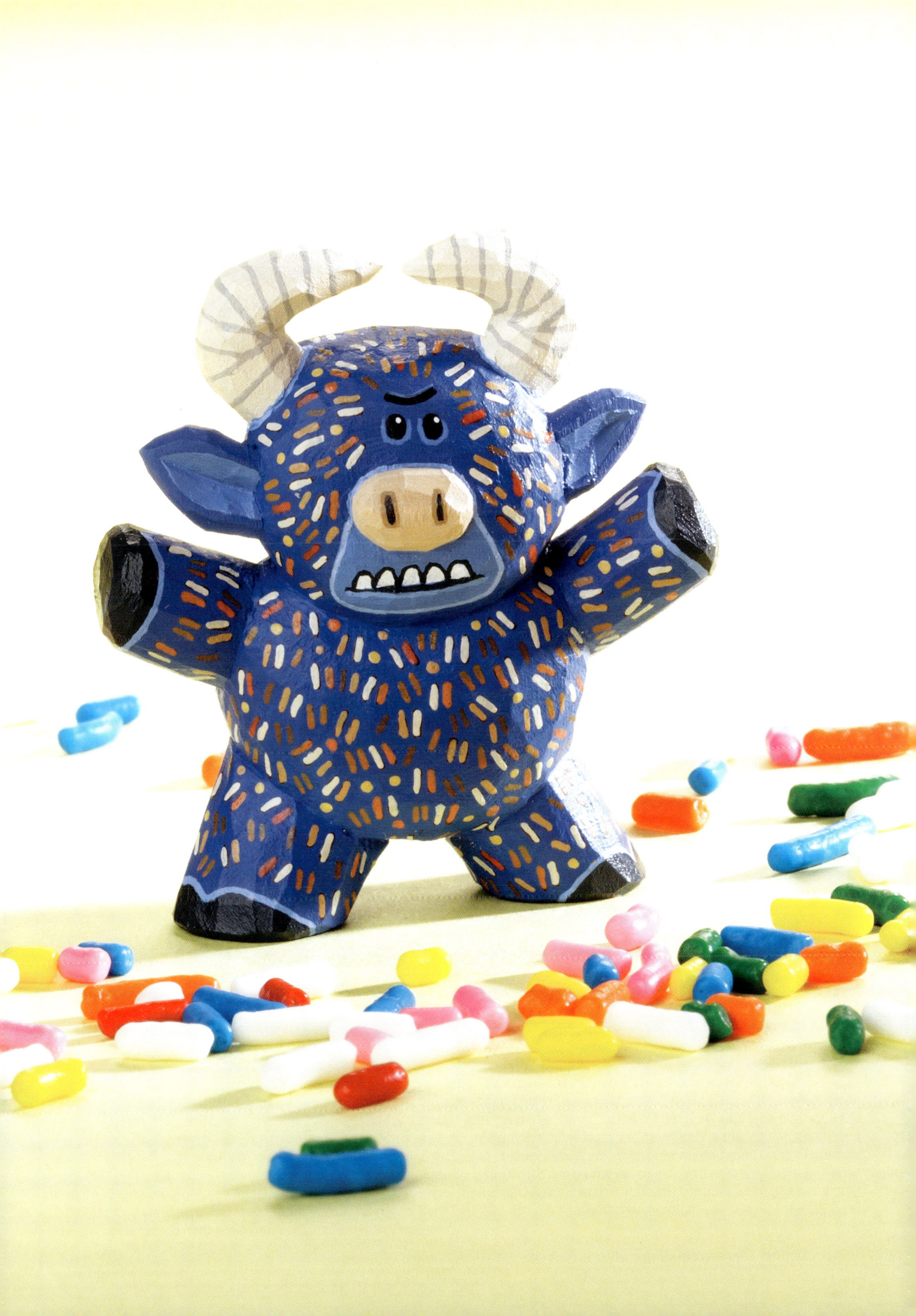

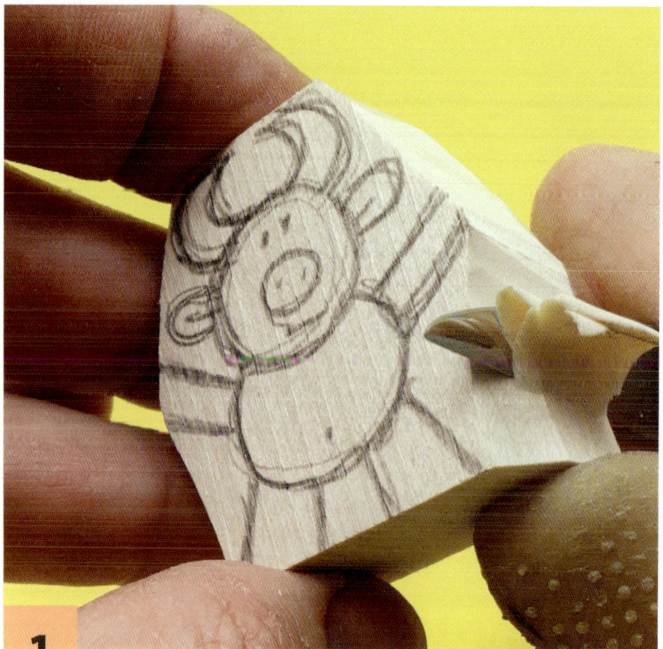

1

Grob bearbeiten. Übertragen Sie das Muster auf beide Seiten des Holzes. Entfernen Sie das Material außerhalb der Grenzlinien des Musters mit Schäl- oder Schiebeschnitten von den vier Ecken des Blocks. Sie können den Grobzuschnitt mit einer Säge vornehmen, aber in dieser Größenordnung dauert auch die Arbeit mit dem Messer nicht lange.

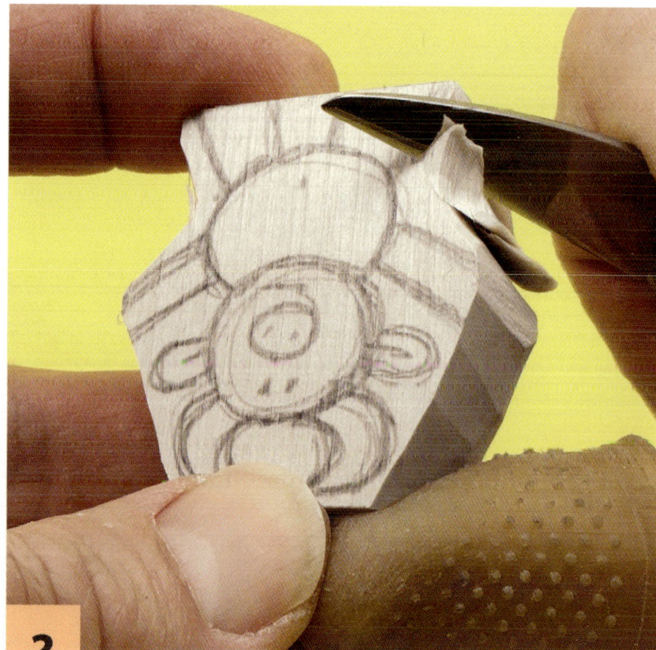

2

Die Gliedmaßen trennen. Entfernen Sie das Material zwischen Beinen und Armen mit V-Schnitten. Erreicht die ausgehöhlte Vertiefung den Rand des Körpers, arbeiten Sie mit Stoppschnitten, um dem Übergang zwischen Armen, Körper und Beinen auf jeder Seite Form zu verleihen. Schneiden Sie zuerst bündig mit dem Rand des Beins oder Arms und lassen Sie diese Schnitte dann auf Messerstriche treffen, die bündig zum Körper verlaufen.

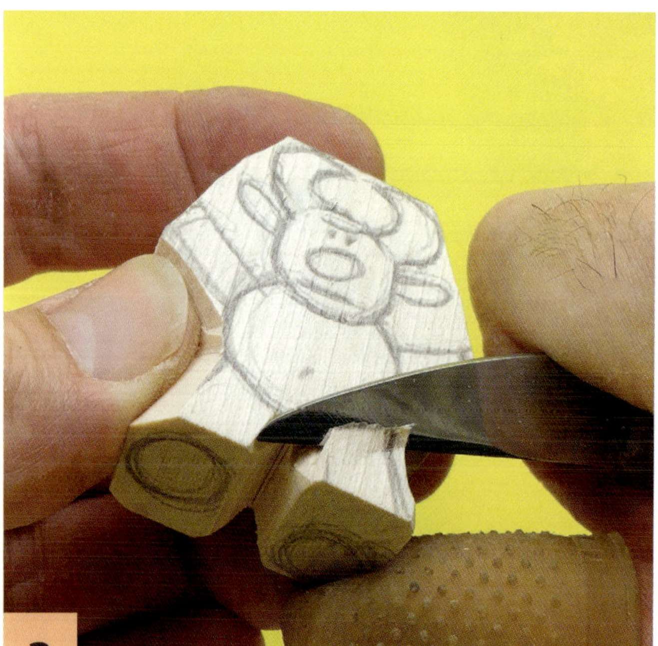

3

Die Beine formen. Zeichnen Sie runde Fußabdrücke unten auf das Holz, einen nahe der Vorderseite und einen nahe der Rückseite der Figur. Arbeiten Sie mit V-Schnitten, um die Trennung zwischen linkem und rechtem Bein auszuarbeiten, bis die Vertiefung den Körperbereich erreicht. Formen Sie die Beine mit Schäl- oder Schiebeschnitten, sodass sie schräg aus dem Körper ragen und auf die Fußabdrücke treffen. Halten Sie den Durchmesser der Beine von oben nach unten gleichmäßig.

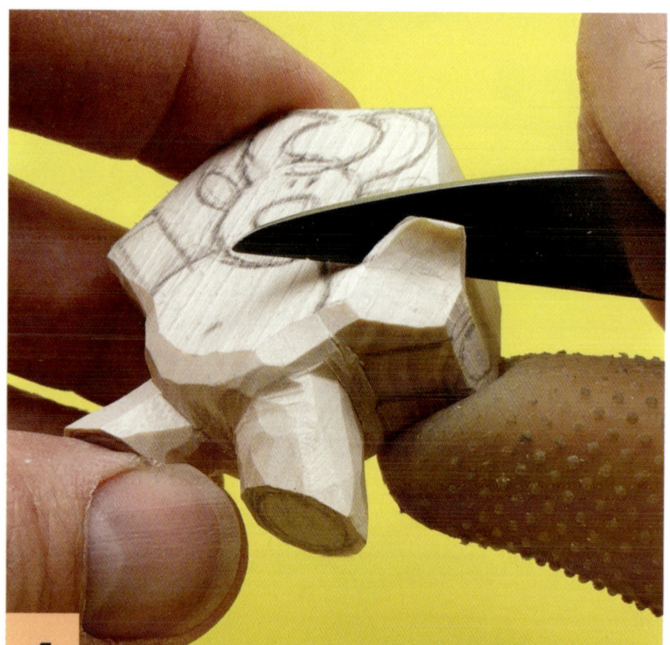

4

Die Arme schmaler schnitzen. Zeichnen Sie die Arme aus drei Winkeln so auf das Holz, dass sie schräg nach vorn reichen. Schnitzen Sie sie mit Schäl- und Schiebeschnitten schmaler; wo sie mit dem Körper verbunden sind, verwenden Sie Stoppschnitte, um den Durchmesser der Arme vom Armansatz bis zur Spitze gleichbleibend zu halten. Setzen Sie die ersten Messerstriche bündig entlang der Armlänge vom Armende zum Armansatz und lassen Sie diese Schnitte auf vom Armansatz ausgehende Messerstriche treffen, die bündig mit dem Körper sind.

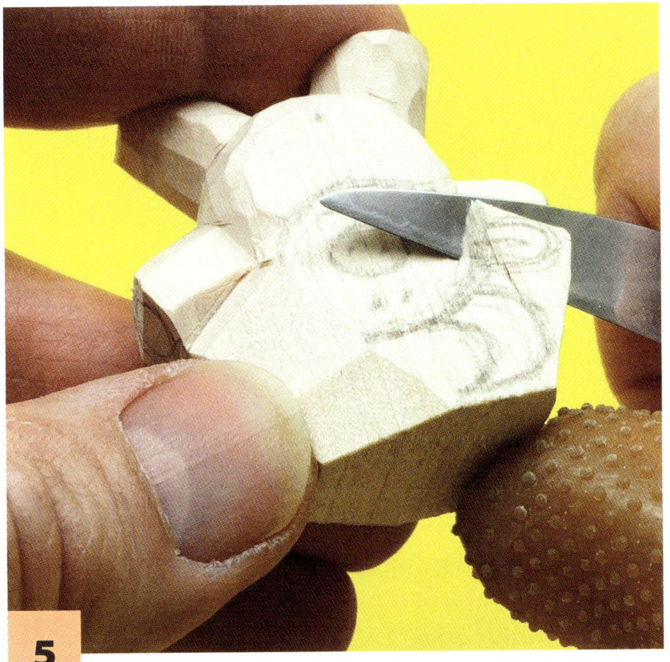

5

Arbeit an der Kopfoberseite beginnen. Schnitzen Sie den Bereich am Kopf, der die Hörner und die Ohren beinhaltet, schmaler. Verschmälern Sie die gesamte Region vorn und hinten, bis Sie auf jeder Seite 6,4 mm entfernt haben.

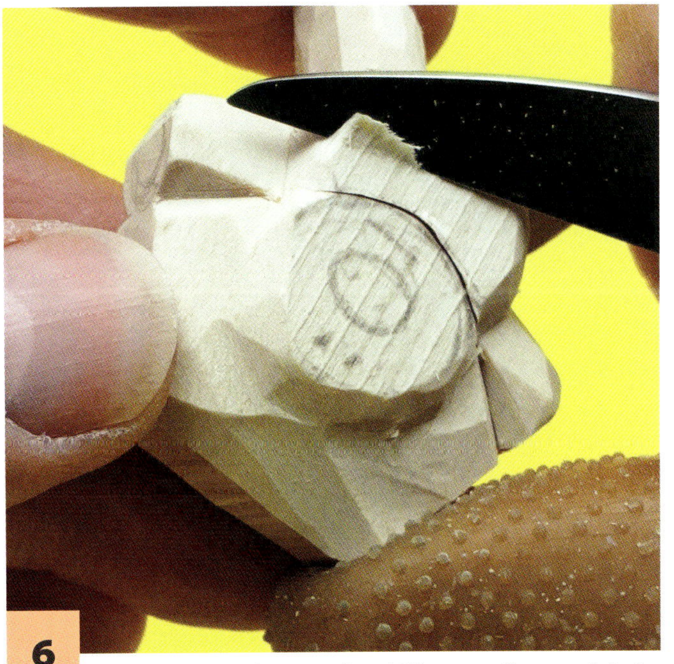

6

Den Rand zwischen Kopf und Körper aufbauen. Schnitzen Sie V-Schnitte, um die Kerbe zwischen Kopf und Körper zu schnitzen. Beginnen Sie mit einem schrägen Einschnitt, einer gebogenen Linie, die den Rand zwischen Kopf und Körper formt, und lassen Sie diesen Schnitt auf Messerstriche treffen, die das Material abtragen und so eine Kerbe erzeugen. Erweitern Sie diese mit wiederholten V-Schnitten. Schnitzen Sie Schäl- und Schiebeschnitte, um die Kerbe an sowohl Kopf als auch Körper anzugleichen.

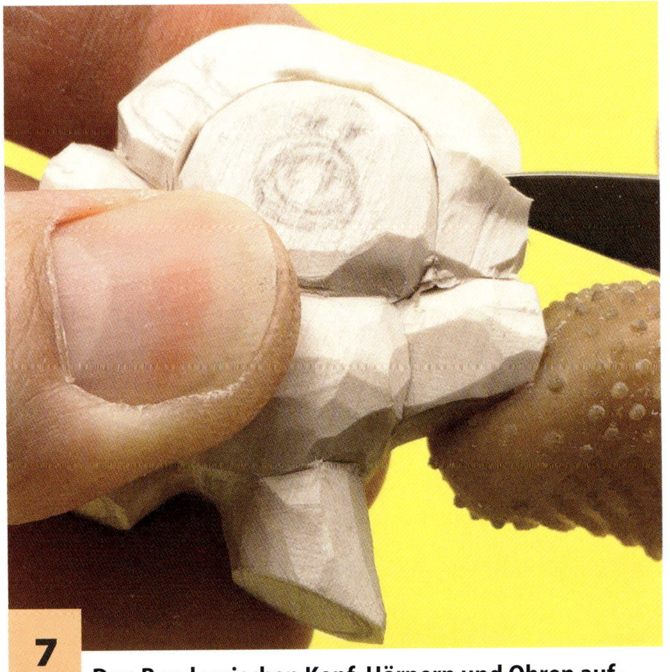

7

Den Rand zwischen Kopf, Hörnern und Ohren aufbauen. Mit Stoppschnitten einen Einschnitt schnitzen, der bündig zum gebogenen Rand des Kopfes verläuft. Lassen Sie diese auf Schnitte treffen, die Sie von den Ohren und Hörnern aus führen. Auf der Kopfrückseite wiederholen.

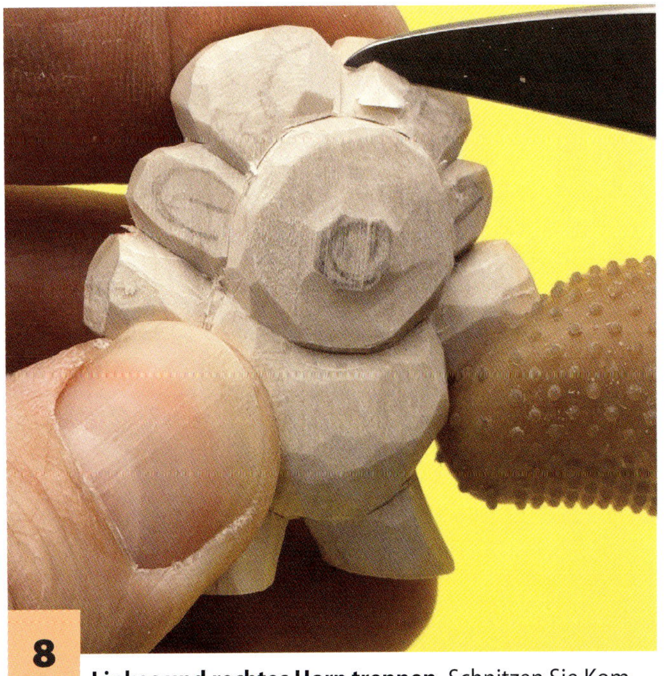

8

Linkes und rechtes Horn trennen. Schnitzen Sie Kombinationsschnitte, um die Lücke zwischen den Hörnern herzustellen. Beginnen Sie mit V-Schnitten am Mittelpunkt zwischen den Hörnern, dann erweitern Sie die Kerbe mit Messerstrichen, die der inneren Kurve der Hörner folgen, von der Hornspitze bis zum Ansatz. Als Nächstes trennen Sie den Span mit Schnitten ab, die bündig mit der Kopfoberseite verlaufen und auf die ersten Schnitte treffen.

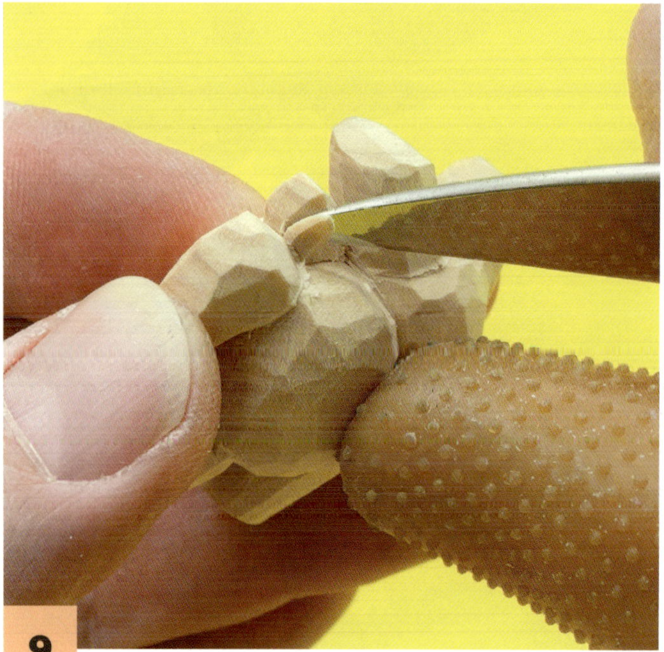

9

Die Ohren schmaler schnitzen und ausformen. Schnitzen Sie die Ohren mit Stoppschnitten weiterhin schmaler. Beginnen Sie mit Schnitten vor und hinter dem Ohr und lassen Sie diese auf Messerstriche treffen, die bündig mit der Kopfoberfläche verlaufen. Beginnen Sie über und unter jedem Ohr mit Schälschnitten an jeder der Spitzen und folgen Sie der Biegung des Ohrs bis zu seinem Ansatz.

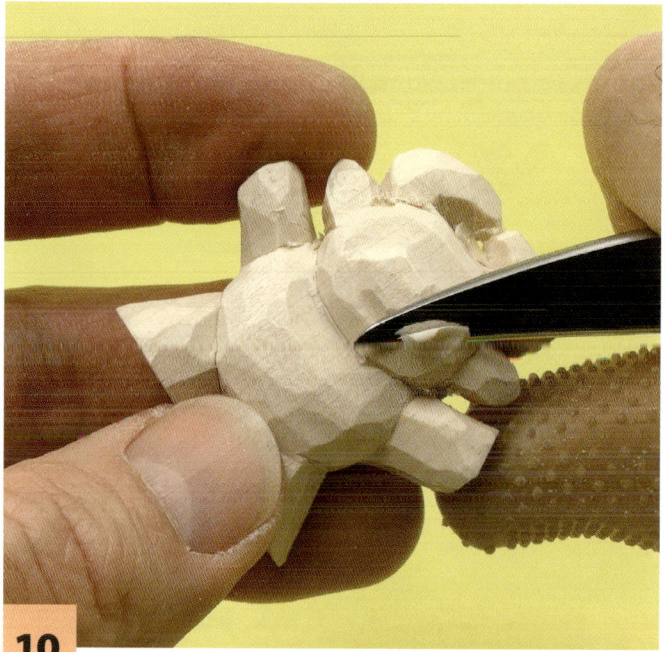

10

Die Nase ausarbeiten. Nase mit Schäl- oder Schiebeschnitten formen. Mit einer Wischbewegung rund um den gesamten Umfang der Nase schnitzen. Ohren und Hörner ausarbeiten und mit Schäl- und Schiebeschnitten den letzten Schliff verleihen. Die Figur aus mehreren Winkeln betrachten, Hörner und Ohren abgleichen und auf Symmetrie prüfen. Pro Schnitt nur kleine Holzmengen entfernen.

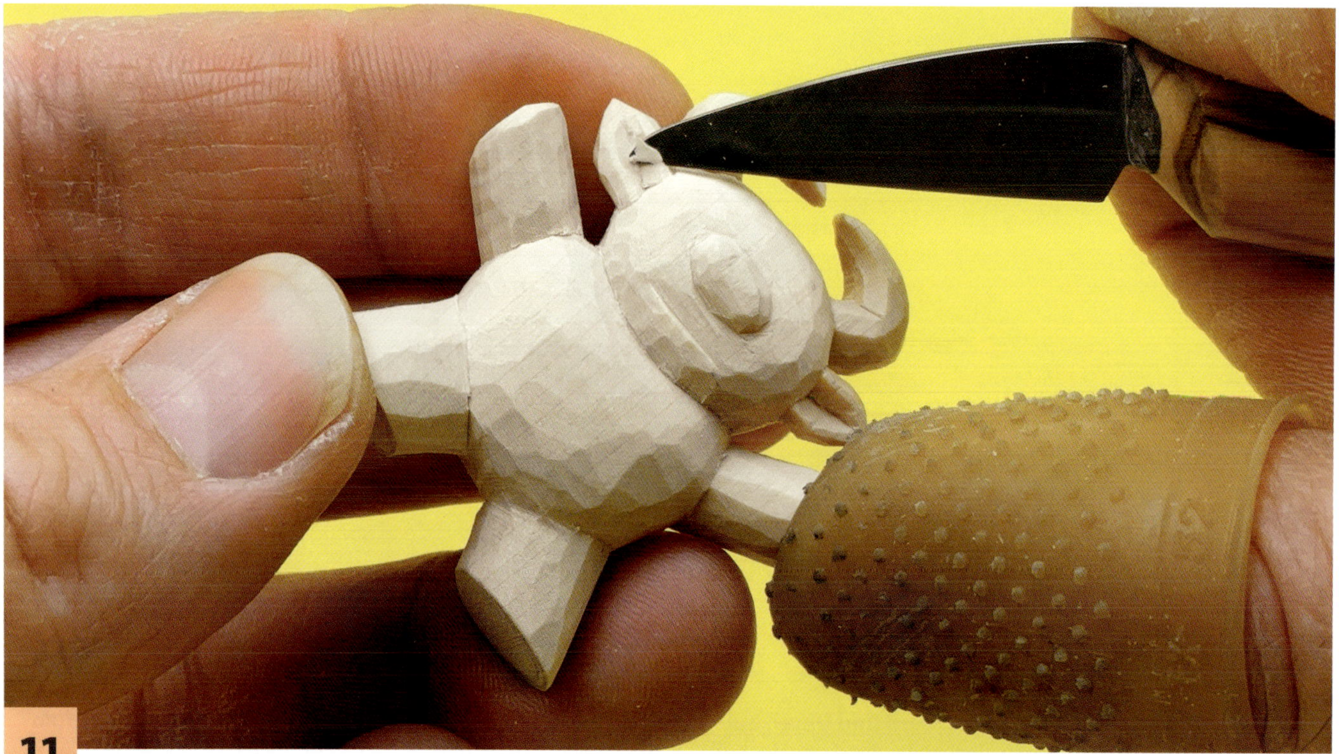

11

An Ohren und Maul arbeiten. Gestalten Sie eine v-förmige Vertiefung für das Maul. Verwenden Sie die Messerspitze für den ersten Einschnitt und lassen Sie diesen dann auf einen anderen Schnitt treffen, der der Länge des ersten Schnittes nachfolgt, aber im 90°-Winkel zum ersten Schnitt. Als Nächstes verwenden Sie die Spitze der Klinge, um die v-förmige Kerbe in die Ohren zu schnitzen. Beginnen Sie mit Messerstrichen nahe jeder Ohrspitze und schneiden Sie in Richtung Kopf, jeder so abgewinkelt, dass die Schnitte aufeinandertreffen. Trennen Sie das Holz mit einem flachen Schnitt am Ohransatz heraus, bündig mit dem Kopf. Schließlich bohren Sie ein 1,6 mm großes Loch unten in die Figur und stecken einen Zahnstocher zum Festhalten während des Bemalens hinein.

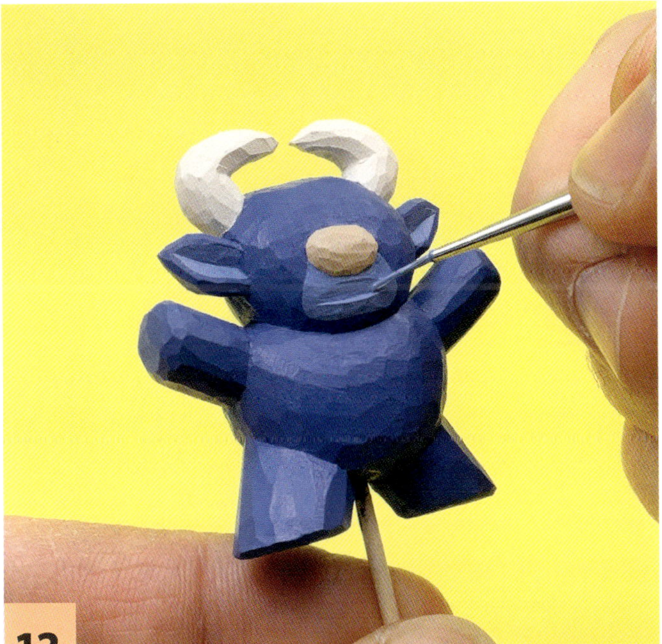

12 **Mit den Grundfarben bemalen.** Mischen Sie Blau und einen Hauch Weiß, um einen Blauton zu erhalten. Malen Sie zwei Schichten auf Kopf, Körper, Arme und Beine. Mischen Sie ein bisschen Weiß in die Blaumischung, um ein helleres Blau zu bekommen. Tragen Sie diese Farbe im Bereich unter der Nase und im Inneren der Ohren auf. Mischen Sie Weiß mit einem Hauch Schwarz und Gelb, um einen Cremefarbton zu erhalten; tragen Sie ihn auf die Hörner auf. Mischen Sie Weiß mit geringen Mengen Gelb, Rot und Blau für ein Hellbraun; bemalen Sie damit die Nase.

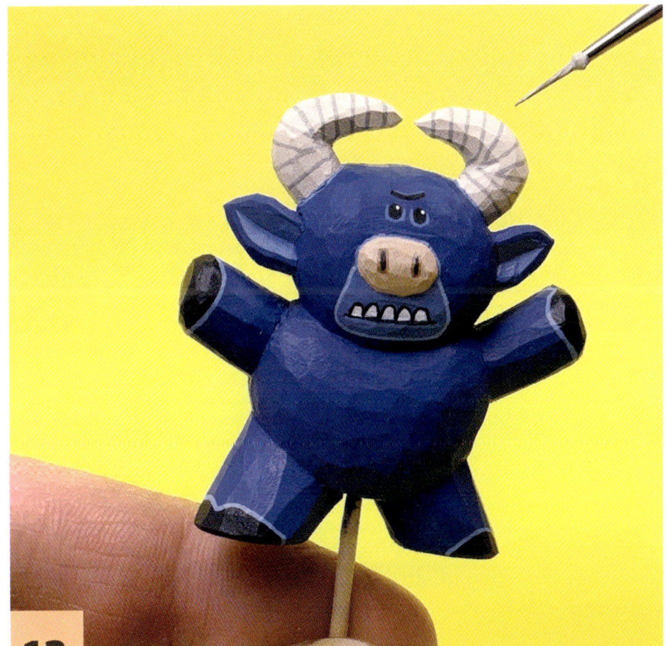

13 **Gesichtszüge und Details hinzufügen.** Verwenden Sie Schwarz, um Augen, Augenbraue, Nasenlöcher, Hufe und Maul zu malen. Mischen Sie Rot, Blau, Gelb und Weiß, um ein Hellbraun zu mischen, und malen Sie damit die Nasenlöcher. Verwenden Sie Weiß für die Zähne und die Lichtreflexionen in den Augen. Malen Sie die Konturen der Zähne mit Schwarz. Mischen Sie Blau mit Weiß für einen Hellblauton und malen Sie die Konturen von Hufen, Maul und der Hälfte der Augen. Mischen Sie Weiß mit einer Spur Rot, Gelb und Blau für einen Grauton, um die Linien auf den Hörnern zu malen.

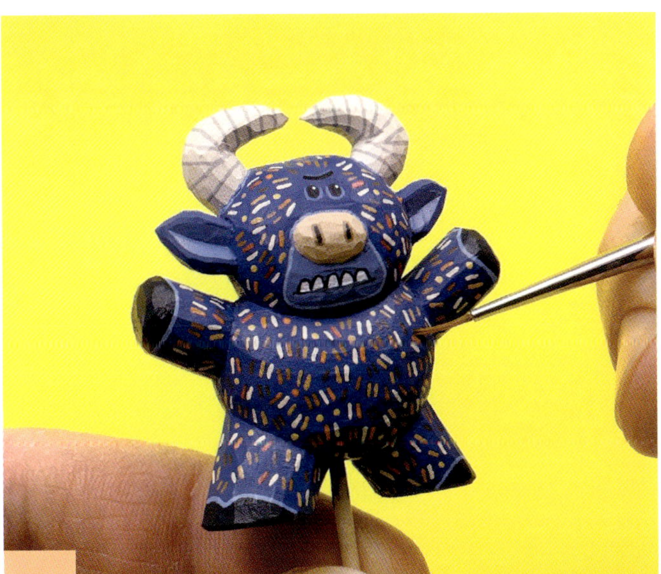

14 **Felltextur gestalten.** Mischen Sie Rot, Blau, Gelb und Weiß, um einen Braunton zu erhalten, mit dem Sie auf dem ganzen Körper verteilt zufällig angeordnete kleine Striche malen. Mehr Weiß für einen Beigeton hinzufügen und die Figur mit weiteren Strichen versehen. Geben Sie noch mehr Weiß dazu, um einen Cremeton zu erhalten, und wiederholen Sie den Vorgang. Mischen Sie Gelb dazu, um einen Goldton zu erzeugen, und malen Sie goldene Punkte zwischen die Striche. Versehen Sie die Mischung mit Rot, um einen Orangeton zu erhalten, und machen Sie noch ein paar Punkte. Der Effekt sollte chaotisch wirken, wie herabfallendes Konfetti oder eine Farbexplosion.

Muster

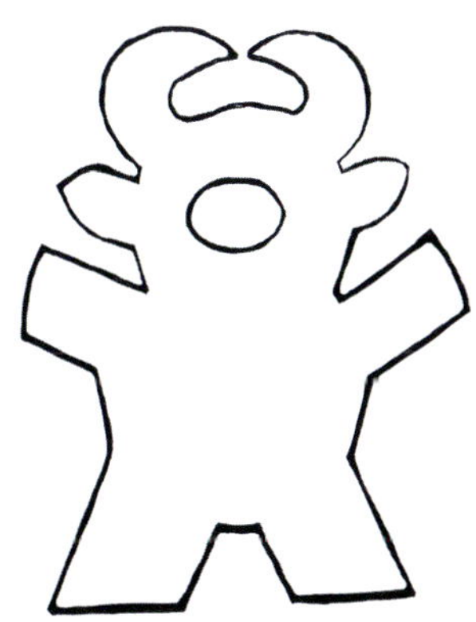

Natur: Meeresschildkröte

Mit Meeresschildkröten zu schnorcheln ist wie eine Zeitreise; diese uralten Kreaturen gleiten auf ihren Flossen durch das Wasser – und das bereits seit der Zeit, in der die Blumen das erste Mal erblühten. Inmitten von Korallen und vor Leben wimmelndem Seetang regt die Welt unsere Sinne an und zwingt uns schier dazu, dieses Spektakel zu betrachten. Je genauer wir uns die Natur ansehen, umso mehr Schönheit enthüllt sie uns; die Ordnung, die Formen, die Details, die Farben, die Wesen, die Jahreszeiten. Die Natur ist eine sich auf ewig erneuernde Schöpfung, und ohne sie könnten wir nicht existieren. Die Geschichte, die davon erzählt, wie die Erde auf dem Rücken einer riesigen Meeresschildkröte liegt, dass wir alle in demselben Boot sitzen, drückt diese Empfindung auf einfachstmögliche Weise aus. Diese Schnitzarbeit ist eine Hommage an die Natur, die Quelle der Substanz und des Gegenstands meiner Arbeit. Sie wird weitestgehend naturgetreu gestaltet, ein Spiegelbild der Feinheiten der Natur, entworfen, um dem Auge zu gefallen. Wie bei all meinen Werken habe ich mich ein wenig der künstlerischen Freiheit bedient, indem ich die Gesichtszüge übertrieben dargestellt habe, was der Figur ein etwas karikatureskes Aussehen verleiht.

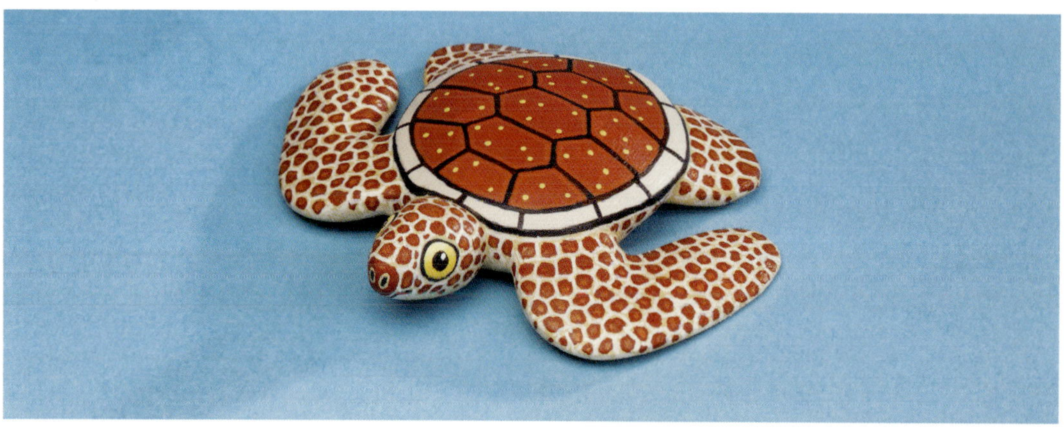

Material & Werkzeug

- Holz: 10 x 57 x 41 mm; Maserungsrichtung vom Kopf zum Schwanz (der Länge nach)
- 1 Zahnstocher
- Schnitzmesser
- Handschutz
- Stielkloben mit Bohrer (1,6 mm)
- Schleifpapier: Körnung 200–400 und Körnung 600–800
- Farbpinsel: Rundpinsel Nr. 1 oder größer, Linierer Nr. 10/0 oder kleinerer Detailpinsel
- Farben: Rot, Blau, Gelb, Weiß und Schwarz zum Mischen von Orange- und Cremeweißtönen

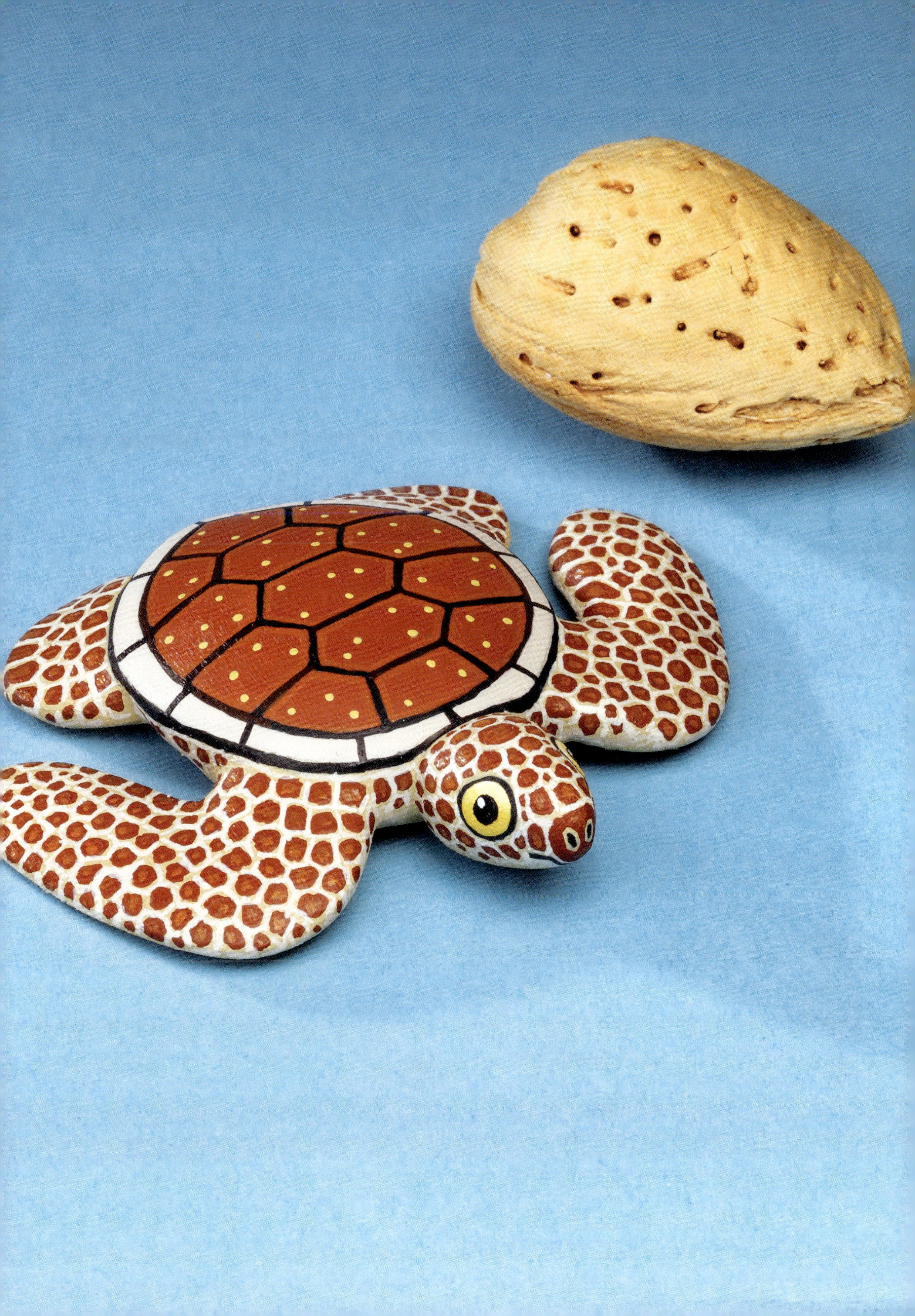

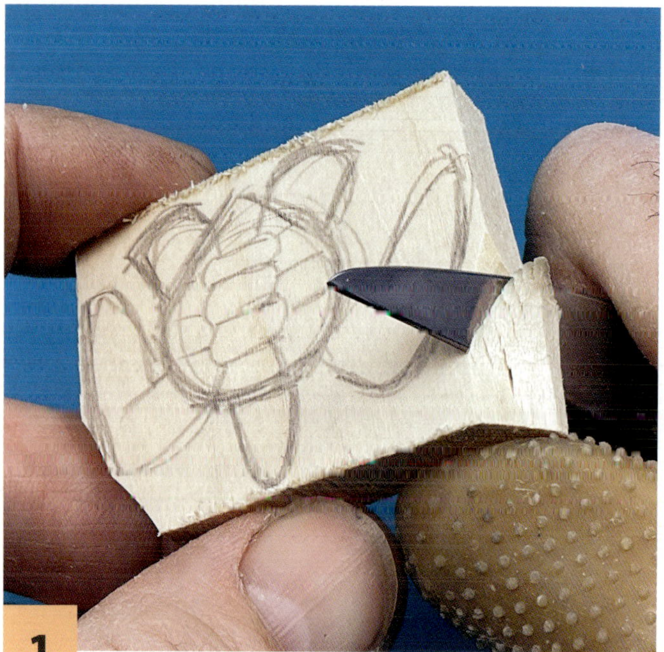

1

Grob bearbeiten. Übertragen Sie das Muster auf beide Seiten des Holzes. Runden Sie die vier Ecken mit Schäl- oder Schiebeschnitten ab. Schnitzen Sie nicht ganz bis zur Hilfslinie – lassen Sie noch ein wenig Material zum Entfernen für später stehen. Arbeiten Sie mit Schäl- oder Schiebeschnitten, um die Flossen dünner zu gestalten, an den Rändern etwa auf die Hälfte der ursprünglichen Dicke.

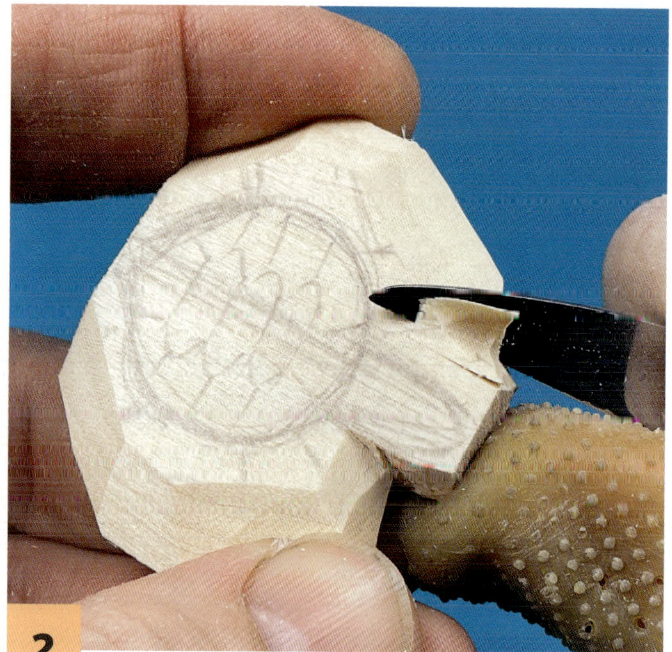

2

Den Kopf schnitzen. Entfernen Sie das Material zwischen dem Kopf und den beiden Vorderflossen mit Stoppschnitten. Setzen Sie den ersten Messerstrich parallel zur Seite des Kopfs an und lassen Sie diesen Schnitt auf einen diagonalen Messerstrich aus Richtung Flosse treffen. Vertiefen Sie die Kerbe, bis sie die Vorderseite des Schildkrötenpanzers erreicht.

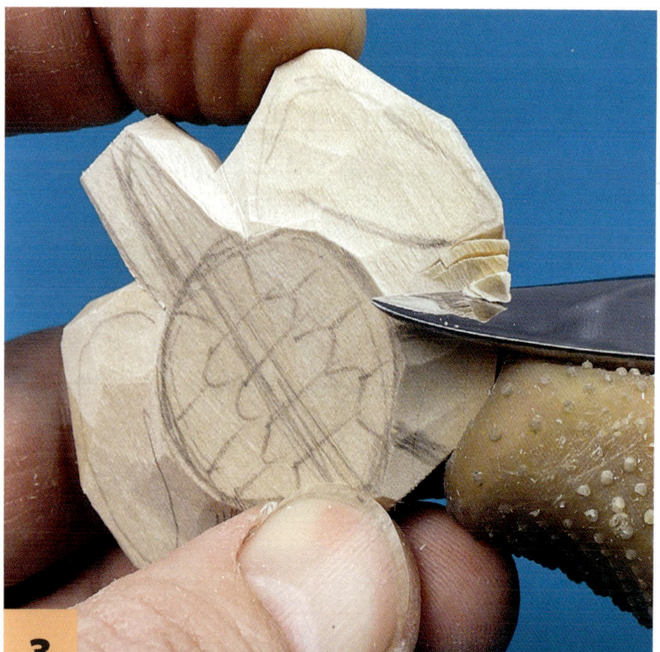

3

Die Flossen trennen. Trennen Sie mit Stoppschnitten die Vorder- von den Hinterflossen. Machen Sie die ersten Messerstriche an der Spitze der Vorderflosse und passen Sie an diese an die Messerstriche an, die an der Vorderseite der Hinterflosse beginnen, um den Span abzutragen. Vertiefen Sie die Kerbe nach vorn, um das Material zwischen Vorderflosse und Panzer mit einer Reihe an V-Schnitten zu entfernen.

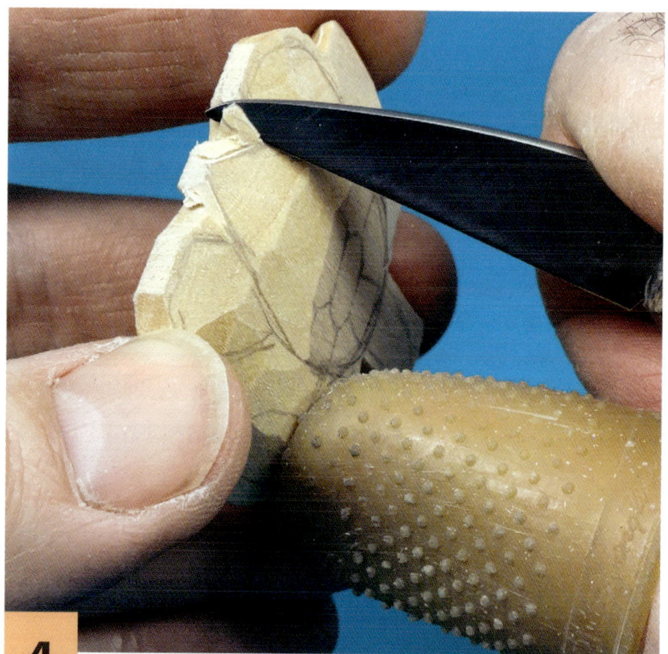

4

Die Hinterflossen ausarbeiten. Entfernen Sie mit Stoppschnitten das Material zwischen den Hinterflossen und dem Schwanzbereich des Panzers. Nehmen Sie die ersten Schnitte am Panzerrand vor und lassen Sie diese auf Messerstriche zwischen den Hinterflossen treffen, um das Holz zu entfernen. Vergrößern Sie die Vertiefung mit wiederholten V-Schnitten, bis sie den Panzer erreicht.

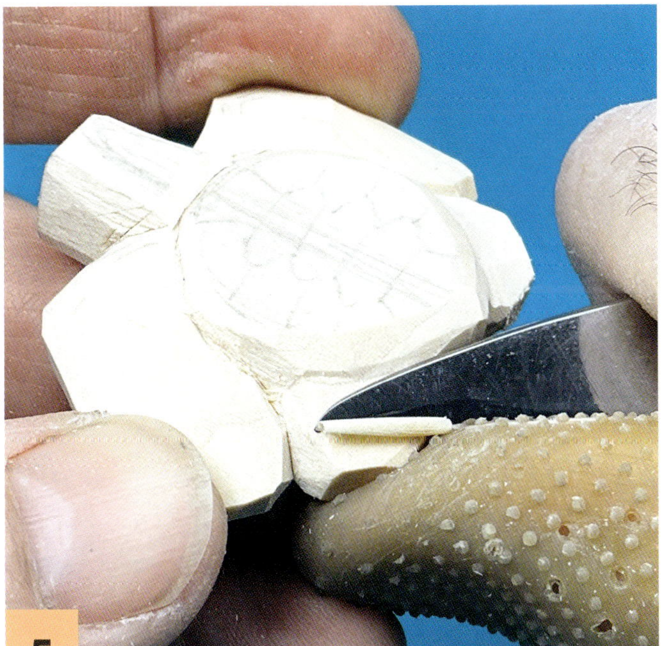

5 **Die Hinterflossen dünner schnitzen.** Schnitzen Sie die Hinterflossen mit Schäl- oder Schiebeschnitten derart dünner, dass sie an den Rändern abgeschrägt sind. Schneiden Sie sie auf etwa ein Viertel ihrer ursprünglichen Stärke zu. Zeichnen Sie die Hinterflossen erneut auf das Holz und formen Sie sie mit Schäl- oder Schiebeschnitten. Achten Sie auf die Maserungsrichtung, damit Sie nicht aus Versehen das Holz abschneiden und die Flosse kaputtmachen.

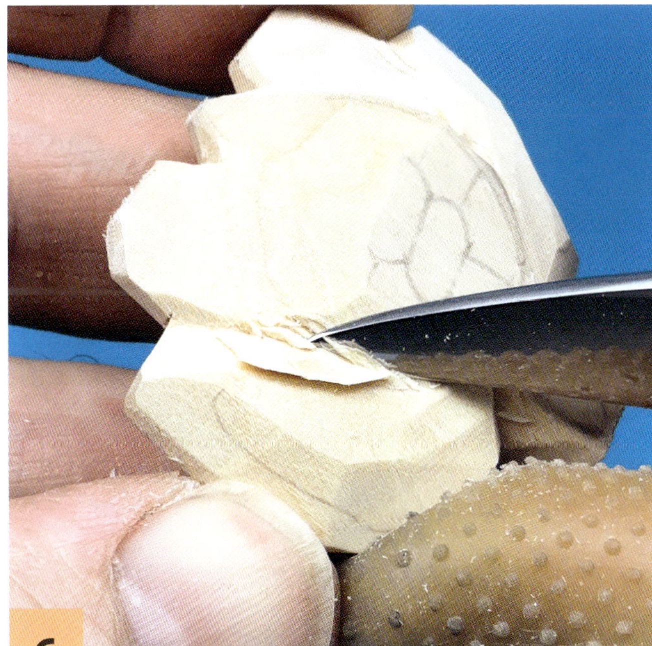

6 **Die Vorderflossen ausarbeiten.** Höhlen Sie die Vertiefung zwischen den Vorderflossen und dem Panzer mit V-Schnitten weiter aus. Führen Sie V-Schnitte sowohl an der Ober- als auch an der Unterseite der Figur aus; schnitzen Sie die Kerben weiter tiefer, bis sie aufeinandertreffen und eine Lücke entstanden ist. Zeichnen Sie die Vorderflossen erneut auf das Holz und arbeiten Sie ihre endgültige Form mit Schäl- oder Schiebeschnitten aus. Achten Sie auf die Maserungsrichtung; die Außenseite der Flosse sollte von hinten nach vorn geschnitzt werden, die Innenseite anders herum.

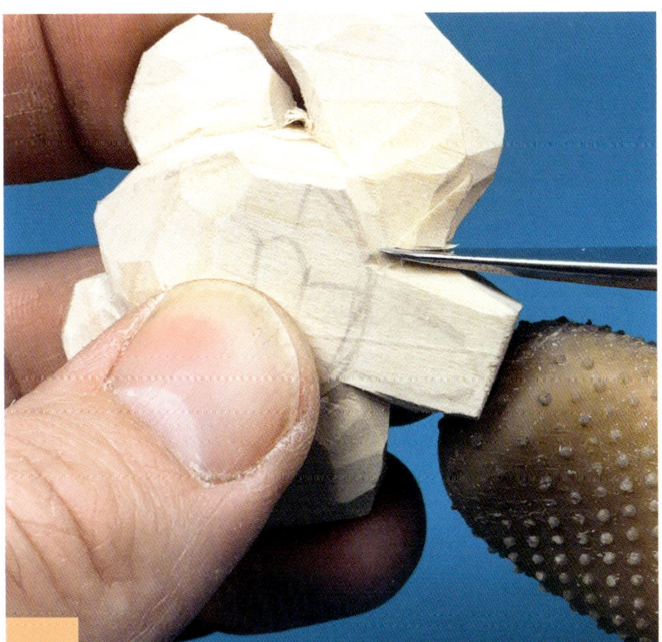

7 **Die Vorderseite der Figur fein ausarbeiten.** Schnitzen Sie den Kopf mit Stoppschnitten schmaler und erweitern Sie die Distanz zwischen Hals und Vorderflossenansatz. Beginnen Sie den ersten Messerstrich am Kopf und schneiden Sie in Richtung Panzer. Stimmen Sie Ihre Schnitte vom Flossenansatz in Richtung Hals darauf ab. Arbeiten Sie mit Schälschnitten, die am Halsansatz beginnen und in Richtung Flossen führen, um den Abstand zwischen diesen beiden Körperteilen zu vergrößern.

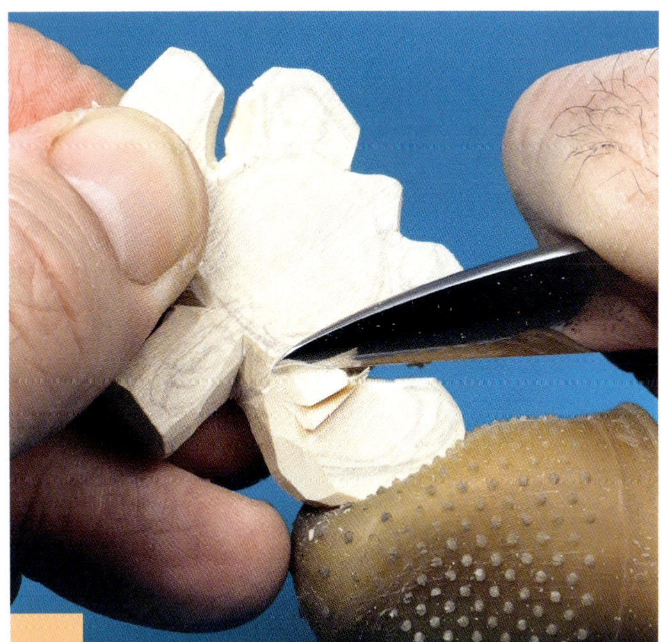

8 **Die Flossen ausarbeiten.** Arbeiten Sie an der Unterseite der Figur mit V-Schnitten, um Kerben am Ansatz aller Flossen zu schnitzen. Die ersten Schnitte verlaufen bündig mit dem gewölbten Bauch der Schildkröte. Auf diese werden Messerstriche abgestimmt, die über die Breite der Flosse schneiden, wo diese mit dem Körper verbunden ist. Achten Sie darauf, nicht zu tief zu schneiden – lassen Sie die Flossen am Ansatz dick genug (ca. 3,2 mm), um die Stabilität zu erhalten.

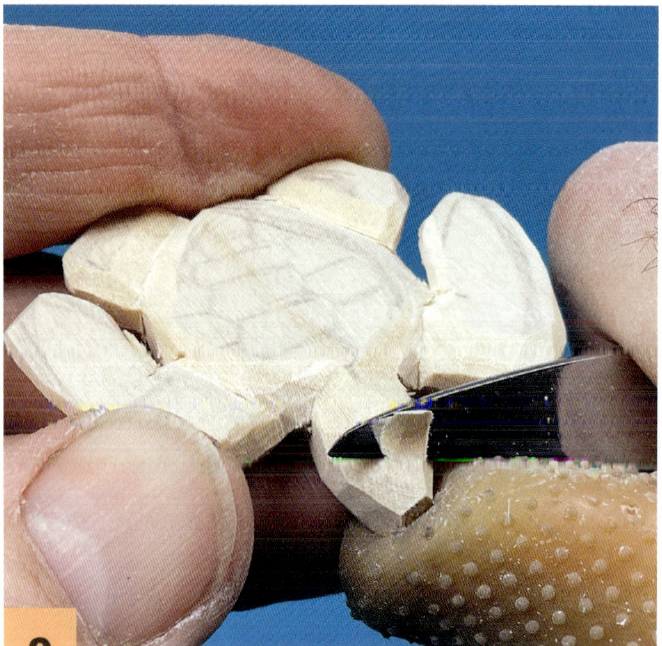

9 **Den Kopf ausarbeiten.** Schnitzen Sie den Hals mit Schäl- oder Schiebeschnitten schmaler, bis er seine endgültige Größe erreicht hat. Verjüngen Sie den Nasenbereich von unten her, damit der Kopf leicht nach oben zeigt. Zeichnen Sie Augen und Mund mit Bleistift vor und betrachten Sie den Kopf aus verschiedenen Winkeln. Korrigieren Sie Symmetrie und etwaige andere noch vorhandene Mängel.

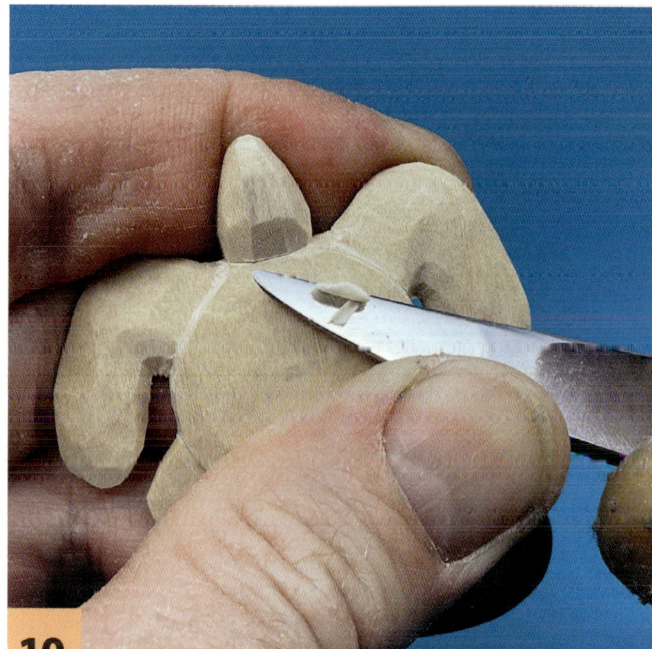

10 **Den Panzer schnitzen.** Glätten Sie unter besonderer Beachtung der Symmetrie die Wölbung des Panzers mit Schäl- oder Schiebeschnitten. Arbeiten Sie am Bauch mit Schäl- oder Schiebeschnitten, um den Unterteil der Figur an die Übergänge zu Flossen und Kopf anzugleichen. Zeichnen Sie den Panzer mit Bleistift auf das Holz, auch die Ränder für jede Schuppenplatte, um die Symmetrie zu kontrollieren. Kürzen Sie die Außenkante des Panzers mit Schälschnitten, um die Wölbung zu glätten.

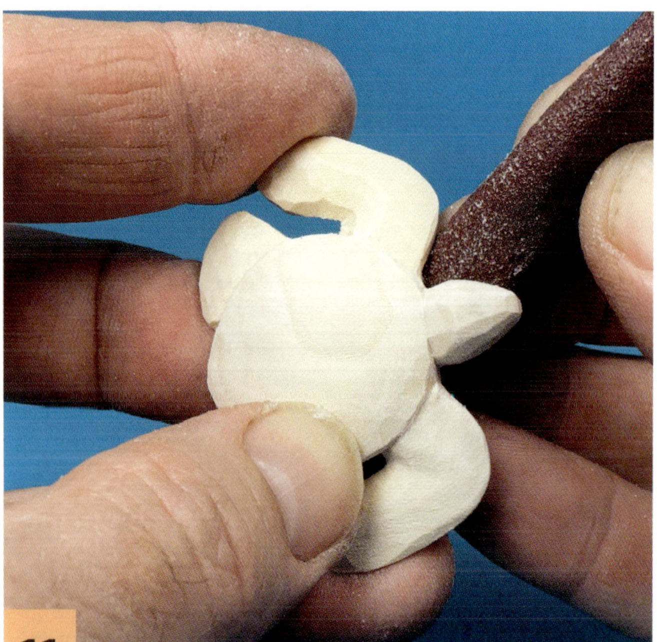

11 **Schleifen.** Die ganze Figur mit rauem Schleifpapier (Körnung 200–400) glatt schleifen; dabei darauf achten, nicht zu viel Material zu entfernen. Wirkt die Figur eben, zu feinerem Schleifpapier (Körnung 600–800) wechseln, damit sie noch glatter wird. Ich mag glatte Oberflächen für detailreiches Malen, was aber nicht wichtig ist. Sie können die Figur auch roh lassen und mehr Zeit mit der Bereinigung unordentlicher Stellen zubringen. Schließlich ein Loch (1,6 mm) unten in die Figur bohren und einen Zahnstocher zum Festhalten während des Bemalens hineinstecken.

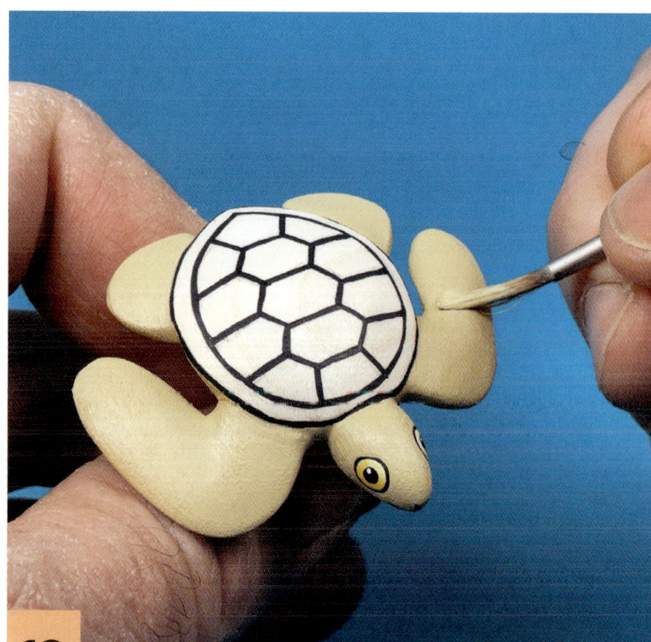

12 **Mit den Grundfarben bemalen.** Augen, Maul und Panzermuster auf das Holz malen. Gelb und Weiß zu Hellgelb mischen und zwei Schichten für die Augen auftragen. Während die Farbe noch feucht ist, mehr Weiß hineinmischen und oben an den Augen einen Übergang ausarbeiten. Maul, Pupillen, Konturen der Augen und Panzermuster in Schwarz zeichnen. Mit Weiß Lichtreflexionen in jede Pupille malen. Weiß mit Gelb und ein wenig Rot und Blau für einen hellen Goldton mischen, der in zwei Schichten auf den gesamten Körper außerhalb der schwarzen Linien aufgetragen wird.

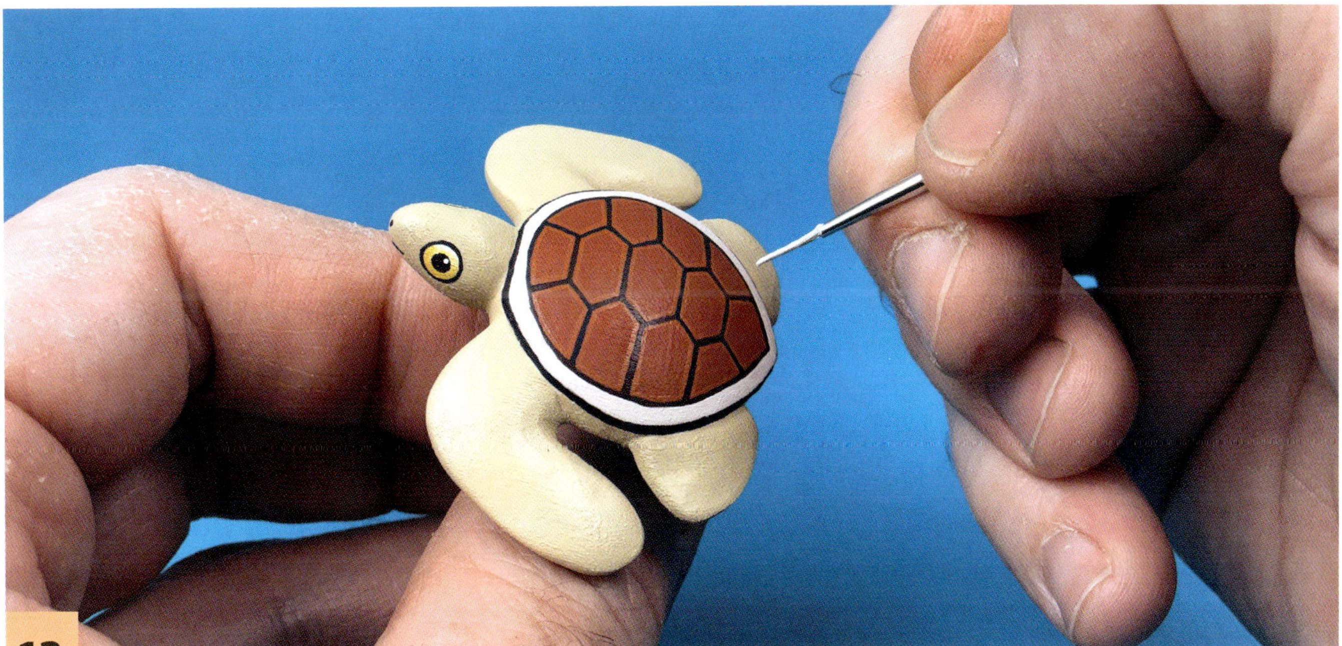

13 **Am Panzer arbeiten.** Mischen Sie Rot mit Gelb und ein wenig Blau und Weiß, um einen bräunlichen Rotton zu erzeugen. Tragen Sie zwei Schichten dieser Farbe auf die Panzerplatten auf. Mischen Sie Gelb dazu und ziehen Sie die Konturen der Platten mit dieser Farbe nach. Ziehen Sie die schwarzen Linien des Panzers mit schwarzer Farbe nach. Mischen Sie Weiß mit ein bisschen Schwarz und Gelb, um ein Cremeweiß zu erhalten, das Sie in den Ring um den Panzer malen.

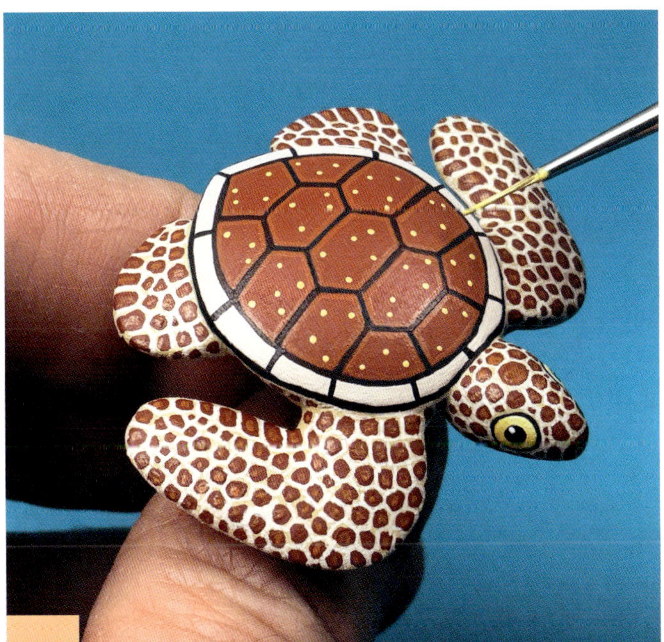

14 **Textur hinzufügen.** Mischen Sie Rot und Gelb sowie kleine Mengen Blau, Schwarz und Weiß, um ein Dunkelorange zu erhalten, dann malen Sie unregelmäßige runde Punkte auf Kopf, Flossen und entlang der Körperseiten. Achten Sie insbesondere auf die größeren Punkte auf Kopf und Flossen. Mischen Sie das Dunkelorange mit Gelb; malen Sie kleinere Punkte in die Mitte der ersten Punkte. Mischen Sie Weiß mit ein bisschen Schwarz und Gelb für ein Cremeweiß, um damit ein Netz aus ungeraden Linien zwischen all die Punkte zu malen.

Muster

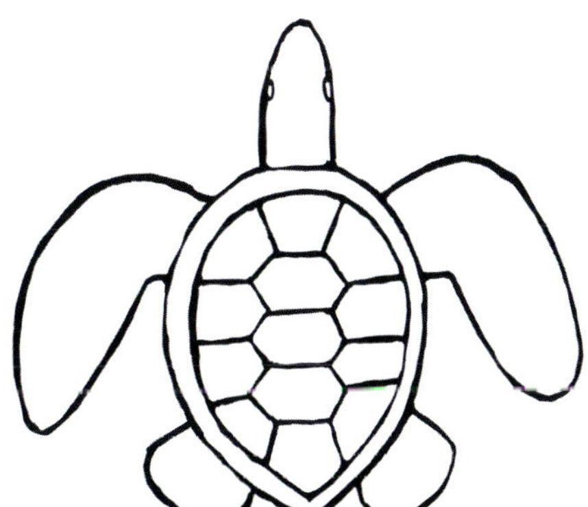

Skulptur: Kiwi

Manchmal sage ich von mir, ich sei Schnitzer, da das meine Arbeitsweise akkurat beschreibt und sich volkstümlich und leicht zugänglich anfühlt. Dabei sind meine Arbeiten auch Skulpturen. „Skulptur": ein Wort, das die Ernsthaftigkeit der Arbeit ausstrahlt, die in das Design eines jeden Werks fließt und es zur „Kunst" erhebt. Nachdem „Kunst" jede qualifizierte Tat beschreiben kann, ist „Skulptur" der sinnvollere Begriff. Die Skulptur ist kein homogenes Betätigungsfeld; sie beinhaltet alles von Totempfählen bis zu Michelangelo. Meine Schnitzarbeiten sind oft figürlicher als im eigentlichen Sinne zu verstehen – ich versuche, die Dinge nicht exakt so zu schnitzen, wie sie sind, sondern mich ihnen eng anzunähern, zu erfassen, worin die Essenz der Kreatur liegt. Manchmal spricht mich ein Thema an. Wie etwa dieser Kiwi, ein flugunfähiger Vogel ohne die Möglichkeit, sich in die Lüfte zu schwingen, hinterfragt, welche Freiheiten für Bequemlichkeit geopfert werden. Der runde Kopf und Körper des Designs und der gerade Schnabel und die Beine spielen sich gegeneinander aus; die Komposition bricht mit dem Realismus, um eine abstrakte Perspektive auf den Vogel in der Hand zu bieten.

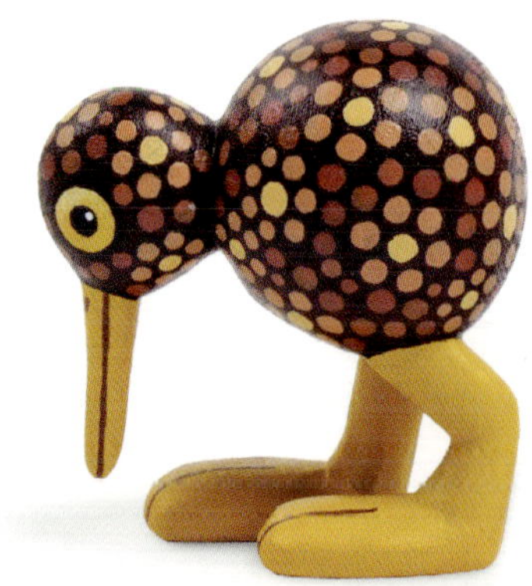

Material & Werkzeug

- Holz: 19 x 30 x 38 mm; Maserung in Richtung der längsten Abmessung
- 1 Zahnstocher
- Schnitzmesser
- Handschutz
- Stielkloben mit Bohrer (1,6 mm)
- Schleifpapier: Körnung 200–400 und Körnung 600–800
- Farbpinsel: Rundpinsel Nr. 1 oder größer, Linierer Nr. 10/0 oder kleinerer Detailpinsel
- Farben: Rot, Blau, Gelb, Weiß und Schwarz, um Braun- und Goldtöne zu mischen

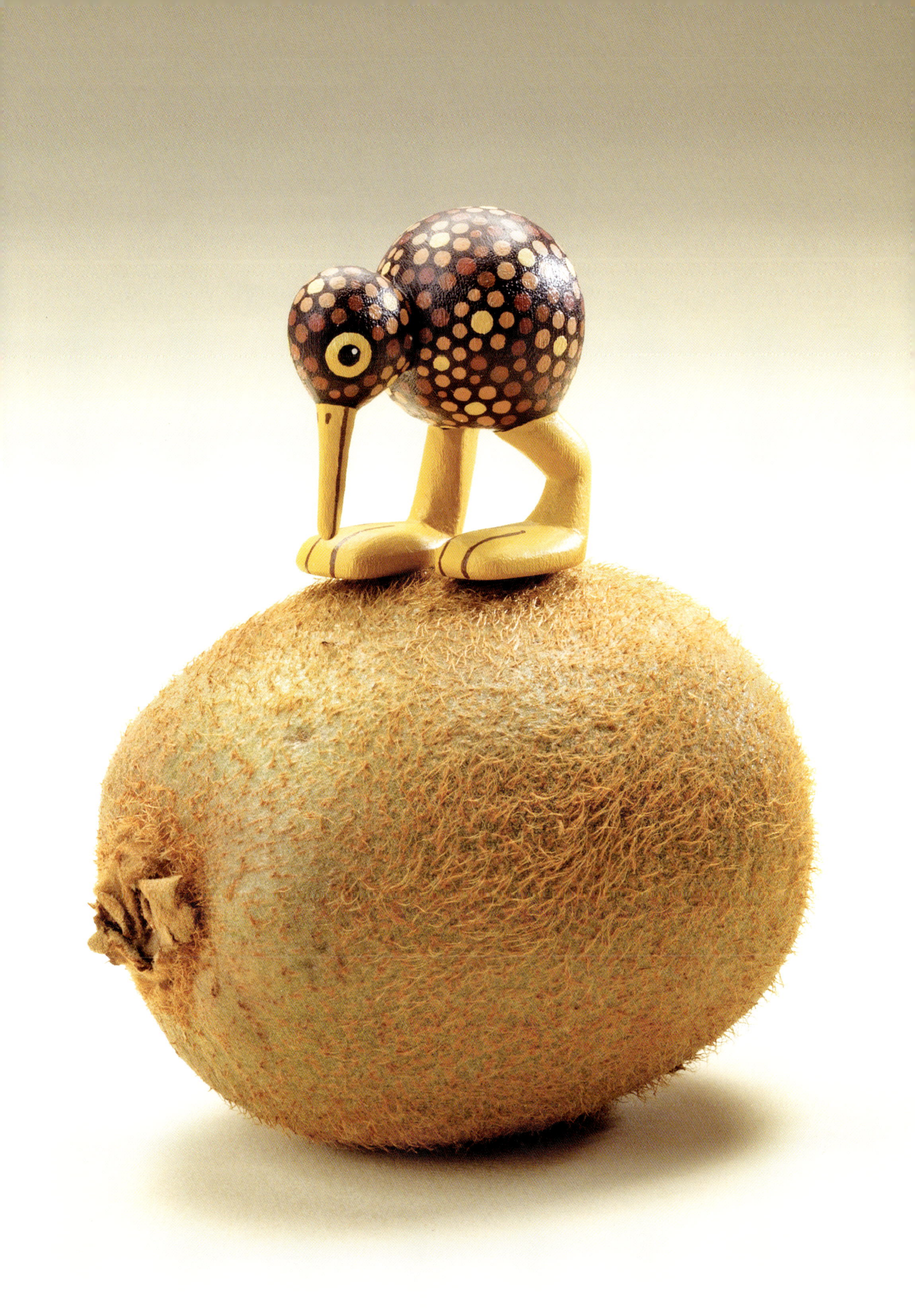

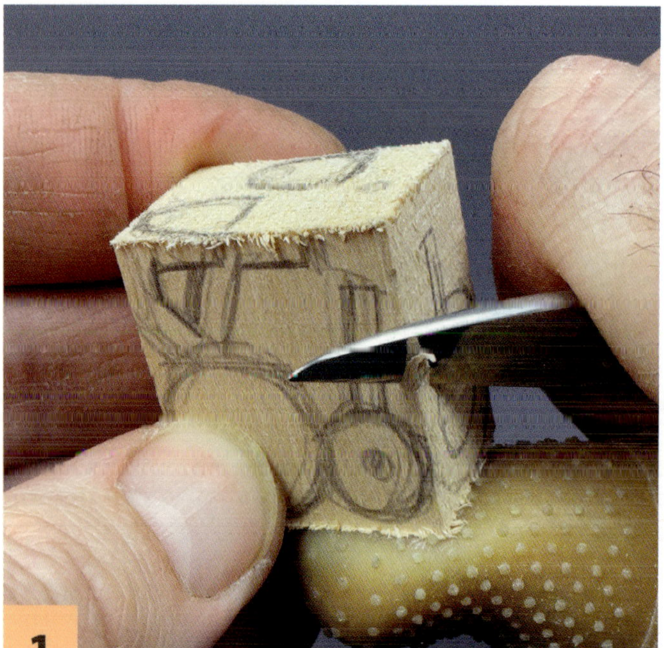

1 **Grob bearbeiten.** Übertragen Sie das Bild auf das Holz. Runden Sie alle vier Ecken oben und an den Seiten mit Schäl- und Schiebeschnitten ab. Zeichnen Sie oben zwei Kreise für Kopf und Körper auf und zwei Fußabdrücke auf die Unterseite, um zu bestimmen, wie viel Material Sie sicher entfernen können.

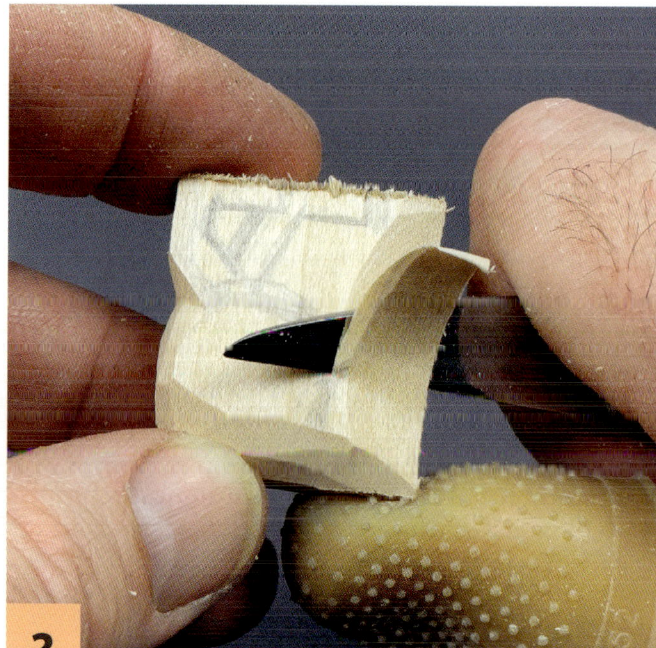

2 **Kopf und Schnabel schmaler schnitzen.** Schnitzen Sie Schäl- oder Schiebeschnitte. Zeichnen Sie den Kreis für den Kopf erneut oben auf das Holz und nutzen Sie ihn als Orientierungshilfe. Prüfen Sie, ob Sie die Fußabdrücke unten auf das Holz gezeichnet haben – nutzen Sie diese Markierungen, um sicherzugehen, dass Sie nicht einen Zeh oder den vorn stehenden Fuß abschneiden.

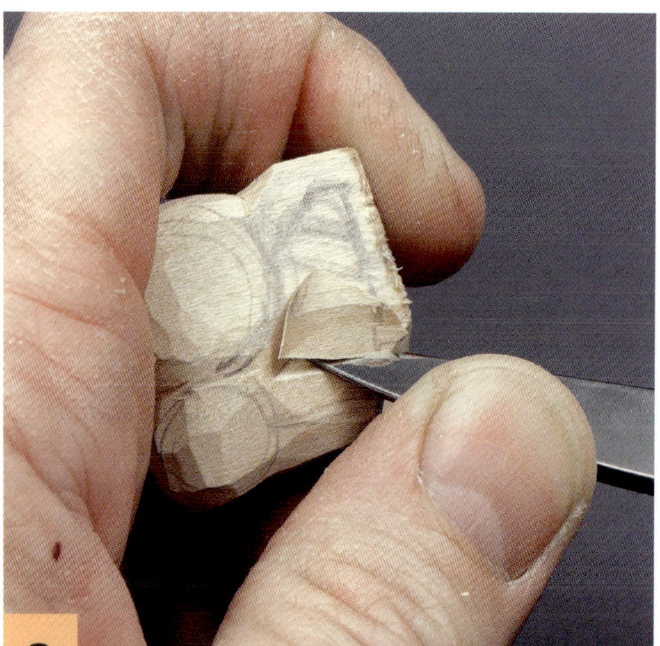

3 **Material zwischen Schnabel und Beinen entfernen.** Nutzen Sie Dreischnittkombinationen mit Schnitten entlang der Bauch- und Beinvorderseiten sowie der Schnabelrückseite. Die Reihenfolge, in der Sie diese Schnitte ausführen, ist nicht von Belang, achten Sie jedoch auf die Maserung des Holzes und lassen Sie an allen Seiten ein bisschen überschüssiges Material stehen, das Sie später entfernen können.

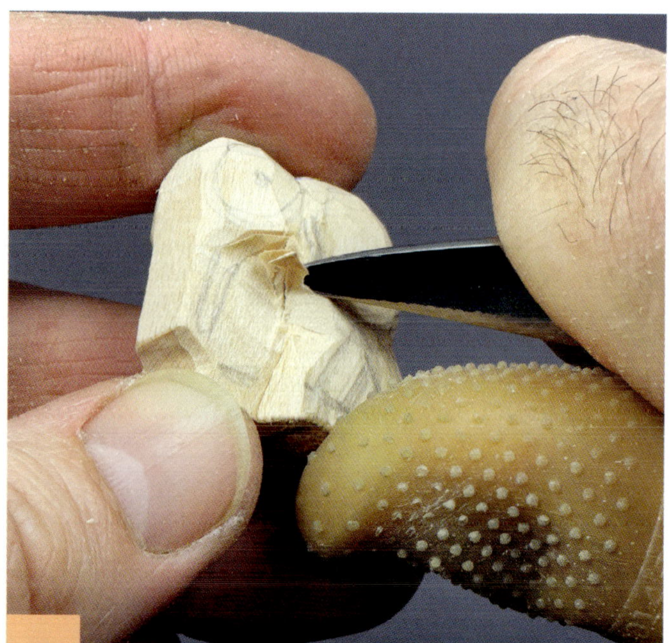

4 **Zwischen Schnabel und Beinen weiterarbeiten.** Höhlen Sie die gleiche Stelle mit Kombinationsschnitten vollständig aus. Nutzen Sie Drei- und Vierschnittkombinationen mit Schnitten auf der Vorderseite von Bauch und Beinen, der Rückseite des Schnabels und an der Oberseite der Füße. Zeichnen Sie die Figur von der Seite wieder auf, um im Auge zu behalten, wie viel Holz Sie entfernen müssen. Passen Sie beim Schnitzen quer zur Maserung an den Füßen auf; schrägen Sie Ihre Schnitte leicht ab, um weniger Druck auf den Fuß auszuüben.

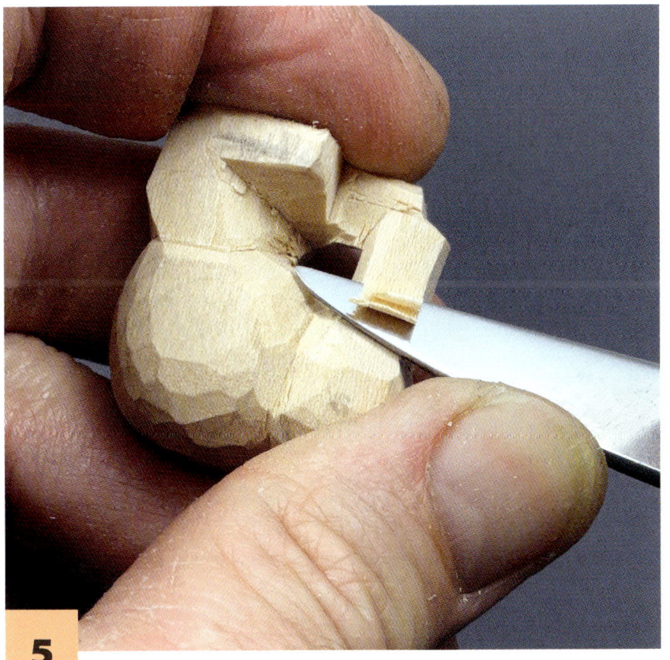

5 **Den Schnabel schmaler schnitzen.** Beginnen Sie mit Schiebe- oder Schälschnitten. Schnitzen Sie Stoppschnitte, wo Schnabel und Fuß fast aufeinandertreffen: Der erste Messerstrich wird bündig mit der Fußoberseite ausgeführt, darauf folgt ein passender, vom Kopf ausgehender Schnitt nach unten, die Länge des Schnabels entlang. Lassen Sie den Schnabel noch mit dem Fuß verbunden und arbeiten Sie mit kontrollierten Schnitten, um nicht durch den Fuß zu schneiden.

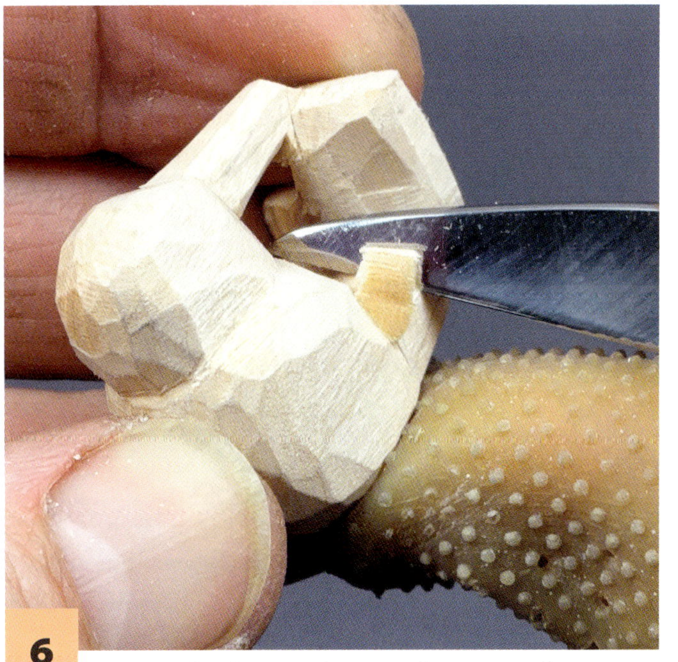

6 **Beine und Füße ausarbeiten.** Schnitzen Sie die Beine mit Stopp-, Schiebe- und Schälschnitten schmaler und arbeiten Sie die Ränder zwischen Körper, Beinen und Füßen aus. Am Kreuzungspunkt von Körper und Beinen Stoppschnitte nutzen: Der erste Schnitt verläuft entlang der Körperrundung, der zweite trifft von den Beinen aus auf den ersten. Auch an den Füßen Stoppschnitte schnitzen: Die ersten Schnitte werden bündig mit der Fußoberseite geführt, die darauffolgenden entlang der Beine.

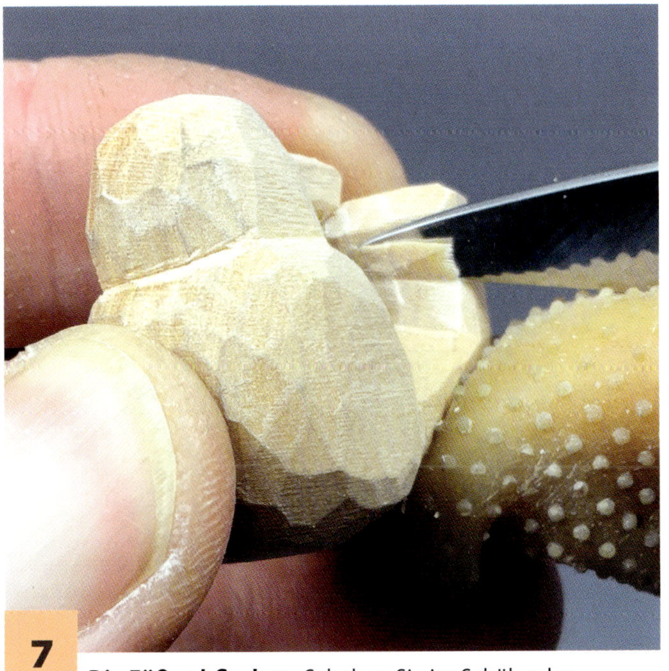

7 **Die Füße abflachen.** Schaben Sie im Schäl- oder Schiebeschnitt eine Schicht Holz von den Füßen ab. Beginnen Sie die Schnitte vorn und an den Seiten des Fußes und schieben oder ziehen Sie das Messer behutsam in Richtung Bein. Sie schneiden quer zur Maserung über ein dünnes Stück Holz, also versuchen Sie, nicht zu viel Druck auf die Füße auszuüben, indem Sie je Schnitt nur kleine Späne abtragen. Definieren Sie die Außenseite des Fußabdrucks mit Schälschnitten.

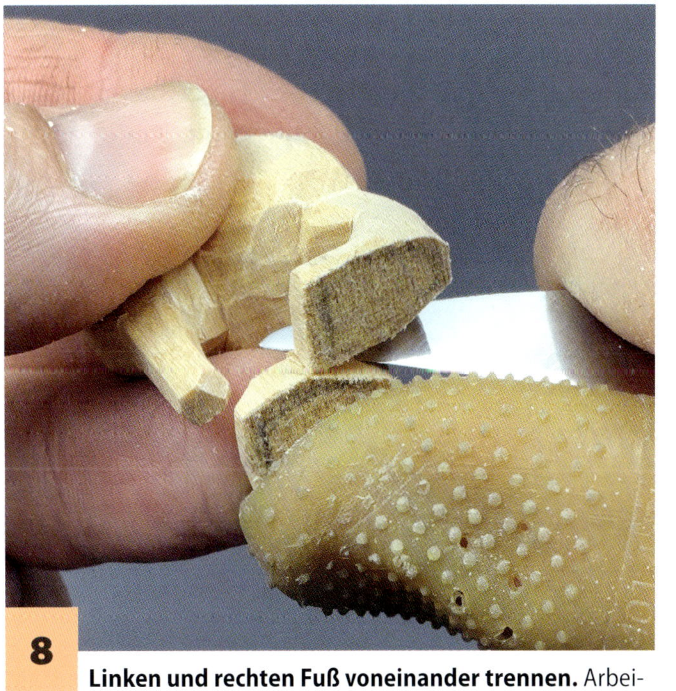

8 **Linken und rechten Fuß voneinander trennen.** Arbeiten Sie mit Stoppschnitten, um den Bereich zwischen den Beinen von hinten auszuhöhlen. Führen Sie die ersten Messerstriche bündig mit der Bauchwölbung aus und gleichen Sie an diese die Schnitte von den Beinen zum Bauch an. Tragen Sie die Späne zwischen den Füßen mit Schälschnitten ab. Haben Sie die Trennung vollzogen, runden Sie die Kanten der Füße ab.

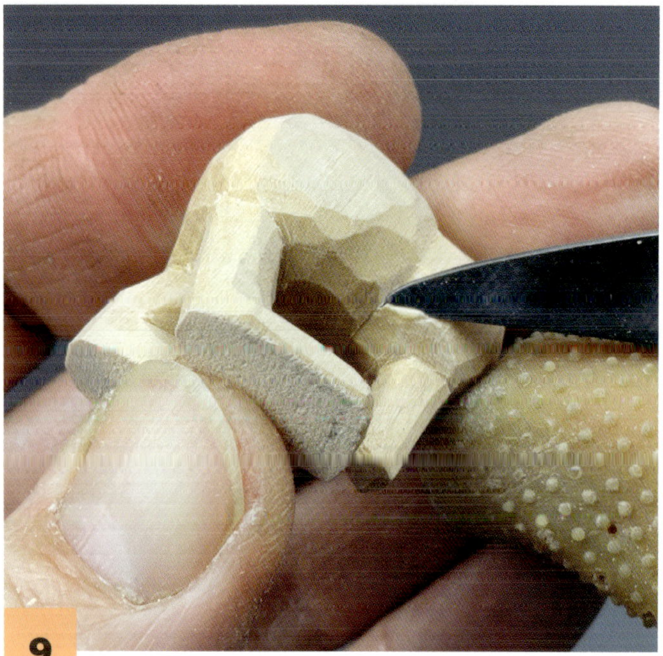

9 **Den Kopf ausarbeiten.** Schnitzen Sie mit V-Schnitten den Übergang vom Kopf zum Körper. Glätten Sie diesen mit Schäl- oder Schiebeschnitte und arbeiten Sie die Rundungen am Kopf aus. Betrachten Sie ihn aus allen Winkeln und kontrollieren Sie die Symmetrie. Versäubern Sie etwaige unordentliche Stellen, glätten Sie scharfe Kanten und runden Sie den Kopf ab. Schließlich arbeiten Sie den Schnabel und seinen Übergang in den Kopf mit Stopp- und Schälschnitten aus.

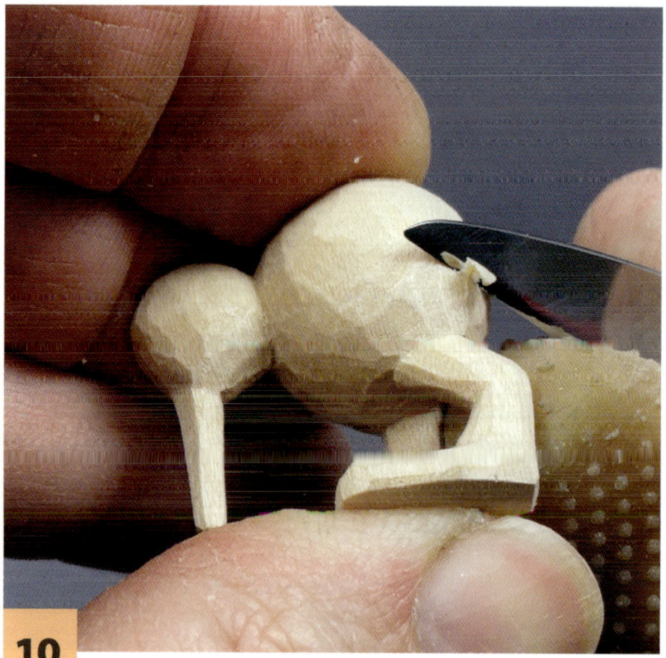

10 **Körper und Beine ausarbeiten.** Begutachten Sie die gesamte Figur auf asymmetrische, scharfe oder unförmige Stellen. Glätten Sie die Rundungen mit Schiebe- oder Schälschnitten und sorgen Sie für ein rundliches Erscheinungsbild. Bereinigen Sie den Kreuzungspunkt an den Beinen mit Schäl- oder Schiebeschnitten. Vergewissern Sie sich, dass beide Beine und Füße ungefähr die gleiche Größe haben und dass die ganze Figur wohlproportioniert aussieht.

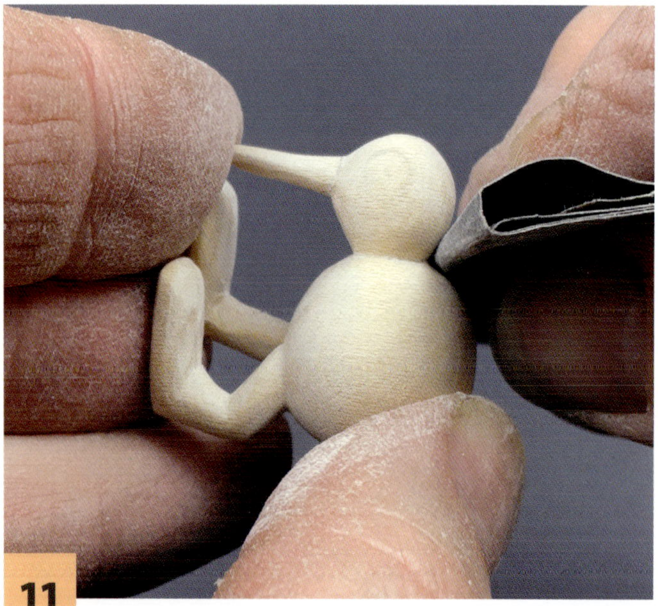

11 **Schleifen.** Schleifen Sie die Figur mit rauem Schleifpapier (Körnung 200–400) behutsam ab und schenken Sie den Rundungen an Kopf und Körper besondere Aufmerksamkeit. Achten Sie darauf, an zerbrechlichen Teilen, etwa den Füßen, nicht zu viel Druck auszuüben. Wechseln Sie auf feineres Schleifpapier (Körnung 600–800), um ein noch glatteres Erscheinungsbild zu erarbeiten. Stellen Sie die Figur zum Schleifen der Fußoberseiten auf einen Tisch, um zu verhindern, dass sie bricht. Schließlich bohren Sie ein 1,6 mm großes Loch unten in die Figur und stecken einen Zahnstocher zum Halten während des Bemalens hinein.

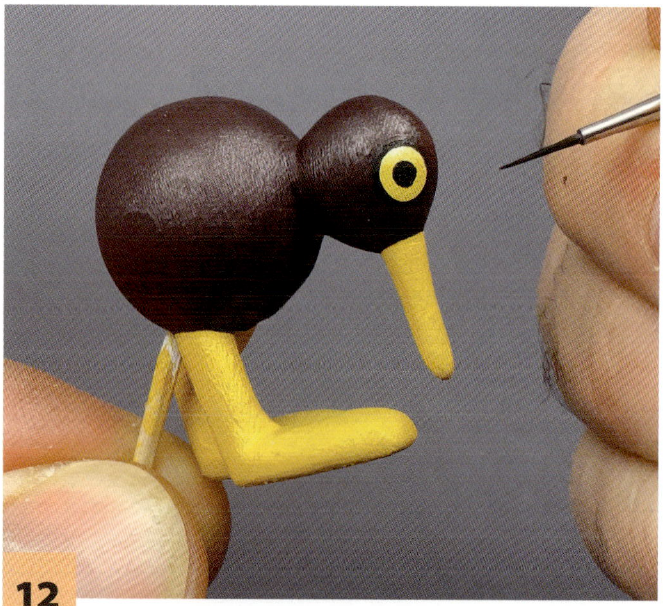

12 **In den Grundfarben bemalen.** Mischen Sie aus Gelb mit einem Hauch Rot, Blau und Weiß einen Goldton für Beine, Füße und Schnabel. Zeichnen Sie die Augen auf das Holz. Mischen Sie Gelb und ein bisschen weiße Farbe für ein Hellgelb; tragen Sie diese Farbe auf das Auge auf. Hellen Sie das Gelb weiter auf, malen Sie es oben auf das Auge und arbeiten Sie einen Übergang aus. Verwenden Sie Schwarz für die Pupille und einen Kreis um das Auge herum. Mischen Sie Schwarz, Rot und Gelb zu einem Dunkelbraun und tragen Sie zwei Schichten auf den gesamten unbemalten Rest der Figur auf.

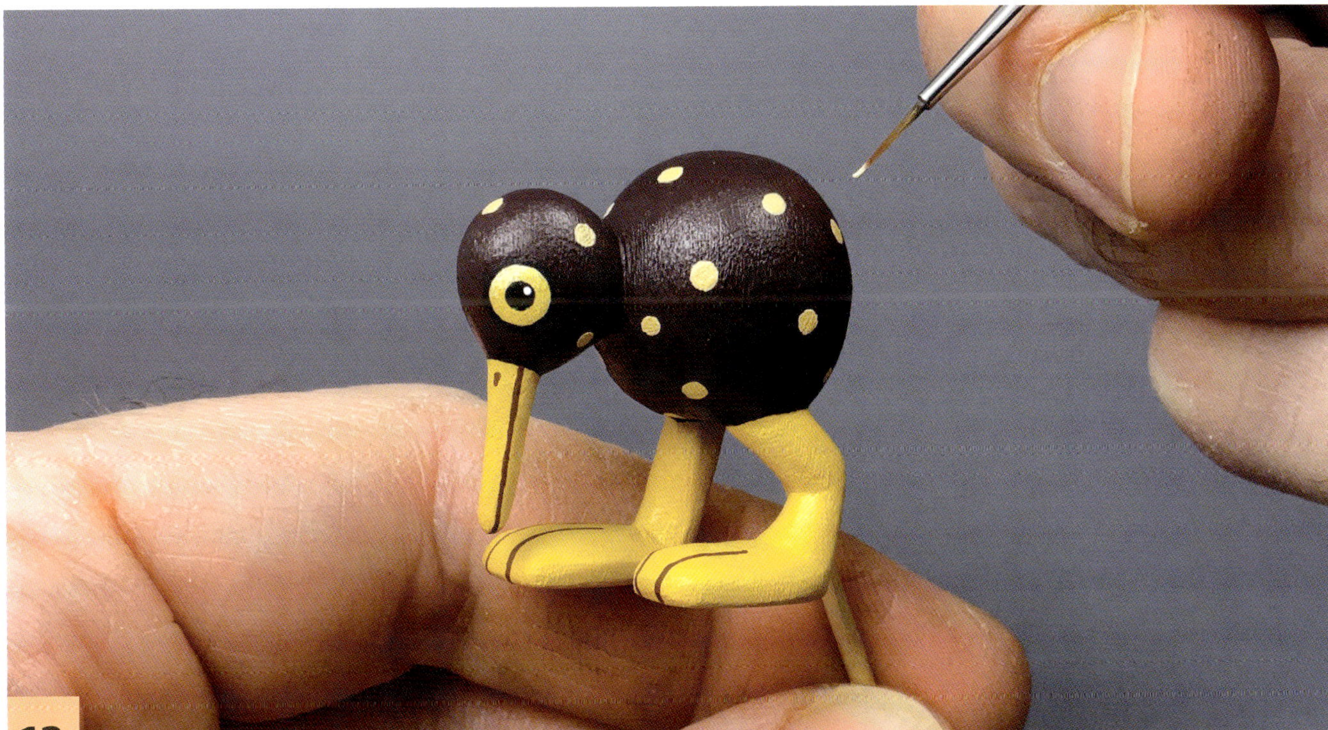

13 **Das Muster beginnen.** Mischen Sie Gelb mit Rot und Blau, um eine braune Farbe zu erhalten; malen Sie Details auf Füße, Beine und Schnabel. Mischen Sie Gelb und Weiß zu einem hellen Gelb und malen Sie zufällig angeordnete Punkte überall auf den braunen Farbbereich. Verwenden Sie Weiß für kleine Lichtreflexionspunkte in den Augen.

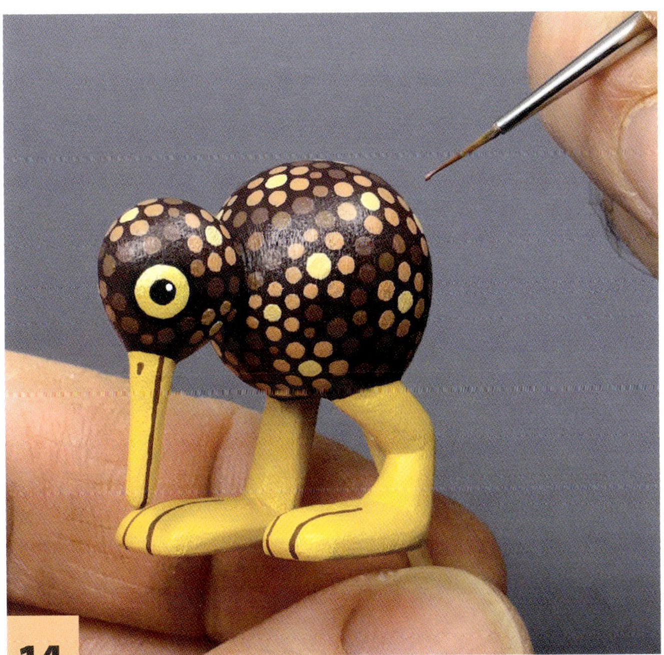

14 **Das Muster fertigstellen.** Mischen Sie Gelb, Weiß und Rot für ein helles Orange. Malen Sie Ringe aus orangefarbenen Punkten rund um jeden gelben Punkt aus dem vorigen Arbeitsschritt. Mischen Sie Rot, Gelb und Schwarz, um einen Dunkelrotton zu erhalten. Malen Sie rote Punkte neben die orangefarbigen Punkte. Nun Gelb und Weiß mit dem Dunkelrot für einen Braunton mischen. Fügen Sie den restlichen leeren Bereichen auf dem dunkelbraunen Untergrund hellere braune Punkte hinzu.

Muster

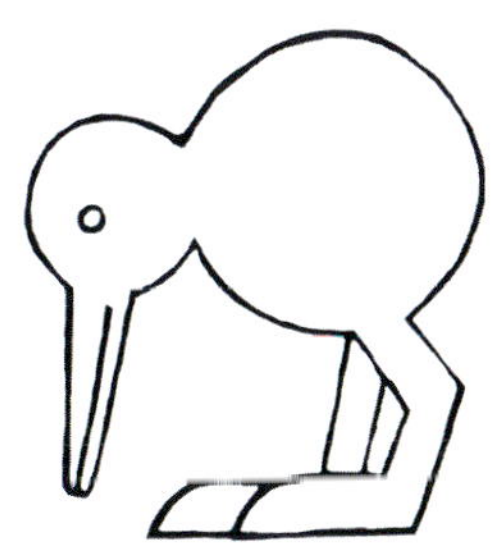

Figuren bemalen: Hahn

Das Bauernhofleben ist für den durchschnittlichen Hahn meist kurz und brutal. Aus etwa der Hälfte der Eier schlüpfen Hähne, aber man braucht nur einen Hahn für etwa ein Dutzend Hennen, also geht die Rechnung nicht zu ihren Gunsten auf. Was ihnen an Langlebigkeit fehlt, machen Sie jedoch mit ihrer Pracht wieder wett, mit Federn, die so feuerrot sind wie die eines Phönix. Wenn ich ein so detailreiches und farbenfrohes Tier bemale, vereinfache ich für gewöhnlich das Muster, halte die Farben jedoch so naturgetreu wie möglich. Ich fange mit dem Malen aller Grundfarben an. Wenn ich mit den Details beginne, achte ich genau auf den Effekt des Lichts auf dem Fell oder Federkleid des echten Tiers; das Schimmern und Schillern kann mit helleren Punkten nachgeahmt werden. Eine dichte Anordnung an Farbschattierungen kann abstrahiert werden, indem man ein paar prominente Farben für das Muster auswählt. Die Erweiterung des Wissens, die mit jedem neuen Projekt voranschreitet, entwickelt ein „Farbvokabular", das es einem erlaubt, sich immer erfolgreicher mittels Farben auszudrücken und die Realität in komprimierter Form auszudrücken.

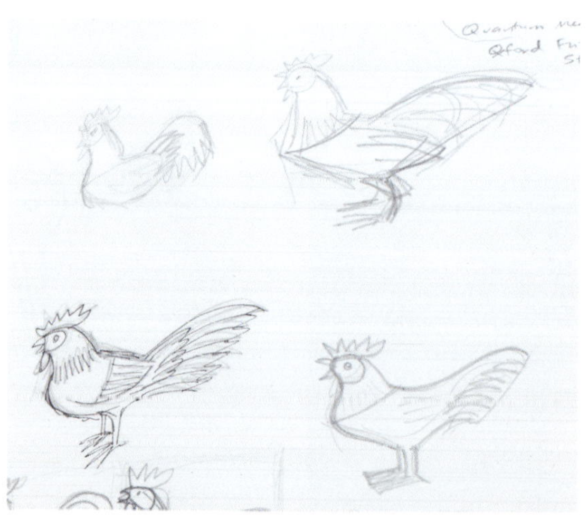

Material & Werkzeug

- Holz: 16 x 25 x 54 mm; Maserung in Richtung der längsten Abmessung
- einige Zahnstocher
- Dübel oder Zweig (16 mm oder mehr im Durchmesser, Zuschnitt etwa 4,8 mm lang)
- Schnitzmesser
- Handschutz
- Stielkloben mit Bohrer (1,6 mm)
- Schleifpapier: Körnung 200–400 und Körnung 600–800
- Farbpinsel: Rundpinsel Nr. 1 oder größer, Linierer Nr. 10/0 oder kleinerer Detailpinsel
- Farben: Rot, Blau, Gelb, Weiß und Schwarz zum Mischen einer großen Farbenvielfalt

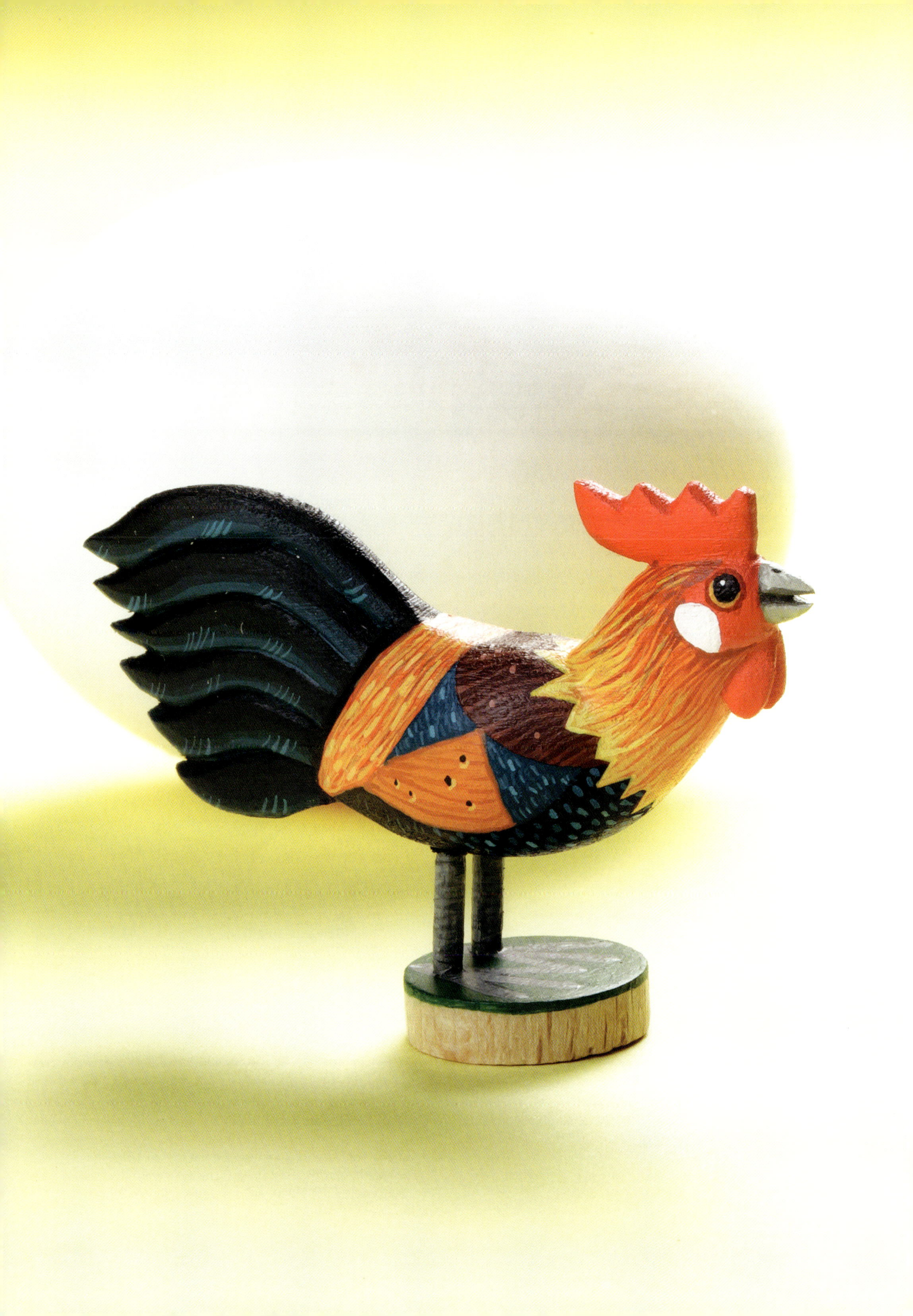

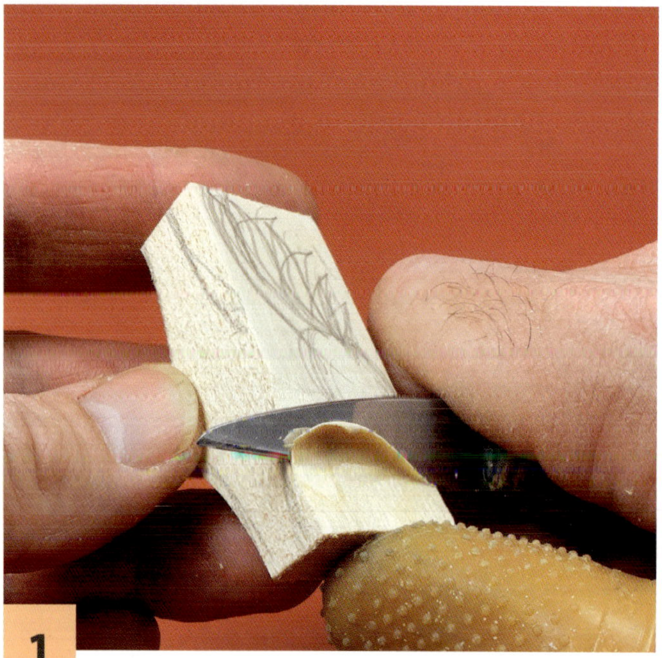

1 **Das Holz schmaler schnitzen.** Schnitzen Sie vor dem Aufzeichnen des Musters die Seiten an den Enden eines Holzstücks mit Schäl- oder Schiebeschnitten schmaler. Verschmälern Sie ein Ende und beginnen Sie etwa 13 mm vom Ende entfernt. Dies wird die Kopfseite. Für den Schwanz schnitzen Sie das Holz vom Ende ausgehend etwa 25 mm schmaler. Tragen Sie auf beiden Seiten gleich viel Holz ab, sodass das übrig bleibende Holz etwa 6,4 mm breit ist.

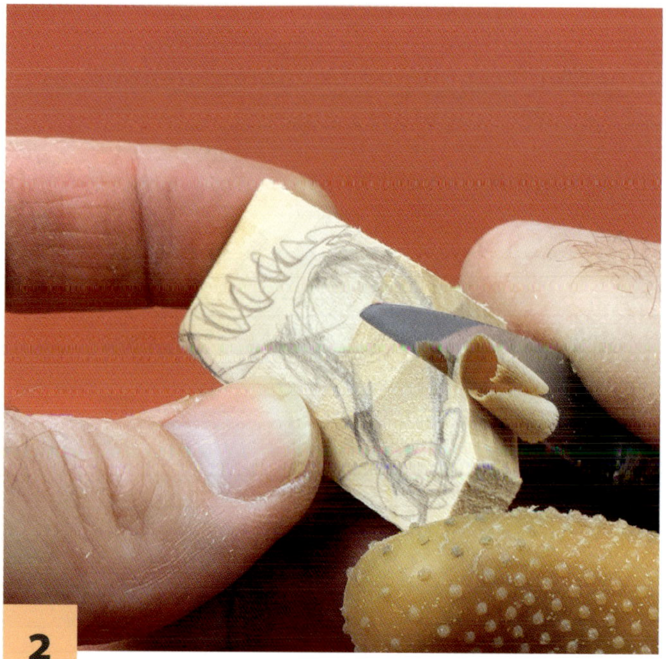

2 **Grob bearbeiten.** Übertragen Sie das Muster auf beide Seiten des Holzes. Entfernen Sie das Material unter dem Kopf vor dem Körper mit Schiebe- oder Schälschnitten. Passen Sie auf, dass Sie nichts entfernen, was Sie später für den Kehllappen, der unter dem Schnabel hängt, benötigen.

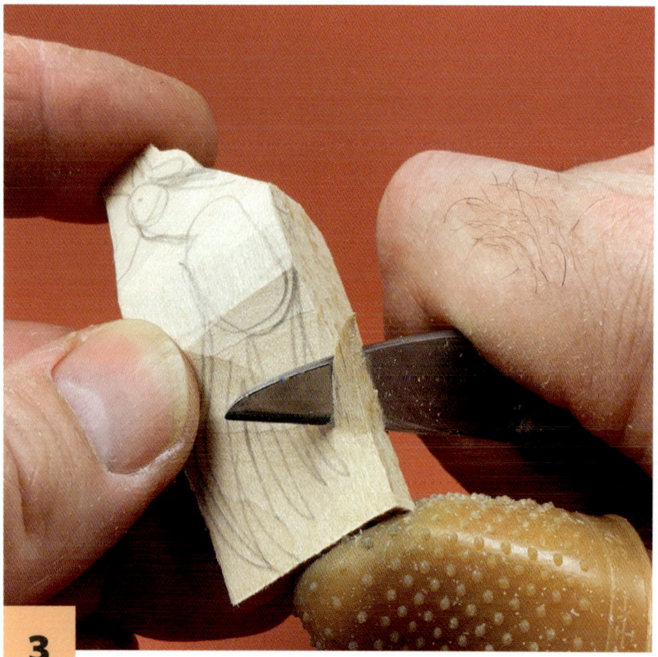

3 **Unter den Schwanzfedern freischnitzen.** Tragen Sie das Material unter und hinter den Schwanzfedern mit Schäl- oder Schiebeschnitten ab. Runden Sie die Kanten des Körpers ab und gleichen Sie sie an die Schnitte, die Sie für Kopf- und Schwanzbereich gemacht haben, an.

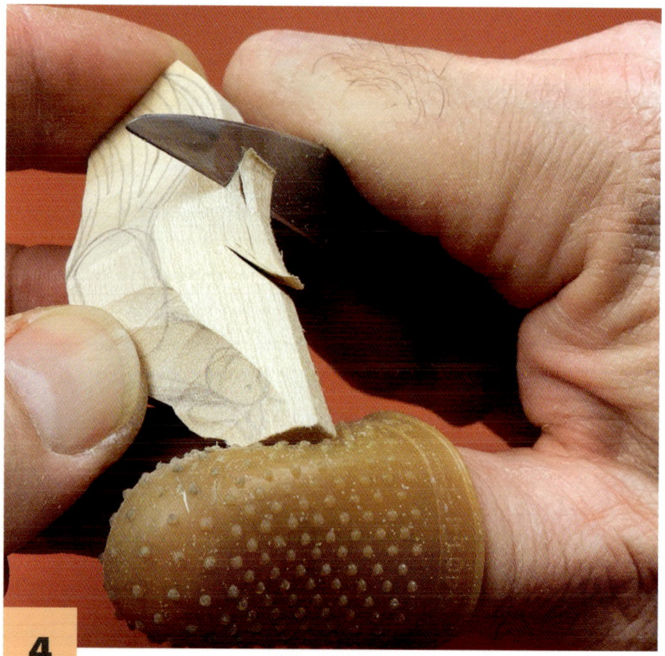

4 **An der Oberseite freischnitzen.** Tragen Sie mit V-Schnitten das Material zwischen Kopf und Schwanz über dem Rücken ab. Formen Sie den Bogen für die Schwanzfedern. Schnitzen Sie Stoppschnitte an der Kammspitze, um das Holz hinter dem Kopf zu entfernen. Beginnen Sie mit Messerstrichen an der Kammspitze, schneiden Sie in Richtung Körper und lassen Sie diese Schnitte auf Messerstriche treffen, die am Schwanzansatz beginnen.

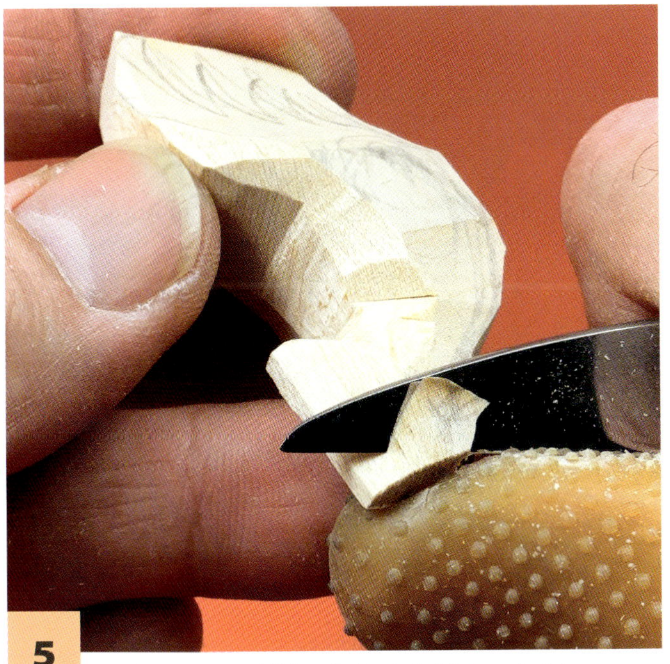

5 **Kopf, Kamm und Schnabel mit Schiebeschnitten schmaler schnitzen.** Verschmälern Sie den Schnabel, sodass er eine Spitze erhält, und die Oberseite des Kammes auf etwa 3,2 mm. Zeichnen Sie Kopf und Kamm erneut auf beide Seiten des Holzes und arbeiten Sie den Kamm mit Stoppschnitten aus. Beginnen Sie den ersten Schnitt oben auf dem Kamm und schneiden Sie vorsichtig nach unten in Richtung Kopf. Lassen Sie diesen Schnitt auf einen Schnitt treffen, der bündig mit der Kopfoberseite verläuft

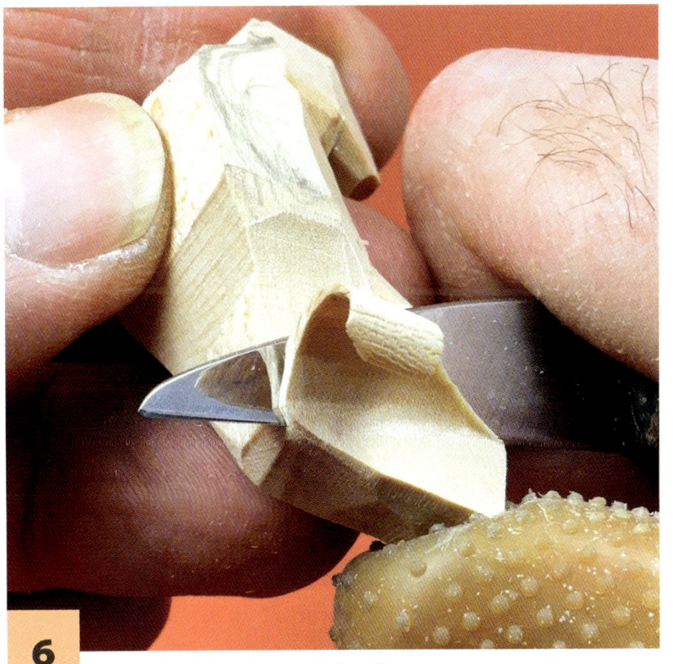

6 **Die Halsrückseite und den Kamm trennen.** Um diese Trennung zu gestalten, arbeiten Sie mit Stoppschnitten. Schnitzen Sie den Schwanz mit Schäl- oder Schiebeschnitten schmaler, gleichen Sie die Halsrückseite an den Körper an und runden Sie die Kanten des Körpers ab, damit Vorder- und Rückseite zusammenpassen.

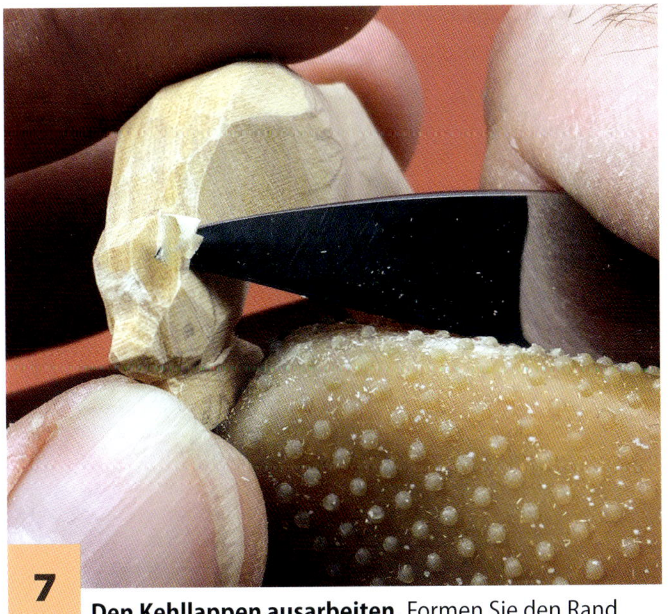

7 **Den Kehllappen ausarbeiten.** Formen Sie den Rand zwischen Schnabel, Hals und Kehllappen mit V-Schnitten. Einen gebogenen flachen Schnitt ausführen, der bündig mit der Halsvorderseite verläuft, am Ende des Kehllappenbereichs beginnt und in Richtung Schnabel geführt wird. Lassen Sie ihn auf einen zweiten Schnitt treffen, der außen am Kehllappen in einer Linie verläuft. Teilen Sie den Kehllappenbereich mit einer Dreischnittkombination in zwei Lappen: Führen Sie zuerst zwei Schnitte wie ein umgekehrtes V in der Mitte des Kehllappenbereichs aus. Für den dritten Schnitt die Messerspitze bündig mit der Halsvorderseite in das Holz stechen, um den Span zu entfernen.

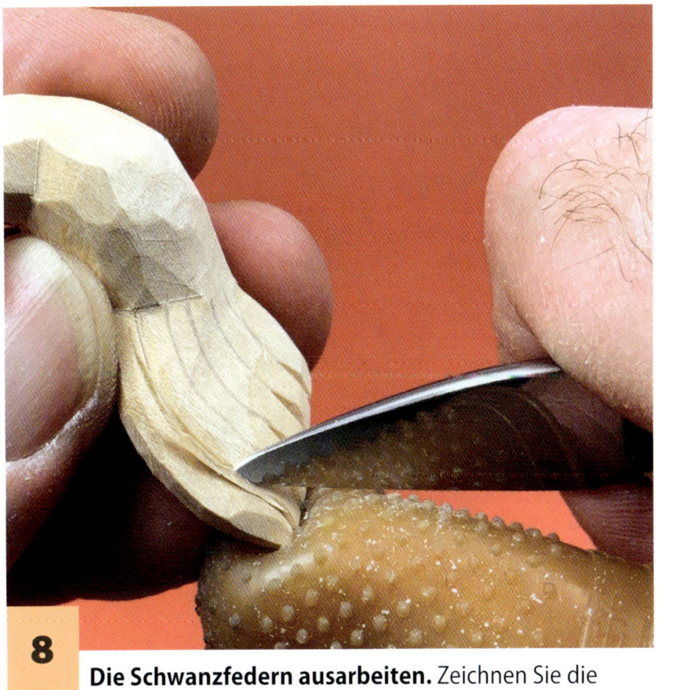

8 **Die Schwanzfedern ausarbeiten.** Zeichnen Sie die Schwanzfedern auf das Holz und achten Sie darauf, dass die Linien an den Federspitzen aufeinandertreffen. Beginnen Sie mit kleinen V-Schnitten an diesen Spitzen und machen Sie dann mit der Messerspitze paarweise lange Einschnitte längs dieser Linien, um eine Einkerbung zwischen den Federn auszuarbeiten. Um störende Splitter zu vermeiden, versuchen Sie, jede dieser Einkerbungen mit nur einem einzigen Schnittpaar zu gestalten.

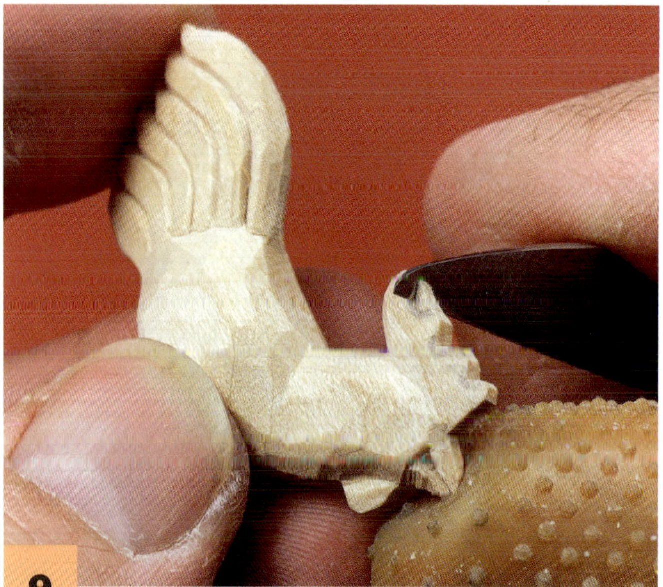

9 **An Schnabel und Kamm arbeiten.** Mit der Messerspitze ein Paar flache Einschnitte auf jeder Seite des Schnabels vornehmen, um den Ober- vom Unterschnabel zu trennen. Die Schnitte am Schnabelansatz beginnen und in Richtung Spitze schneiden. Dann die Spitzen des Kammes mit flachen, kontrollierten V-Schnitten formen. Mit den Messerstrichen vor dem Kamm beginnen und sie auf einen weiter von der Mitte ausgehenden Schnitt treffen lassen. Ähnlich wie bei der Kammrückseite am äußersten Punkt beginnen und in Richtung Mitte schneiden, damit die Enden des Kammes nicht abbrechen, wo dieser am zerbrechlichsten ist. Sind die Vertiefungen fertig, den Kamm mit Schäl- oder Schiebeschnitten auf seine endgültige Stärke verschmälern.

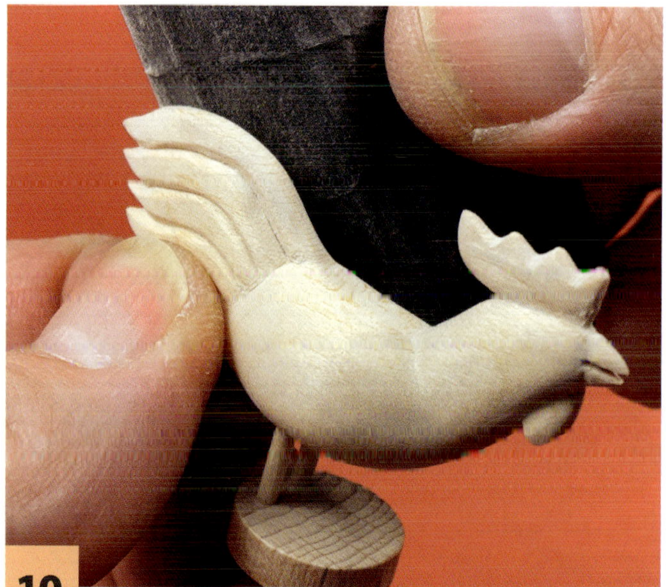

10 **Sockel und Beine anfertigen und den Hahn schleifen.** Folgen Sie Schritt 9 und 11 aus dem Entenprojekt (S. 36), gestalten Sie einen Sockel und zwei Zahnstocherbeine und bohren Sie für diese Löcher in den Körper. Schleifen Sie den Hahn zuerst mit rauem Schleifpapier (Körnung 200–400), dann mit feinerem (Körnung 600–800). Verwenden Sie das raue Papier jedoch nicht an den empfindlichsten Teilen. Kleben Sie die Beine an Sockel und Körper fest. Schließlich bohren Sie ein 1,6 mm großes Loch unten in die Figur und stecken einen Zahnstocher zum Halten während des Bemalens hinein.

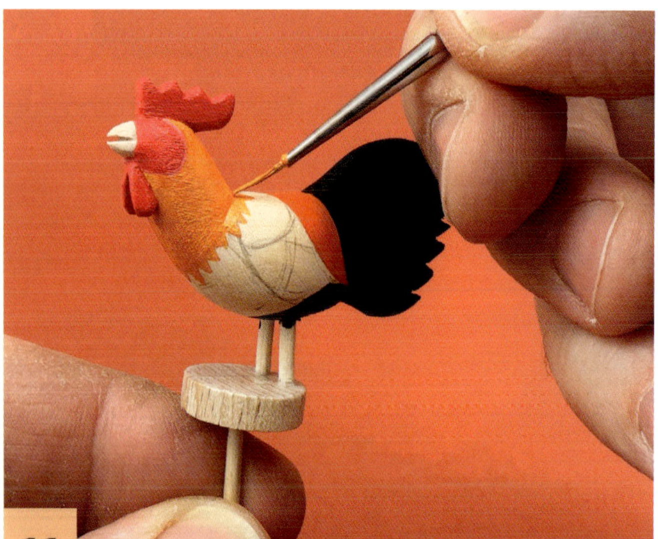

11 **In den Grundfarben bemalen.** Rot, Gelb und Weiß zu Rosa mischen und zwei Schichten auf Kamm, Gesicht und Kehllappen auftragen. Gelb mit Weiß und Rot für einen hellen Orangeton mischen; den Hals (oder Kragen) bemalen. Die detaillierten Bereiche des Kragens mit einem Detailpinsel vollenden. Der Mischung mehr Gelb beimengen, um die Farbe innerhalb des Bereichs variieren zu können, vor allem dort, wo der Körper auf die Zacken trifft. Ein etwas dunkleres Orange mischen und damit den Rücken (Sattel) des Hahns bemalen. Schwarz für Schwanzfedern und Bürzel verwenden.

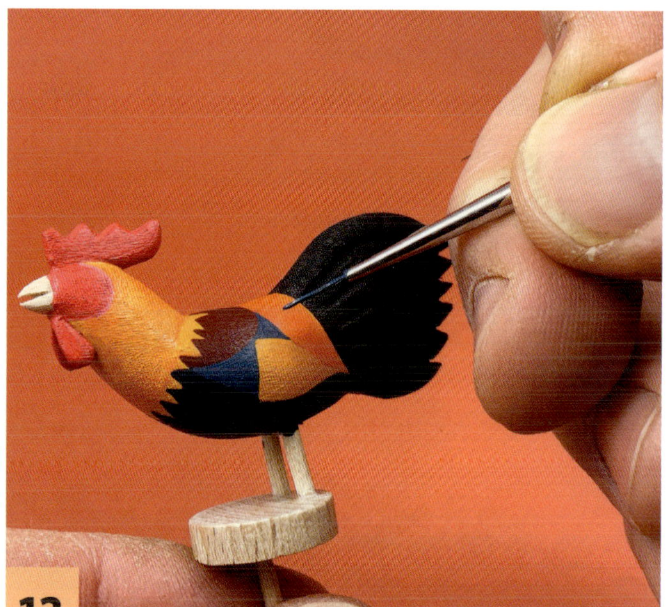

12 **Den Rest des Körpers bemalen.** Mischen Sie Rot, Schwarz und kleine Mengen Schwarz und Blau, um ein Dunkelrot zu erhalten, das Sie am Rücken auftragen. Mischen Sie Schwarz mit Blau und einem Hauch Weiß für einen dunklen Blauton; mit diesem die Brust bemalen. Mischen Sie Gelb mit kleinen Mengen Rot und Weiß sowie einem Hauch Blau für einen Goldton; tragen Sie diesen im Flügelbereich auf. Blau mit ein wenig Schwarz und Gelb ergibt einen Blauton, mit dem Sie die dreieckigen Bereiche über den Flügeln bemalen.

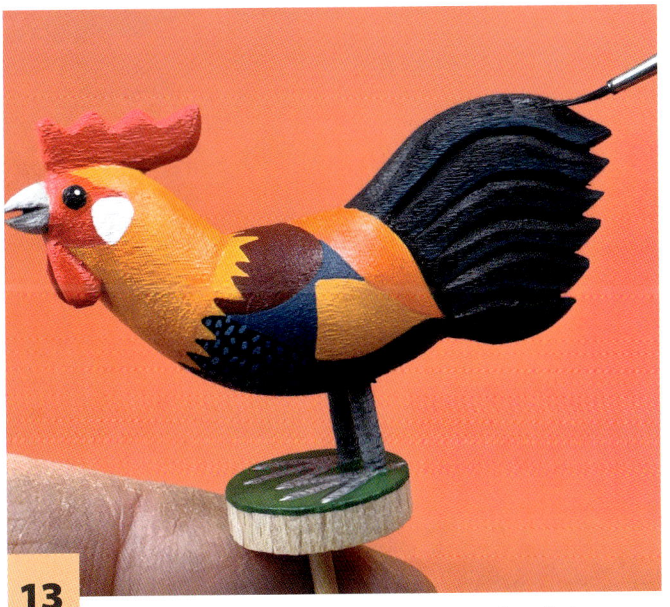

13 **Mit den Details beginnen.** Schwarz, Weiß und einen Hauch Gelb zu einem Grau für Beine, Füße und Schnabel mischen. Mehr Weiß hinzufügen und Beine, Füße und Oberschnabel mit kurzen Strichen versehen. Mehr Weiß für die Krallen dazugeben. Gelb, Blau und Weiß zu einem Grün mischen, das zwischen die Füße gemalt wird. Weiß zum Bemalen der Ohren und Schwarz für die Augen verwenden; jedes Auge erhält einen weißen Punkt für die Lichtreflexion. Blau mit kleinen Mengen Gelb, Weiß und Schwarz zu dem Blauton für das Muster aus kurzen, dicken Strichen auf der Brust mischen. Dieser Mischung Schwarz und Gelb für ein Dunkelgrün hinzufügen und damit eine Linie in jede Vertiefung der geschwungenen Schwanzfedern malen.

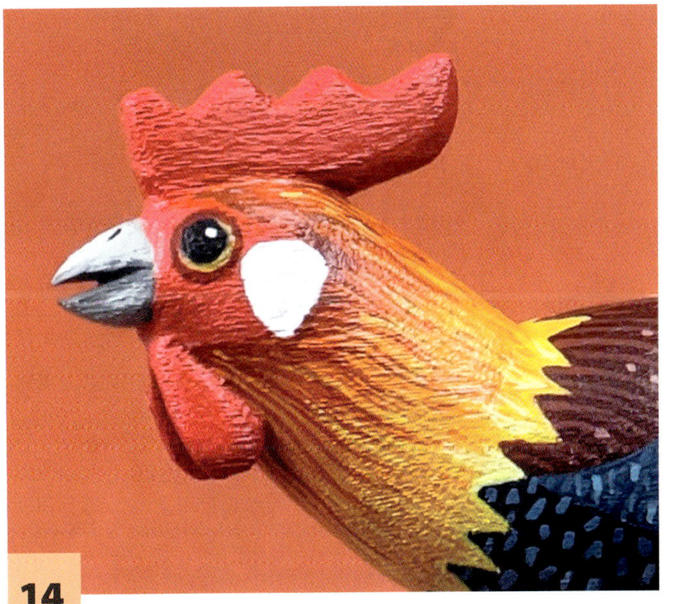

14 **Kopf und Hals fertigstellen.** Verwenden Sie einen Detailpinsel und gelbe Farbe, um drei Viertel eines jeden Auges nachzuziehen, dann mischen Sie Rot und ein wenig Schwarz für die Konturen der Augen hinzu. Mischen Sie Rot, Gelb und ein wenig Blau für ein dunkles Orange. Malen Sie mit dem Detailpinsel Linien vom Gesicht hinunter zur Hälfte des Halses. Malen Sie gelbe Linien in entgegengesetzte Richtung, am zackigen Ende des Kragens beginnend.

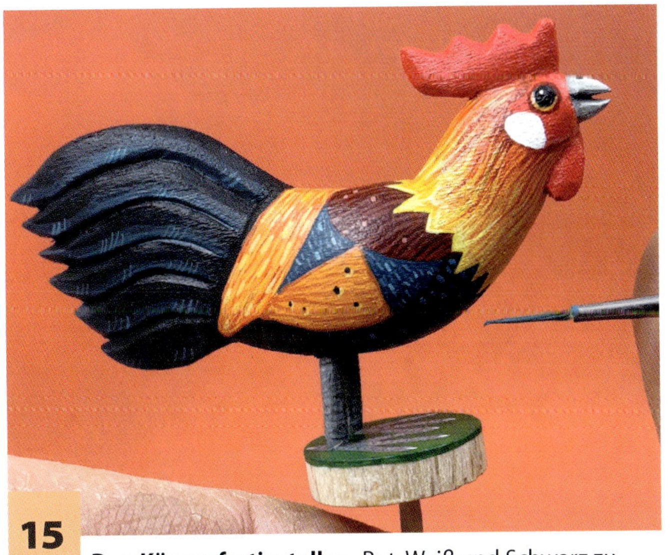

15 **Den Körper fertigstellen.** Rot, Weiß und Schwarz zu einem Graurot mischen. Linien in den dunkelroten Bereich malen. Weiß untermischen und damit ca. ein Dutzend zufällig angeordneter Punkte setzen. Rot, Gelb und Blau zu Orange mischen und zarte Linien auf die orangefarbenen Flügel und wellige Linien in den orangefarbenen Sattel malen. Die Strichlein auf dem Sattel gelb malen. Den Flügeln fünf schwarze Punkte hinzufügen und mit einer Mischung aus Gelb und Weiß halb um deren Konturen malen. Blau mit Weiß mischen und zarte Striche in die blauen Dreiecke malen. Mehr Weiß dazugeben und zarte Striche in die Dreiecke, auf die Brust und die Schwanzfedern malen.

Muster

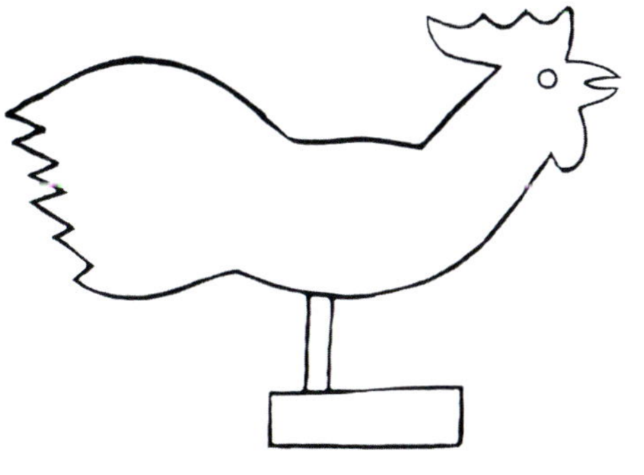

Karikatur: Hund

Die Bandbreite an Hunderassen ist Zeugnis der Formbarkeit der Bausteine der Natur. Wer hätte gedacht, dass sich in den genetischen Winkeln des Wolfs ein kleiner Shih Tzu verbirgt? Hunde sind fleischgewordene Karikaturen: Die selektive Zucht durch den Menschen für bestimmte Aufgaben wie das Jagen oder das Bewachen sowie auch zum Kuscheln hat bestimmte Merkmale auf unnatürliche Weise herausgepickt und übertrieben. Durch Karikaturen können Sie Ihre Zeichenfähigkeiten effektiv schulen. Beim Verwandeln dieser Karikaturen in Schnitzarbeiten erhalten Sie ein Feedback über die Grenzen des Schnitzens und lernen, wie Sie in der Projektplanung weiterkommen. Der Variantenreichtum und die Allgegenwärtigkeit von Hunden in der menschlichen Kultur bedeuten, dass man als Künstler viel Anschauungsmaterial zur Wahl hat. Ich wähle gern ein Merkmal aus, um es übertrieben darzustellen, also habe ich bei diesem Design die Nase gewählt, um Aufmerksamkeit auf die eigentümliche Superkraft der Hunde zu lenken. Schließlich stellt sich die Frage: Wenn der Geruchssinn von Hunden so gut ist, warum schnuppern sie dann nicht lieber an Blumen als an Hinterteilen und toten Kröten?

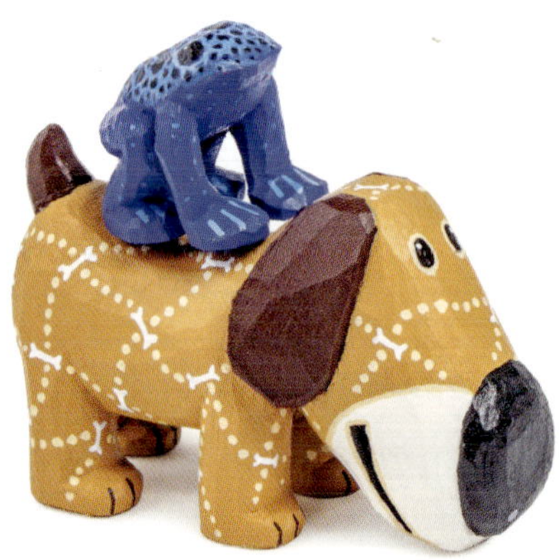

Material & Werkzeug

- Holz: 19 x 25 x 45 mm; Maserungsrichtung senkrecht
- 1 Zahnstocher
- Schnitzmesser
- Detailmesser (optional)
- Handschutz
- Stielkloben mit Bohrer (1,6 mm)
- Farbpinsel: Rundpinsel Nr. 1 oder größer, Linierer Nr. 10/0 oder kleinerer Detailpinsel
- Farben: Rot, Blau, Gelb, Weiß und Schwarz zum Mischen von Brauntönen

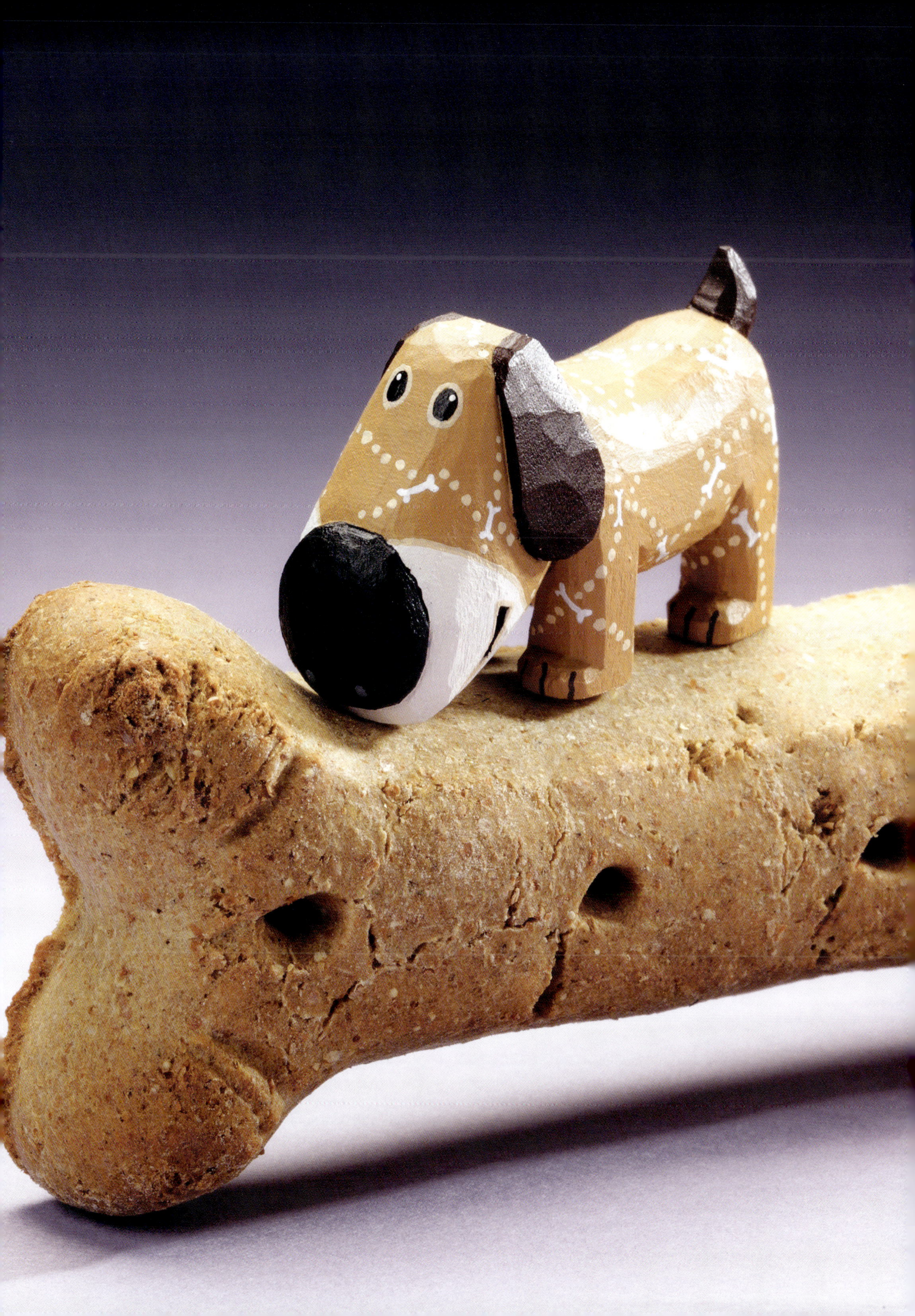

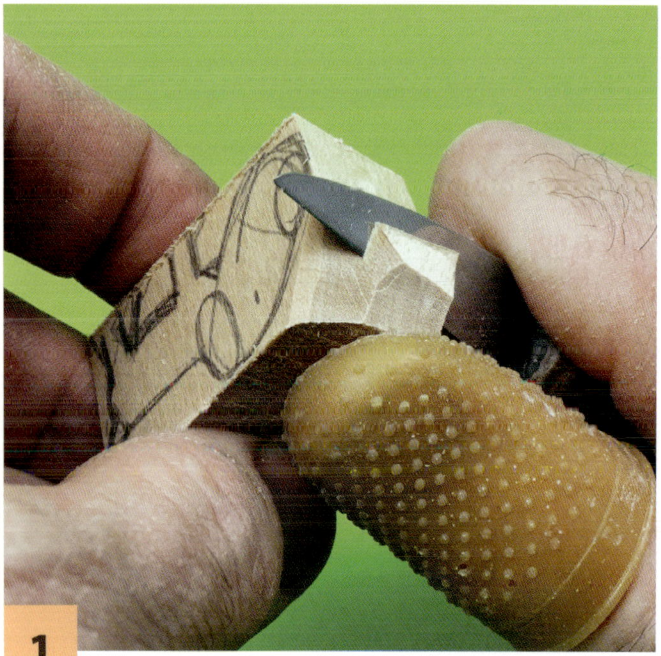

1 Grob bearbeiten. Übertragen Sie das Bild auf das Holz. Entfernen Sie das Material über und vor dem Kopf mit Schäl- oder Schiebeschnitten. Die Messerstriche verlaufen fast quer zur Maserung, also arbeiten Sie langsam, arbeiten Sie die Kanten aus und wiederholen Sie die Schnitte lieber, als das Material in einem Rutsch zu entfernen.

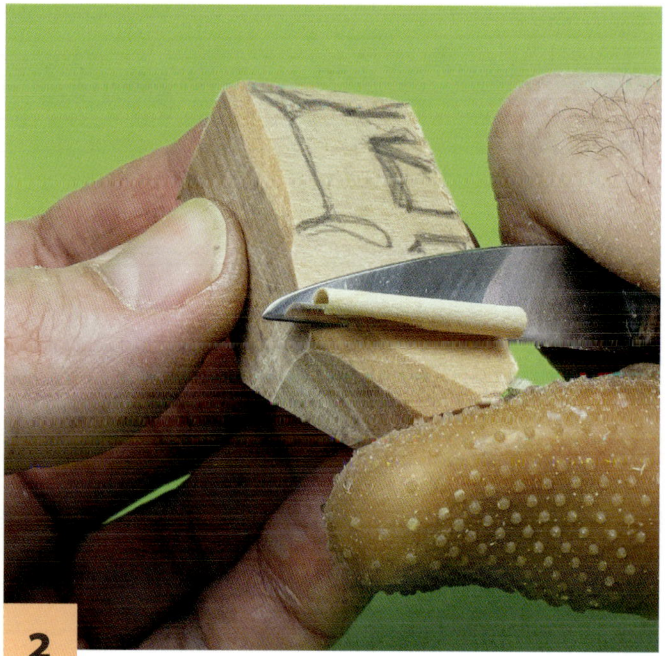

2 Den Kopf schmaler schnitzen. Schnitzen Sie mit Schäl- oder Schiebeschnitten den Kopf auf jeder Seite um ca. 1,6 mm schmaler und runden Sie die Kanten zwischen Oberseite und Seiten des Kopfs ab. Beginnen Sie mit den Schnitten vor den Ohren und führen Sie sie in Richtung Maul. Passen Sie auf, dass Sie nicht zu viel Material entfernen!

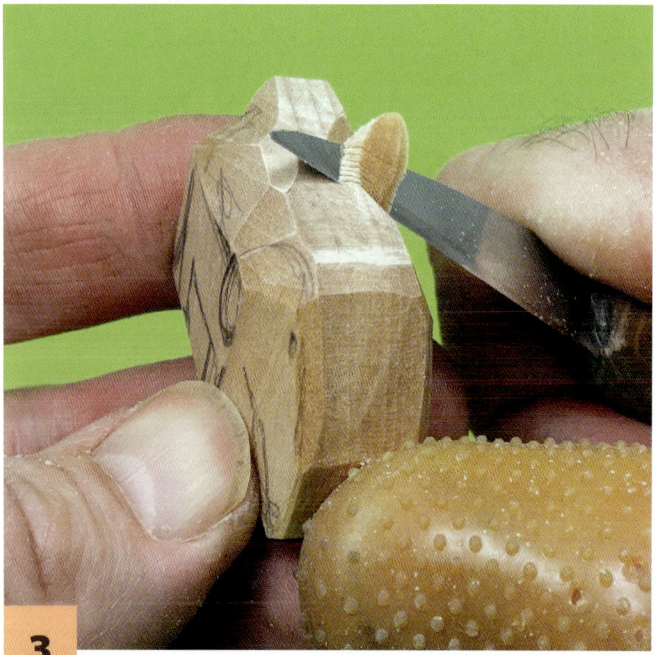

3 Den Rücken herausarbeiten. Entfernen Sie das Material über dem Rücken und zwischen Schwanz und Kopf mit Schäl- oder Schiebeschnitten. Diese Schnitte wiederholen, bis Sie sich fast den ganzen Weg bis zu den Linien von Kopf, Rücken und Schwanz vorgearbeitet haben. Die Schnitte verlaufen fast quer zur Maserung, also arbeiten Sie mit Ruhe. Verschmälern Sie den Schwanzbereich erneut mit Schäl- oder Schiebeschnitten auf etwa die Hälfte der Stärke des Holzes.

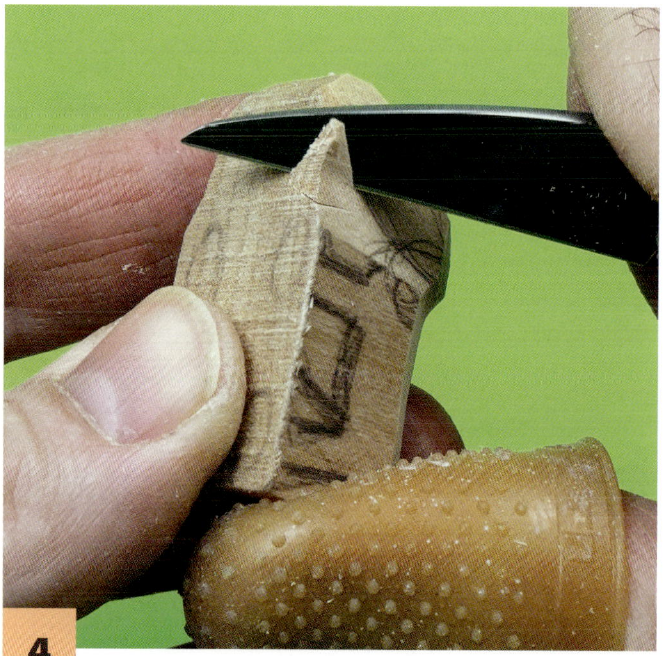

4 An der Brust arbeiten. Zeichnen Sie die Fußabdrücke mit Bleistift unten auf das Holz. Mit V-Schnitten entfernen Sie das Material unter dem Kopf und vor den Vorderbeinen: Erste Schnitte vor den Beinen ausführen und auf am Kinn beginnende Schnitte treffen lassen. Die zweiten Schnitte verlaufen quer zur Maserung; entfernen Sie mit jedem Messerstrich nur kleine Holzmengen.

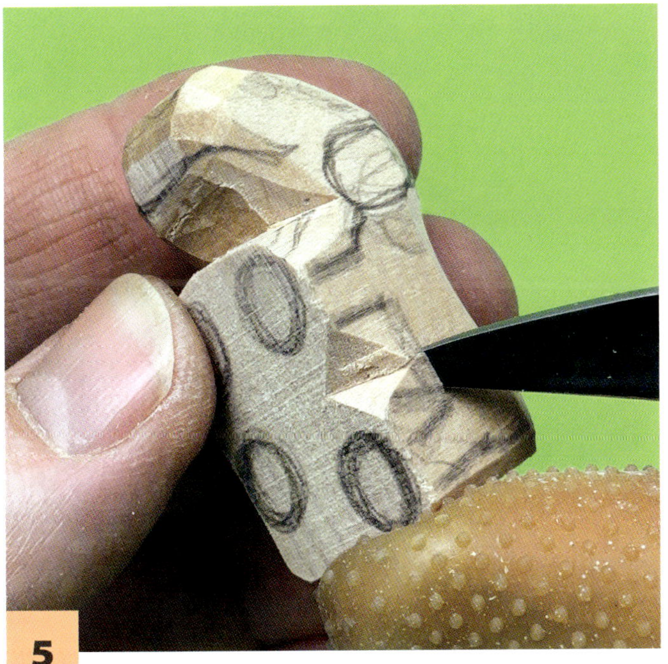

5 **Die Vorderbeine von den Hinterbeinen trennen.** Nutzen Sie die Fußabdrücke als Orientierungshilfe und arbeiten Sie zwischen Vorder- und Hinterbeinen im V-Schnitt. Schnitzen Sie an derselben Stelle Kombinationsschnitte, wobei die ersten beiden Schnitte an der Beininnenseite verlaufen und der dritte bündig mit dem Bauch ausgeführt wird. Arbeiten Sie mit einer Mischung aus Kombinations- und V-Schnitten weiter, um das Material wegzuschnitzen.

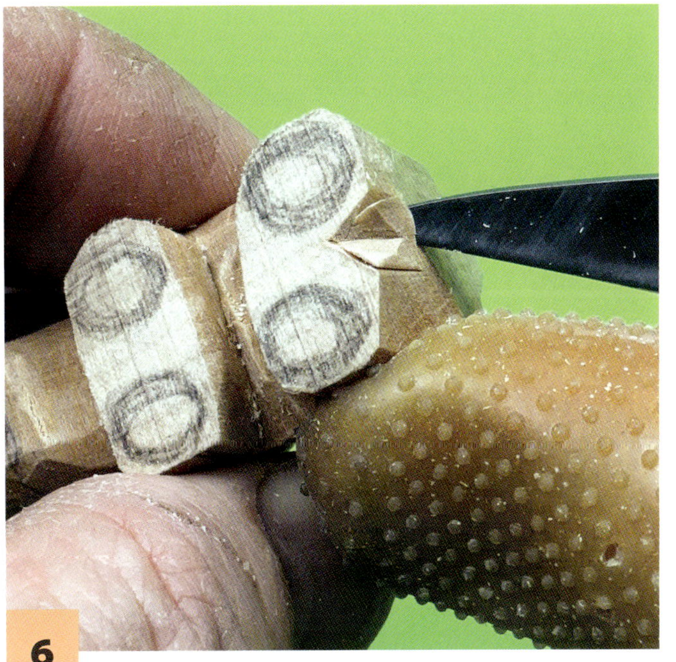

6 **Das linke vom rechten Hinterbein trennen.** Entfernen Sie das Holz mit V-Schnitten. Hat die Vertiefung den Rand des Bauchs erreicht, wechseln Sie zu Stoppschnitten, wobei die ersten Messerstriche der Kante der Beine folgen. Führen Sie bündig zum Bauch verlaufende Schnitte zwischen den Beinen aus, um den Span abzutragen. Da die Platzverhältnisse eng sind, könnte ein Detailmesser hilfreich sein.

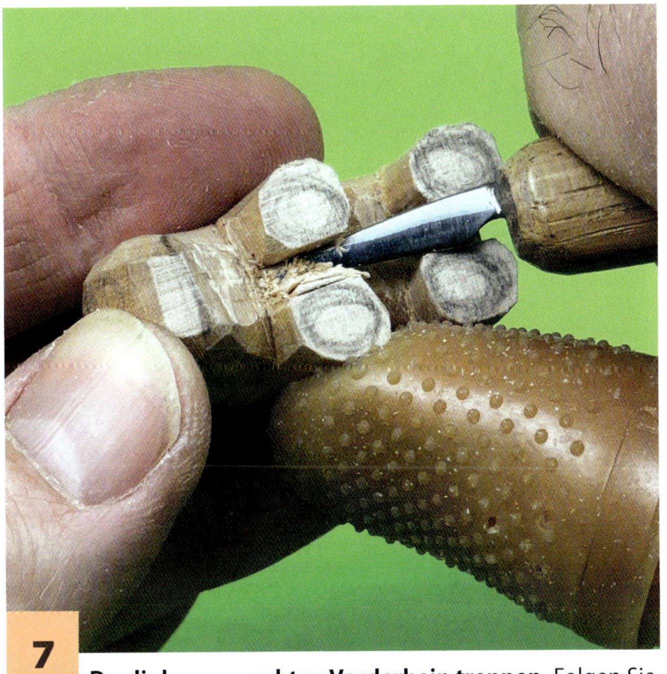

7 **Das linke vom rechten Vorderbein trennen.** Folgen Sie den Anweisungen des letzten Arbeitsschrittes, um das linke vom rechten Vorderbein zu trennen.

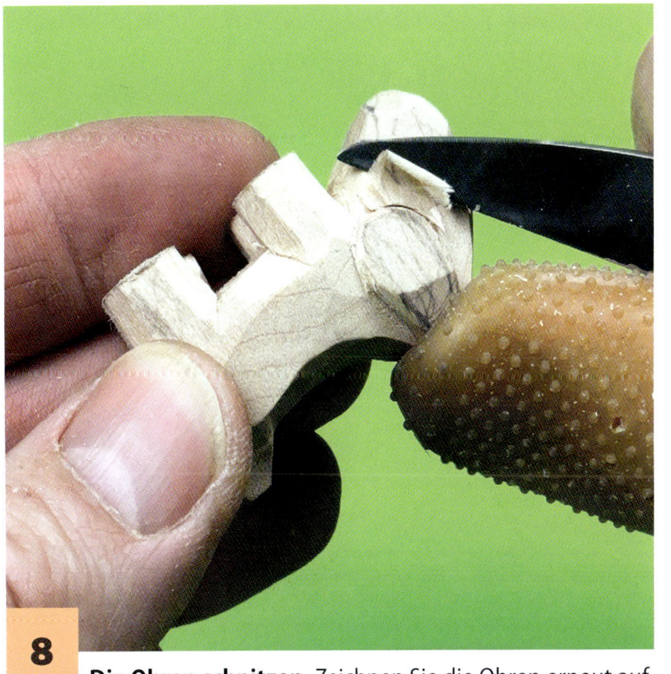

8 **Die Ohren schnitzen.** Zeichnen Sie die Ohren erneut auf die Figur. Entfernen Sie Holz außerhalb der Begrenzungslinien mit Schäl- oder Schiebeschnitten. Arbeiten Sie den Rand an der Ohrenspitze mit Stoppschnitten aus: Der erste Schnitt führt in das Holz an der Hilfslinie; auf ihn folgt ein darunter angesetzter Messerstrich, der auf den ersten trifft und den Span abträgt. Auf ähnliche Weise mit Stoppschnitten vorgehen, um auch Vorder- und Rückseite des Ohrs auszuarbeiten..

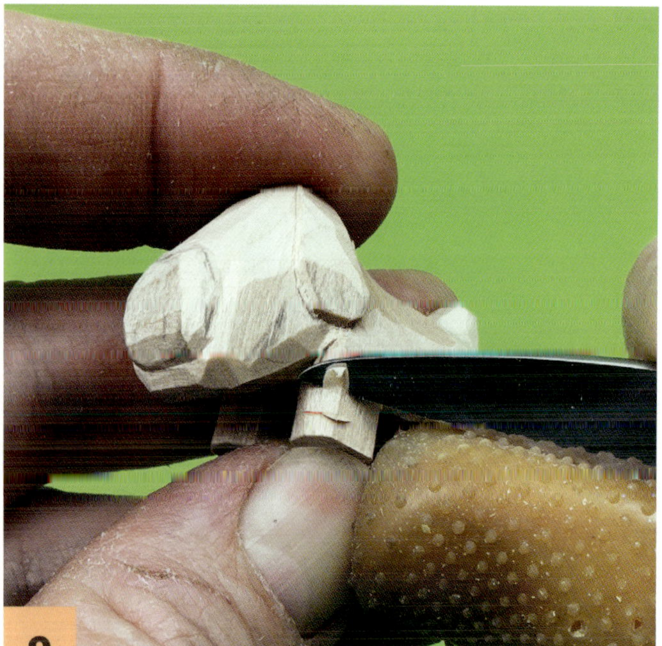

9 **Nase und Pfoten ausarbeiten.** Schnitzen Sie an den Seiten des Mauls im V-Schnitt, um die Nase zu gestalten. Mit Schälschnitten definieren Sie Vorder- und Rückseite der Nase. Nutzen Sie Stoppschnitte, um die Pfoten zu schnitzen. Beginnen Sie mit Messerstrichen an der Oberseite der Pfoten und lassen Sie diese auf Schnitte treffen, die unten am Bein beginnen und in Richtung der ersten Schnitte führen.

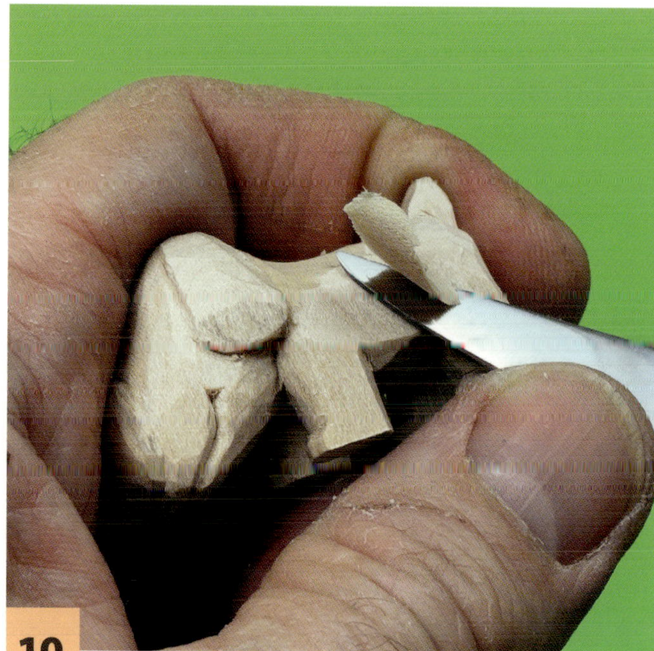

10 **Den Körper abrunden.** Schneiden Sie den Schwanz mit Schäl- oder Schiebeschnitten auf seine endgültige Größe zu. Schnitzen Sie an der Schwanzoberseite in Richtung Körper, auf der Unterseite in Richtung Schwanzspitze. Arbeiten Sie am Schwanzansatz mit Stoppschnitten einen sauberen Übergang aus. Runden Sie den gesamten Körper und auch die Beine mit Schäl- oder Schiebeschnitten ab. Glätten Sie scharfe Kanten und säubern Sie eventuelle unordentliche Stellen an Bauch oder Beinansatz.

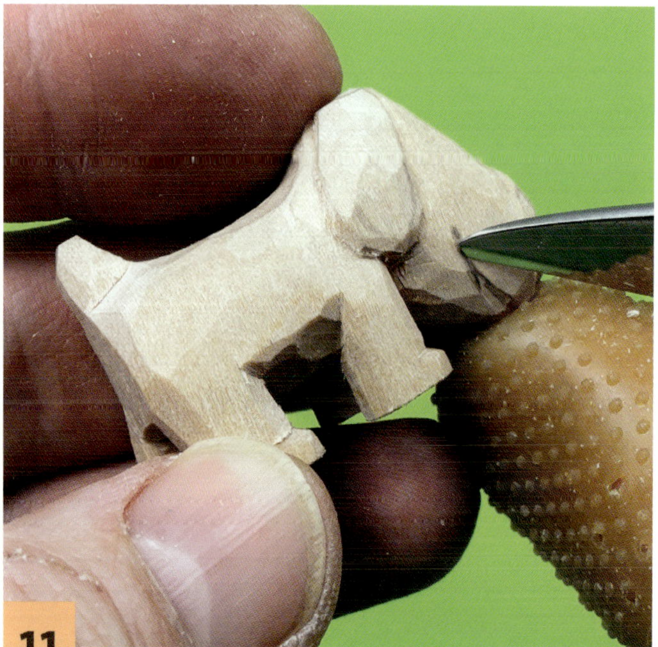

11 **Das Maul ausarbeiten.** Zeichnen Sie das Maul auf das Holz. Schnitzen Sie mit der Messerspitze einen Einschnitt entlang der gesamten Länge des Mauls, dann führen Sie einen zweiten, dazu passenden Einschnitt aus, der schräg entlang derselben Hilfslinie führt. Wiederholen, um das Maul feiner zu gestalten. Versuchen Sie, lange Messerstriche zu schnitzen, damit nicht zu viele Absplitterungen in der Kerbe bleiben. Schließlich bohren Sie ein 1,6 mm großes Loch unten in die Figur und stecken einen Zahnstocher zum Halten während des Bemalens hinein.

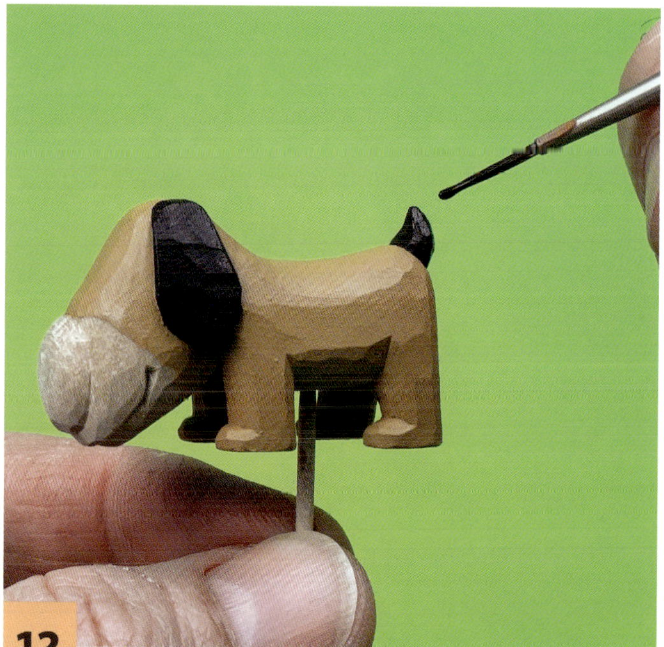

12 **In den Grundfarben bemalen.** Mischen Sie Rot, Gelb, Blau und Schwarz, um einen dunklen rötlich-braunen Farbton zu erhalten; tragen Sie zwei Schichten auf Schwanz und Ohren auf. Mischen Sie Gelb mit Weiß und einem Hauch Rot und Blau für einen hellen Goldton, mit dem Sie in zwei Schichten Kopf, Körper und Beine bemalen.

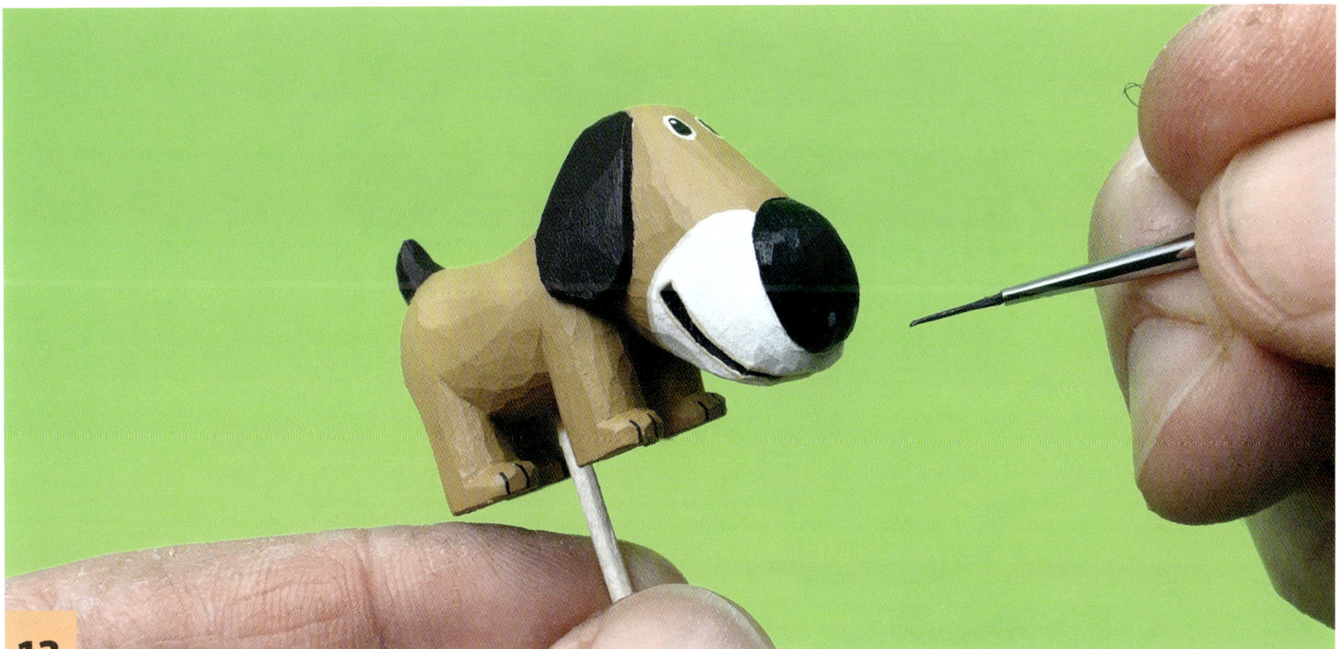

13 **An Nase und Gesicht arbeiten.** Zeichnen Sie Augen, Nase und Maul mit Bleistift an und bemalen Sie sie dann mit Schwarz. Verwenden Sie Weiß an Schnauze und Kinn und zeichnen Sie in jedes Auge eine Lichtreflexion. Mischen Sie das rötliche Braun mit Weiß für ein Braungrau. Malen Sie damit für die Zehen drei kurze Striche auf jeden Fuß. Mischen Sie für ein noch helleres Gold den hellen Goldton mit Weiß, womit Sie die Konturen von Augen und Schnauze nachziehen. Mischen Sie Weiß mit Schwarz, um das Grau für die Nasenlöcher zu erhalten.

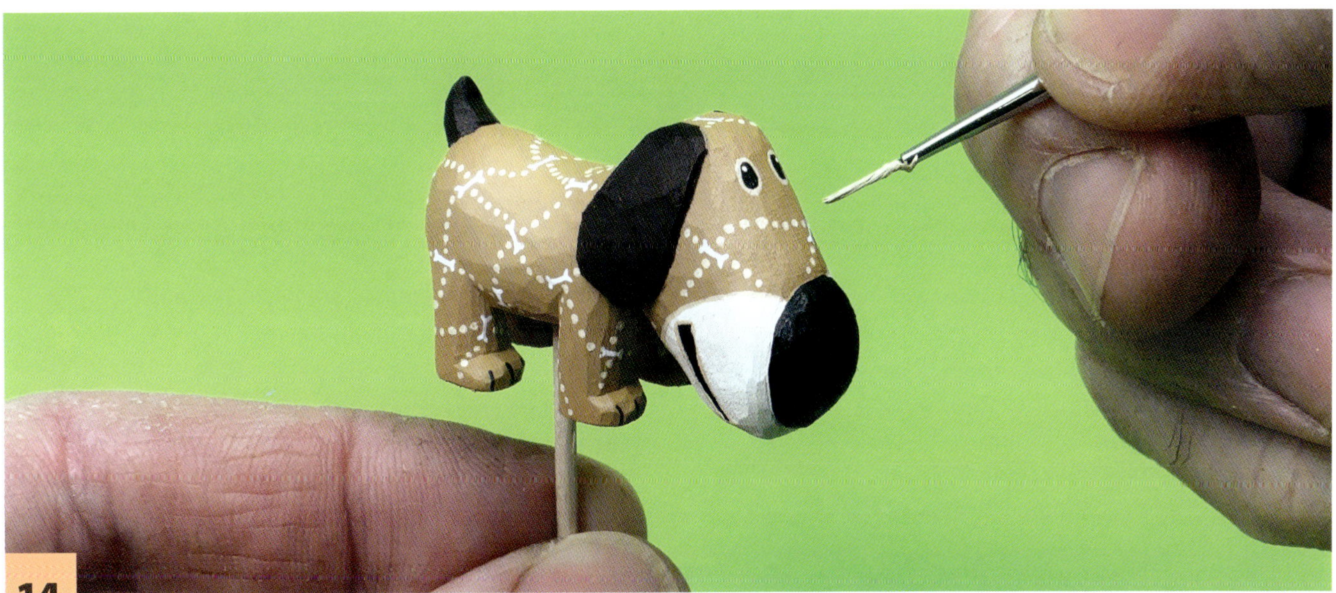

14 **Ein Muster hinzufügen.** Mischen Sie Blau und Weiß für ein Hellblau und bemalen Sie den gesamten hellgoldenen Bereich mit kleinen Knochen; für jeden Knochen malen Sie eine Linie und fügen an deren Ende zwei Punkte hinzu. Variieren Sie die Winkel der Knochen und lassen Sie Abstand zwischen ihnen. Mischen Sie Weiß und Gelb zu einem sehr hellen Gelb; malen Sie Spuren aus Punkten zwischen die Knochen und an den Rändern des goldenen Bereiches.

Muster

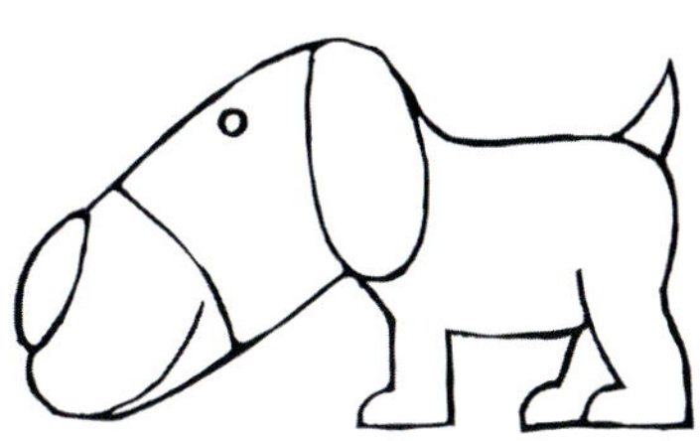

Anglerfisch-Aquarium

Büchsen, Kisten und Schachteln stehen symbolisch für Geheimnisse, und dieses „Aquarium in der Streichholzschachtel" hat eine schlummernde Verbindung zu den klassischen Elementen Feuer und Wasser. Noch dazu auf ausnehmend winzigem Raum. Das Verhältnis zwischen der Größe der Schachtel und der Größe des Fisches bestimmt den Gesamteindruck der Schnitzarbeit: Viel Raum suggeriert eine friedlichere und natürlichere Umgebung, wenn jedoch der Fisch den Platz beherrscht, wirkt das Bild beengt, vielleicht sogar komödiantisch oder gar abschreckend. Für dieses Projekt habe ich eine Anglerfischart gewählt, den Dreiwarzen-Seeteufel (Cryptopsaras couesii), weil ich merkwürdige Fische noch mehr mag, wenn sie gruselige Namen haben. Als Raubfische der dunklen Tiefsee führen alle Anglerfische einen Köder mit sich: ein Licht am Ende eines von ihrer Stirn abstehenden Stiels, mit dem sie die Fische anlocken, um sie zu fressen. Das Projekt enthält auch einige kleine Fische, um das Biest zu füttern.

Material & Werkzeug

**Maserung in Richtung der längsten Abmessung bei allen Einzelteilen*

- Holz (Fisch), 1 Stück: 10 x 16 x 29 mm
- Holz (sandiger Meeresgrund), 1 Stück: 2,4 x 45 x 16 mm
- Holz (Schachtelrückwand), 1 Stück: 2,4 x 49 x 32 mm
- Holz (Schachtelober- und -unterseite), 2 Stücke: 2,4 x 11 x 49 mm
- Holz (Schachtelseiten), 2 Stücke: 2,4 x 11 x 27 mm
- einige Zahnstocher
- Schnitzmesser
- Handschutz
- Stielkloben mit Bohrern (0,8 mm und 1,6 mm)
- Schleifpapier: Körnung 600–800
- Farbpinsel: Rundpinsel Nr. 1 oder größer, Linierer Nr. 10/0 oder kleinerer Detailpinsel
- Farben: Rot, Blau, Gelb, Weiß und Schwarz zum Mischen einer Bandbreite an Farben
- Anglerschnur (25 mm)
- Biegedraht (Ø: 0,8 mm; Länge: 25 mm)
- Seitenschneider/Blechschere
- Holzleim
- Superkleber
- Miniaturtischsäge (optional, zum Zuschnitt der Schachtel)

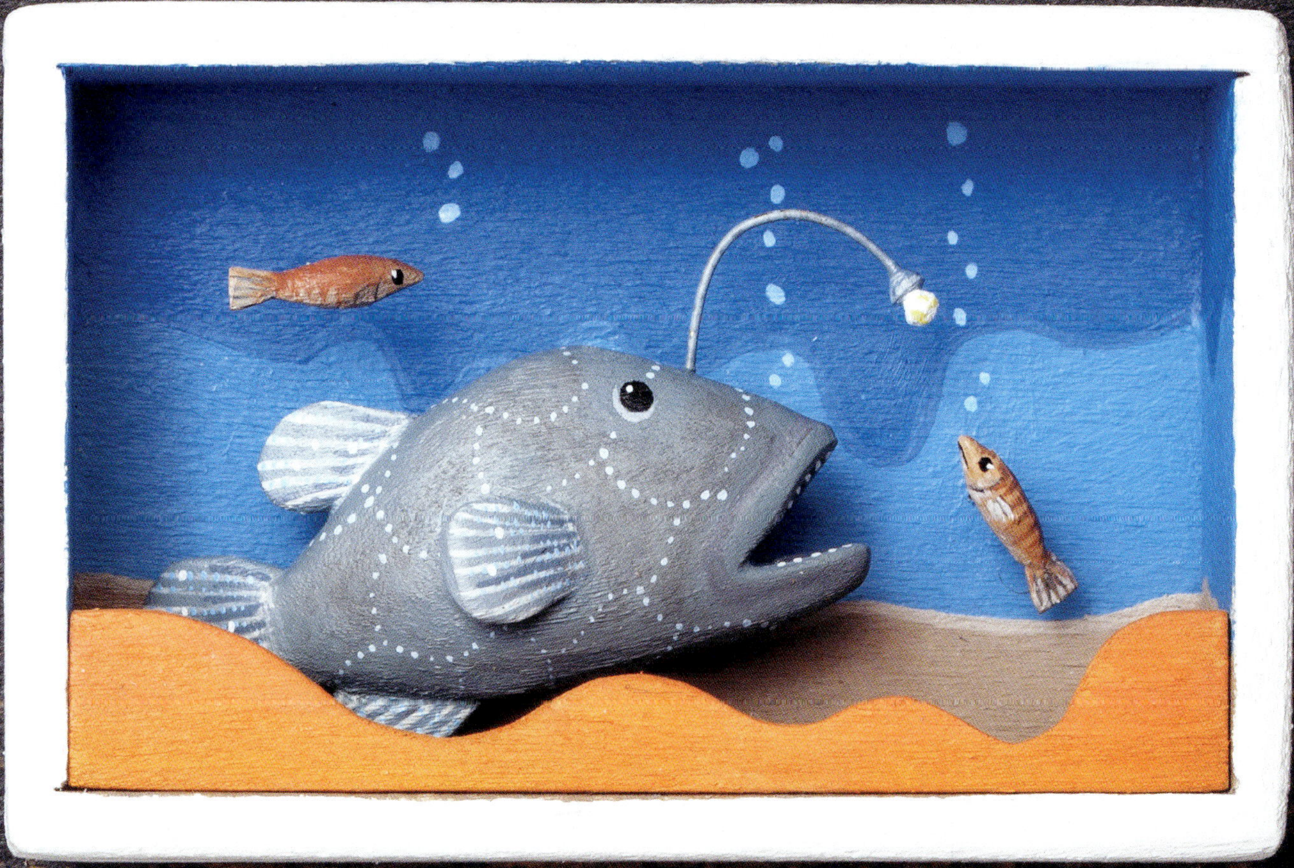

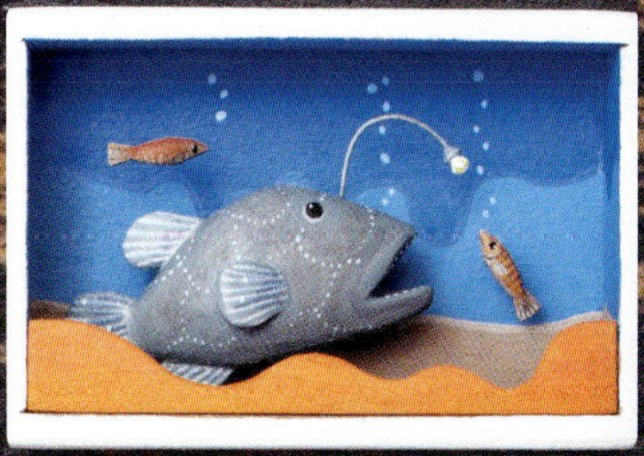

tatsächliche Größe

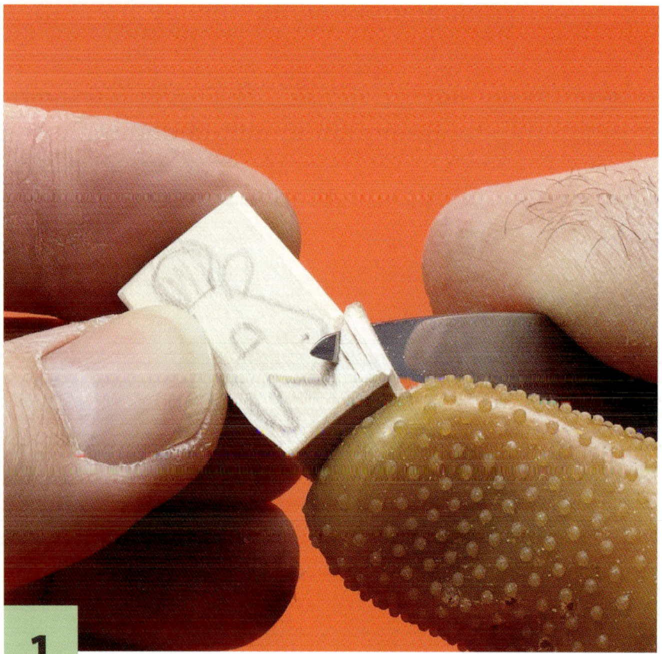

1 **Die Vorderseite grob zuschneiden.** Übertragen Sie das Fischmuster auf das richtige Holzstück. Entfernen Sie das Material unterhalb des Körpers und des Kinns mit Schiebe- oder Schälschnitten von der unteren Flosse aus bis zum Maul. Entfernen Sie die Späne über und vor dem Kopf mit Schäl- oder Schiebeschnitten.

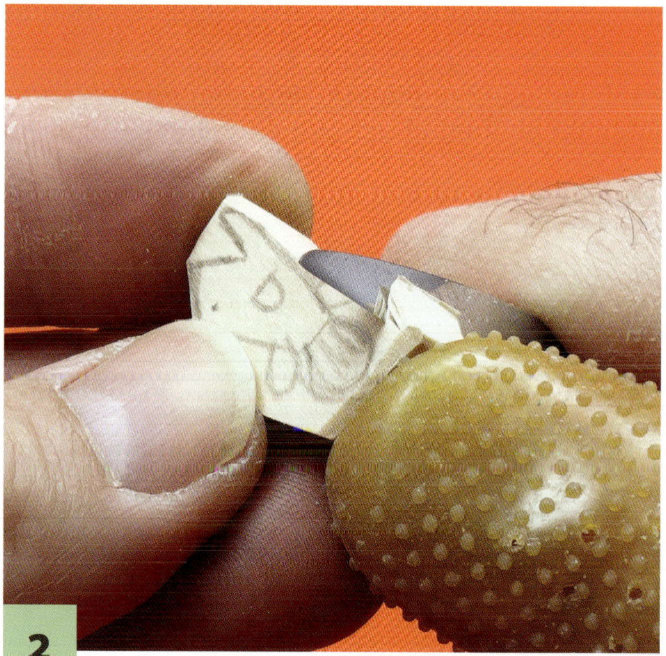

2 **Die Rückseite grob zuschneiden.** Entfernen Sie das Holz unter dem Schwanz mit Schäl- oder Schiebeschnitten. Lassen Sie das Material für die Bauchflosse stehen. Tragen Sie mit Schäl- oder Schiebeschnitten das Holz hinter dem Kopf über der Rückenflosse und bis nach hinten zur Schwanzflosse ab. Das Material für die Rückenflosse stehen lassen.

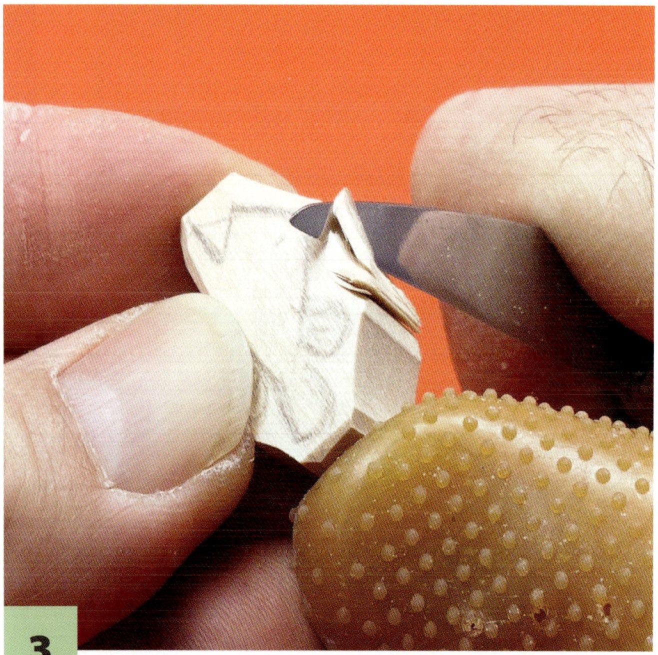

3 **Entlang der Oberlinie arbeiten.** Entfernen Sie Holz zwischen Stirn und Rückenflosse und dem Höcker auf dem Kopf. Beginnen Sie mit Schnitten vom höchsten Punkt der Rückenflosse aus nach vorn. Lassen Sie diese auf Messerstriche in entgegengesetzter Richtung treffen, die am höchsten Punkt des Höckers, der den Kopf ausmacht, beginnen.

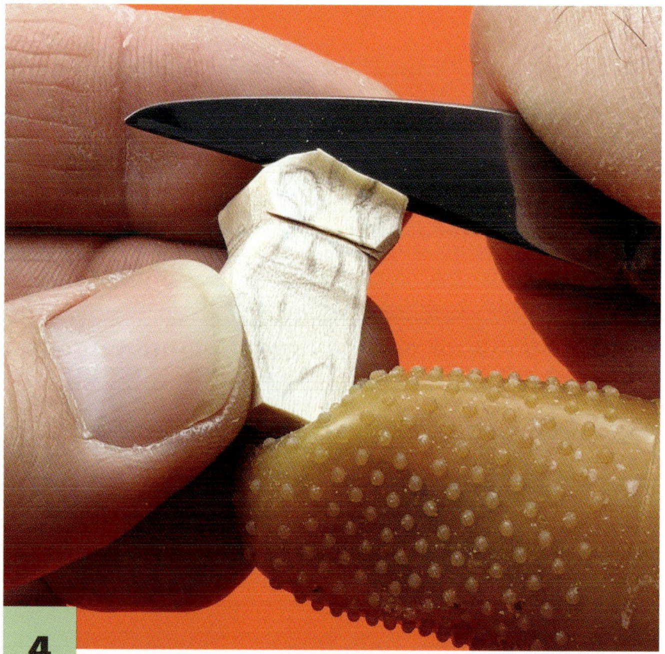

4 **Die Figur schmaler schnitzen.** Schnitzen Sie die Vorderseite der Figur mit Schäl- oder Schiebeschnitten schmaler. Beginnen Sie mit Schnitten am Ansatz der Brustflosse, die in Richtung Maul und Nase führen. Verschmälern Sie den Schwanz mit Schäl- oder Schiebeschnitten und entfernen Sie mehr Holz auf der rechten Seite der Figur, sodass der Schwanz leicht gebogen ist. Schnitzen Sie das hintere Ende der Figur mit Stoppschnitten schmaler: Die ersten Schnitte führen von den Brustflossen weg und treffen auf jene, die an der Schwanzflosse beginnen.

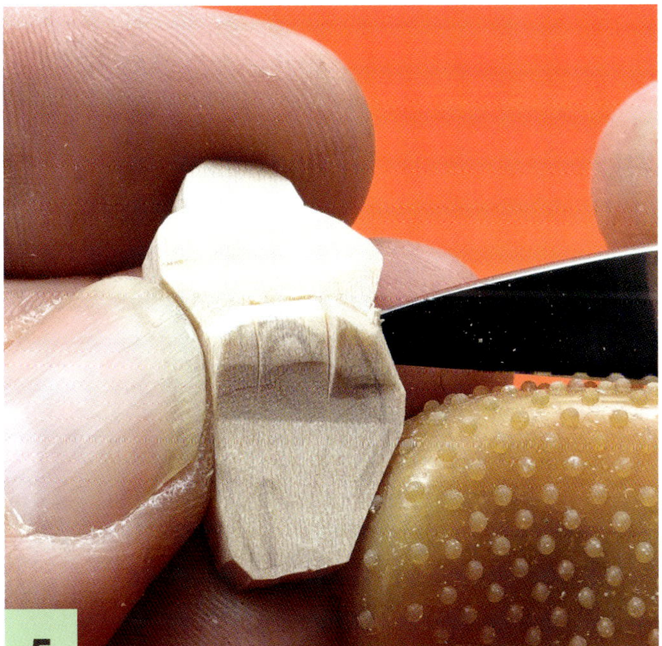

5 **Die Brustflossen ausarbeiten.** Formen Sie den Winkel, in dem die Brustflosse mit dem Körper verbunden ist, mit Schälschnitten. Beginnen Sie mit Messerstrichen an der Flossenspitze und schneiden Sie in Richtung Flossenansatz. Zeichnen Sie die Brustflossen erneut auf. Arbeiten Sie an den Rändern über und unter den Brustflossen mit Stoppschnitten: Zuerst flache Messerstriche am Flossenrand ausführen und diese dann auf Schnitte treffen lassen, die bündig mit der Körperoberfläche verlaufen, um den Span abzulösen.

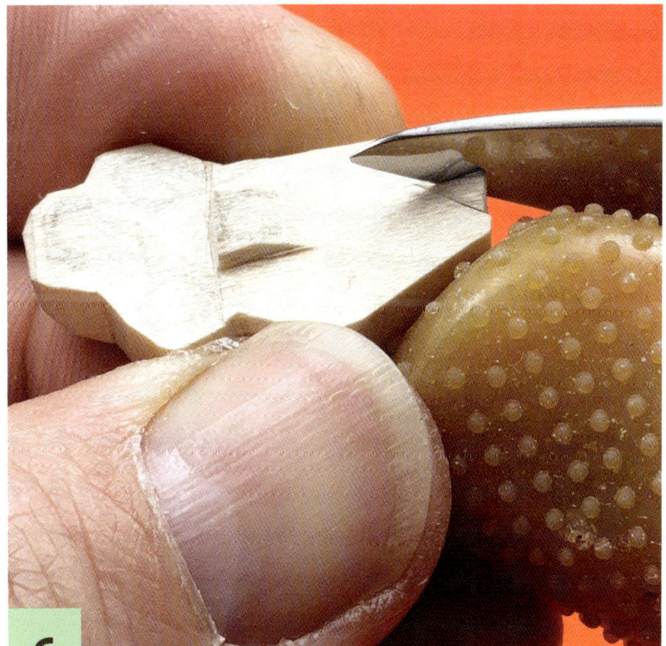

6 **Das Maul ausarbeiten.** Zeichnen Sie das Maul wieder auf und schnitzen Sie mit V-Schnitten die Kerbe dafür. Benutzen Sie an der Seite der Figur die Messerspitze und folgen Sie den soeben gezeichneten Hilfslinien. Führen Sie den ersten Schnitt entlang der Innenseite des Unterkiefers aus und lassen Sie diesen auf einen Messerstrich stoßen, der entlang der Innenseite des Oberkiefers schneidet. Mit der Messerspitze wiederholen, bis das Maul vollständig ausgehöhlt ist.

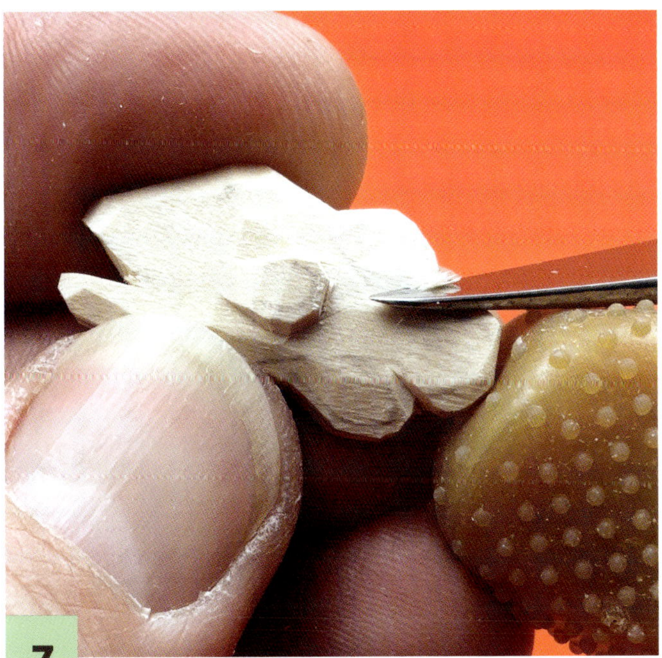

7 **Am Körper arbeiten.** Zeichnen Sie die Mittellinie des Fisches oben auf die Figur. Schnitzen Sie die Oberseite des Fisches mit Schäl- oder Schiebeschnitten schmaler und runden Sie Ecken und Kanten an den Rändern ab. Trennen Sie die Schwanzflosse von den Rücken- und Bauchflossen. Arbeiten Sie von der Seite des Fisches aus und führen Sie flache Schnitte am Rand der Schwanzflosse aus, die auf Schnitte treffen, die an den Flossenspitzen beginnen. Bis zur Trennung wiederholen.

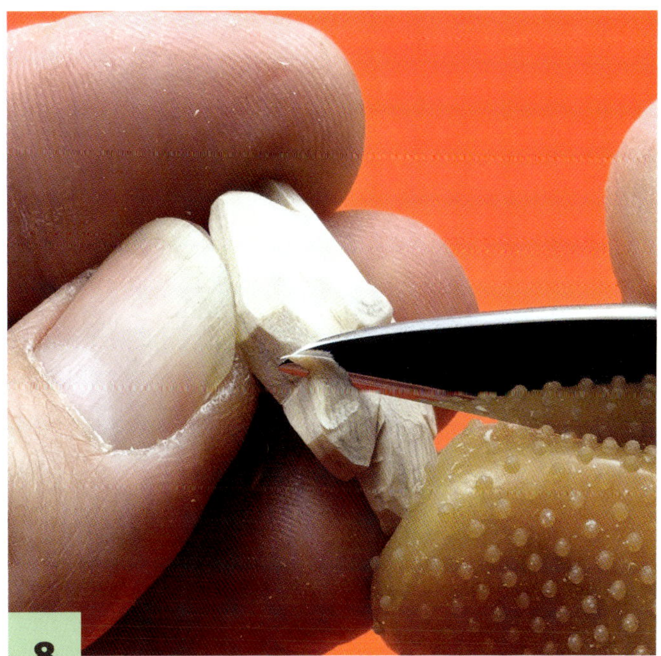

8 **Die Flossen schmaler gestalten.** Schnitzen Sie beide Flossen vor der Schwanzflosse oben und unten mit Stoppschnitten schmaler, wobei Sie das Material mit Schnitten an den Flossenansätzen entfernen. Schnitzen Sie mit V-Schnitten hinter den Brustflossen. Dafür den ersten Schnitt an der Flosseninnenseite ansetzen, der auf einen Messerstrich trifft, der bündig mit dem Fischkörper verläuft. Schleifen Sie die gesamte Figur mit Schleifpapier (Körnung 600–800) glatt.

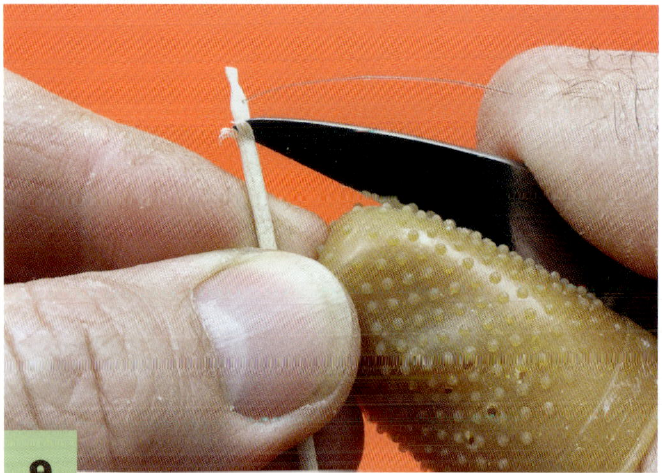

9 **Die beiden Zahnstocherfische schnitzen.** Für jeden Fisch eine Zahnstocherspitze unter einer scharfen Klinge rollen, um ein stumpfes Ende zu erhalten. Auf der gegenüberliegenden Seite mit Schälschnitten die Schraubenzieherform ausarbeiten. Mit V-Schnitten die Schwanzflosse formen: Die ersten Schnitte beginnen an der Schwanzspitze und treffen auf die aus entgegengesetzter Richtung, damit der Schwanz nicht abbricht. Ein Loch (0,8 mm) in die Seite des Zahnstocherfisches bohren und ein Stück Anglerschnur (13 mm) einkleben. Im Schälschnitt rund um den Zahnstocher herumschnitzen, um den Kopf zu formen; den Fisch vom Rest des Zahnstochers abbrechen. Um ihn während des Bemalens besser halten zu können, ein Loch (0,8 mm) in das stumpfe Ende eines Zahnstochers bohren und die Anglerschnur mit Superkleber hineinkleben. Nach dem Bemalen abschneiden.

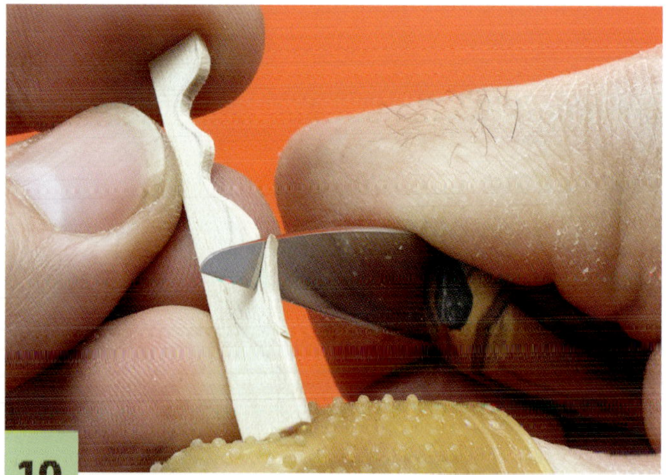

10 **Die Schachtel zusammenbauen.** Mit einer Miniaturtischsäge oder einer anderen Säge die Teile der Schachtel gemäß Materialliste zuschneiden. Schleifen Sie jedes Teil glatt und kleben Sie dann alle Teile bis auf den sandigen Meeresgrund zusammen, um die Schachtel zu bauen (siehe Foto der fertigen Arbeit). Zeichnen Sie auf das Stück mit dem sandigen Meeresgrund eine Wellenlinie und entfernen Sie das ganze Holz auf der einen Seite der Linie; drei Seiten des Holzes bleiben gerade. Legen Sie dieses Teil vorerst beiseite (noch nicht befestigen). Zeichnen Sie eine Wellenlinie ins obere Viertel der Schachtel und eine etwas weniger gewellte Linie ins untere Drittel. Sie sind Markierungen für das spätere Bemalen.

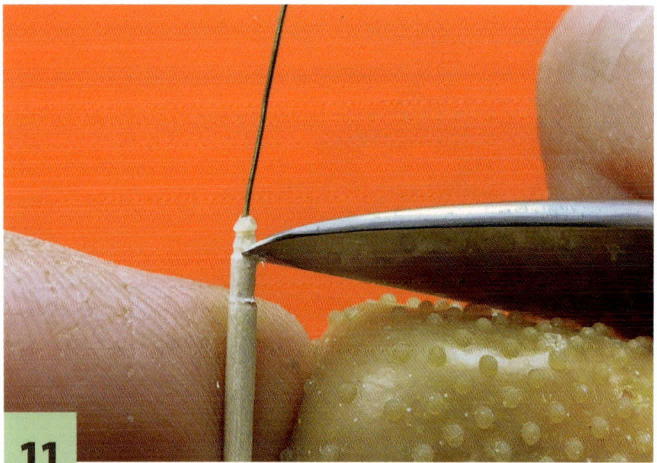

11 **Die Laterne gestalten.** Das Ende eines Zahnstochers durch Rollen unter einer scharfen Klinge abstumpfen und die Verjüngung abschneiden. Ein 0,8 mm großes und ca. 1,6 mm tiefes Loch ins stumpfe Ende bohren und ein Stück Biegedraht (25 mm) mit Superkleber hineinkleben. Nach dem Trocknen das stumpfe Ende des Zahnstochers in Richtung Draht anspitzen. Mit flachen V-Schnitten etwa 1,6 mm von diesem Ende eine Kerbe um den Zahnstocher herumschnitzen. Erneut mit V-Schnitten von der Kerbe aus eine etwa 1,6 mm große Knolle schnitzen, dann abschneiden. Das gesamte Stück sollte wie eine Lampe aussehen. Den Draht auf 13 mm kürzen und zurechtbiegen, dann ein 0,8 mm großes Loch in die Stirn des Anglerfisches bohren und das Ende des Drahts mit Superkleber ankleben.

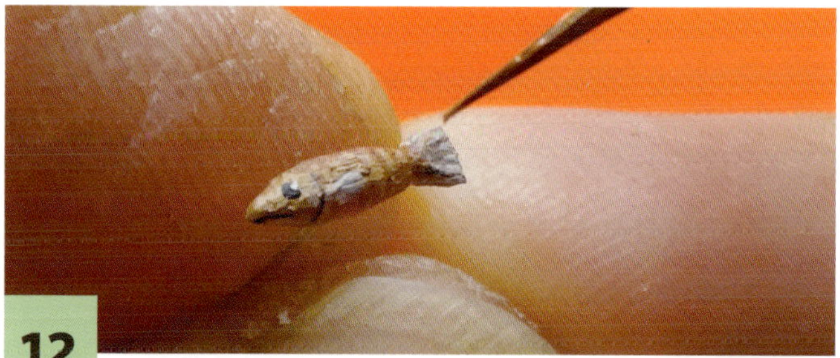

12 **Die Zahnstocherfische bemalen.** Mischen Sie kleine Mengen Rot, Gelb, Blau und Weiß zu Hellbraun für den ganzen Fisch. Verwenden Sie schwarze Farbe für die Augen. Mischen Sie Schwarz und Weiß zu einem Grauton, um dünne Linien für Maul, Schwanz und Brustflosse zu malen. Mischen Sie Rot, Blau, Gelb und Weiß, um ein rötliches Braun zu erhalten, und bemalen Sie die Oberseite und die Seiten des Fisches. Verwenden Sie Weiß für die Lichtreflexion im Auge. Einen Hauch Braun für einen Cremeton hinzufügen und die Linien an Schwanz und Brustflosse malen.

Muster

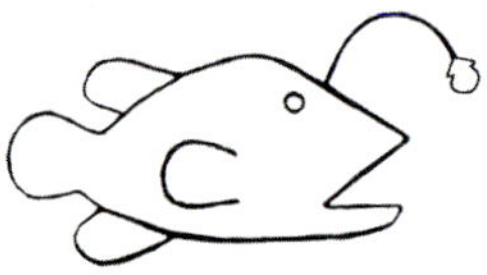

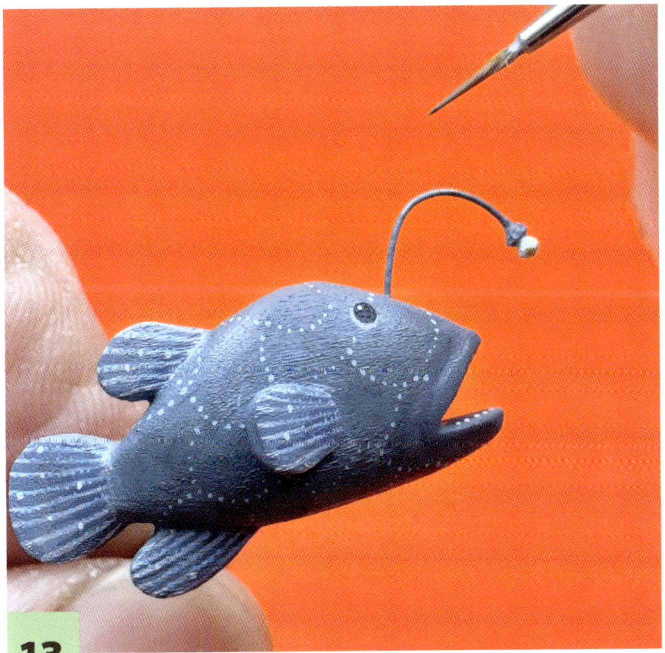

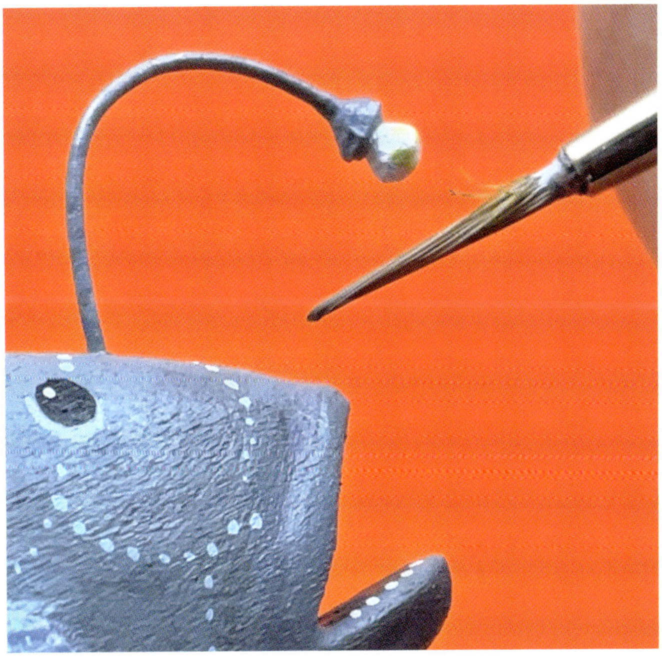

13 **Den Anglerfisch bemalen.** Bohren Sie ein 1,6 mm großes Loch in die linke Seite des Anglerfisches und stecken Sie einen Zahnstocher zum Halten während des Bemalens hinein. Mischen Sie alle fünf Farben, um ein Matschgrau zu erhalten; tragen Sie dieses auf den Körper des Fisches, den Draht und den Lampenschirm auf. Mehr Weiß zu der Mischung hinzufügen und Schwanz und Flossen bemalen. Weiß dazugeben und die Flossen mit Linien versehen. Fügen Sie Schwarz und Wasser hinzu und tragen Sie die Farbe leicht und ungleichmäßig auf den gesamten Körper auf. Mischen Sie Weiß zum Schwarz und bemalen Sie das Innere des Mauls. Mischen Sie Blau, Weiß und Schwarz; malen Sie Konturen um die Augen, zufällig angeordnete Punkte auf die Flossen und eine Linie aus Punkten über den Körper. Malen Sie willkürlich weiße Punkte auf Schwanz und Flossen und verwenden Sie Weiß für Lichtreflexion, Zähne und das Licht. Verwenden Sie einen gelben Akzent zur Betonung des Lichtes.

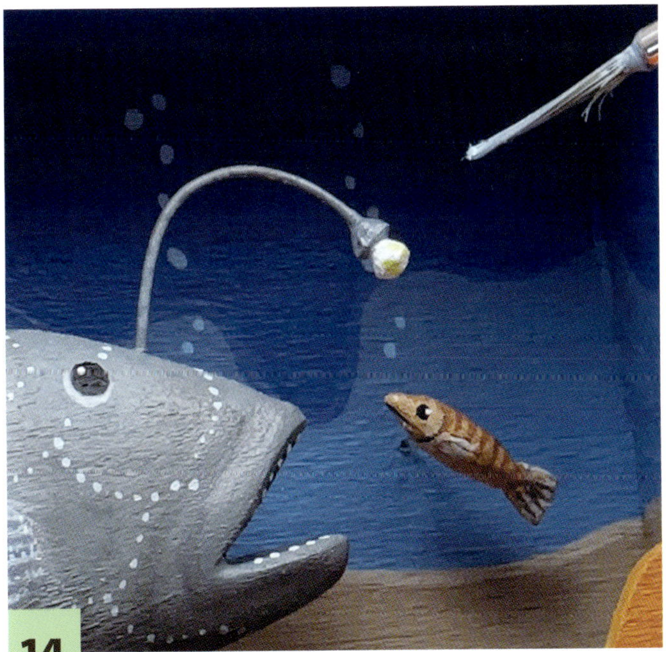

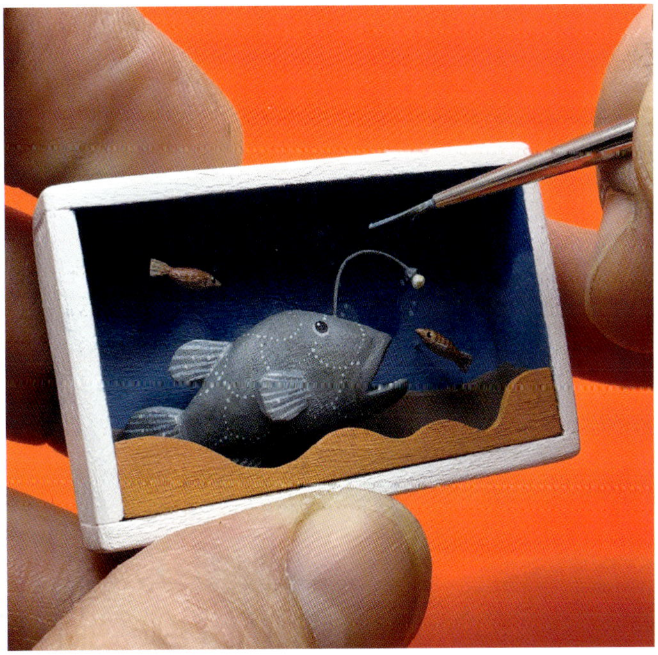

14 **Die Schachtel bemalen.** Bemalen Sie die Außenseite der Schachtel weiß. Mischen Sie Rot und Gelb, um den sandigen Meeresgrund orange zu bemalen. Mischen Sie Blau, Weiß, Rot und Gelb für ein Dunkelblau, das Sie innen auf die Oberseite der Box auftragen. Geben Sie Weiß hinzu und mischen Sie ein Hellblau für den Mittelteil. Mischen Sie alle fünf Farben für einen Braunton, den Sie unten auftragen. Weiß zu dem Braun beimengen und die Konturen des Randes zwischen Braun und Blau ziehen. Mischen Sie Blau und Weiß, um die Kontur zwischen den beiden blauen Bereichen zu malen. Bohren Sie ein flaches Loch (1,6 mm) auf die Rückseite der Schachtel, schneiden Sie die Zahnstocherhalterung des Anglerfisches zu und kleben Sie ihn an. Bohren Sie 0,8 mm große Löcher für die beiden Zahnstocherfische, schneiden Sie die Anglerschnur zu und kleben Sie sie fest. Schließlich kleben Sie den sandigen Meeresgrund an seinem Platz an.

Katze im Fenster

Kombiniert man für ein Kunstobjekt Katzen mit Herzen, verriet mir einmal ein Künstler, dann verkauft es sich garantiert; er bediente sich eines falschen schottischen Akzents und nannte es das „H'arts and Cats Movement", ein Wortspiel, das sich auf die Kunstbewegung „Arts and Crafts Movement" im Großbritannien des 19. Jahrhunderts bezog. Katzen sind beliebte Haustiere; in der Fotografie ist die Katze, die auf einem Fenstersims liegt, ein klassisches Motiv. Als wären sie füreinander geschaffen, werden die rechten Winkel des Fensters durch die verspielte Biegung des Katzenschwanzes unterbrochen und heben sich davon ab. Katzen sind in ihrem Naturell die Laufstegmodels der Tierwelt: Manchmal sitzen sie bereitwillig für Stunden still, dann wieder überhaupt nicht. Sie sind perfekte Motive für Porträtkünstler, die als Hilfe beim Malen auch Fotos des Models aus allen Winkeln haben sollten. Ich habe die Bemalung unserer eigenen Glückskatze nachempfunden; es steht Ihnen natürlich frei, Ihre Figur in jeder anderen Katzenfarbe zu bemalen oder ihr Fell mit Herzchen zu versehen.

Material & Werkzeug

- Holz (Katze), 1 Stück: L-förmiges Stück mit Maserung in Richtung Schwanz; Schwanzbereich 25 mm lang und 10 mm unter den Körperbereich hängend; das Holzstück sollte von Kopf bis Schwanz 30 mm messen und 19 mm breit sein; Körperbereich misst 16 x 22 mm.

**Maserung in Richtung der längsten Abmessung für alle Teile von Fenster und Schachtel*

- Holz (Fenstersims), 1 Stück: 10 x 16 x 62 mm
- Holz (Fenster Seiten), 2 Stücke: 10 x 10 x 78 mm
- Holz (Fenster Oberseite), 1 Stück: 10 x 10 x 62 mm
- Holz (Fenster vertikale Strebe), 1 Stück: 4,8 x 4,8 x 78 mm
- Holz (Fenster horizontale Strebe), 1 Stück: 4,8 x 4,8 x 43 mm
- Holz (Fensterrückseite), 1 Stück: 1,6 x 51 x 86 mm
- 1 Zahnstocher
- Schnitzmesser
- Handschutz
- Stielkloben mit Bohrer (1,6 mm)
- Schleifpapier: Körnung 600–800
- Farbpinsel: Rundpinsel Nr. 1 oder größer, Linierer Nr. 10/0 oder kleinerer Detailpinsel
- Farben: Rot, Blau, Gelb, Weiß und Schwarz zum Mischen einer Vielzahl an Farben
- Holzleim
- Miniaturtischsäge (optional, zum Zuschnitt der Kiste)

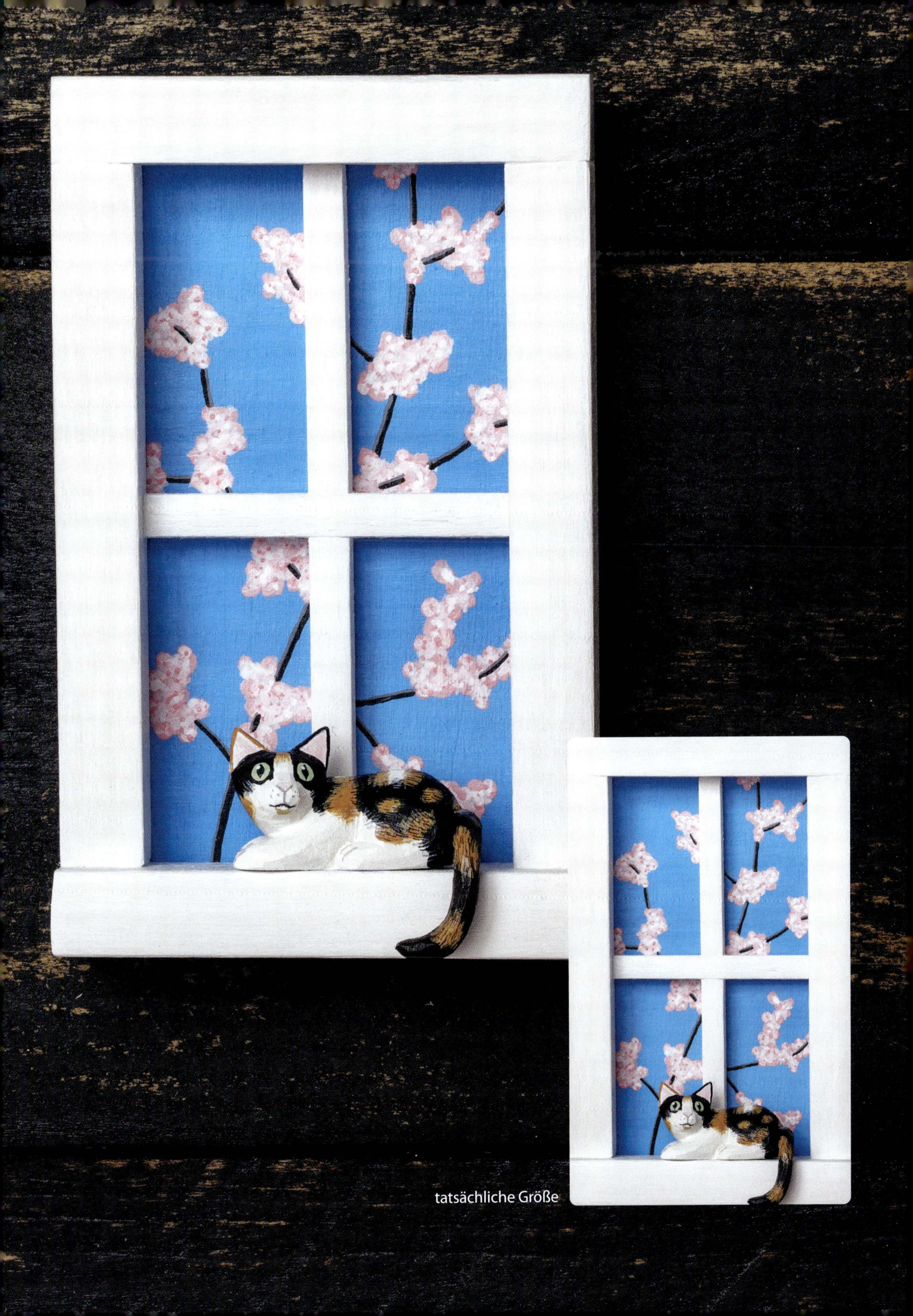

tatsächliche Größe

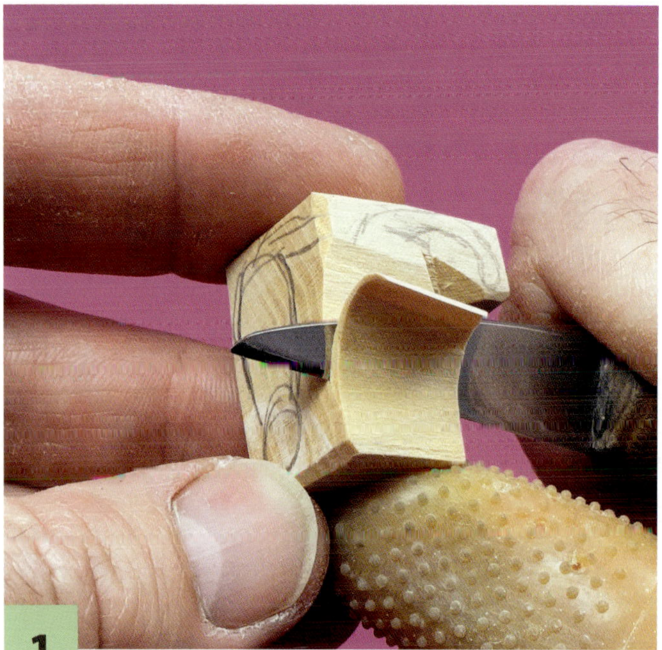

1 **Das Holz zuschneiden.** Übertragen Sie das Katzenmuster auf das richtige Holzstück. Reduzieren Sie die Breite des Körperbereichs mit Schäl- oder Schiebeschnitten von etwa 19 mm auf 11 mm, lassen Sie jedoch etwas überschüssiges Material für später stehen.

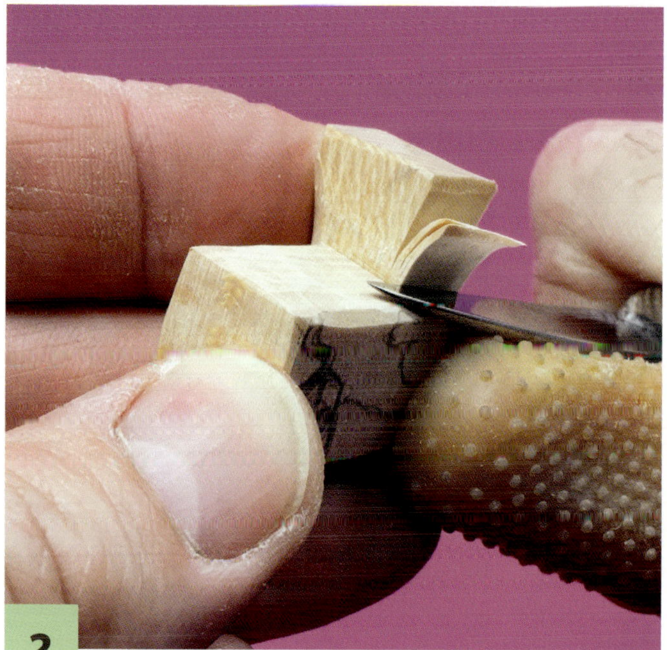

2 **In Schwanznähe arbeiten.** Entfernen Sie das Material aus dem Schwanzbereich hinter dem, was noch für den Körperbereich stehen geblieben ist, mit Stoppschnitten. Achten Sie darauf, die glatte Grundfläche der Figur nicht zu stören. Schnitzen Sie erste Messerstriche in Maserungsrichtung an der Schwanzspitze beginnend und in Richtung Körper führend. Lassen Sie diese Schnitte auf Messerstriche treffen, die quer zur Maserung und bündig mit der Grundfläche des Körpers verlaufen.

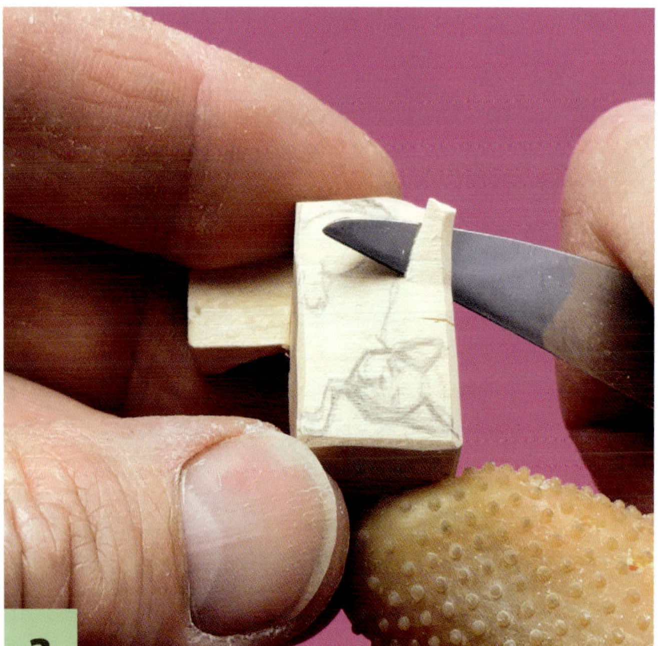

3 **Die Trennung zwischen Kopf und Körper ausarbeiten.** Markieren Sie den Rand des Kopfes. Mit Schäl- und Stoppschnitten die Körperhöhe kürzen. Beginnen Sie mit Schälschnitten an den Seitenrändern am hinteren Ende der Figur, wo der Schwanz mit dem Körper verbunden ist, dann schnitzen Sie am Übergangsbereich zwischen Kopf und Körper mit Stoppschnitten weiter: Erste Schnitte führen den Rücken entlang und treffen auf Schnitte am Rand des Kopfes.

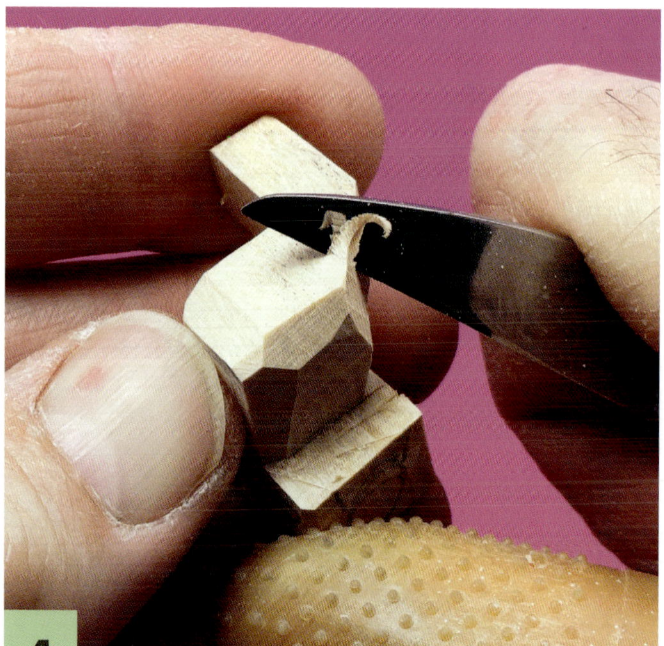

4 **Den Übergang von Körper zu Schwanz ausarbeiten.** Wo er auf den Körper trifft, arbeiten Sie den Rand des Schwanzes mit Schäl- oder Schiebeschnitten aus. Glätten Sie die Ränder im Schwanzbereich und höhlen Sie das Holz über dem Schwanz aus, wo dieser mit dem Körper verbunden ist. Entfernen Sie auch das Material hinter dem Körper auf der anderen Seite des herabhängenden Schwanzes, um diesen herauszuarbeiten.

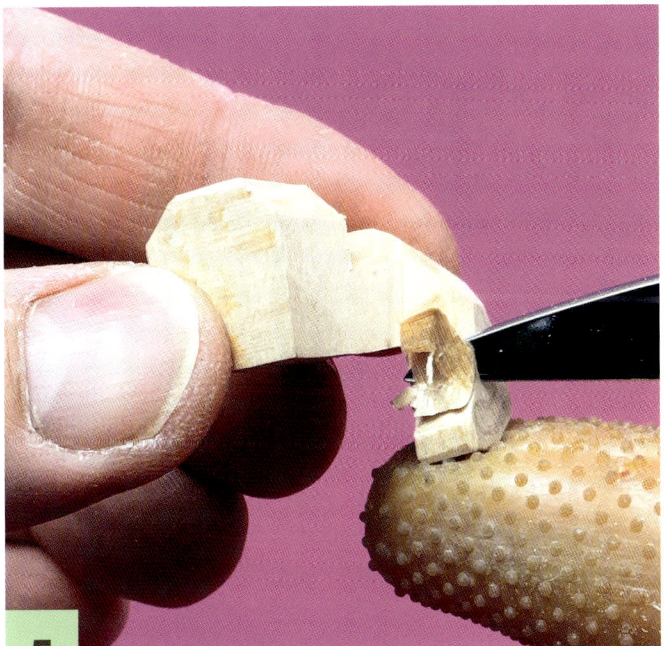

5 **Die Rundung des Schwanzes mit V-Schnitten gestalten.** Dafür Schnitte an der Schwanzspitze beginnen und auf Messerstriche treffen lassen, die entlang der Schwanzlänge nach unten führen. Mit Schäl- und Schiebeschnitte die Kanten des Schwanzbereichs glätten und noch überschüssiges Material für später stehen lassen.

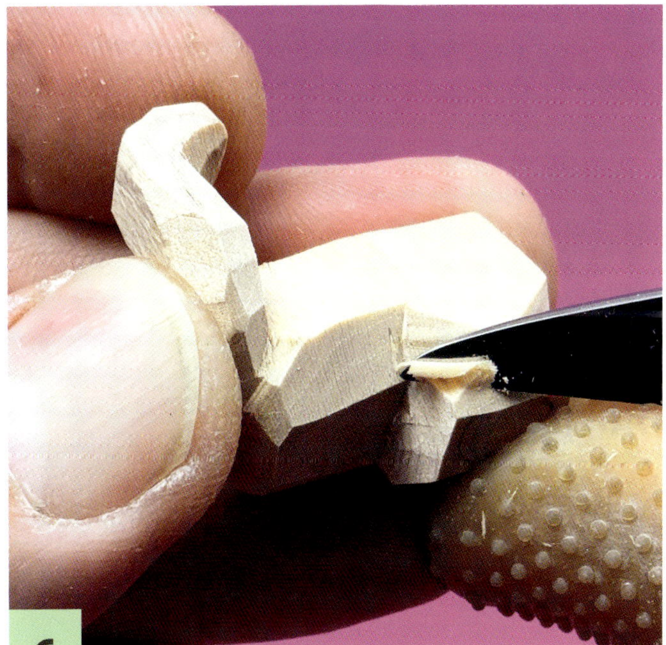

6 **Am Kopf arbeiten.** Material vor und hinter den Ohren sowie über dem Kopf mit Schäl- oder Schiebeschnitten entfernen. Die ersten Schnitte schräg ansetzen, um Ränder und Ecken des Holzes abzuschneiden. Mit den zweiten Schnitten das Holz herausschälen; schließlich für eine rechtwinklige Verbindung von Ohren und Kopf einen Stoppschnitt vor den Ohren ausführen. Auf der anderen Seite einen schrägen Schälschnitt vom Ohransatz zur Ohrenspitze schnitzen, damit der oberste Teil spitz wird.

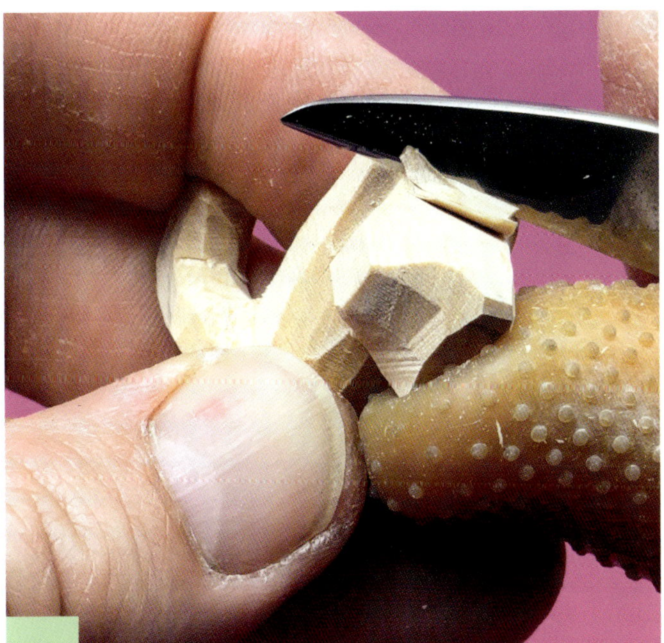

7 **Den Rand an der Kopfunterseite ausarbeiten.** Schnitzen Sie V-Schnitte unter dem Kinn. Lassen Sie die ersten Messerstriche vom Kinn ausgehen und auf Schnitte von der Oberseite der Vorderbeine treffen. Schnitzen Sie V-Schnitte auf der rechten Seite des Kopfes über den Pfoten, um diese vom Kopf zu trennen; dafür die ersten Striche oben an den Pfoten schräg zum Kopf hin ansetzen und auf jene Schnitte von der Seite des Kopfes treffen lassen.

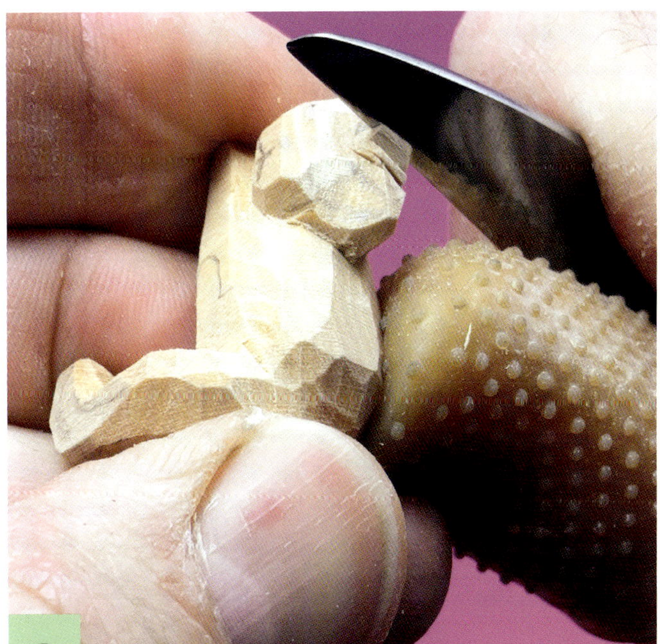

8 **Ohren und Vorderpfoten ausarbeiten.** Arbeiten Sie mit V-Schnitten an der Kerbe zwischen den Ohren, um diese voneinander zu trennen. Schnitzen Sie weiterhin V-Schnitte, bis die Kerbe die Oberkante des Kopfes erreicht. Wieder im V-Schnitt eine Kerbe zwischen linker und rechter Pfote schnitzen, um diese voneinander zu trennen. Arbeiten Sie nur mit der Messerspitze, um nicht seitlich in den Kopf zu schneiden.

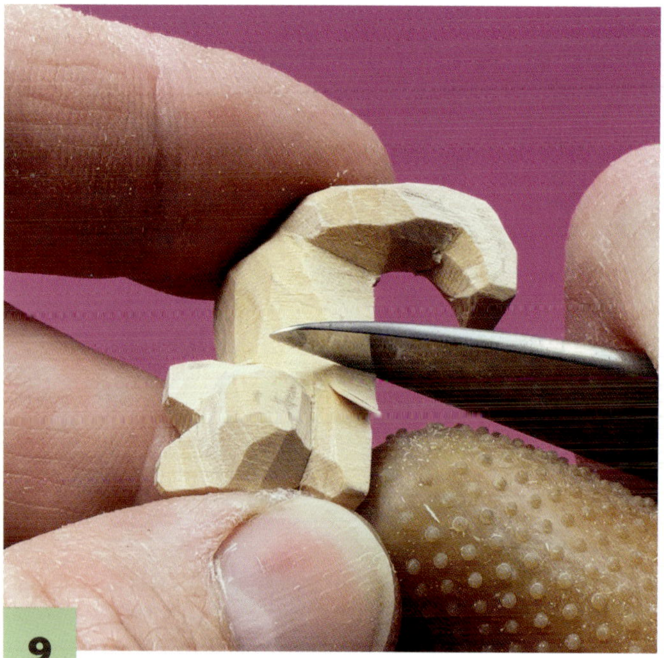

9 **Die Hinterbeine ausarbeiten.** Stoppschnitte für den vordersten Teil der Hinterpfoten schnitzen. Dazu einen Schnitt von der Pfote Richtung Schwanz auf einen Messerstrich am Pfotenrand treffen lassen, der den Span abträgt. Dann mit Kombinationsschnitten oberhalb der Pfoten arbeiten: Einen Schnitt bündig zur Pfotenoberseite in Richtung Schwanz verlaufen und dessen Ende auf einen Schnitt von oben her treffen lassen. Der dritte Messerstrich trifft in der Aushöhlung zwischen Pfoten und Bein auf die vorigen beiden und entfernt den Span, sodass eine das Hinterbein formende Vertiefung entsteht.

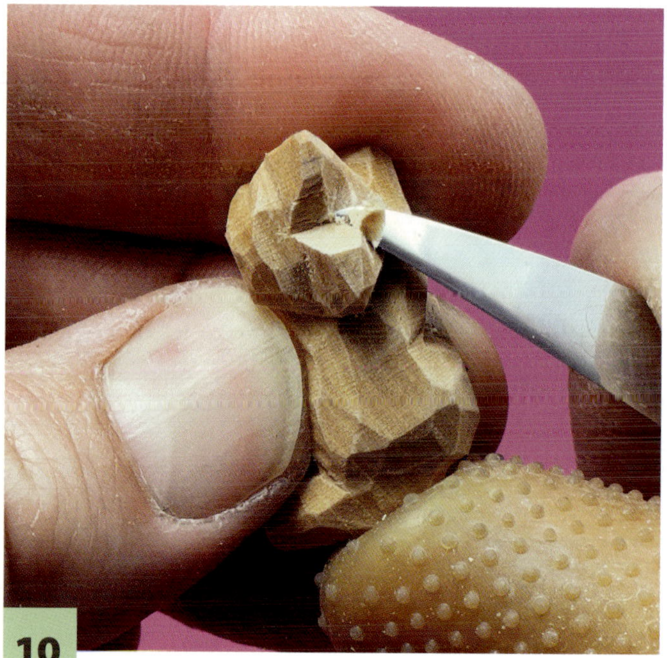

10 **Die Ohren fein ausarbeiten.** Erweitern Sie die Vertiefung zwischen den Ohren mit Schäl- oder Schiebeschnitten. Schnitzen Sie am Ohransatz beginnend in Richtung Ohrspitze. Verschmälern Sie die Tiefe eines jeden Ohrs auf ähnliche Weise. Vergleichen Sie die Ohren miteinander und entfernen Sie überschüssiges Material, falls eines größer als das andere sein sollte.

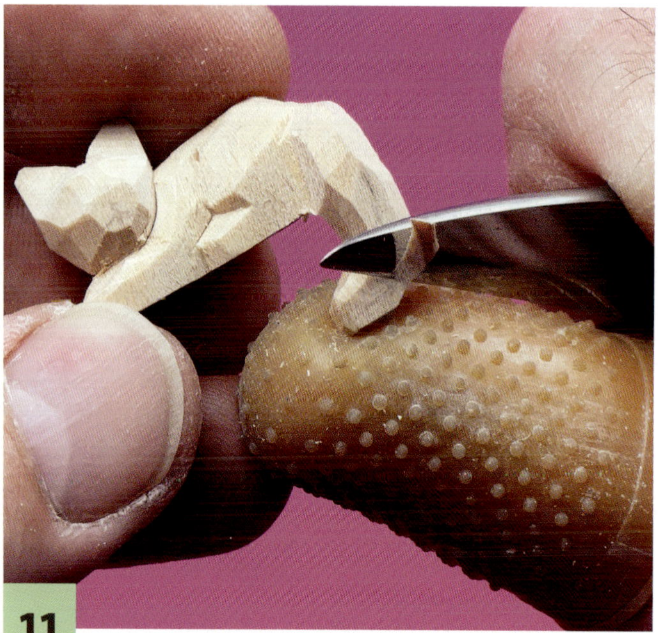

11 **Den Schwanz fein ausarbeiten.** Verleihen Sie dem Schwanz mit Schäl- und Schiebeschnitten den letzten Schliff. Glätten Sie schräge Ränder und lassen Sie Wölbungen natürlich und verspielt aussehen. Schnitzen Sie im Inneren der Wölbungen mit V-Schnitten, die immer an der Spitze beginnen und auf Schnitte aus der anderen Richtung treffen.

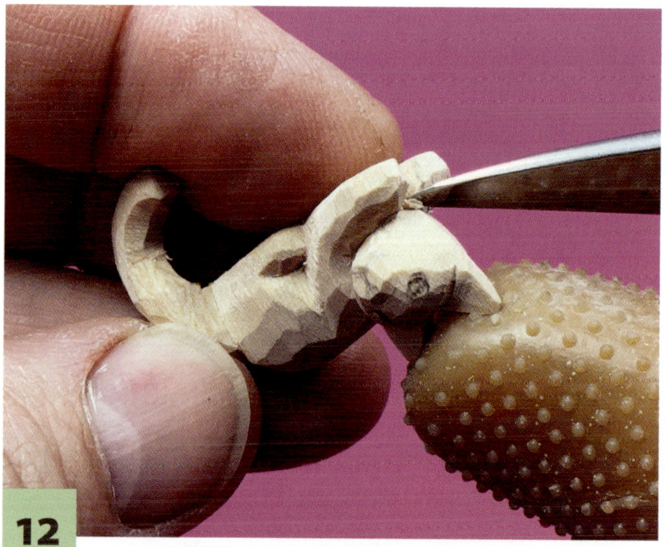

12 **Vorderpfoten und Gesicht fein ausarbeiten.** Mit Dreischnittkombinationen zwischen Pfoten und Beinen schnitzen und die Lücke zwischen den Vorderpfoten erweitern: Die ersten beiden Schnitte führen an den Innenrändern der Pfoten entlang und verbinden diese mit einem dritten Schnitt von unten. So weiterarbeiten, bis die Lücke die Neigung des Halses erreicht. Schließlich das Gesicht mit Schäl- und Schiebeschnitten verfeinern; dabei den Bereich um die Schnauze dünner als die Stirn gestalten und die Kanten des Kopfs abrunden. Schließlich ein Loch (1,6 mm) unten in die Figur bohren und einen Zahnstocher zum Festhalten während des Bemalens hineinstecken.

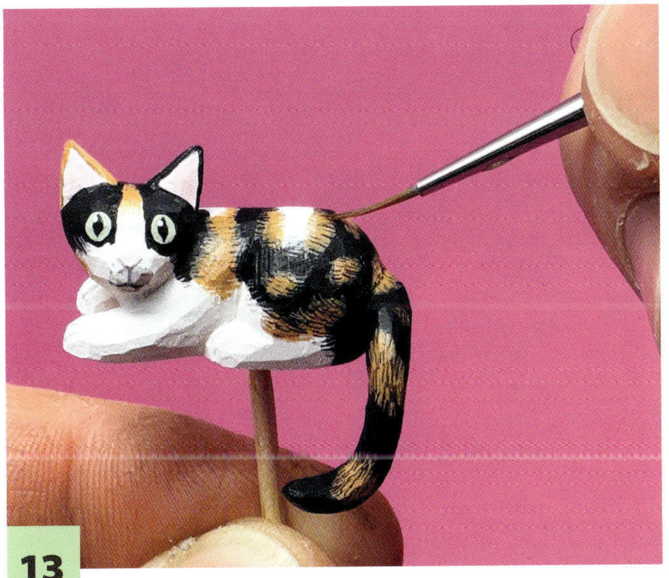

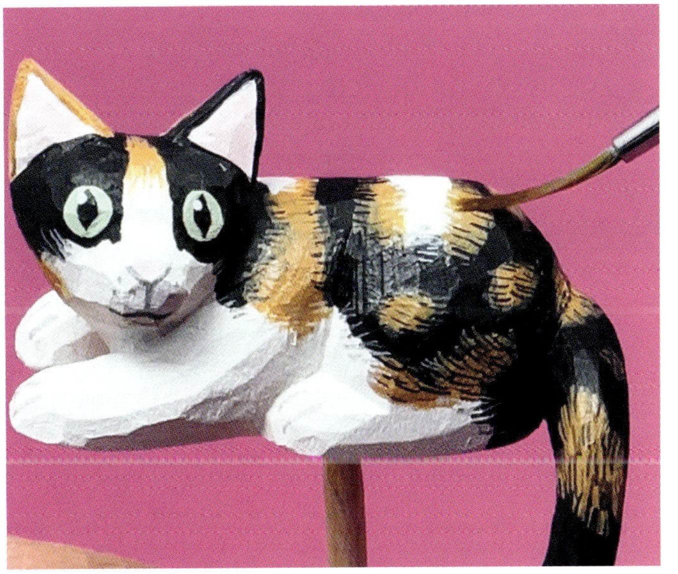

13 **Die Katze bemalen.** Mischen Sie Weiß, Gelb und Rot für einen Cremeton als Grundierung. Mischen Sie Weiß, Gelb und Blau zu einem Hellgrün für die Augen. Verwenden Sie Schwarz für die Pupillen und das Muster der restlichen Katze. Mischen Sie alle fünf Farben, um ein Rostbraun für den braunen Teil des Musters zu erhalten. Zeichnen Sie mit Schwarz Linien, die in das Braune reichen, und malen Sie weiße Linien, die in das Schwarze hineinragen. Zeichnen Sie die weiße Linsenreflexion. Mischen Sie Schwarz, Weiß und Gelb für einen Grauton, um das Maul zu malen und unter der Nase eine Kontur zu ziehen. Mischen Sie Weiß, Gelb und Rot zu einem Rosaton, mit dem Sie Innenohren und Nase bemalen.

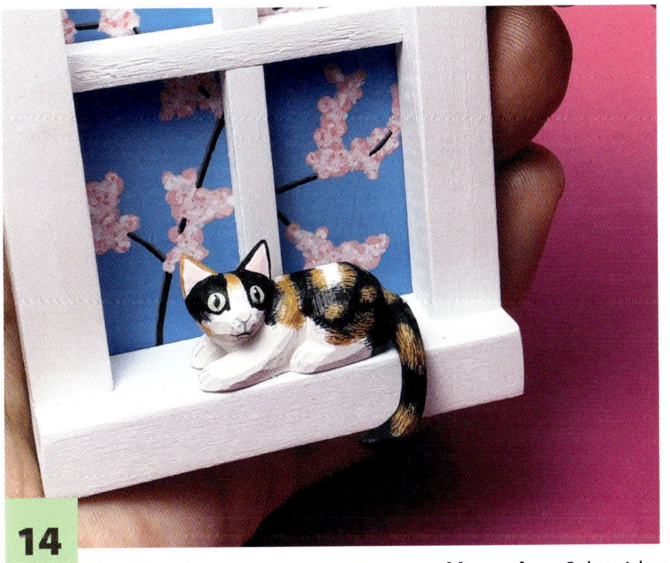

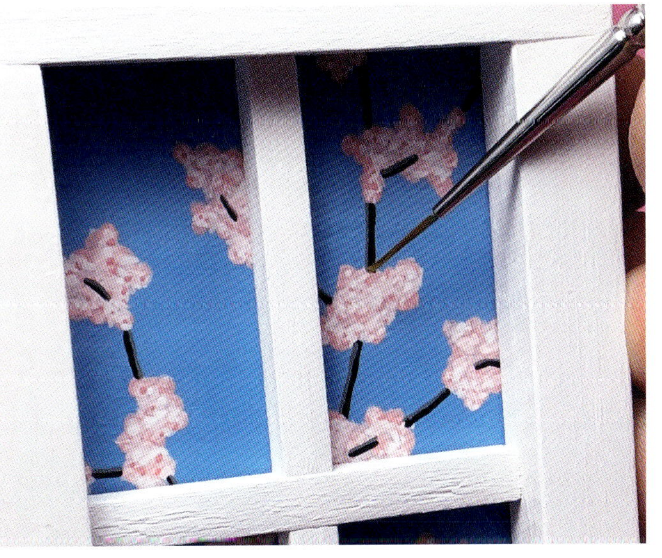

14 **Das Fenster zusammensetzen und bemalen.** Schneiden Sie die Stücke für die Schachtel der Materialliste entsprechend mit einer Säge zu und schleifen Sie sie glatt. Schnitzen Sie rechtwinklige Kerben in die Mittelpunkte der beiden Fensterstreben und stecken Sie sie wie ein Kreuz zusammen. Kleben Sie alle Teile bis auf die Rückwand zusammen. Den ganzen Rahmen weiß anmalen. Mischen Sie Weiß und Blau und bemalen Sie die Rückwand. Zeichnen Sie mit Bleistift sich verzweigende Linien. Mischen Sie eine Palette an Rosatönen aus Weiß, Rot und Gelb und malen Sie gruppenweise Kirschblüten entlang der Zweige. Bemalen Sie die Blüten ungleichmäßig mit den Rosatönen. Verwenden Sie Schwarz für die Zweige, auch innerhalb der Blütenansammlungen. Mischen Sie Schwarz, Weiß und Gelb für eine graue Kontur an einer Seite des Zweiges. Kleben Sie die Rückwand an den Rahmen und die Katze an ihren Platz. Bohren Sie ein 1,6 mm großes Loch zum Aufhängen in die Rückseite des Rahmens.

Muster

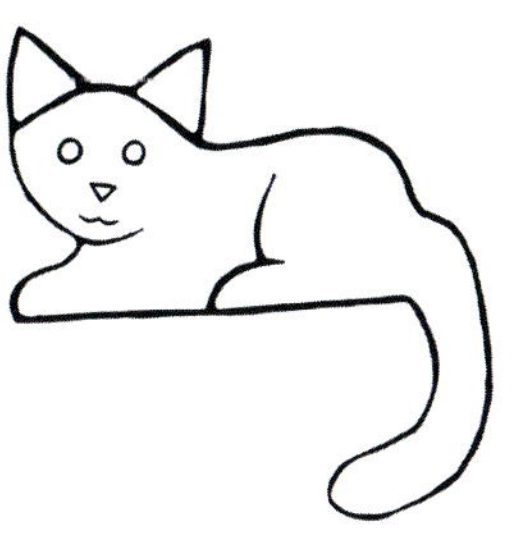

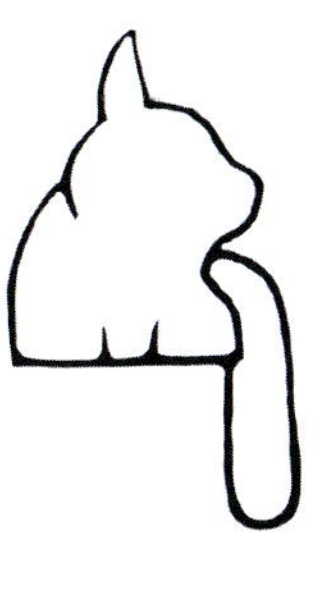

Afrikanische Safari

Das Wort „Safari" stammt aus dem Swahili und bedeutet „Reise"; in unseren Breitengraden steht es durch und durch für Abenteuer, eine Reise in das Herz Afrikas, um Tiere in ihrem natürlichen Lebensraum zu beobachten und zu fotografieren. Diese Form des Erlebnisses hat selbst eine eigene Kultur angenommen, komplett mit Range Rover, Tropenhelm und Khaki-Kleidung. Ich war noch nie auf Safari, aber ich habe versucht, dieses Spektakel mit hintereinandergestellten Schnitzarbeiten so zu inszenieren, dass sie am ehesten als „Naturfotografie für Kontrollfreaks" durchgeht. In diesem Bild ist das Wetter immer perfekt und das Tier lächelt für die Kamera; es droht keinerlei Gefahr von angreifenden Löwen, und wenn doch, dann wären sie kleiner als 25 mm und ihr Biss nicht schmerzhafter als der einer Mücke. Diese besondere Safari findet im Schatten des Kilimandscharo statt und zeigt eine Giraffe. Der kleine Baum auf mittlerem Abstand hilft, den Vordergrund mit dem Hintergrund zu verschmelzen.

Der breite Rahmen um dieses Projekt herum ist ein optionaler Zusatz, der nicht in der Materialliste und der Anleitung berücksichtigt wird.

Material & Werkzeug

**Maserung in Richtung der längsten Abmessung für alle Teile*

- Holz (Giraffe), 1 Stück: 10 x 6,4 x 25 mm
- Holz (großer Baum), 1 Stück: 6,4 x 19 x 29 mm
- Holz (kleiner Baum), 1 Stück: 3,2 x 10 x 13 mm
- Holz (Bäume im Hintergrund), 1 Stück: 2,4 x 10 x 83 mm
- Holz (Schachtelrückseite), 1 Stück: 1,2 x 53 x 90 mm
- Holz (Schachtelober- und -unterseite): 2 Stücke: 4 x 18 x 90 mm
- Holz (Seitenteile der Schachtel), 2 Stücke: 4 x 18 x 57 mm
- einige Zahnstocher
- Schnitzmesser
- Detailmesser
- Handschutz
- Stielkloben mit Bohrern (1,6 mm und 0,8 mm)
- Schleifpapier: Körnung 600–800
- Farbpinsel: Rundpinsel Nr. 1 oder größer, Linierer Nr. 10/0 oder kleinerer Detailpinsel
- Farben: Rot, Blau, Gelb, Weiß und Schwarz zum Mischen einer Palette an Farben
- Holzleim
- Miniaturtischsäge (optional, zum Zuschnitt der Kiste)
- Pinzette (optional)

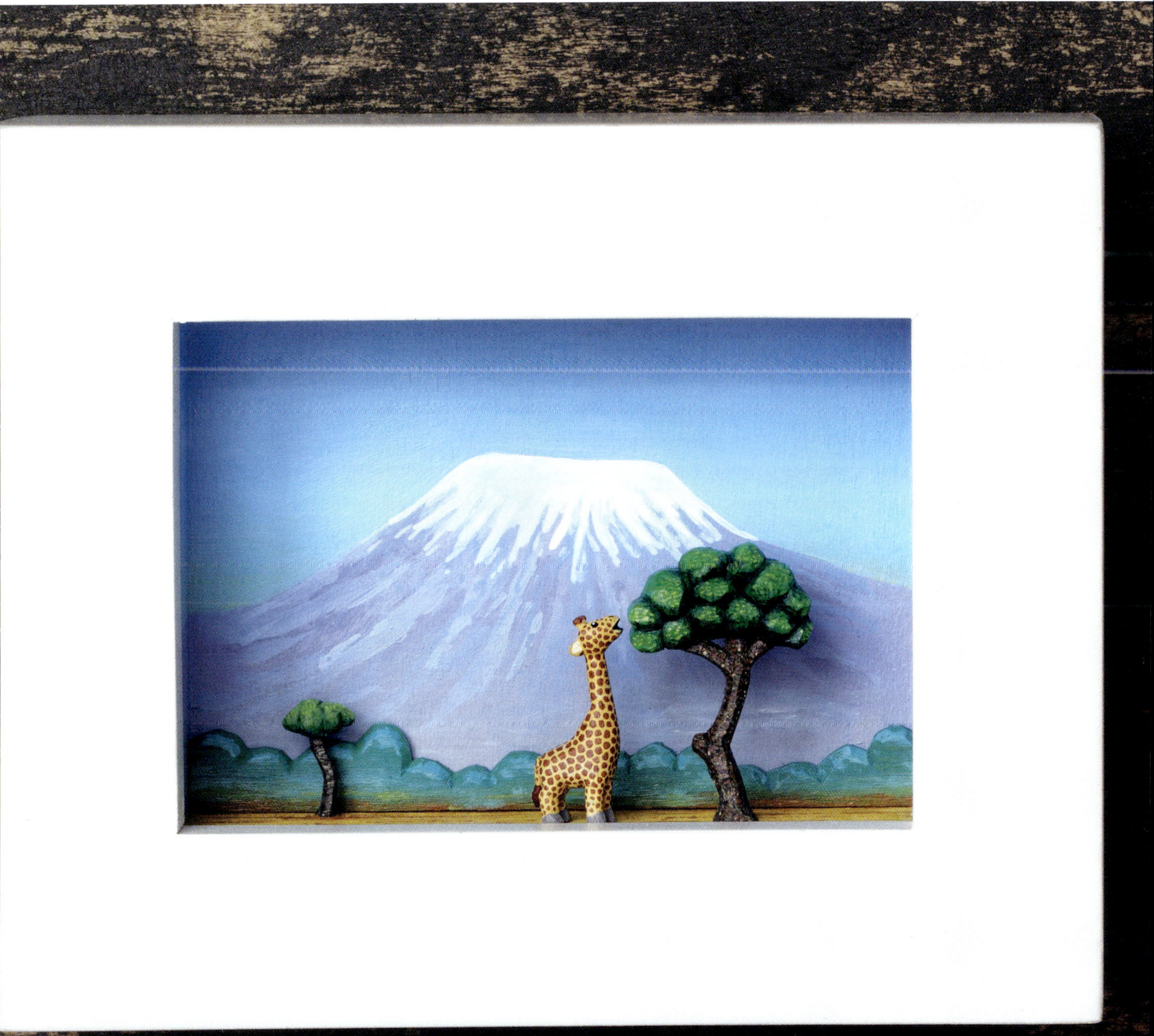

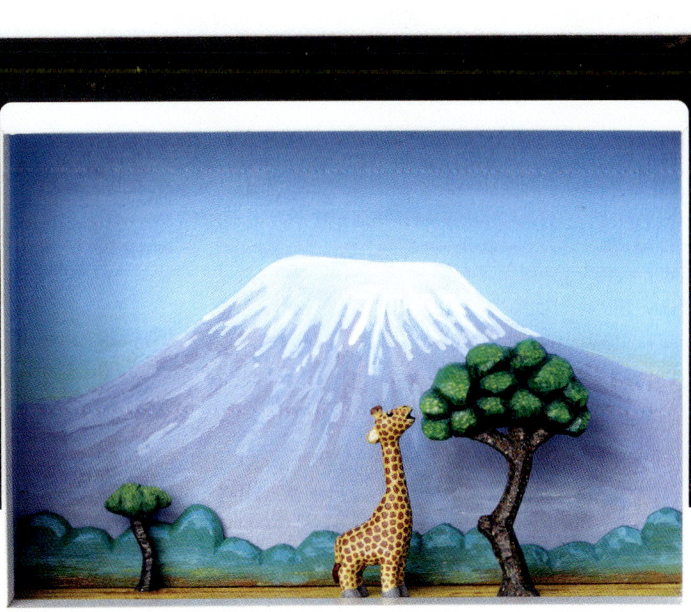

tatsächliche Größe
(ohne optionalen Rahmen)

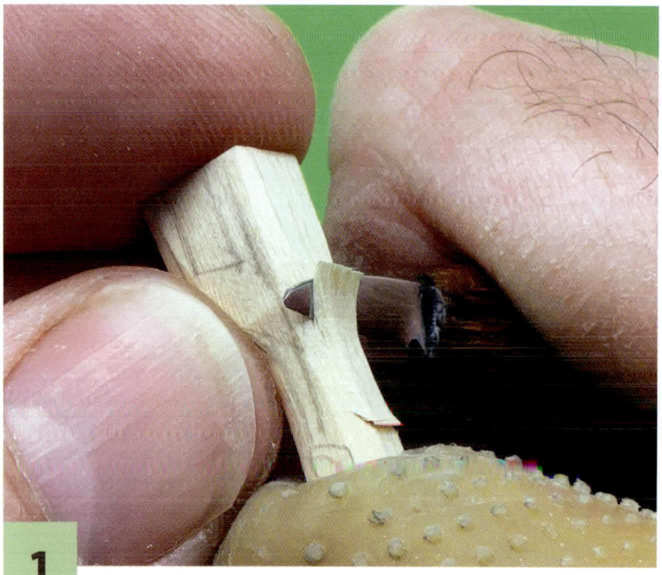

1 **Grob bearbeiten.** Übertragen Sie das Giraffenmuster auf das richtige Stück Holz. Schnitzen Sie im Schäl- oder Schiebeschnitt, um hinter Kopf und Hals das Material abzutragen; das Holz für die Ohren bleibt unberührt. Arbeiten Sie mit V-Schnitten unter dem Kopf und vor dem Hals, um das Material dort zu entfernen. Dazu mit Messerstrichen beim Kinn beginnen und diese auf Schnitte von vor der Vorderseite des unteren Halses treffen lassen. Schnitzen Sie den gesamten Kopf- und Halsbereich mit Schäl- oder Schiebeschnitte schmaler, etwa auf 3,2 mm.

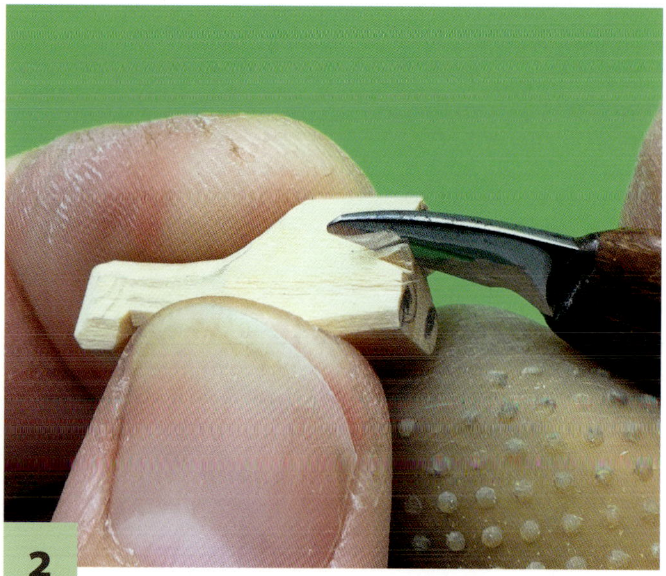

2 **Die Beine ausarbeiten.** Zeichnen Sie die Hufabdrücke an allen vier Ecken auf die Unterseite des Holzstücks. Arbeiten Sie mit V-Schnitten, um Vorder- und Hinterbeine bzw. linke von rechten Beinen zu trennen. Beginnen Sie mit Messerstrichen an den Seiten der Figur unten zwischen den Beinen. Führen Sie passende Schnitte an allen vier Seiten aus, um v-förmige Kerben zu erhalten. Zwei V-Schnitte unten an der Figur derart ausführen, dass sich zwischen den Beinen ein Kreuz bildet, das die neu geschnitzten Kerben miteinander verbindet.

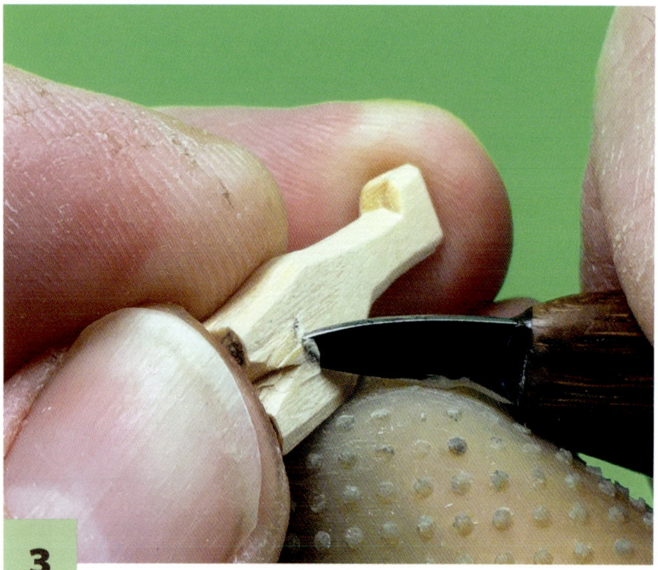

3 **Weiter an den Beinen arbeiten.** Mit Dreischnittkombinationen an der Stelle der Kerben zwischen den Beinen arbeiten. Die ersten beiden Schnitte parallel zu den Beinen ausführen und in Richtung Bauch schneiden. Die Schnitte schräg zueinander halten, sodass sie nahe dem Bauchmittelpunkt spitz aufeinandertreffen. Den dritten Schnitt bündig zum Bauch ansetzen und mit den vorigen zwei Schnitten verbinden, um den Span zwischen ihnen zu entfernen. Eine Reihe von schneidenden Schnitten zwischen den Beinen ausführen – zuerst parallel zu ihnen, dann schräg von einer Seite zur anderen, sodass die Späne entfernt werden. Mit einem stechenden Messerstrich am Beinansatz enden, um das restliche Material zu entfernen.

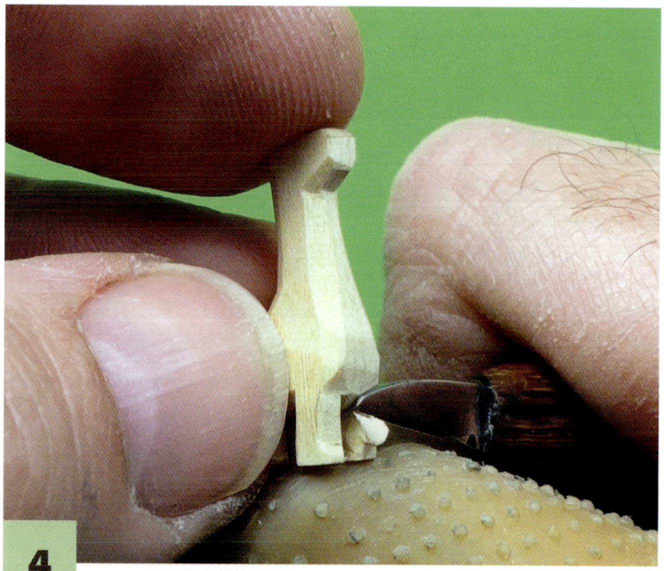

4 **Die Hufe gestalten.** V-Schnitte ausführen. Beginnen Sie mit Schnitten von der Spitze eines jeden Hufs und lassen Sie diese auf Messerstriche, die vor dem Bein beginnen, treffen. Es ist wichtig, in dieser Reihenfolge vorzugehen, da Sie sonst Gefahr laufen, den Huf zu verlieren. Mit den zweiten Schnitten die Beine schmaler schnitzen und an den Hinterbeinen beginnen, die Biegung des Beins zu formen. Mit Schäl- oder Schiebeschnitten die Nase schmaler schnitzen und die Ränder des Kopfes vor den Hörnern abrunden.

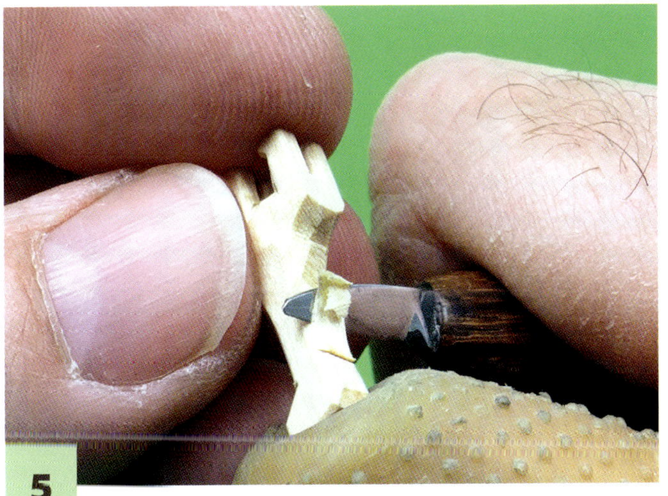

5 **Ohren und Hörner ausarbeiten.** Formen Sie mit V-Schnitten die Ränder der Ohren und Hörner. Für die Ohren Messerstriche von den Ohrspitzen in Richtung Genick ausführen und den Span mit Schnitten vom Nacken aus entfernen. Ebenso für die Oberseite des Ohrs vorgehen: An der Ohrspitze beginnen und in Richtung Kopfrückseite schneiden; dabei den Span mit Schnitten, die von der Rückseite der Hörner aus auf die ersten Schnitte treffen, entfernen. Für die Hörner Schnitte an der Stirn in Richtung der Hörner ausführen und diese auf Messerstriche, die vorn an der Spitze des Horns beginnen und hinunter in Richtung Kopf führen, treffen lassen. Beginnen Sie auf der Rückseite der Hörner mit Schnitten am Hinterkopf in Hornrichtung und lassen Sie sie auf Messerstriche treffen, die in Richtung Hornrückseite führen. All diese Schnitte sind extrem winzig und müssen präzise ausgeführt werden, da Sie sonst die Hörner und Ohren verlieren.

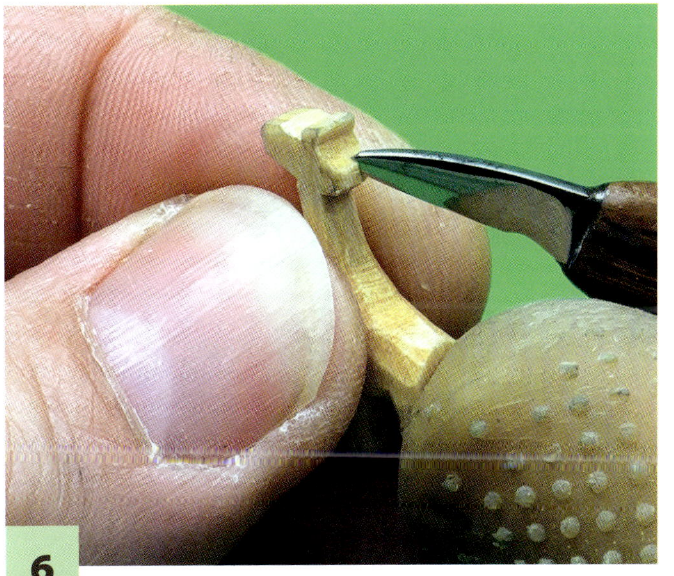

6 **Ohren und Hörner links und rechts trennen.** Schnitzen Sie V-Schnitte am Mittelpunkt von Ohren und Hörnern, um eine Vertiefung zu formen, die die linke Seite von der rechten trennt. Schneiden Sie die v-förmigen Kerben mit Stoppschnitten rechtwinklig zu, indem Sie entlang der Ohren- bzw. Horninnenseiten bündig mit der Kopfoberseite schneiden und diese Schnitte auf Messerstriche an den Innenseiten der Gebilde treffen lassen. Die Ohren und Hörner mit Stoppschnitten von außen schmaler schnitzen. Dafür den ersten Schnitt bündig mit dem Kopf am Horn- bzw. Ohransatz führen und auf einen Schnitt von der Spitze zum Ansatz treffen lassen.

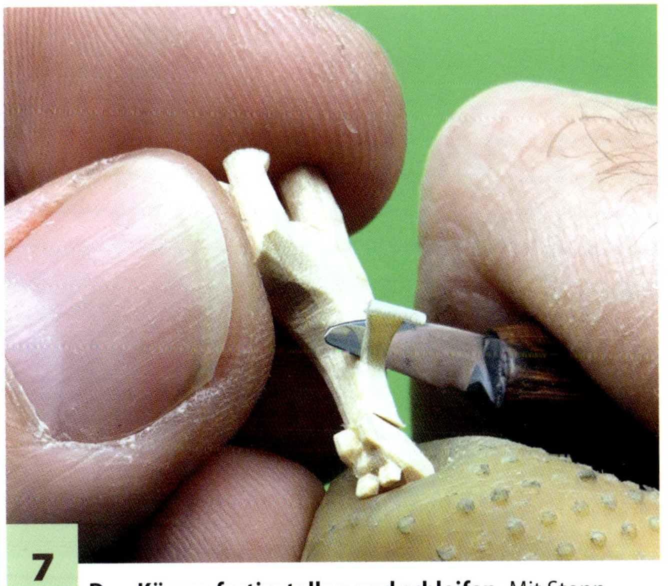

7 **Den Körper fertigstellen und schleifen.** Mit Stoppschnitten, die schräg in Richtung Hals gerichtet sind, den Hals schmaler schnitzen und die Wangen ausarbeiten. Lassen Sie diese Schnitte auf Messerstriche vom Hals her treffen. Schnitzen Sie mit einem V-Schnitt eine kleine v-förmige Kerbe für das Maul. Schleifen Sie die gesamte Figur mit Schleifpapier (Körnung 600–800). Verwenden Sie dieses Schleifpapier nicht nur, um die Oberfläche zu glätten, sondern auch, um die kleinsten Details besser zu definieren. Achten Sie darauf, nicht zu viel zu schneiden und keine Rippen entstehen zu lassen. Wo notwendig, verwenden Sie ein Detailmesser, um Holz zu entfernen und die Details feiner auszuarbeiten.

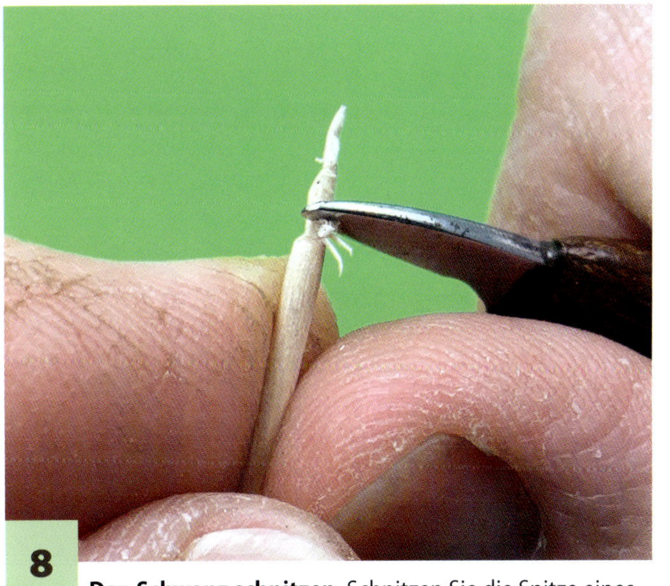

8 **Den Schwanz schnitzen.** Schnitzen Sie die Spitze eines Zahnstochers mit Schälschnitten zu einem leicht gebogenen, etwa 2,4 mm langen Schwanzbereich. Bauen Sie mit Schälschnitten den Anfang des bürstenartigen Teils des Schwanzes auf und tragen Sie 2,4 mm weiter um den Zahnstocher herum Material ab, um den Schwanz vom Rest des Zahnstochers abzutrennen. Schnitzen Sie eine kleine vertikale Kerbe in das hintere Ende der Giraffe und befestigen Sie den Schwanz mit Holzleim am Körper. Dafür erweist sich eine Pinzette als hilfreich. Schließlich bohren Sie ein 1,6 mm großes Loch unten in die Figur und stecken einen Zahnstocher zum Halten während des Bemalens hinein.

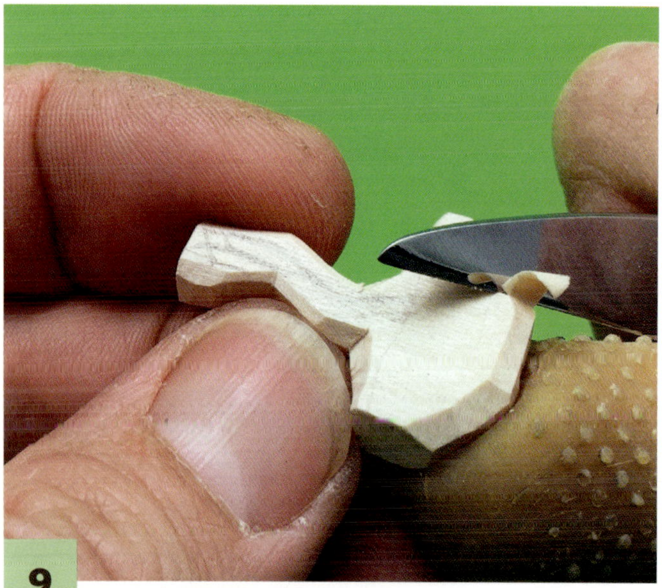

9 **Den großen Baum beginnen.** Übertragen Sie das Muster für den großen Baum auf das richtige Holzstück. Entfernen Sie mit Schäl- oder Schiebeschnitten das Material an beiden Seiten des Baumstamms. Wo dieser auf das Blattwerk trifft, arbeiten Sie mit Stoppschnitten, um den Rand auszuarbeiten. Beginnen Sie mit Messerstrichen entlang der Unterseite der Baumkrone und lassen Sie diese auf Schnitte aus Richtung Baumstamm treffen. Lassen Sie nahe dem Übergang mehr Material für die Äste stehen. Teilen Sie den Bereich der Baumkrone mit V-Schnitten in etwa ein Dutzend unterschiedliche Stücke verschiedener Formen und Größen.

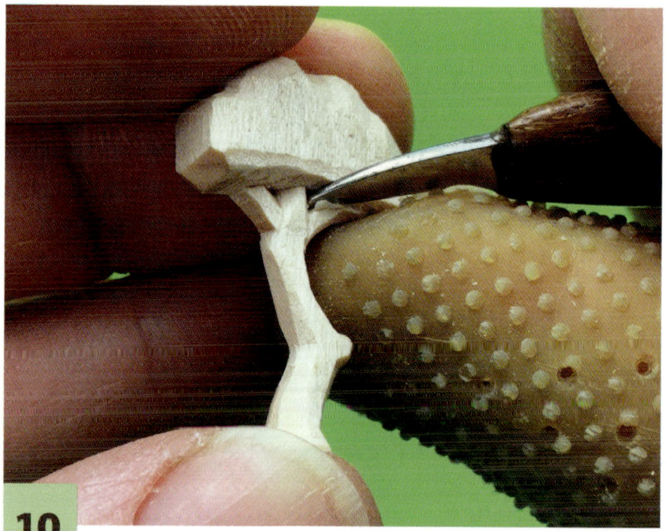

10 **Den großen Baum fertigstellen.** Schnitzen Sie den Bereich, an dem der Stamm auf die Baumkrone trifft, mit Stoppschnitten schmaler. Erste Schnitte unten an der Krone ansetzen und diese auf Schnitte vom Baumstamm treffen lassen. Gestalten Sie die Außenkanten des Astbereichs mit Schälschnitten. Zeichnen Sie die Äste und arbeiten Sie dann mit Dreischnittkombinationen zwischen Vorder- und Hinterseiten der Äste, um die Lücken zwischen ihnen auszuarbeiten. Beginnen Sie mit einem Schnittpaar in der Astgabel eines jeden Asts, bündig mit dem Ast und in Richtung Blattwerk. Der dritte Schnitt verläuft bündig mit der Unterseite der Baumkrone, um ein dreieckiges Holzstück zu entfernen. Diese Schnitte wiederholen, bis zwischen den Ästen eine klare Trennung entstanden ist. Dann aus dem passenden Holzstück einen kleineren Baum nach der gleichen Anleitung, wenngleich vereinfacht, schnitzen.

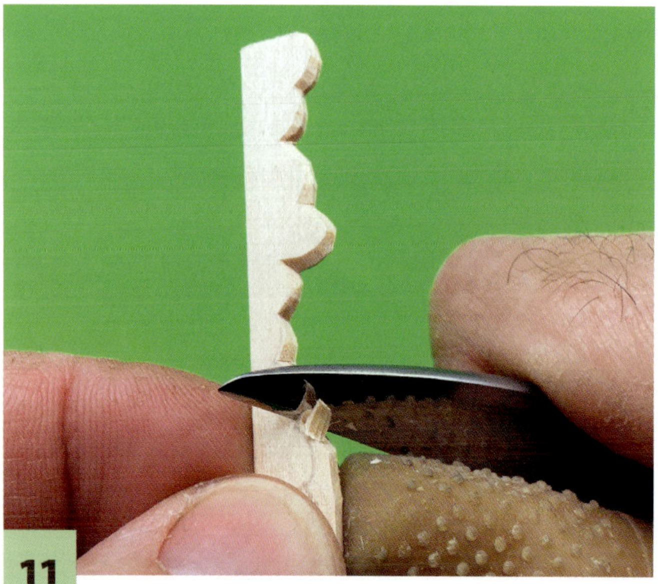

11 **Die Schachtel zusammensetzen.** Schneiden Sie die Stücke für die Schachtel mit einer Miniaturtischsäge oder einer anderen Säge entsprechend der Materialliste zu. Schleifen Sie jedes Stück glatt, dann kleben Sie alle Teile bis auf die Baumlinie in Form einer Schachtel zusammen (siehe Foto der fertigen Arbeit). Für die Baumlinie im Hintergrund ein Stück ausschneiden, dann ein Muster aus zufällig angeordneten kleinen wellenartig-rundlichen Wölbungen entlang des Holzes zeichnen und das Holz oberhalb der Linie mit V-Schnitten entfernen. Arbeiten Sie im Schälschnitt, um die Vorderseite jeder Wölbung abzuschrägen. Das Stück für den Moment beiseitelegen (noch nicht anbringen!).

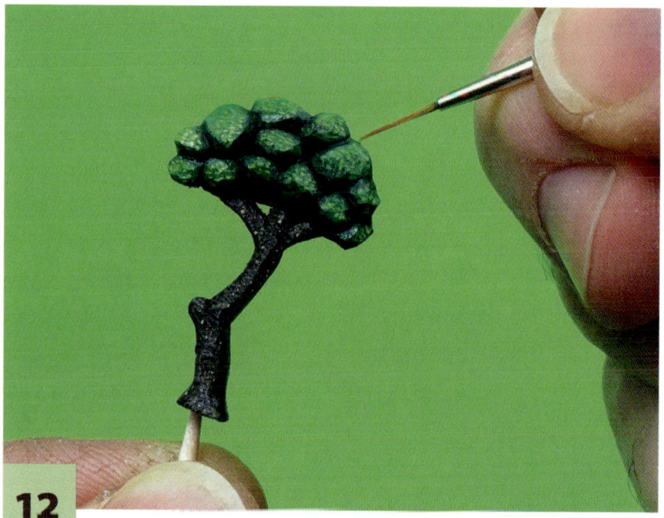

12 **Die Bäume bemalen.** Bohren Sie 1,6 mm große Löcher unten in die Bäume und stecken Sie Zahnstocher zum Festhalten während des Bemalens hinein. Mischen Sie Blau und Gelb für einen Grünton und malen Sie das Blattwerk. Mengen Sie einem Teil der Grünmischung Schwarz bei und bemalen Sie die Ritzen zwischen den „Blätterbüscheln“. Fügen Sie Gelb zum anderen Teil der Grünmischung hinzu und malen Sie zufällige Flecken auf das Blattwerk. Versehen Sie den Stamm mit einer schwarzen Grundierung. Mischen Sie Rot, Gelb und Blau, um ein Braun zu erhalten, und bemalen Sie den Stamm mit zufällig angeordneten Strichen. Mischen Sie mehr Gelb in die braune Farbe und malen Sie kleine Punkte auf den Stamm. Den kleineren Baum auf ähnliche Weise anmalen.

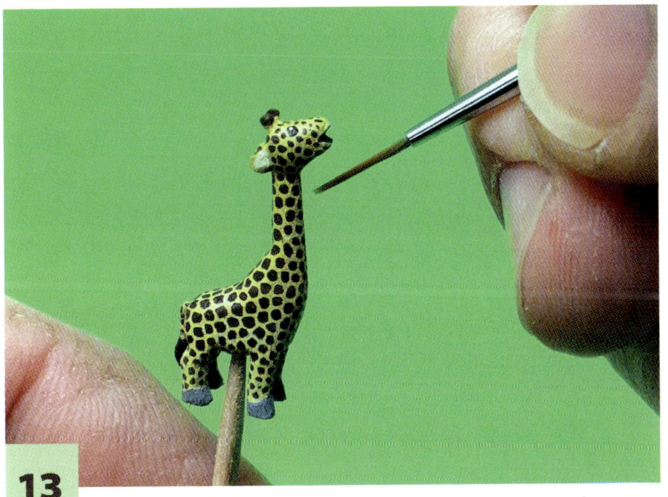

13 **Die Giraffe bemalen.** Mischen Sie Gelb, Weiß und Rot, um ein Hellgelb als Grundierung zu erhalten. Fügen Sie Weiß hinzu und bemalen Sie das Ohreninnere. Mischen Sie Schwarz, Weiß und Gelb, um ein Grau zu erhalten, und bemalen Sie die Hufe damit. Die Augen mit Schwarz malen. Fügen Sie ihnen weiße Punkte für die Lichtreflexionen hinzu. Mischen Sie Rot, Gelb, Blau und Weiß für einen Braunton und malen Sie ein Punktmuster verteilt auf den ganzen Körper. Fügen Sie der Braunmischung Gelb hinzu und malen Sie Punkte auf die Beine.

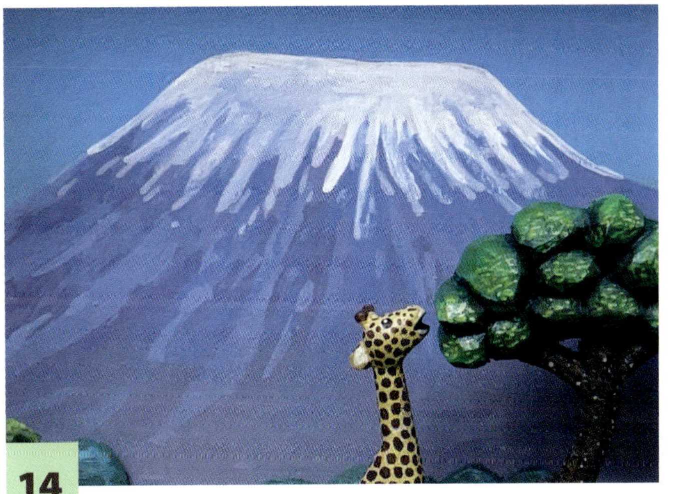

14 **Den Hintergrund bemalen.** Zeichnen Sie die Form des Berges auf. Mischen Sie Blau und Weiß, um das Hellblau für den Himmel zu erhalten. Mischen Sie Blau, Rot und Weiß für den Violettton des Berges. Erzeugen Sie ein wässriges Gelb, das Sie an beiden Seiten des Berges auf den Himmel auftragen und in diesen übergehen lassen. Verwenden Sie Weiß für den verschneiten Gipfel. Fügen Sie der weißen Farbe Blau hinzu und bemalen Sie die linke Hälfte des Gipfels. Mischen Sie Blau, Rot und Weiß, um einen Violettton zu erhalten, der mehr ins Blaue geht als das Violett, das Sie für den Berg verwendet haben, und malen Sie damit Streifen auf die Flanken des Berges. Mischen Sie Gelb unter das Violett, um einen Braunton zu erhalten; Wasser hinzufügen und leicht auf die untere Hälfte des Berges auftragen.

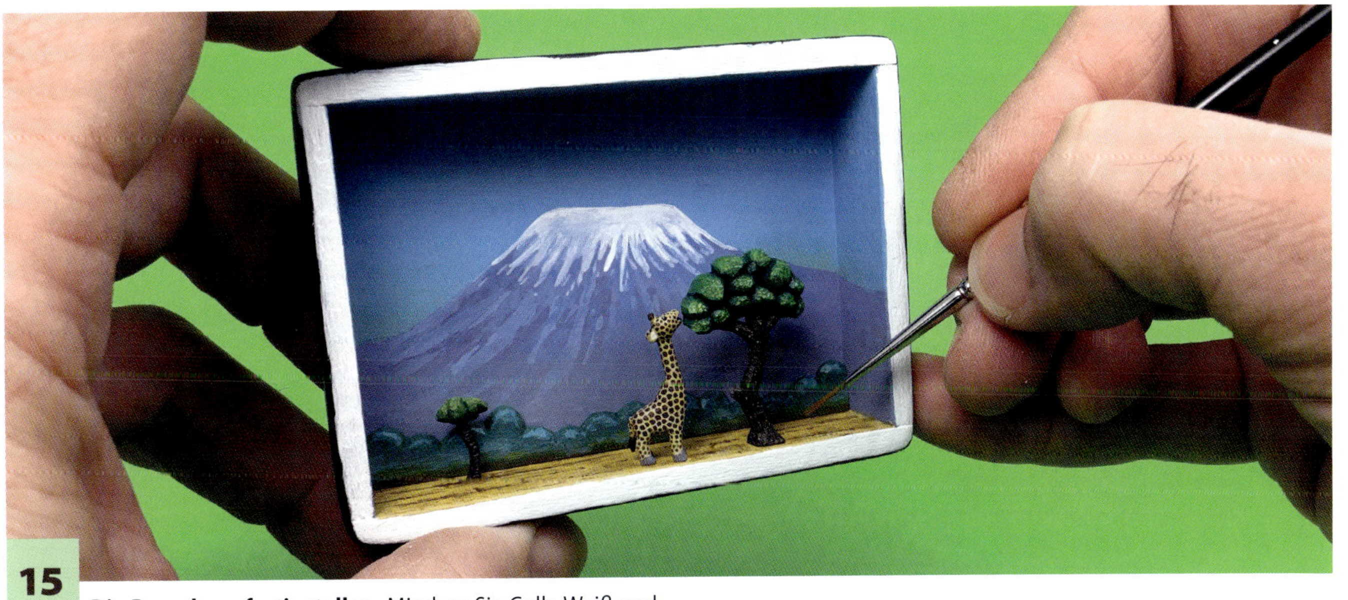

15 **Die Bemalung fertigstellen.** Mischen Sie Gelb, Weiß und Rot, um das Gras goldfarben zu gestalten. Mischen Sie Blau, Gelb und Weiß für einen Grünton als Grundierung für die Baumlinie im Hintergrund. Fügen Sie der Mischung Weiß hinzu und malen Sie Betonungen auf jedes „Blätterbüschel". Mischen Sie Rot, Gelb und Blau, um ein Braun für den unteren Rand der Baumlinie zu gestalten, und versehen Sie diesen am Übergang zum Blattwerk mit gelben Glanzpunkten. Tünchen Sie den Steppenbereich gelb. Kleben Sie die Baumlinie im Hintergrund sowie die beiden Bäume und die Giraffe mit Holzleim an. Mischen Sie Rot, Gelb und Blau für einen Braunton, den Sie auf die Steppe kritzeln. Fügen Sie dem Braun Weiß hinzu und vollführen Sie noch mehr Striche und Kritzeleien.

Muster

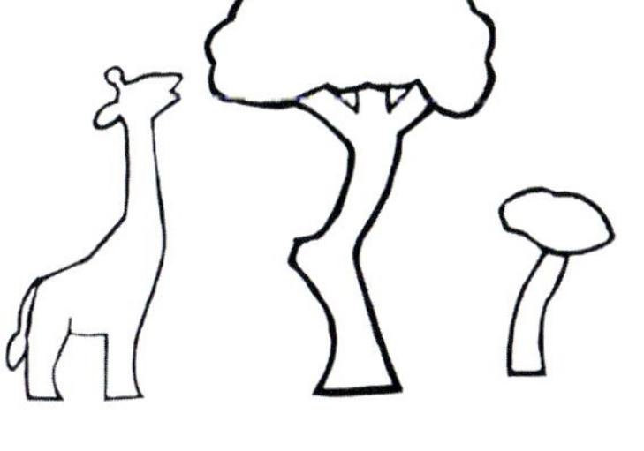

Moby Dick

Die Ozeane sind nach wie vor nicht vollständig erkundet; sie sind die Wildnis direkt vor unserer Haustür und uns ebenso fremd wie die Weiten des Weltalls. Wissenschaftler schätzen, dass wir lediglich einen kleinen Bruchteil der Kreaturen kennen, die darin leben, und der Wal ist von der Körpergröße her der König dieser unbekannten Tiefe. Es liegt etwas merkwürdig Fesselndes darin, eine Szene massiver Energie und Zerstörung sicher begrenzt in einer Schachtel zu sehen, die in eine Hemdtasche passt. Dieses an die Geschichte von Moby Dick angelehnte Werk ist ein historisches Überbleibsel aus einer Zeit, als Straßenlaternen noch mit Walrat befeuert wurden und Seeleute tatsächlich noch die Segel setzten. Die hier verwendeten Segel sind tatsächlich Holzspäne, die ich in einer Weise ab- und zugeschnitten habe, die ich besonders angenehm finde, da man das, was normalerweise als Abfallprodukt angesehen wird, verwendet, um das einzige Mittel der ozeanischen Fortbewegung in jener Zeit darzustellen.

Der breite Rahmen um dieses Projekt herum ist ein optionaler Zusatz, der in der Materialliste und der Anleitung nicht berücksichtigt wird.

Material & Werkzeug

**Maserung in Richtung der längsten Abmessung für alle Teile*

- Holz (Wal), 1 Stück: 10 x 10 x 25 mm
- Holz (Schiff), 1 Stück: 3,2 x 4 x 13 mm
- Holz (Segel), 1 Stück: 3,2 mm
- Holz (Schachtelrückseite), 1 Stück: 1,6 x 52 x 78 mm
- Holz (Schachtelober- und -unterseite), 2 Stücke: 4,8 x 17 x 43 mm
- Holz (Seitenteile der Schachteln), 2 Stücke: 4,8 x 17 x 78 mm
- einige Zahnstocher
- Schnitzmesser
- Handschutz
- Stielkloben mit Bohrern (1,6 mm und 0,8 mm)
- Schleifpapier: Körnung 600–800
- Farbpinsel: Rundpinsel Nr. 1 oder größer, Linierer Nr. 10/0 oder kleinerer Detailpinsel
- Farben: Rot, Blau, Gelb, Weiß und Schwarz zum Mischen einer Farbvielfalt
- Holzleim
- Miniaturtischsäge (optional, zum Zuschnitt der Kiste)
- Pinzette (optional)

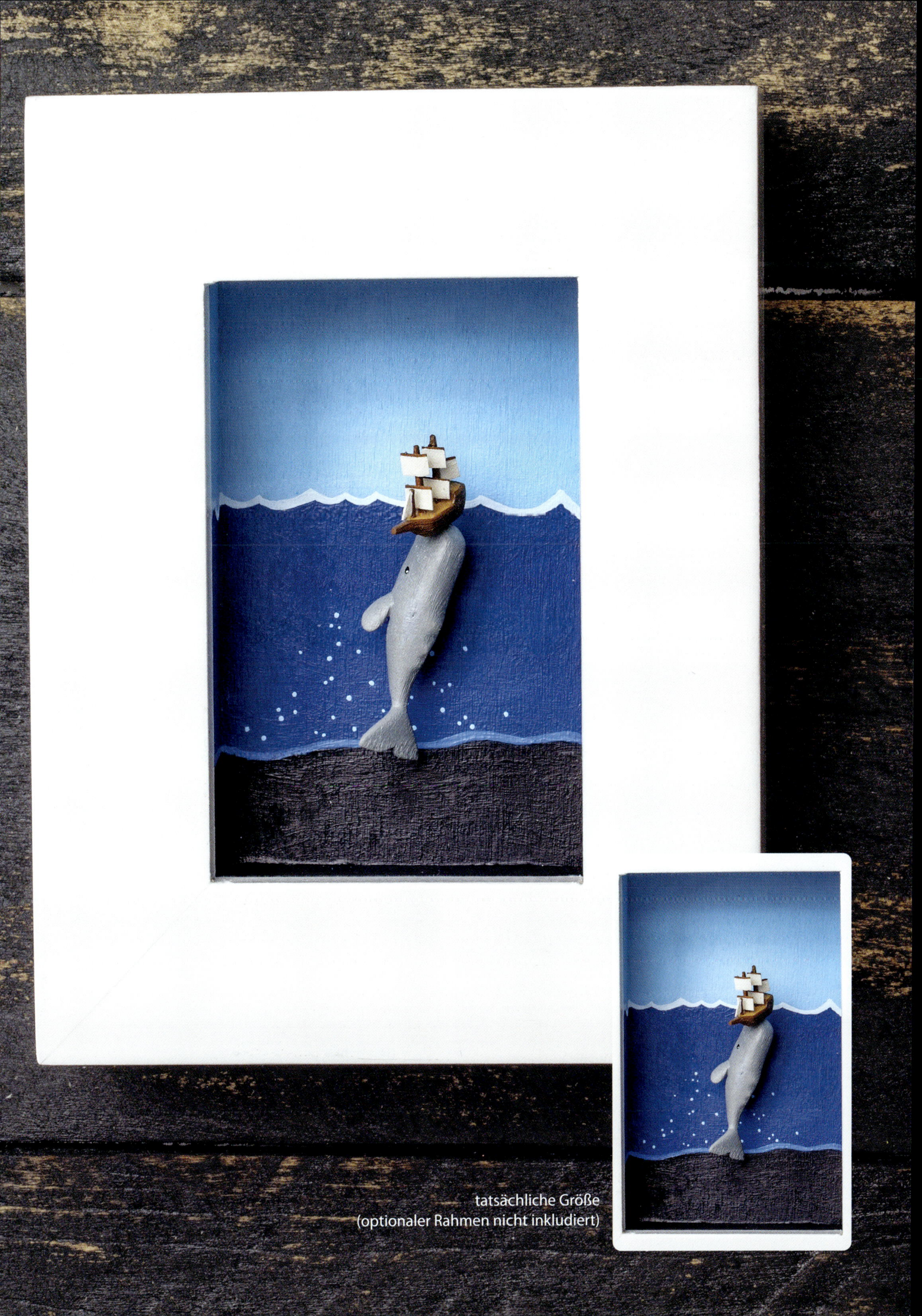

tatsächliche Größe
(optionaler Rahmen nicht inkludiert)

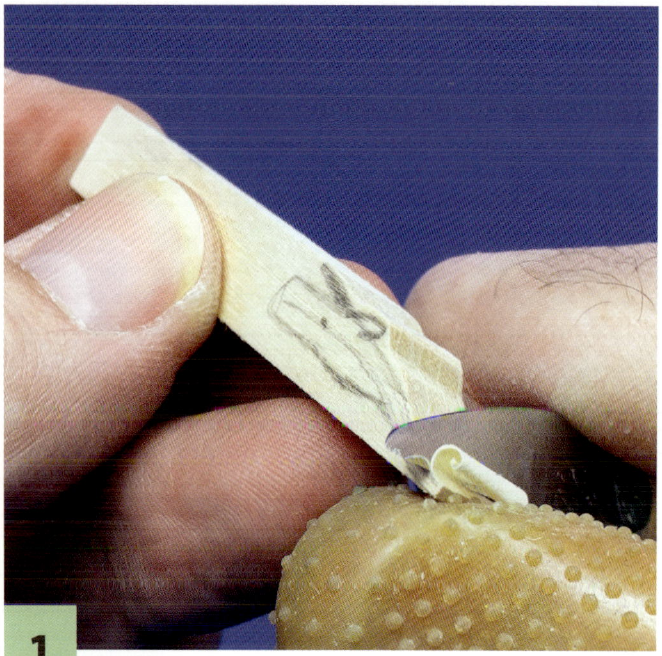

1

Den Wal grob zuschneiden. Übertragen Sie das Muster des Wals auf das richtige Stück Holz. Verwenden Sie Schäl- oder Schiebeschnitte, um das Material unter Bauch und Schwanz zu entfernen. Lassen Sie Holz für die Brustflossen stehen und lassen Sie den Schwanzbereich etwa 1,6 mm dick, damit er stabil bleibt, während Sie den Rest der Figur schnitzen.

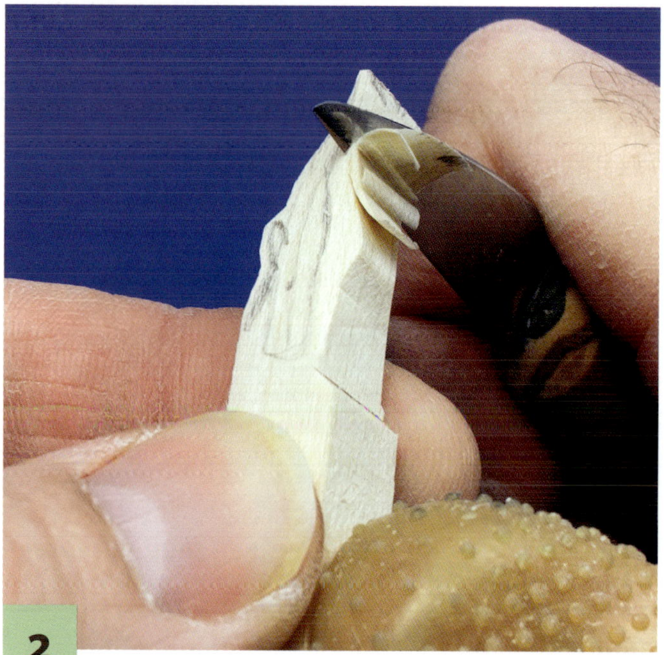

2

Holz über dem Wal entfernen. Schnitzen Sie über Kopf und Körper V-Schnitte, um das Material vor dem Schwanz abzutragen. Führen Sie die ersten Schnitte am Schwanzansatz in Richtung Kopf aus. Lassen Sie diese auf Messerstriche vom Kopf aus schwanzwärts treffen. Lassen Sie etwas Holz für die Rückenflossen stehen.

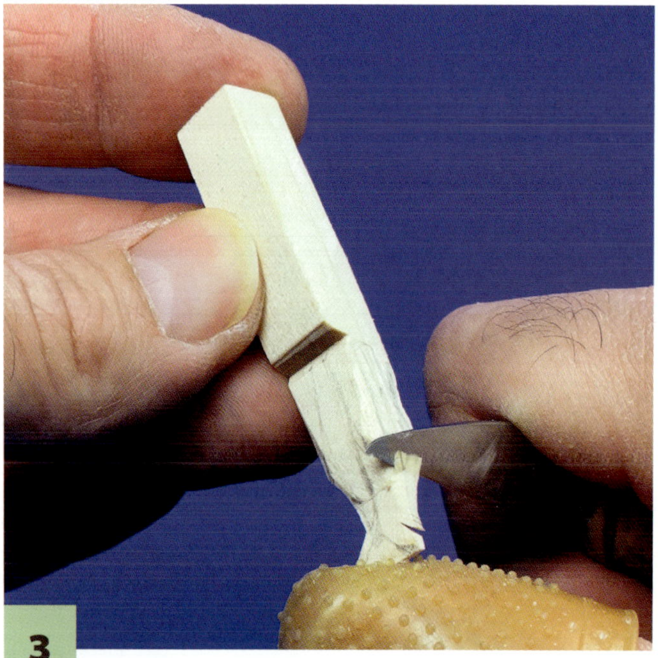

3

Den Körper vor dem Schwanz schmaler schnitzen. Nutzen Sie V-Schnitte zum Verjüngen des Überganges von der Schwanzflosse zum Körper. Beginnen Sie mit Schnitten etwa 1,6 mm vor der am weitesten außen liegenden Spitze der Flosse schräg in Richtung Kopf und lassen Sie auf beiden Seiten etwa 1,6 mm überschüssiges Material vor dem Schwanzflossenbereich stehen. Lassen Sie diese Schnitte auf Messerstriche von der Körpermitte in Richtung Schwanzflosse treffen.

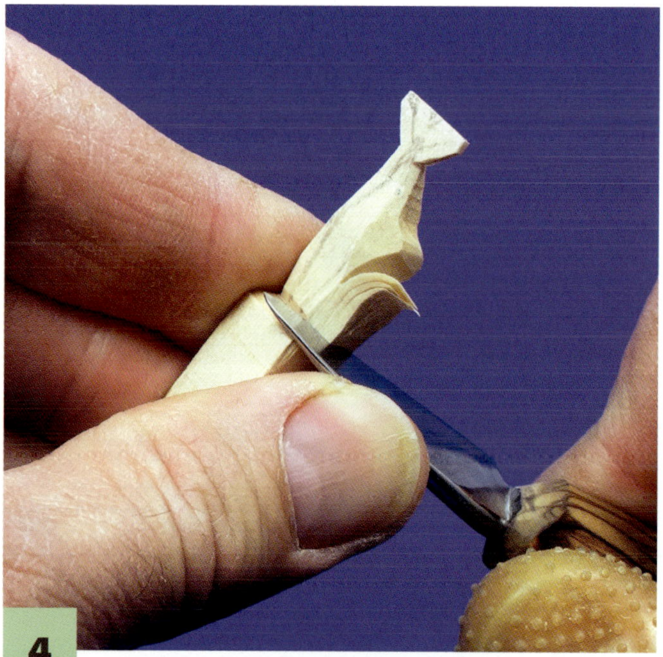

4

Den Körper weiter schmaler gestalten. Schnitzen Sie die Seiten von Körper und Kopf mit Schäl- oder Schiebeschnitten vor den Brustflossen schmaler. Beginnen Sie mit Schnitten an den Flossenspitzen in Richtung Kopf. Setzen Sie die Schnitte schräg an, damit der Flossenbereich sich in Richtung Körper verjüngt.

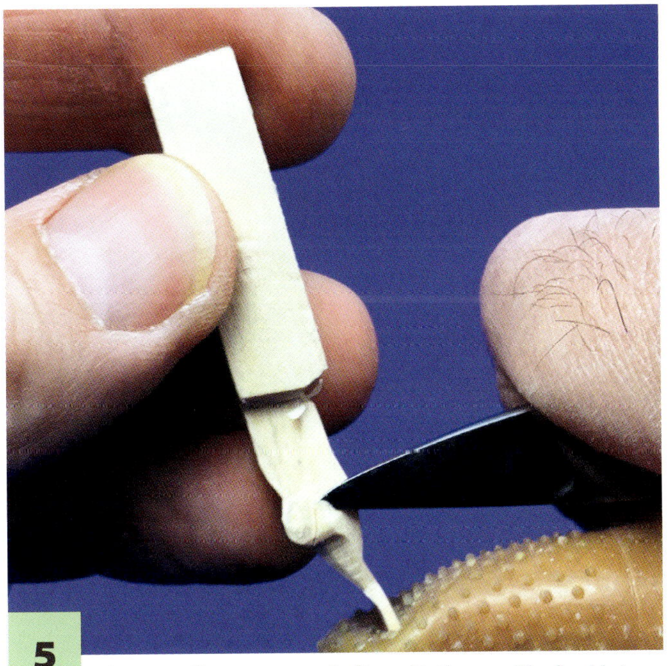

5 **Die Brustflossen ausarbeiten.** Entfernen Sie das Material über den Brustflossen mit Stoppschnitten. Beginnen Sie mit einem Schnitt an der Oberkante der Flosse, um ihren Rand auszuarbeiten, und lassen Sie diesen auf einen Messerstrich treffen, der bündig mit dem Körper verläuft und den Span herauslöst. Achten Sie darauf, nicht zu tief zu schneiden, um die Flosse nicht zu beschädigen.

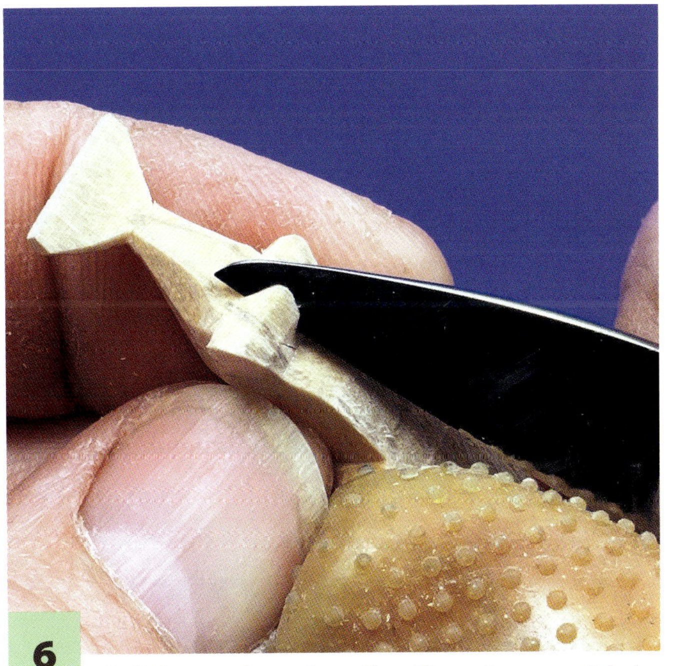

6 **Die linke von der rechten Brustflosse trennen.** Arbeiten Sie linke und rechte Brustflosse an der Unterseite der Figur mit Stoppschnitten aus: Zuerst flache parallele Schnitte etwa 1,6 mm von der äußeren Ebene der Flosse ausführen. Diese dann auf Schnitte aus der Mitte der Figur treffen lassen. Entfernen Sie das Holz zwischen den Flossen mit einem Messerstrich, der in einer Linie mit dem Bauch verläuft.

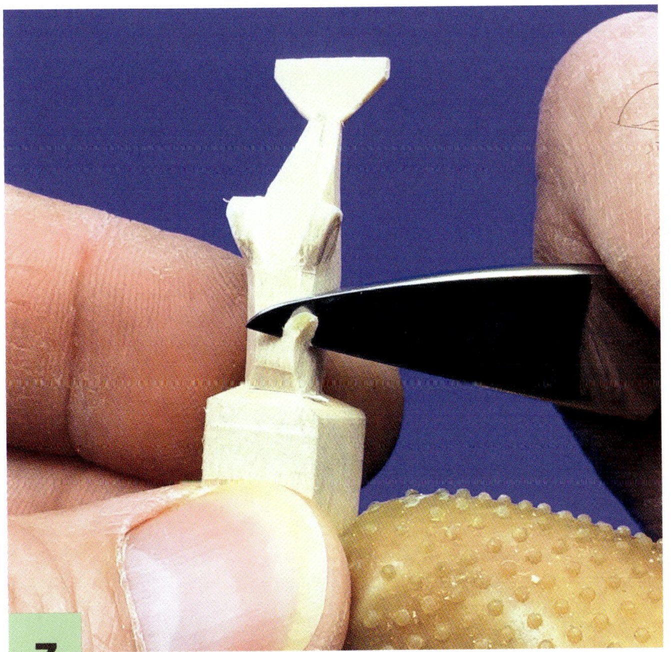

7 **Am Kopf arbeiten.** Zuerst mit Schälschnitten und später mit Stoppschnitten das Maul ausarbeiten. Schnitzen Sie die Schälschnitte an der Unterkante des Kopfes und arbeiten Sie dann mit Schälschnitten. Die ersten Messerstriche arbeiten die Kante an beiden Seiten des Unterkiefers aus, dann treffen diese Schnitte auf flache Messerstriche, die von unterhalb des Kinnansatzes das Holz „wegschöpfen". Achten Sie darauf, dass die Messerspitze nur bis an den Schnitt reicht und nicht tiefer schneidet.

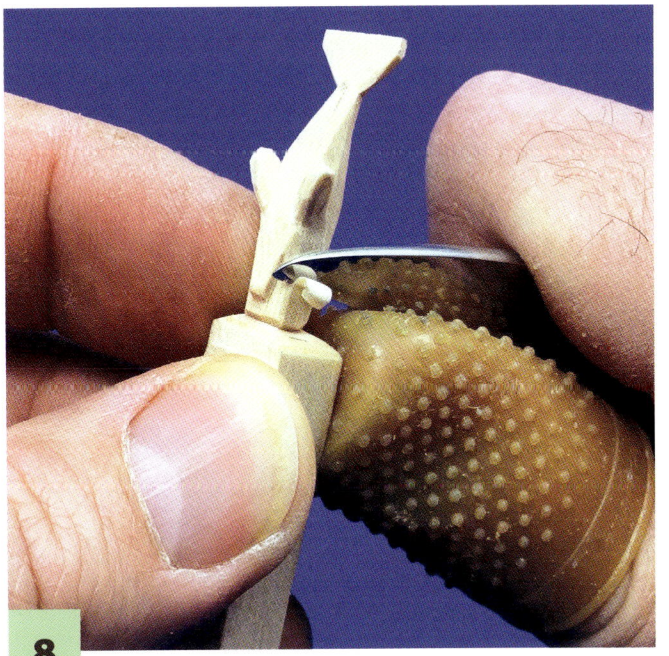

8 **Den Wal fertigstellen.** Verwenden Sie Schälschnitte, um die Kanten zu glätten und den Wal auf seine endgültigen Maße zu bringen. Verschmälern Sie die Flossen (von außen) und den Schwanz (von unten) ein wenig. Setzen Sie kontrollierte Schnitte, die nur kleine Materialmengen entfernen. Formen und verfeinern Sie die Figur mit feinem Schleifpapier (Körnung 600–800) weiter und achten Sie dabei besonders auf die Kanten der Flossen und des Schwanzes sowie auf die Lücke zwischen Unterkiefer und Kopf. Befreien Sie den Wal von seinem Halteblock und schleifen Sie die Nase glatt.

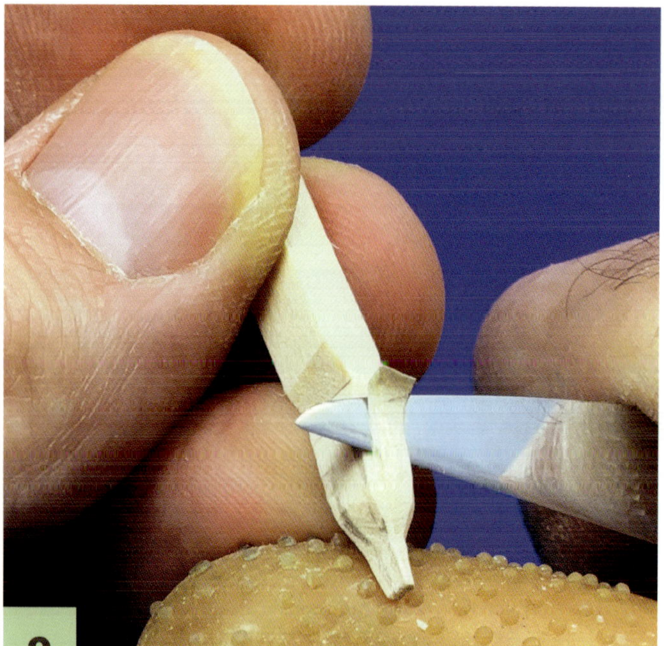

9 **Das Schiff grob schnitzen.** Übertragen Sie das Muster des Schiffsrumpfs auf das richtige Stück Holz. Schnitzen Sie die Seiten mit Schäl- oder Schiebeschnitten schmaler, runden Sie Vorder- und Unterseite ab und arbeiten Sie den Bugspriet (die lange Stange, die vorn aus dem Segelschiff herausragt) heraus.

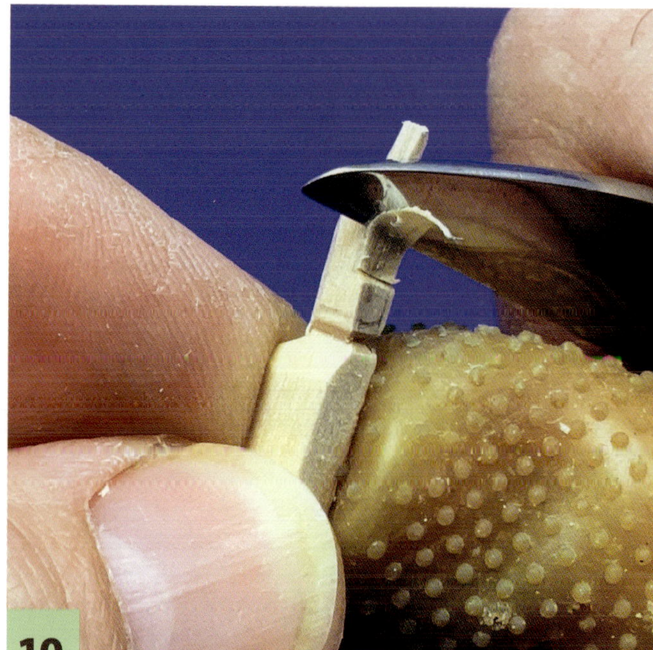

10 **Die Schiffsdecks schnitzen.** Arbeiten Sie im Stoppschnitt, um die beiden Ebenen für die Decks auszuarbeiten. Legen Sie mit dem ersten Schnitt die Grenze zwischen den beiden Ebenen fest und lassen Sie auf diesen Schnitte treffen, die an der Basis des Bugspriets beginnen und in Richtung des Hecks schneiden. Schnitzen Sie von beiden Seiten des Hecks, um es vom Trägerholz abzuschneiden.

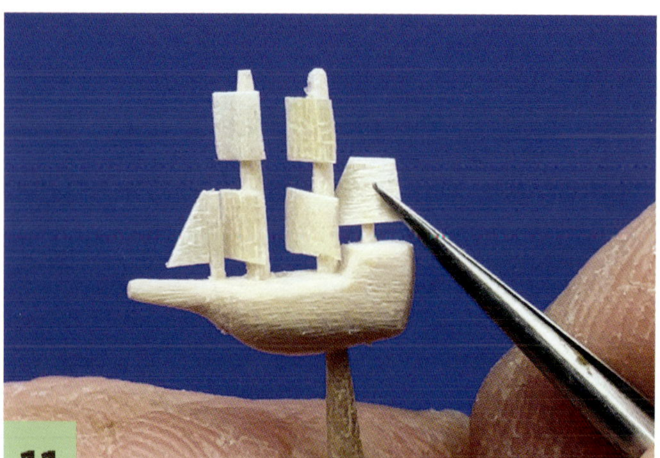

11 **Das Schiff fertigstellen.** Schleifen Sie den Rumpf mit feinem Schleifpapier (Körnung 600–800). Bohren Sie ein 1,6 mm großes Loch unten in das Schiff, um einen Zahnstocher zum Festhalten hineinzustecken. Bohren Sie vier Löcher (0,8 mm) entlang der Mittellinie des Decks oben in das Schiff. Schnitzen und schleifen Sie vier Zahnstocherstücke so zurecht, dass sie als Masten in die vier Löcher passen. Gestalten Sie die beiden inneren Masten 10 mm hoch, der vordere und der hintere Mast messen jeweils 4,8 mm. Schnitzen Sie aus einem etwa 3,2 mm breiten Holzstück einige lange Späne. Schneiden Sie diese für die Segel zu: je zwei rechteckige Segel für die mittleren Masten, ein dreieckiges Segel für den Frontmast und ein trapezförmiges für den hinteren Mast. Tragen Sie mit einem Zahnstocher Klebstoff auf die Masten auf und verwenden Sie die Pinzette, um die Segel aufzunehmen und an ihren zugehörigen Masten zu befestigen.

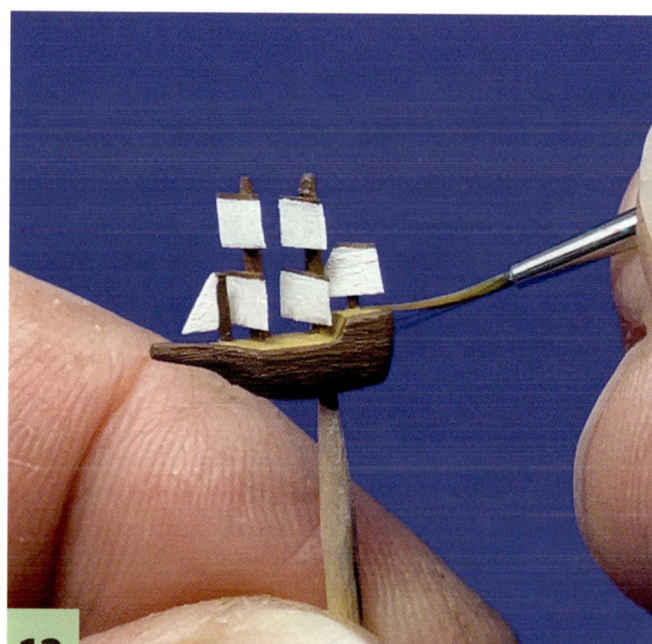

12 **Das Schiff bemalen.** Mischen Sie Blau, Rot und Gelb, um einen Braunton zu kreieren, mit dem das gesamte Schiff bis auf Deck und Segel bemalt wird. Fügen Sie Gelb hinzu, um ein helleres Braun zu erhalten, und bemalen Sie das Deck. Mischen Sie aus Weiß und dem Hellbraun einen Cremeton und bemalen Sie die Segel. Mischen Sie den Rest der braunen Farbe mit Schwarz und malen Sie dünne Linien entlang der Seiten des Schiffs.

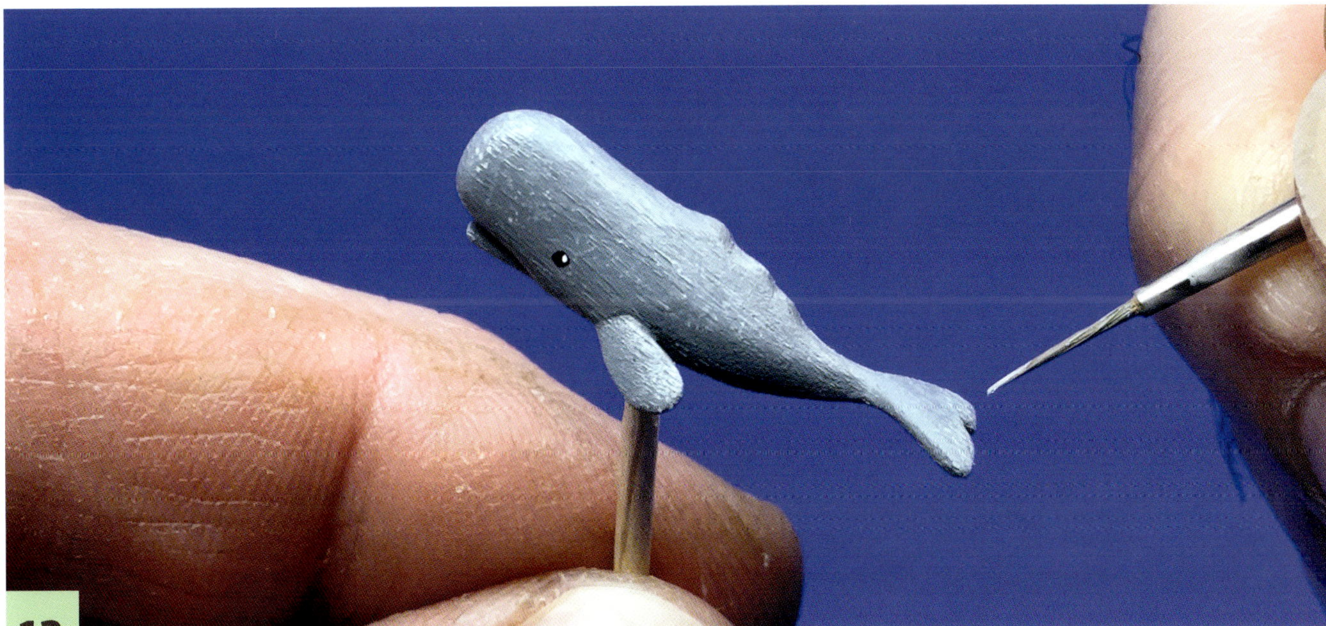

13 **Den Wal bemalen.** Bohren Sie ein 1,6 mm großes Loch unten in die Figur und stecken Sie einen Zahnstocher zum Halten während des Bemalens hinein. Mischen Sie Schwarz, Weiß und ein bisschen Gelb, um das Grau für die Grundierung zu erhalten. Verwenden Sie Schwarz für die Augen. Malen Sie die weißen Punkte für die Lichtreflexion. Mischen Sie Weiß in das Grau und malen Sie kleine Punkte und Kratzer auf den Wal, mit Hauptaugenmerk auf Flossenspitzen und Finne, den Bereich um das Maul und die Kopfvorderseite.

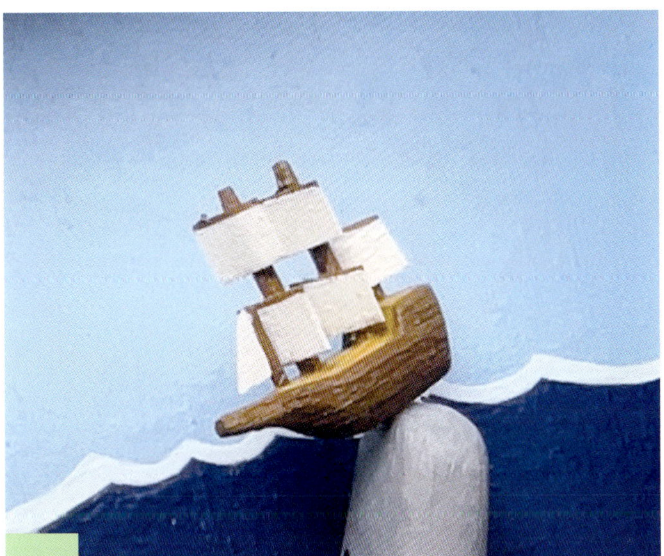

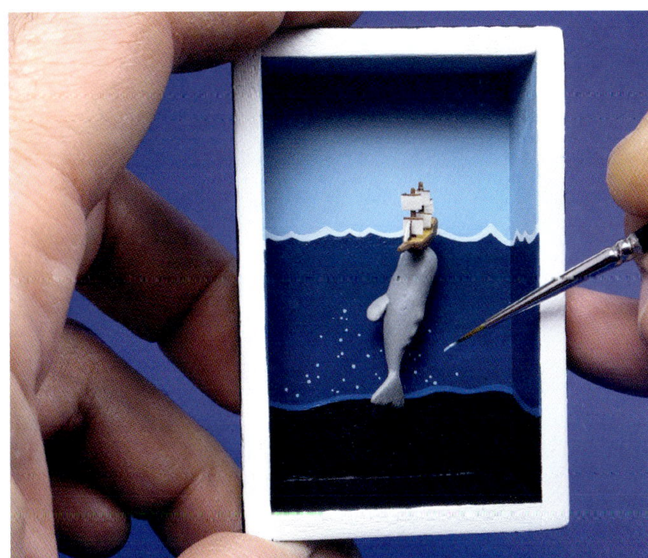

14 **Die Schachtel zusammenbauen und bemalen.** Schneiden Sie die Teile der Schachtel auf ihre Größe entsprechend der Materialliste zu. Schleifen Sie sie glatt und kleben Sie dann alle Stücke zusammen. Außen schwarz bemalen. Zeichnen Sie eine Wellenlinie und eine mehrfach gebogene Linie ins Innere der Schachtel, sodass diese gedrittelt wird. Mischen Sie aus Blau, Schwarz und Weiß drei Blautöne und tragen Sie sie in den drei Bereichen auf. Mischen Sie Blau und Weiß für einen Hellblauton und ziehen Sie die Kontur der Wellenlinie. Fügen Sie Blau für ein dunkleres Hellblau hinzu und ziehen Sie die Kontur der unteren Linie nach. Bohren Sie ein 1 mm großes Loch in den Wal und kleben und stecken Sie das Schiff daran fest. Bohren Sie ein Loch in die Schachtelrückwand; kleben und stecken Sie dann den Wal in der Schachtel fest. Mischen Sie Blau und Weiß für einen Hellblauton und malen Sie Punkte rund um den Wal.

Muster

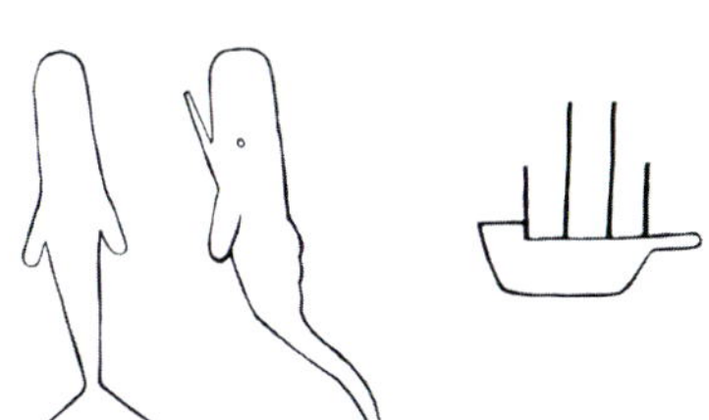

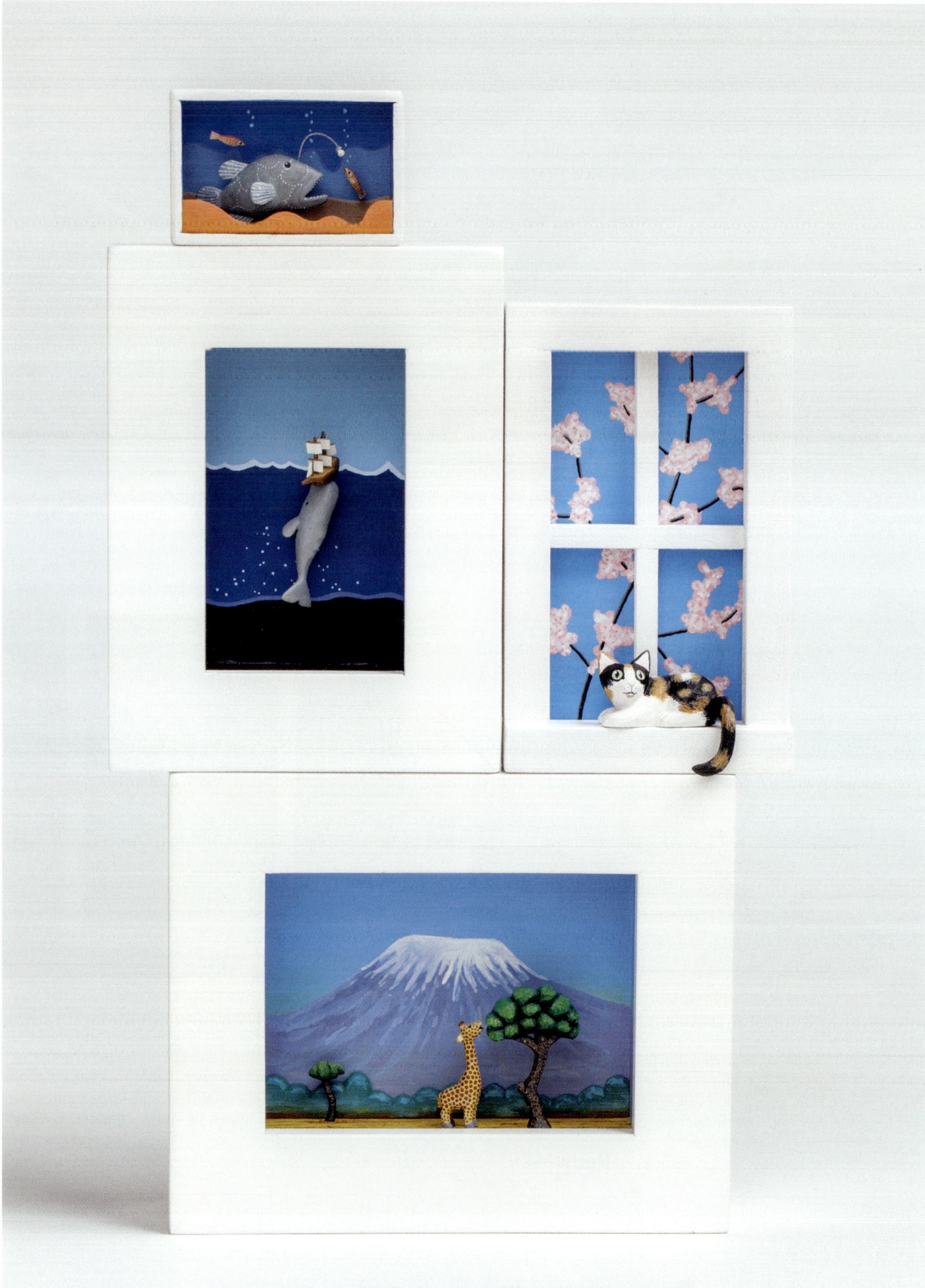

Bezugsquellen

Von allen Bezugsquellen, die uns zur Verfügung stehen, ist das Internet freigiebig hinsichtlich aller Aspekte, die einen Schnitzer betreffen könnten. Eine simple Suche offenbart eine Fülle an Optionen für Ideen und Farbmuster, wenngleich auch mit Vorbehalt: Vorsicht bei Online-Fotografie, da diese zu übersättigten Farben und Farbverschiebungen neigt. Zusätzlich gibt es in vielen sozialen Netzwerken virtuelle Schnitzclubs, doch ohne physische Anwesenheit sind sie weit entfernt vom gemeinsamen Sitzen vor dem warmen Ofen mit einer Tasse Kaffee und einer launigen Schnitzersippe. Dennoch sind es freundliche Räume, um Rat und Unterstützung zu finden. Ähnlich gelagert ist das kostenlose Angebot von Schnitzarbeiten, Kursen und Basisinformationen bei YouTube und – gegen eine Gebühr und mit mehr individueller Betreuung – auch auf Plattformen wie Zoom. Schließlich sind Holz und Werkzeug leicht in Onlineshops zu finden. Nehmen Sie sich aus dem digital Angebotenen, was Sie können, bequem von zu Hause aus, und machen Sie authentische Erfahrungen, wenn sie sich anbieten.

Zurück in der echten Welt bieten lokale Schnitzvereine eine Möglichkeit, Freundschaften zu schließen, Lehrer kennenzulernen und neue Fähigkeiten zu erlernen. Falls es in Ihrer Region keinen solchen Verein gibt, erwägen Sie die Möglichkeit, selbst einen ins Leben zu rufen, indem Sie durch Onlineforen, das Schwarze Brett, bei Seniorentreffs, in Bibliotheken, Supermärkten oder überall dort, wo Ihre Gemeinde zusammenkommt, ein paar Interessierte finden. Beim Besuch von Kunst- und Handwerksmessen, Tagen der offenen Tür von Ateliers und Werkstätten sowie Schnitzausstellungen können Sie mit Menschen in Kontakt treten, die das Wissen und die Connections haben, nach denen Sie suchen – sei es für Werkzeug, Material, Techniken, Kreativräume oder Verkaufsmöglichkeiten. Volkshochschulen, die traditionelles Handwerk lehren, bieten oft Kurse angesehener Schnitzer an, die sich auf spezielle Projekte konzentrieren, und einige Schnitzer bieten Grundkurse für Einsteiger an.

Schließlich: Gehen Sie in der Natur spazieren, wenn Sie können; das ist eine Gratisquelle sowohl für Inspiration als auch für Erholung. Außerdem: Nachdem Sie über Stunden hinweg gesessen haben, profitieren Sie mental und körperlich davon. Ein gemütlicher Waldspaziergang ohne Absicht oder Ziel kann ein Gefühl der Achtsamkeit und des Wohlbehagens mit sich bringen, das durch nichts ersetzt werden kann. Wenn Wetter und Krabbeltiere es zulassen, nehmen Sie Ihr Schnitzwerkzeug mit und nutzen Sie diese Zeit, um Abstand von allem zu gewinnen und die Stunden wegzuschnitzen.

Über den Autor

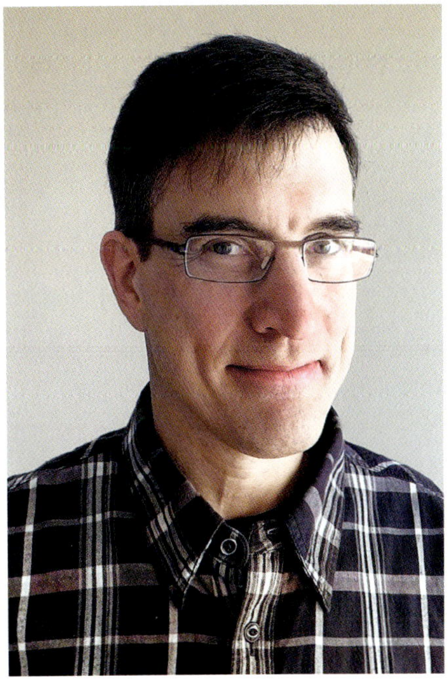

Steve Tomashek wuchs in Winona, Minnesota, als jüngstes von sieben Kindern in einem von Kunst und Handwerk – auch vom Schnitzen – durchdrungenen Haushalt auf. Er ist Absolvent der Indiana University, wo er Weltgeschichte studierte und zum Lehramt zugelassen wurde.

Ermutigt durch einen Kollegen und angeleitet durch einen Kurs mit dem Namen „Kunst im Selbststudium" ließ er sich auf das Schnitzen ein als eine Möglichkeit, seinen Frieden mit einem Feuer zu machen, das das Haus seiner Familie zerstört hatte einschließlich einer Werkstatt voller Werkzeug seines Opas. Nach dem College und einige Jahre der Übung später gab er den Lehrerberuf auf, um das Schnitzen als Vollzeitberuf zu verfolgen.

Steve arbeitete mehr als 25 Jahre lang für Galerien, Souvenirshops und Kunstmessen und verkaufte seine Schnitzarbeiten sowohl in den USA als auch in Deutschland. Während seiner ersten Reise nach Deutschland 2009, wo er zum ersten Mal einen Weihnachtsmarkt sah, lernte er seine zukünftige Frau kennen. Zwei Jahre später zog er nach Deutschland, und sie heirateten. Seitdem ist er auch Vater und Bauer. Heute, mit einem gesprächigen Kleinkind und einem Stall voller Tiere, für die er sorgen muss, prägen diese Veränderungen seine Arbeit und bewegen sich seine Fertigkeiten und sein Interesse hin zu Kindergeschichten, deren Texte und Illustrationen seiner eigenen Feder und seinem eigenen Pinsel entspringen.

Stichwortverzeichnis

Anmerkung: Kursiv geschriebene Seitennummern stehen für Projekte.